本书系国家社科基金重大项目（批准号：11&ZD091）

《中国慈善通史》系列研究成果之一

中国慈善研究丛书

民国时期
慈善法制研究

曾桂林　著

人民出版社

图书在版编目（CIP）数据

民国时期慈善法制研究 / 曾桂林著 .
– 北京：人民出版社，2013
（中国慈善研究丛书 / 周秋光主编）
ISBN 978–7–01–012123–9

Ⅰ . ①民… Ⅱ . ①曾… Ⅲ . ①慈善事业 – 法律 – 研究 – 中国 – 民
国 Ⅳ . ① D922.182.04

中国版本图书馆 CIP 数据核字（2013）第 103255 号

民国时期慈善法制研究

MINGUO SHIQI CISHAN FAZHI YANJIU

丛书主编：周秋光
丛书策划：张秀平
作　　者：曾桂林
责任编辑：张秀平
封面设计：徐　晖

人民大版社出版发行
地　　址：北京市东城区隆福寺街 99 号
邮政编码：100706　http://www.peoplepress.net
经　　销：新华书店总店北京发行所经销
印刷装订：北京昌平百善印刷厂
出版日期：2013 年 8 月第 1 版　2013 年 8 月第 1 次印刷
开　　本：880 毫米 ×1230 毫米　1/32
印　　张：16
字　　数：360 千字
书　　号：ISBN 978–7–01–012123–9
定　　价：49.00 元

目　　录

绪　论

一、楔子

慈善事业是一项以仁心善念为道德基础、以社会捐赠为经济基础、以民间慈善公益机构为组织基础的高尚事业。善举需要善人来办，善款必须善用——这是慈善公信力的基本逻辑。如果有事实可疑，背离这个逻辑，则很可能成为阻挡民间慈善事业的门槛。善款的募集与使用历来是慈善事业的重要工作，但同时也容易变成漏卮丛生之渊薮，出现滥用、挪用以致贪污等弊端。2007年4月12日，《南方周末》报道了"胡曼莉事件"的始末，称：

> 1999年，胡曼莉，这位中华绿荫儿童村的创始者，因抚养数百名孤儿而闻名的"中国母亲"，在美国慈善机构"妈妈联谊会"会长张春华的许可下，以代理人身份来到云南丽江，建设当地的孤儿学校。但在2001年"美国妈妈"张春华发现胡曼莉善款私存，借伙食费、教育费敛财，在财务上弄虚作假，把孤儿作为发财工具等问题，由此开始七年不断的举报与揭发。而据2006年底丽江审计局审计表明，丽江孤儿学校自1999年7月成立至2006年8月31日，胡曼莉把约33万元社会捐

款说成是自己的个人捐款,不据实列出开支的数额亦达33万元;在孤儿个人账户上仅凭存折复印件提取资金近10万元;在支出中应按固定资产核算而未核算的资金达43万余元;胡曼莉对十余名孤儿投了28万余元的商业保险,作为学校的一次性支出,在财务上却隐瞒了分红,也隐瞒了五年后可以全额返还的事实。[1]

张春华以七年的时间与毅力,最终促使媒体和地方政府把胡曼莉从"中国母亲"的圣坛上拉下马来,胡曼莉暴露出其伪善的面孔。慈善成为敛财的牌坊、善良成为发家的道具,胡曼莉不是第一个、当然也不会是最后一个。2004年,新华社就曾披露过"付广荣事件"。2011年,"郭美美事件"、"尚德发票门事件"、"卢美美事件"、"河南宋基金会风波"接二连三发生,中国慈善事业更是受到前所未有的广泛关注,把中国红十字会、中华慈善总会、中国青少年基金会等慈善公益组织推向风口浪尖,引发了公众对中国慈善事业持续、深入的社会问责与质疑。这些备受争议的人物与事件,暴露出中国慈善事业存在管理混乱、透明度低、监管缺失等诸多问题,也让慈善组织的公信力大受影响。

人们常说:"历史是现实的镜子。"历史上,慈善组织在募捐与善款管理方面同样存在类似问题。民国初年,苏州发生沈茂顺号店主沈杏叔侵吞长生善会公款,事情泄露后被广货业同业者申诉追偿。[2] 1929年夏,上海也发现有伪冒募捐之事,社会局发布警示公告称:"近有一种无业游民冒称举办公益慈善,或巧立名目,提倡迷信,三五成群,手持捐簿,向商民劝募,事前并未呈报职局。此种捐款用途不明,非唯弁髦政令,且恐诈欺取财"[3]同年10月,广州亦出现"棍徒假冒慈善名义,四出募捐,敛财肥己;亦有串通善界中之一二败类,朋比为奸,捐募分肥。似此招摇撞骗行为,揆诸道德上固在所不许，即法律上在所不容。若不严加禁遏，殊于真正慈善募捐之进行大受妨碍。"[4]尽管现实社会中的慈善公益事件，与历史上的不尽相同，但昨天的现实是今天的历史，特别是民国时期离我们当今社会并不遥远，史学工作者理应站在历史与现实的交汇点上，探寻民国政府对慈善募捐乱象的应对之策，探寻民国政府对慈善组织的监管之法，以期找出带有规律性的东西，以期裨益于当代慈善领域类似问题的解决。

二、选题缘由与意义

进入 21 世纪后，当代中国社会结构的巨变产生了对慈善有效供给的极大需求。近十年来，中国慈善事业有了长足发展，但在慈善领域，资源的不足，渠道的不畅，运作的不规范以及慈善意识的淡薄，都呼吁法律提供监督与保障的制度性框架。当前，不够完善、不够健全的慈善事业法律法规，已严重制约着中国慈善事业健康、可持续的发展。现行颁布的几部涉及慈善事业的法律法规，如《公益事业捐赠法》、《社会团体登记管理》、《民办非企业单位登记管理暂行条例》、《基金会管理条例》等，其条文内容亦有相互抵触之处，前后不衔接，没形成完整的、配套的慈善法律体系。迫切需要为慈善事业发展营造良好的法律政策环境，以实现建设社会主义法治国家的目标。2005 年民政部公布《中国慈善事业发展指导纲要（2006—2010）》，把慈善立法作为近期的一项重要内容和任务。在 2007 年 3 月全国"两会"召开期间，加快我国的慈善事业法制建设更成为众多人大代表、政协委员热烈关注的议题。另据报道称，民政部在此前后已着手慈善法的起草工作，于 2009 年正式进入立法程序。这表明，慈善作为社会领域的核心制度得到了立法决策的认可。缘于对现实社会问题的密切关注，近年来接连发生的慈善公益事件及社会各界高度关注的"慈善立法"也引起了我的思考。

在政府部门启动慈善法制建设的过程中,学界也积极献言献策,对慈善立法的内容、框架以及相关基本理论进行了探讨,尤其关注国外慈善法制的介绍。2004 年 10 月,中华慈善总会在北京主办了首届国际慈善法律比较研讨会。会上,国内外从事慈善法律研究的专家学者、慈善机构的负责人和慈善工作者、慈善家,从慈善事业发展的不同角度,对不同国家慈善机构的设立、管理、权利、义务以及慈善机构的法律地位、运行机制、建立健全慈善法律体系等问题进行了广泛深入的讨论与交流。这次会议的成果由中慈国际交流中心整理、翻译出版,以期"进一步推动中国慈善事业向法制化的道路迈进提供有益的借鉴"。[5] 此外,国家民政部还与加拿大一所大学开展了关于中国慈善立法的合作项目,并分别于 2006 年 7 月在温哥华、2007 年 6 月在北京召开了两次中国慈善立法国际研讨会,其成果也汇编成集出版。[6] 在此期间,国家民政部法制办公室主持翻译出版了《通行规则:美国慈善法指南》一书。[7] 这些会议交流与著作出版,其目的正如时任民政部副部长李立国在研讨会开幕式上的发言所指出:"国际上行之有效的理念、经验和法规,为中国慈善事业走上规范、健康、持续发展之路所借鉴,为制定慈善法提供了有益的借鉴。"[8] 近年来,有关部门还对中国慈善事业的法律制度设计、立法模式等问题进行专题调研,形成研究报告,一些学者也积极展开对国外慈善法律的译介汇编工作,加强对英美等发达国家慈善立法的研究。[9] 然而,遗憾的是,人们唯独对中国社会曾经实施过的慈善法却缺乏应有的历史审视。在全球化、信息化日趋加快的今天,中国进行慈善立法,注重引进国外做法、借鉴国际经验固然十分必要,但还应立足于本国的国情与历史,不能完全忽视中国历史上某些有益的经验。虽然说"他山之石可以攻玉",而现实社会中"南橘北枳"的现象并不少见。其因由早已为春秋时期的晏婴所揭示:"橘生淮南则为橘,生于淮北则为枳,叶徒相似,其实味不同。所以然者何？ 水土异也。"(《晏子春秋·内篇·杂下第六》)没有适宜的气候、水文、土壤条件,橘子就会变味。橘如此,法律制度亦然。典章制度的产生与消亡,原因有多个方面,而起决定作用的却是内因,关键在于它赖以生存的土壤即社会结构与社会生活变更与否。法律的创制也必须与其所处的社会相适应,才能顺利实施、才会长久存续。移植的法律如果水土不服,势必会导致令行禁不止,这在中外历史上都有惨痛的教训。

时光流逝,历史尘封。斗转星移,改天换地,六十余年乃至一个世纪前民国政府为慈善立法所进行的一些有益尝试,足以让人们的记忆完全忘却,毫无印象。拂去岁月的尘埃,我们发现,民国北京政府和南京国民政府曾经出台了《捐资兴学褒奖条例》、《捐资兴办卫生事业褒奖条例》、《捐资举办救济事业褒奖条例》、《兴办水利奖励条例》、《捐资兴办社会福利事业褒奖条例》、《监督慈善团体法》及其施行规则、《管理各地方私立慈善机关规则》、《各地方救济院规则》、《社会救济法》以及《遗产税法》、《所得税法》、《营业税法》、《土地赋税减免规程》等一系列涉及慈善事业的法律法规。这些法律法规所调整的对象及法律关系十分广泛,包含了慈善团体及其监管、慈善捐赠以及税收优惠等诸多方面,在一定程度上可视为民国慈善事业发展实践的总结。令人十分遗憾的是,民国时期慈善法律制度问题一直没有引起学者的足够重视,迄今仍是学术界的一个薄弱环节。

因此,民国慈善法制这一课题的研究,无论对于拓展中国慈善史的研究领域,还是深化中国法律史的研究内涵,都会起到一定的推动作用。同时,本书研究不独具有学术价值,还具有重要的现实意义。它将揭示出中华民族的优秀慈善文化、法文化在现代社会的积极效应,这不仅可为当前社会开展慈善事业立法、完善社会主义保障制度提供历史启示和现实指导,而且对于促进慈善事业健康发展、创新社会管理、推动社会主义和谐社会构建,其积极意义也是不言而喻的。

三、研究现状与史料概况

(一)研究现状

中国慈善事业史是近二十年来国内外学术界一个新兴的研究领域,尤其是最近十年引起了国内学者的广泛关注,发表和出版了为数不少的论著,取得了较为丰硕的成果。学界同仁对此进行过比较全面的学术史梳理[10],笔者前些年撰有数篇综述从不同角度予以评析,亦可参酌。[11]为避免不必要的重复与冗长,更切合本书的研究主旨,此处将关注点聚焦于民国时期,对国内外的相关学术研究现状(特别是近五年来的最新成果)作一简要介绍。

1. 民国慈善事业史研究

民国慈善事业研究的源头,最早可追溯至 20 世纪二三十年代。1920 年 11 月,有署名为白云仙子发表《慈善行政论》,提出"今国体既变,国民宜各负自养自教之责任",慈善组织也应"因其时势以顺舆情",借助国家与地方督饬之事权以行使各种慈善行政事项。[12] 1923 年,作为内务部主编的地方自治讲义之一种,周成的《慈善行政讲义》出版发行,它对慈善行政的概念、沿革、意义及特殊救助、普通救助进行了阐述,对民国社会慈善行政探讨尤为详尽。[13] 1930 年,梁维四发表《慈善政策论》一文,在略述中国慈善事业的概况及英、法等欧洲国家慈善政策的起源之后,提出了今后民国政府应采取的一些慈善政策。[14] 1937 年,邓云特出版《中国救荒史》,该书主要分析了历代灾荒的实况及其成因,讨论了历代救荒思想的发展历程以及实施的各种救荒政策及其效果,也有一定篇幅论述民国前期的灾荒慈善救济活动。[15]抗战爆发后,为应对时局变化、加强社会救助的需要,相关研究取得较大进展,一些灾荒救济与弱者救助方面的论著因时而生,如陈端志的《抗战与社会救济》、王龙章的《中国历代灾况与振济政策》。[16]前者主要从现实需要的角度论述民国时期的慈善救济工作,而后者在阐述历代灾情与赈济措施时,对民国灾荒及慈善救济政策进行了简要论述。相比之下,当时最关注民国慈善事业的还是社会学界。显然,这与当时灾荒频仍、贫困问题等诸多社会矛盾相互交织并日益突出有关。柯象峰的《社会救济》是这方面的代表作,它简要回顾了中外救济事业发展史,着重探讨了民国时期社会慈善救济事业的现状,诸如对老人、儿童乞丐、难民及失业者等弱势群体的慈善救济问题。[17]总体而言,民国年间史学界专论同时期慈善事业的论著尚不多见,而社会学学者却相对活跃,进行了一些赈灾救济问题的社会调查,为今人研究提供了有益的资料。这些社会调查资料已引起史学界的重视,并着手进行整理工作,如李文海主编的《民国时期社会调查丛编:社会保障卷》,已于 2004 年由福建教育出版社出版。

　　建国以后,受政治意识形态的影响,慈善事业被斥之为地主阶级的"伪善"、帝国主义毒害中国人民的"麻药",慈善研究自然而然就成了学术界的"禁地"与"雷区",鲜有人问津,偶有文章见诸报刊,也多主观片面,失之公允,带有很强的时代印痕,谈不上学术价值。[18]民国慈善事业史的研究亦如此,真正意义上的学术研究论著几近空白,直到 20 世纪 80 年代。1981 年,顾长声《传教士与近代中国》一书出版,它专列一章论述近代基督教会在华的医疗、慈幼、救济等慈善活动,其中多涉及民国时段,[19]才打破中国慈善事业史研究乏人涉足的局面。但国内学术界响应者寥寥,在此后十余年间,有关近代慈善史方面的研究成果并不多。1994 年,周秋光发表《民国时期社会慈善事业研究刍议》,提出了开展民国慈善事业研究的一些理论与方法,并呼吁史学界重视这一新研究领域。[20]应该说,这是民国慈善事业史研究的一个重要里程碑。而后,海外学界关于中国慈善事业史的研究成果也陆续译介到国内,最有影响的莫如日本学者夫马进《中国善会善堂史研究》、中国台湾学者梁其姿《施善与教化——明清的慈善组织》等,其论述之缜密、内容之精审、史料之丰富,标志着相关研究达到了一个新高度。这对国内大陆学界慈善史领域的研究无疑具有示范与推动作用。由此,进入新世纪后,慈善事业史很快成为研究者学术视野中一个新的关注点,近十年来论著纷呈,研究成果丰硕。综观近 20 年来的民国慈善事业史研究,无论广度和深度上都取得重大进展,涉及慈善人物、慈善组织、宗教慈善、区域慈善等多个方面。

在慈善人物方面,熊希龄、张謇作为民国年间著名的慈善家,备受学界关注,研究成果众多。代表性论著有:周秋光的《熊希龄与慈善教育事业》、《熊希龄传》、《从国务总理到爱国慈善家》、《论熊希龄的慈善教育思想》,[21]以及朱英的《论张謇的慈善公益思想与活动》[22]。另有论者对张謇的慈善思想、慈善动机等方面进行研究,[23]从不同侧面深化了张謇这一慈善人物的形象。此外,有文章以比较的视野审视民国时期张謇、熊希龄二人兴办慈善活动之异同[24],颇有新意。近年来,还有论著叙及沈敦和、朱葆三、王一亭等民国著名慈善人物的慈善活动。[25]

　　慈善组织是学术界十余年来研究的重点，相关成果颇丰。除从宏观上总论民国慈善组织发展概况外，[26]对民国时期一些颇具影响的大慈善团体如中国红十字会、华洋义赈会、战时儿童保育会等进行微观细致的个案研究，已成为学术界探究民国慈善事业史最深入的专题之一。其中，有关中国红十字会的论著最多，重要著作有：池子华《百年红十字》、《红十字与近代中国》、《近代江苏红十字运动（1904—1949）》、张建俅《中国红十字会初期发展之研究》、周秋光《红十字会在中国（1904—1927）》、张玉法主编《中华民国红十字会百年会史（1904—2003）》、戴斌武《抗战时期中国红十字会救护总队研究》、《中国红十字救护总队与抗战救护研究》等，[27]分别从不同的角度探究了民国时期中国红十字会的发展情形及其慈善救济活动，内容各有侧重，展现了中国红十字会的丰满影像。而相关论文将近百篇，需特别关注的是里弗斯的博士论文《仁慈之力：中国红十字会（1900—1937）》。该文用较多篇章详细讨论了民国时期红十字会“从地方慈善机构到国家组织”的演变、全国红十字网络中的地方分会的组织运作以及红十字会的拓展及其活动等问题，视角独特，观察敏锐。[28]此外，周秋光、池子华、张建俅等人关于民国时期中国红十字会的慈善救护与赈济、国际交往、经费管理运作等方面的专题论文，也值得称道。[29]其余各文，兹不一一胪陈。

　　华洋义赈会是中外人士为赈济华北五省灾区联合发起的一个国际性民间慈善组织。1965年，美国学者安德鲁·内森较早考察了华洋义赈会的创建及其在华北灾区的赈济活动。[30]近十年来，国内史学界也围绕华洋义赈会的慈善救济及相关活动展开了广泛讨论。如台湾的黄文德重点研究了华洋义赈会在慈善救济中国际因素的影响与作用，[31]而大陆学者则更多关注华洋义赈会的组织运作及其推广的工赈、合作运动,如薛毅、刘招成等人的研究旨趣即在于此。[32]而蔡勤禹的《民间组织与灾荒救济——民国华洋义赈会研究》,从社会变迁视角对华洋义赈会进行深入研究,剖析其兴起的经济社会环境、组织模式与运作方式,探究其各项事业及其成效得失。该书运用社会学有关社团的理论方法来分析华洋义赈会,阐释很有新意。[33]

战时儿童保育会是抗战期间救助难童的著名慈善团体,在大后方建有多个儿童保育院,社会影响广泛。孙艳魁较早关注到战时儿童保育会,探讨了该会所开展的难童抢救、运送、保育、教养等多方面的慈善救济工作及其贡献。[34]林佳桦考察了战时儿童保育会筹备经过与组织运作、保育人员的建置与工作方针、儿童教养等问题,认为它实际上是抗战时期一个集合各界女性从事儿童救济的慈善组织。[35]此外,冯敏、滕兰花、许雪莲等人对全国、两广的战时儿童保育组织及其难童救济进行了述评。[36]与此相关联的是抗战期间的难民救济问题,也有学者论及。[37]

联合国善后救济总署、行政院善后救济总署以及中国妇孺救济总会等慈善救济组织,在民国社会也有较大影响,亦进入研究者的学术视野。如王德春《联合国善后救济总署与中国》一书,以档案史料为依据重现了联合国善后救济总署在中国从事慈善救济活动的历史过程,重新予以客观公允的评介。[38]杨瑞、谢忠强等人则对中国妇孺救济总会进行探讨,分析该组织的各项慈善救济措施及其在拯救被拐妇女中所发挥的作用。[39]

宗教是促进慈善公益事业发展的重要社会力量,因而近代中国的宗教慈善颇为学术界所关注。陶飞亚、刘义主编《宗教慈善与中国社会公益》就集中展示了近年来该领域研究的最新成果,其中多篇论文涉及民国时期基督宗教(含天主教)、佛教等慈善事业。[40]近 20 年来,史学界研究近代基督教会慈善活动的论文不计其数,但专论民国时期的却不多见。[41]至于佛教方面,已出版慈航法师慈善公益活动的论文集,还有论者叙及了上海佛教净业社、泉州开元慈儿院。[42]而对于伊斯兰教的慈善活动,史学界长期以来乏人问津,曾桂林、王伏平等人新近关于民国时期中国伊斯兰教的慈善教育、赈灾、济贫等善举的探究,[43]在一定程度上弥补了这一薄弱环节。世界红卐字会作为一个特殊的宗教团体,海内外多位学者对此有着浓厚的研究兴趣。台湾宋光宇发表过一系列重要论文,较全面地研究了民国初年中国本土宗教世界红卐字会的产生、发展及其举办的社会慈善活动,并探析其社会文化方面的意义。[44]新近,高鹏程出版的《红卐字会及其社会救助事业研究》探讨了世界红卐字会的起源、组织与成员、运作机制及其永久慈业、临时慈业等[45],内容丰富,是大陆学者同类研究的力作。另外,方竞、李光伟等人也探究了世界红卐字会的组织沿革及其赈灾活动。[46]

　　在区域慈善研究方面,近十年来已取得了重大进展,出版了多部学术著作,如:孙善根《民国时期宁波慈善事业研究》、黄雁鸿《同善堂与澳门华人社会》、赵宝爱《慈善救济事业与近代山东社会变迁》、任云兰《近代天津的慈善与社会救济》、王娟《近代北京慈善事业研究》以及日本学者小浜正子的《近代上海的公共性与国家》等。[47]尽管作者对山东、天津、北京地区慈善事业的考察时段为整个近代时期,但实际上有相当篇幅内容讨论了民国年间鲁津京等地慈善事业的运营实态。而小浜正子的关注点实则全在民国时期上海的慈善事业,对上海各善堂、救火会等慈善公益团体的源流、沿革与功能进行深入研究,勾勒了上海的民间慈善事业与国家权力、都市社会错综复杂的关系,并揭示出这些慈善团体从传统向现代的演变及其在国家与社会中的作用。她还发表两篇民国时期上海慈善事业及相关问题的论文。[48]目前,区域慈善研究的论文甚多,广泛涉及江南、华北、华南、东北等地区。这些论著,或论民国初期慈善组织的转型,或述商会、慈善组织的赈济慈善活动,或探讨慈善团体的资金来源,或分析慈善团体与日伪政权的关系,内容十分丰富。[49]

最后,还需特别提到的是毕素华《民国时期赈济慈善业运作机制述论》和沈洁《试论中国传统慈善事业向近代社会事业的转型过程》两文[50]。前一文主要探讨南京国民政府的赈济机构与慈善组织的形式、作用,同时也述及《社会救济法》和一些赈务方面的慈善救济法规。后一文从社会福利发展史的角度入手,指出20世纪40年代国民政府已将慈善事业纳入社会事业的一部分,而社会事业呈现出组织化、法制化、专业化的发展趋向,对这一时期出台的《社会救济法》等相关法律法规也有简要论析。然两文所述的慈善法规并不全面,亦未从立法的视角来探讨民国慈善法制问题,这是其共同的不足之处,不过,对于认识民国慈善事业、慈善法仍具一定参考价值。此外,龚书铎总主编的《中国社会通史:民国卷》和周秋光、曾桂林的《中国慈善简史》这两部通史性著作,在探讨民国时期的社会保障制度、慈善事业的章节中,也简略地提及国民政府制定的一些慈善救济法规。[51]

2. 民国法律史研究

民国法律史是中国法律史的重要组成部分,法学界、史学界都曾进行广泛深入的研究。早在民国年间,即出版了一些关于中华民国法制史或立法史著作,如吴宗慈《中华民国宪法史》、杨幼炯《近代中国立法史》、谢振民《中华民国立法史》[52],等等。然而,这些著作多对民国前期的立法活动及其成果进行宏观、总体的叙述,并不专论慈善法制,仅谢振民《中华民国立法史》有若干节简要涉及一些慈善法规,这对本书研究民国前期的慈善立法亦有裨益。

改革开放30余年来,有关民国法律史研究的著作已出版不少,就笔者陋见所及,有邱远猷、张希坡《中华民国开国法制史:辛亥革命法律制度研究》、朱勇主编《中国法制通史》(第九卷:晚清民国)、张生《民国初期民法的近代化》、《中国近代民法法典化研究(1901—1949)》、郭成伟《民国时期水利法制研究》、李倩《民国时期契约制度研究》、李学智《民国初年的法治思潮与法制建设》、赵金康《南京国民政府法制理论设计及其运作》、季立刚《民国商事立法》、陈婉玲《民国〈合作社法〉的孕育与影响》、殷莉《清末民初新闻出版立法研究》、卢静仪《民初立嗣问题的法律与裁判》、黄宗智《法典、习俗与司法实践:清代与民国的比较》、以及李露《中国近代教育立法研究》等十余部。[53]但综观其内容,这些学术成果多侧重于民国的宪法、民商法等部门法,或是对民国法律史的一般性叙述与归纳,几乎没有涉及慈善法律制度,而专论民国慈善法方面的著作更属阙如。诚然,任何学术都要以既有研究成果为基石,楼阁不可能构筑于空中。从这层意义上说,这些论著也为本书提供了丰富的民国法律史方面的背景材料,启迪了思维,开阔了研究视野,拓展了研究方法。

尽管民国慈善法律研究尚无专著问世,但前人各种相近或相关的论著也为笔者进一步研究提供了有益线索,或奠定了良好基础。其中,最具关联者是岳宗福的《近代中国社会保障立法研究(1912—1949)》。该著分为上、下两篇,内容全面,资料丰富,是一部研究民国社会保障立法史的重要著作。上篇总论民国社会保障立法的历史背景和社会动因、思想渊源与理论基础以及与之关联的社会行政与社会政策问题,下篇则从社会福利、社会保险、社会救济和社会抚恤四个方面分析民国政府的社会保障立法内容。[54]

或许，由于作者的研究旨趣在社会保障立法方面，其内容涵盖了社会保障制度的四个子系统，内容求其全、求其宏，故而只在论述社会救济立法时稍稍涉及民国政府的慈善立法，并未展开讨论。同时，又因其对立法内容的关注点有所偏重，也疏漏了一些慈善法规。此外，蔡勤禹的《国家、社会与弱势群体：民国时期的社会救济（1927—1949）》[55]也从制度层面梳理了民国时期社会救济思想、行政体制、立法与设施，并从实践层面考察政府、民间的社会救济事业的绩效与水平。该著设有"社会救济立法"一节，专门分析了南京国民政府的社会救济立法的概况，并对民国慈善团体的活动及其与政府的关系有一定的考察。史料翔实，言之成理，为研究民国慈善救济立法提供了参考。不过，该著关于救济立法的内容仍稍欠详尽，只讨论了南京国民政府制定的个别几项救济法规，又缘于研究主旨不同，尚有多项慈善法规的内容没有论及；同时受研究时段局限，对民国前期的慈善立法未作论述。

近二三十年来，有关民国法律史的论文也数以百计，十分丰硕，但专论慈善法律或相关法律的却不多。蔡勤禹《民国社会救济立法述论》较早考察了民国政府颁布的一系列社会救济法律法规及其实施情形，指出民国社会救济逐渐走上法制化轨道，既肯定其法制建设取得的进步，也指出其虚置性，法律的实际效能低。[56]但他的关注点主要是南京国民政府，偏重于社会救济立法，与慈善法的关联度尚不够密切。此后，随着2004年国务院颁行《基金会管理条例》，以及2005年民政部公布的《中国慈善事业发展指导纲要（2006—2010）》把慈善立法作为近期的一项重要内容和任务，慈善立法成为社会各界广泛关注的议题。在此背景下，学术界对中国慈善事业史及慈善立法给予新的关注。2009年，曾桂林发表《民国时期的慈善法规述略》和《民国时期的红十字会立法初探》两篇文章,对民国时期的慈善法律法规进行了初步考察,首先厘清了民国慈善法律法规的总体概况,并重点论述了北京政府、南京国民政府两个不同期间红十字会立法活动及其成就。[57]与此同时,龚汝富也发表《民国时期监督慈善团体立法及其启示》,分析了民国慈善立法的动因和概况,指出南京国民政府通过加强规范和监督慈善团体的立法工作,将其纳入到法制化轨道,"使得转型期的中国慈善事业基本上有法可依,并在一定程度上促进和保障了慈善事业的健康发展"。[58]随后,李永军、杨道波撰文回顾了辛亥革命以来历届政府的慈善募捐立法历程,罗列了民国政府颁布的一些公益募捐主体的法律法规,指出民国时期公益募捐法的特点是国家正式法与民间习惯法并存、传统公益募捐主体制度得到延续并发展、立法与法的施行严重脱节。[59]论者虽然具有法学专业背景,但疏于史料钩稽,不过理论分析还算透彻,值得参考。他们在此前探讨近代中国公益募捐事业发展的历史特点之时,也曾指出,近代公益募捐事业的规制由习惯法迈向成文法是其重要特点之一。[60]近年来,笔者研究民国慈善法律取得些进展,主要探讨了政府慈善立法与民间慈善组织的参与、北京政府的慈善立法、民国慈善行政体制演变与慈善立法的关系以及民国慈善法制建设的经验教训等问题,[61]这些前期成果经进一步修改和补充,已整合到本书内容里。此外,岳宗福还探究了南京国民政府的社会立法,指出其初始阶段主要为劳工立法,及至社会部设立后才正式启动社会立法,以社会保险法与社会救济法为其主体,但该文仅简略提及一些慈善法规的名称。[62]王倩等人考察了北洋政府、南京国民政府两个不同时期政权的社会保障机构与立法,对一些慈善法律法规也有简略述及,并将其归为社会保障立法的三大类之一,即社会救济与慈善事业类;同时指出,民国时期的社会保障工作已经从单纯的救济性"善举"向灾害预防性和善后建设性的现代社会保障方向发展,这是一个巨大的进步。[63]

近年来,还有些探讨民国政府的社会福利、社会救济法律制度的硕博士学位论文,也或多或少涉及一些慈善法律。如:姜春燕《南京国民政府社会福利政策研究》论述了儿童福利政策与法规及其实施[64];张益刚《民国社会救济法律制度研究》在探讨民国政府社会救济机构的制度设计及其整合时,也介绍了慈善机构的立法管理问题;[65]卢艺《民国时期慈善救济法律制度设计刍议》着重考察了抗战时期国民政府对慈善救济事业的规范与促进的制度设计,指出民国时期"法律社会化"的发展趋势。[66]此外,相自成的《中国残疾人保护法律问题历史研究》也列有专章讨论了南京临时政府、北洋政府及南京国民政府三个不同时期有关残疾人保护的法律制度。[67]

综上所述,经过中外学者数十年的努力,民国慈善事业史研究取得了显著成绩,相关成果主要集中在慈善人物、慈善组织、区域慈善与宗教慈善等方面,并呈现出方兴未艾的发展势头,但也存有一些薄弱环节或阙如之处。譬如,在研究内容上,既有成果比较重视慈善机构及其慈善活动等内部组织运作的论述,而忽视其存在与发展的外部法制环境。这也不利于揭示慈善事业这一社会现象在民国时期的全貌及民间社会与政府的相互关系。在研究视野与方法上,基本上都是从史学角度、以传统的历史研究法进行研究,而极少借用社会学、法学等相关学科的理论与方法。而在民国法律史领域,又偏重于宪法、民商法、刑法等部门法,慈善法律法规作为社会法的重要内容,似乎尚未进入到法学界的研究视野,从法学角度来研究的学术论著极少,专门著作更是阙如。目前为数不多的民国慈善法律专题论文,也多是史学工作者所撰,且较多关注南京国民政府时期,而对民国北京政府有所忽视;同时,既未见有从法的创造角度对立法历程进行梳理和考察的研究成果,也没有从立法主体、立法程序、法律实施等角度对这些慈善法律法规进行详尽的研究。因此,这一领域研究出现了一个十分薄弱的环节或说空缺之地,即民国慈善法律制度还缺乏深入系统的整体性研究,它与当代中国慈善立法研究论著迭出[68]、硕果累累相比,形成极大反差。这并不利于当前的立法者从历史中汲取经验教训,创制出符合中国国情、适应时代需要的慈善法律法规。基于此,笔者以为,民国慈善法律制度研究仍大有可为,既有学术意义,也有现实意义。

(二)史料概况

史料是历史研究的基石。研究民国时期的慈善法律制度,需要丰富、翔实的史料来支撑,否则将是无本之木、无源之水。民国时期,北京政府、南京国民政府先后出台了一系列关涉慈善事业的法律法规,各地慈善组织的相关文献资料也十分丰富。虽然历经半个多世纪的岁月沧桑,许多文献已毁于兵燹浩劫,或散佚残缺,但尚留存于世者,除已公开出版若干文集、资料汇编外,被尘封、被湮没的仍然不少,有待发掘。本书主要借阅苏州大学图书馆馆藏书刊,并从苏州、上海、南京、长沙等地的档案馆、图书馆所庋藏的浩瀚典籍文献中,披沙拣金,广为搜罗。既充分利用已公开出版的文集、资料汇编等史料,还将使用民国期刊、报纸、年鉴,以及中央政府暨相关行政机关、地方政府编印的公报、统计月报等多种文献,并广泛利用各档案馆所藏的民国时期慈善组织刊印的征信录、报告书及其与政府有关部门往来的公文、函稿等未刊史料,使得研究更为深入细致,论证更为严谨、缜密,具有较强的说服力。下面对相关文献史料作一详细的分类介绍。

1. 档案。档案资料因其原始性、可靠性，素为史学界所重视。本书查阅了南京中国第二历史档案馆、上海市档案馆、苏州市档案馆所藏各类慈善公益团体的相关慈善档案。具体言之，有中国第二历史档案馆藏的民国北京政府内务部档案、教育部档案；南京国民政府行政院档案、教育部档案、立法院、社会部档案、内政部档案、振济委员会、卫生部（署）档案、中国红十字会档案等。在这些档案资料中，立法院、行政院卷宗记录了民国时期各种慈善法律法规的立法理由书、草案及其修改、审议通过的过程；内务部（内政部）、振济委员会、社会部卷宗保留着不少各地灾荒慈善救济褒奖情形以及各地慈善团体依法呈请立案备案的文件；教育部卷宗保存有历次捐资兴学褒奖条例拟订与修正的情况以及各地呈请褒扬捐资者的文件；卫生部（署）、中国红十字会卷宗则记载着历次捐资兴办卫生事业褒奖条例、红十字会管理条例的起草、修正情况。上海市档案馆藏的公共租界工部局、上海市社会局以及各慈善团体、同业公会档案等。这些档案为本书奠定了比较翔实可靠的史料基础。另还全面检阅了汇编出版的一些档案资料书籍，如中国第二历史档案馆编的《中华民国档案资料汇编》（第1—5 辑各册）、《国民政府立法院议事录》（第1—45 册），[69] 摘录出与慈善法制建设相关的内容。

2. 报刊。民国时期，近代新闻出版事业颇为发达，全国各地创办的报纸、杂志不计其数，所载内容极为广泛。因而，研究民国慈善法制史，报刊资料也是不可或缺的。自清末民初以来，各地慈善团体日益增多，活动频繁。作为民国最具影响力的综合性大报，《申报》不仅广泛刊载有关上海本埠慈善事业的消息，而且对中央政府颁行的一些慈善法规也多有报道与评论。由于《申报》出版时间长,涵盖整个民国年间,且保存完整,又能持论公允,在一定程度上揭示出事件的来龙去脉,其史料价值不言而喻。此外,《广州民国日报》、上海《民国日报》、天津《大公报》亦有相当的社会影响,而中国国民党的机关报《中央日报》也是了解南京国民政府政务与政策的一个窗口。通过这些报纸,我们大致可以立体地了解到民国时期北京政府、南京政府有关慈善立法活动以及社会各界对它的认知情况,尤其是慈善界对慈善立法的反应。

民国时期公开发行的期刊杂志种类繁多,与本书研究主旨相关的刊物除《东方杂志》外,主要为法学类的杂志,如《法律评论》、《法律周报》、《法令周刊》、《立法专刊》,都是本书重要的参考资料。

3. 政府公报、年鉴。笔者收集到的政府公报相对较多,既有中央政府的政府公报,如《政府公报》、《政府公报分类汇编》、《国民政府公报》,也有民国政府各行政部门的公报和全国各省市的政府公报,如《行政院公报》、《立法院公报》、《教育公报》、《北平市市政公报》、《上海市(特别市)政府公报》。此外,内政年鉴编纂委员会编的《内政年鉴》、教育部编的《第一次中国教育年鉴》、《第二次中国教育年鉴》、湖南省政府编的《湖南年鉴》(1933、1934、1935年)都载录了民国时期慈善法制的实施情况,为研究提供了一些宝贵的统计资料。

4. 征信录、资料汇编及其他文献。民国时期,上海等地的慈善团体每年都刊刻有征信录和报告册,其内容包括该团体章程、本年度会务活动、收支情形及会计报告等诸多信息,显然这也是研究民国慈善事业必须重视的第一手资料,如《上海新普育堂征信录》、《上海至圣善院征信录》。由于编纂者的目的明确,资料汇编不仅专题性强,内容集中,史料价值甚高,为研究者的学术探索提供了一条便利的路径。本书较多征引了以下汇编资料:《公益慈善法规汇编》、《江苏省单行法规汇编》、《中华民国法令》、《上海慈善机关概况》、《中华民国法规大全》、《社会福利法规》等,并从中深受其益。

此外,民国时期学人的著述亦是本书重要的参考资料和文献征引来源。如周成的《慈善行政讲义》、柯象峰的《社会救济》、陈凌云的《现代各国社会救济》、邓云特的《中国救荒史》等。

四、研究思路、方法与框架

在展开讨论之前,有必要对一些基本概念进行阐释与界定,以作为本书研究的逻辑起点。

首先从"慈善"、"慈善事业"概念的形成来阐释其内涵。尽管中国慈善事业有着悠久的发展历史,但国人开始使用"慈善事业"这一词汇则晚至清末光绪年间。据中国慈善史研究的开拓者、日本学者夫马进考察,"'慈善'是红十字会的活动中,从日本传到中国的词汇",中国使用这一词汇,"大约在甲午战争结束到日俄战争结束期间"。[70]对于"慈善"概念在 19 至 20 世纪之交出现,秦晖亦认为:"如同西方传来的许多概念一样,近代中国的'慈善'与'公益'这两个概念,也是经由日本人转译过来的。明治年间的日本学者留冈幸助,曾著有《慈善问题》一书,以笔者所知,把西文之 Charity 与 Philanthropy 译为'慈善',Public Welfare 译为'公益',亦自留冈幸助始。"[71]而此前,举凡由民间组织或个人进行的济贫、赈灾、放生、惜字以及修桥铺路等活动,均称之为"善举"。明清时期,善会、善堂则是实施善举的重要设施。[72]虽然,"慈善"一词在古代文献典籍中也曾见载,如《北史·崔光传》:"光宽和慈善",但古汉语中的"慈善"多形容人面相慈祥、心地善良,与现代汉语所谓的"慈善"含义迥然有异。从现已发掘的文献史料来看,中国人采用"慈善"一词作为具有近代涵义的新术语,其具体时间至迟不晚于光绪二十九年(1903年)。1903年4月,维新派在日本横滨主办的《新民丛报》发表题为《中国之慈善教育》的时评文章,指出"中国书院之性质则教育兼慈善事业者也",文中还多处使用"慈善"、"慈善事业"等词汇。同年9月,革命派创办的《浙江潮》也刊发调查会稿《嘉兴海盐县之慈善事业》,用表格形式载列海盐县慈善机构的名称、经费、成立时间等项内容。1904年,国内外出版的一些中文报刊,如厦门《鹭江报》、上海《东方杂志》、东京《江苏》、《湖北学报》等,就多次出现具有近代涵义的"慈善"、"慈善事业"等名词术语,用以替代传统的"善举"一词。[73]戴鸿慈作为清末出洋考察宪政的五大臣之一,在1905—1906年出国考察期间,先后参观欧美诸国的痨病院、贫民院及基督教青年会等多所慈善机构,其日记中也多处出现"慈善"等字眼。[74]虽然这仅是他的私人载录,但考虑到他作为晚清重臣的身份,采用"慈善"而不是传统的"善举",由此亦可想见这一新词汇在清末社会的流行程度了。1906年冬,秋瑾为所译的日文著作《看护学教程》撰写序言,开篇也说:"慈善者,吾人对于社会义务之一端也。吾国群理不明,对于社会之义务,缺陷颇多;独慈善事业尚稍稍发达。曩岁在东,与同志创立共爱会……要之吾国女界团体之慈善事业,则不能不以此为嚆矢。"[75]由上而见,"慈善"这一术语在20世纪初年传入中国后,很快为人们欣然接受,无论是维新派、革命派,还是立宪派,在行文时都已开始有意识地使用,并迅速地普及到普通知识分子、仁人善士中。入民国后,随着"慈善事业"一词得到广泛使用,与"善举"相关联存在的善会、善堂也被纳入到"慈善团体"的范畴。如1912年6月,北京政府公布《内务部官制修正案》,其第一条载明:"内务总长管理地方行政、选举、恤贫、救灾、慈善、感化、人户、警察、著作、出版、土木工程、礼俗及卫生事务。"[76]这是"慈善"一词首次出现在民国政府的官方正式法律文件中,随后颁行的内务部官制及相关法令也都沿用下来。1929 年,南京国民政府颁布的《监督慈善团体法》也规定:"慈善团体者谓以济贫、救灾、养老、恤孤及其他救助事业为目的之团体。"[77]由此也可看出,民国时期慈善事业范围较广,涵括了济贫、救灾、养老、恤孤和其他救助事业。它是一项民间性质的公益事业,慈善捐赠为其经济基础,慈善团体运作为其组织基础。因而,本书所言的慈善事业也是广义范围上的。

　　接下来对慈善法、慈善法制进行界定。法律是社会关系的调节器,是国家权力管辖范围内普遍有效的社会规范。在法学理论上,法律有广义和狭义之分。"广义的法律是指法的整体,包括法律、有法律效力的解释及其行政机关为执行法律而制定的规范性文件(如规章)。而狭义的法律则专指拥有立法权的国家机关依照立法程序制定的规范性文件"[78]就民国时期的慈善法而言,也有广狭两层含义。狭义的慈善法,主要是指规范慈善组织及其活动、褒奖捐赠者的相关法律法规,其以《监督慈善团体法》为主体,包括《中国红十字会条例》、《管理私立慈善机关规则》、《捐资兴学褒奖条例》等法律文件。而广义理解上的慈善法,是指为发挥慈善事业在社会生活中积极作用而制定的有关调整慈善组织、慈善活动、慈善捐赠、慈善募捐等法律规范的总和,是一个以《监督慈善团体法》为基本法,其他相关法律、行政法规、部门规章和地方法规为补充的法律法规体系。本书所指的慈善法,是从广义角度来理解。慈善法是慈善活动的法律规范,因此,慈善法调整对象是调整慈善活动过程中所产生的各种慈善法律关系。具体言之,民国时期慈善法的调整对象包括以下四种:第一,慈善监督管理机关在依法登记、监督、检查、管理各种慈善组织的慈善活动中发生的监督管理关系,主要表现为行政管理关系。第二,慈善主管机关在依法审查慈善组织的各种募捐活动发生的募捐审查关系,这也是慈善行政关系。如需募捐,需有主管部门进行审查,审查合格才能募捐。第三,慈善组织运作中的法律关系。作为平等的民事主体,从事慈善捐赠、慈善救助等活动,受慈善法、民法以及其他经济法等法律规范的规制,享受一定的税收减免待遇。第四,慈善活动中违法行为的处罚。近代慈善事业需要政府监管,惩治违法行为,如非法的募捐,善款的贪污、挪用等,保障慈善组织的合法权益。

　　基于上述理解,我们由此认为,慈善法制是指由中央和地方政府制定、颁行并以国家强制力为保障的旨在规范慈善组织及慈善事业的法律法规制度。具体地说,民国时期的慈善法制是指民国法律体系中所有适用于慈善事业的规定,包括宪法、民法、税法、土地法、慈善法等各个法律部门所有适用于慈善组织及其活动的法律文件的条款。它是一个集合性概念,既不是单一的法律文件,也不是某一法律部门,因而具有多种法的渊源。

　　本书以民国时期慈善法制为研究对象,对民国慈善事业发展的制度环境进行深入、全面的探讨。由此,本书将充分观照民国慈善事业兴盛、发展的社会环境,力图把慈善法制置于民国时期政治、经济、文化这样一个宏观的历史大背景下进行考察。具体言之,首先追溯中国传统慈善事业的法制渊源,分析民国年间慈善事业立法的时代背景和社会动因,继而考察民国慈善法律制度的发展轨迹及不同阶段的特点,梳理其演变脉络。接着,将重点论述民国慈善法制的各项内容,探究其实施效果。同时,本书还将从上、下两个层面展开研究,一是国家对慈善法律法规的制定与推行,二是民间社会、慈善组织对相关法律的反应与落实,尝试多角度地透视民间慈善组织在政府慈善立法及其实施中的角色与地位,考察南京民国政府与民间慈善组织二者之间的关联与互动,揭示近代中国国家与社会的关系。民国时期是中国法律近代化进程中的重要阶段,其慈善立法无疑也受到了中国传统习惯法和西方近代法律的影响。因而,本书亦十分关注民国慈善法律制度对前清相关法令的继承与创新,对外国相关法律的吸收与改造,希望能够理清它与传统中华法系及近代西方法系的相互关系。概而言之,笔者拟在全面梳理民国政府各项慈善法制建设成果的基础上,对慈善法律法规进行深入剖析和系统研究,并对其特点、经验和教训进行客观评价,进而分析慈善事业发展运行的特点及规律,总结前人办理慈善事业的成败得失,同时亦为当今社会的慈善立法及慈善事业可持续发展提供借鉴。

民国慈善法制研究是一个涉及历史学、社会学、法学、社会保障学等多门学科的综合性课题,因而,必须综合运用多种研究方法才能使研究更深入、更透彻。当然,传统的史学研究方法必不可少,这也是最基本的,本书将对文献史料进行深度解读,以期客观、公允、完整地再现历史。同时,还充分借鉴和融合相关学科的理论体系作为分析工具,例如法律文本分析法、逻辑实证分析法以及比较法研究方法等。研究法律,不仅要梳理文本,还要透过文本看到法律背后的社会与人。由此,本书还将采用法律社会史的视野,即"研究法律与法律人、社会结构、社会阶层、社会生活及社会心态关系的历史,目的是揭示法律发展与社会变迁之间的内在联系,探求法律演变的历史规律"。[79]民国法律与民国社会都处于近代中国转型的关键期,以法律社会史的视角来审视尤为重要。具体来说,从研究方法上,"法律社会史研究中的文本,不仅包括具体的法律规范与文献,还包括各种法学学说、思潮等,它贯穿于法律文献从舆论到定章、从制定到阐释的全过程";从实践上而言,则更强调法律的具体实际效果。总之,本书研究中注重法律史与社会史的有机结合,注重法律与社会的互动研究,最终实现整体史的研究。[80]

按照前述研究思路与方法,本书由绪论、主体和结语三大部分组成,主体部分共五章。

绪论部分交代选题的缘起及其意义,回顾民国慈善事业史的研究现状,阐明研究目标、思路与方法。

第一章叙述民国时期慈善事业的立法诉求与条件。通过简要回溯古代中国社会的慈善法制,说明民国年间慈善立法具有深厚的历史基础与渊源。民国时期,随着社会的急剧转型,慈善事业亦获得较大发展,在客观上也需要相关法律进行规范。这成为民国慈善立法的社会动因,而20世纪初年以来法制近代化进程的不断深入,慈善立法的条件日益成熟。

第二章探讨民国政府慈善立法的概况。这包括慈善立法的指导思想、理念,也包括相关的立法主体及其法律渊源。同时,分析民国政府不同阶段慈善立法的成果及其特点。

第三章论述民国时期慈善立法的主要内容,也即慈善法律结构问题。本章主要从四个方面来分析探讨慈善法律法规的出台及其内容。一是从组织法方面讨论主管慈善事业的行政机关及其相关职能;二是关于慈善组织设立及日常管理的法律规定;三是关于慈善组织的税收优惠性法律规定;四是关于鼓励慈善捐赠的法律法规。在梳理相关法律条文的基础上,本章还将对这四类涉及慈善事业的法律法规进行客观公正的评析。

第四章研究民间慈善组织与慈善立法的关系。本章选取了中国红十字会、上海慈善团体联合会等两个颇具代表性的慈善团体,一为全国性，一为地方性，希冀从不同的层面来考察民间慈善组织在中央与地方政府进行慈善立法过程中的地位、作用，从一个侧面透视近代中国国家与社会的关系。

第五章探究民国慈善法律的运行机制及其实施成效。本章以《监督慈善团体法》、《捐资兴学褒奖条例》这两部民国时期最重要的慈善法为案例，进行了深入的个案研究。通过考察这两部法律的具体实施过程及效果，提出慈善立法在民国慈善事业发展进程中发挥了促进与保障作用。但由于各种因素的制约，其实施效果也未能尽如预期。管中窥豹，可见一斑。这也在一定程度上揭示出民国慈善法制的运行机制。

结语部分，主要分析民国时期慈善法制的特点、意义与局限。在剖析民国慈善立法的经验教训的基础上，总结它留给后人的历史启示，并对当前社会的慈善立法进行了前瞻。

总之，通过对民国时期慈善法制的考察，本书将着重解决如下三个问题：一是近代慈善法制建设过程中，中国传统法律资源的继承与西方现代法律体系传入的影响两个方面的关系以及国民政府对此的处理态度与方式，进而探讨民国时期慈善立法的时代特色。二是民国时期慈善事业在法律制度层面上所反映的国家与社会关系。三是民国慈善立法及其颁布实施对当代慈善事业及社会保障法律制度建设的借鉴意义。

要深入探讨民国时期的慈善法律制度问题，对于笔者而言，既是一种机遇，也是一种挑战。相较以往的学术成果，本书或许在以下三个方面有所创新。

其一，全面、系统地研究民国时期的慈善法制，这在中国慈善事业史、中国法律史研究领域均尚属首次。已有研究成果的关注点大都集中于慈善团体的内部组织及其活动运作方面，而忽视慈善团体存在与发展的外部法制环境,本书将揭示民国时期慈善立法的社会动因,探究慈善立法的理念、体系及其演进发展历程,考察慈善法的法律结构,分析慈善组织与慈善立法的关系,还将探讨一些重要慈善法律法规的实施情况,并评析其得失,从而较全面地展示出民国慈善法制的历史面貌,弥补相关研究之缺。

其二,提出并论证民国年间是中国近代慈善事业走向法制化、规范化的时期。在梳理民国慈善法律法规发展演变的基础上,通过对民国慈善法律的内容结构及其特征的分析,证明其已渐成体系,并趋于规范化。

其三,本书通过国家层面的慈善立法以及民间层面的慈善组织对相关法律反应的微观剖析,从一个新的视角探讨了民国时期国家与社会(社团)的互动关系,展现出民国慈善法制建设进程中的一个侧面。

研究民国政府的法律制度,需要具备精深的法学素养和扎实的史学功底。对于民国慈善法制研究这样一个横跨史学、法学、社会学、社会保障学等多个学科的课题,囿于个人的理论素养和学识结构,在研究时常有难以驾驭之感,不足之处也很显见。如有些章节史料搜集运用较充分,然材料分析还有进一步发挥的余地;有些观点的论述显得稚嫩,或是有些问题的探讨未能充分展开。这将留待于今后勤学慎思,继续探索,作进一步深入研究,加以改进。

注　释

1　参见《官方审计揭示"中国母亲"真相》,《南方周末》2007 年 4 月 12 日。

2　《函沈茂顺为图吞长生善会公款事三日内来处看原诉事》(1914 年 8 月 19 日),苏州市档案馆藏,苏州商会档案,档号:I14—002—0078—079。

3　《为遵私擅募捐应否布告封禁请示由(附原呈)》,《上海特别市市政公报》第 25 期,

1929 年,第 27 页。

4　《社会局防禁市民假冒慈善名义募捐》,《广州民国日报》1929 年 10 月 29 日。

5　中慈国际交流中心编译:《首届国际慈善法律比较研讨会论文集》,中国社会出版社 2005 年版,第 1 页。

6　民政部法制办公室编:《中国慈善立法国际研讨会论文集》,中国社会出版社 2007 年版。

7　[美]贝希·布查尔特·艾德勒等:《通行规则:美国慈善法指南》,民政部法制办公室译,中国社会出版社 2007 年版。

8　民政部法制办公室编:《中国慈善立法国际研讨会论文集》,中国社会出版社 2007 年版,第 1 页。

9　民政部政策法规司编:《中国慈善立法课题研究报告选编》,中国社会出版社 2009 年版;杨道波等译校:《国外慈善法译汇》,中国政法大学出版社 2011 年版;谢锟:《英国慈善信托制度研究》,法律出版社 2011 年版;褚蓥:《美国私有慈善基金会法律制度》,知识产权出版社 2012 年版;此外,还有李本公主编:《国外非政府组织法汇编》,中国社会出版社 2003 年版。

10　参见[日]夫马进:《中国善会善堂史研究》,伍跃、杨文信、张学锋译,商务印书馆 2005 年版,"序论",第 2—21 页;周秋光、曾桂林:《中国慈善简史》,人民出版社 2006 年版,第 17—24 页;王卫平、黄鸿山:《中国古代传统社会保障与慈善事业》,群言出版社 2005 年版,第 1—8 页;张文:《宋朝民间慈善活动研究》,西南师范大学出版社 2005 年版,第 5—8 页。黄鸿山:《中国近代慈善事业研究——以晚清江南为中心》,天津古籍出版社 2011 年版,第 2—14 页。此外,国内一些荒政史、救济史的学术综述也略有论及。

11　曾桂林:《20 世纪国内外中国慈善事业史研究综述》,《中国史研究动态》2003 年第 3 期;《近 20 年来中国近代慈善事业研究述评》,《近代史研究》2008 年第 2 期;《2000 年以来中国古代慈善事业史研究概述》,《文化学刊》2009 年第 1 期;曾桂林、王卫平:《日美及港澳台地区近五十年对中国慈善事业史的研究》,《史学理论研究》2008 年第 2 期。

12　白云仙子:《慈善行政论》,《灵学要志》第 1 卷第 4 期,1920 年 11 月。

13　周成:《慈善行政讲义》,上海泰东图书局 1923 年版。

14　梁维四:《慈善政策论》,《中国建设》第 2 卷第 5 期,1930 年,第 179—188 页。

15　邓云特:《中国救荒史》,商务印书馆1937年初版,上海书店1984年重印本。

16　陈端志:《抗战与社会救济》,商务印书馆1938年版;王龙章:《中国历代灾况与振济政策》,独立出版社1942年版。

17　柯象峰:《社会救济》,中正书局1944年版。

18　刘玉凤:《帝国主义利用基督教在汲县孤儿院罪行》,《史学月刊》1965年第8期;《美帝国主义是中国人民的死敌(五)——如此"慈善事业"》,《历史教学》1966年第3期。

19　顾长声:《传教士与近代中国》,上海人民出版社1981年版。

20　周秋光:《民国时期社会慈善事业研究刍议》,《湖南师范大学社会科学学报》1994年第3期。

21　周秋光:《熊希龄与慈善教育事业》,湖南教育出版社1991年版;《熊希龄传》,湖南师范大学出版社1996年版;周秋光编:《熊希龄:从国务总理到爱国慈善家》,岳麓书社1996年版,"前言";周秋光:《论熊希龄的慈善教育思想》,《湖南师范大学社会科学学报》2008年第4期。

22　朱英:《论张謇的慈善公益思想与活动》,《江汉论坛》2000年第11期。

23　高鹏程、蒋国宏:《浅析张謇兴办南通慈善事业的动机》,《南通职业大学学报》2005年第3期;赵有梅:《张謇慈善思想探析》,《南京林业大学学报》(社科版)2005年第3期;蒋国宏:《张謇慈善思想探源》,《贵州师范大学学报》2005年第4期。

24　曾桂林:《善与人同　殊途同归:张謇与熊希龄慈善事业之比较》,《科学·经济·社会》2011年第3期。

25　周秋光、曾桂林:《沈敦和与中国红十字会》,《史林》2008年第6期;应芳舟:《朱葆三慈善事业述论》,《浙江海洋学院学报》2008年第1期;陈祖恩、李华兴:《王一亭传》,上海辞书出版社2007年版,第145—169页;沈文泉:《海上奇人王一亭》,中国社会科学出版社2011年版,第83—110页。

26　蔡勤禹:《民国慈善团体述论》,《档案与史学》2004年第2期;马真、于德孔:《南京国民政府时期慈善救济机构述略》,《山东省农业管理干部学院学报》2005年第6期。

27　池子华、杨国堂等著:《百年红十字》,安徽人民出版社2003年版;池子华:《红十字与近代中国》,安徽人民出版社2004年版;池子华、郝如一等著:《近代江苏红十字运动(1904—1949)》,安徽人民出版社2007年版;张建俅:《中国红十字会初期发展之研究(1912—1949)》,中华书局 2007 年版;周秋光:《红十字会在中国(1904—1927)》,人民出版社 2008 年版;张玉法主编、周秋光、张建俅等撰:《中华民国红十字会百年会史(1904—2003)》,台北:红十字会总会刊印,2004 年;戴斌武:《抗战时期中国红十字会救护总队研究》,天津古籍出版社 2012 年版;《中国红十字救护总队与抗战救护研究》,合肥工业大学出版社 2012 年版。

28　Reeves, Caroline Beth, The power of mercy: the Chinese Red Cross Society, 1900—1937 (Ph. D), Harvard University. (Ann Arbor, Mich.: UMI, 1998.)

29　周秋光:《民国北京政府时期中国红十字会的慈善救护与赈济活动》,《近代史研究》2000 年第 6 期;《民国北京政府时期中国红十字会的国际交往》,《湖南师范大学学报》2002 年第 4 期;池子华:《抗战初期中国红十字会的战事救护》,《江海学刊》2003 年第 4 期;张建俅:《中国红十字会经费问题浅析(1912—1937)》,《近代史研究》2004 年第 3 期;《近代中国政府与社团关系的探讨:以中国红十字会为例(1912—1949)》,(台北)《中央研究院近代史研究所集刊》,2005 年 3 月,等等。

30　Nathan, Andrew J. A history of the China International Famine Relief Commission. Cambridge: Harvard University Press, 1965.

31　黄文德:《辛亥前后美国与华洋义赈组织关系之研究》,胡春惠、周惠民主编:《两岸三地历史学研究生论文发表会论文集》,政治大学历史系刊印,2001 年;黄文德:《国际合作在中国:华洋义赈会之研究》(博士学位论文),台北:中国文化大学史学研究所,2003 年。

32　薛毅、章鼎:《章元善与华洋义赈会》,中国文史出版社 2002 年版;薛毅:《中国华洋义赈救灾总会研究》,武汉大学出版社 2008 年版;刘招成:《华洋义赈会的农村赈灾思想及其实践》,《中国农史》2003 年第 3 期;刘招成:《中国华洋义赈救灾总会论述》,《社会科学》2003 年第 5 期。

33　蔡勤禹:《民间组织与灾荒救济——民国华洋义赈会研究》,商务印书馆 2005 年版。

34　孙艳魁:《战时儿童保育会与难童救济》,《民国春秋》1996 年第 2 期;《战时儿童保育会的难童救济工作初探》,《江汉论坛》1997 年第 5 期。

35　林佳桦:《战时儿童保育会之研究(1938—1946)》,台北,国立中央大学历史研究所硕士学位论文,2005 年。

36　冯敏:《抗战时期难童救济教养工作概述》,《民国档案》1995 年第 3 期;滕兰花:

《抗日战争时期广西的难童救济工作》,《广西社会科学》2003 年第 2 期;许雪莲:《抗战时期广东儿童教养院难童保育工作述评》,《广东党史》2005 年第 3 期。

37　孙艳魁:《抗战初期武汉难民救济刍议》,《江汉论坛》1996 年第 6 期;李陵:《长沙基督教青年会抗战时期的难民救助工作》,《船山学刊》2005 年第 3 期。

38　王德春:《联合国善后救济总署与中国(1945—1947)》,人民出版社 2004 年版。

39　杨瑞:《中国救济妇孺会述略》,《赤峰学院学报》2007 年第 1 期;谢忠强:《中国救济妇孺会慈善工作述评(1912—1937)》,《山西师范大学学报》2007 年第 4 期。

40　陶飞亚、刘义主编:《宗教慈善与中国社会公益》,上海大学出版社 2012 年版。

41　专以民国时期基督教慈善事业为研究主题的,笔者所及主要有谭绿英:《民国时期基督教在华的慈善医疗事业》,《宗教学研究》2003 年第 3 期;向常水:《教会对战地的慈善救济》,《湖南第一师范学报》2006 年第 2 期。

42　释本性主编:《文化 教育 慈善——慈航菩萨圣像回归祖庭系列活动之首届慈善菩萨学术研讨会论文集》,厦门大学出版社 2008 年版;高振农:《民国年间的上海佛教净业社》,《法音》1990 年第 5 期;王荣国:《圆瑛法师与泉州开元慈儿院》,《宗教学研究》2005 年第 1 期。

43　曾桂林:《试论近代中国的伊斯兰教慈善事业》,《世界宗教研究》2013 年第 2 期;王伏平:《民国时期宁夏回族穆斯林的教育慈善活动》,《中国穆斯林》2010 年第 4 期。

44　宋光宇:《民国初年中国宗教团体的社会慈善事业——以"世界红卍字会"为例》,(台北)《国立台湾大学文史哲学报》第 46 卷,1997 年;《士绅、商人与慈善:民国初年一个慈善性宗教团体"世界红卍字会"》,(台北)《辅仁历史学报》第 9 卷,1998 年;《慈善与功德:以世界红卍字会的"赣赈工作"为例》,《国立台湾大学考古人类学刊》第 57 卷,2001 年。

45　高鹏程:《红卍字会及其社会救助事业研究(1922—1949)》,合肥工业大学出版社 2011 年版。

46　方竞、蔡传斌:《民国时期的世界红卍字会及其赈济活动》,《中国社会经济史研究》2005 年第 2 期;李光伟:《20 世纪上半叶中国民间慈善救助事业之典范——世界红卍字会烟台分会恤养院的历史考察》,《鲁东大学学报》2007 年第 3 期。

47　孙善根:《民国时期宁波慈善事业研究(1912—1936)》,人民出版社 2007 年版;黄雁鸿:《同善堂与澳门华人社会》,商务印书馆 2012 年版;赵宝爱:《慈善救济事业与近代山东社会变迁》,济南出版社 2005 年版;任云兰:《近代天津的慈善与社会救济》,天津人民出版社 2008 年版;王娟:《近代北京慈善事业研究》,人民出版社 2010 年版;小浜正子:《近代上海的公共性与国家》,葛涛译,上海古籍出版社 2003 年版。

48　小浜正子:《民国期上海の都市社会と慈善事業》,《史学雑誌》第 103 編第 9 号,1994 年;《民国期上海の民間慈善事業と国家権力》,《東洋学報》第 76 巻第 1、2号,1994 年。

49　张礼恒:《略论民国时期上海的慈善事业》,《民国档案》1996 年第 3 期;冯筱才、夏冰:《民初江南慈善组织的新变化:苏城隐贫会研究》,《史学月刊》2003 年第 1 期;陶水木:《北洋政府时期上海慈善资金来源初探》,《档案与史学》2004 年第 1 期;孙善根:《民初江南传统善堂的转型:宁波云华堂研究》,《中国农史》2007 年第 1期;王娟:《清末民初北京地区的社会变迁与慈善组织的转型》,《史学月刊》2006年第 2 期;任云兰:《论华北灾荒期间天津商会的赈济活动(1903—1936)》,《史学月刊》2006 年第 4 期;赵军、沈洁:《抗战后期华北城乡的民间慈善团体与日本军政统治》,李长莉、左玉河主编:《近代中国的城市与乡村》,社会科学文献出版社 2006 年版,第 525—543 页;熊燕:《九善堂与清末民初广州社会》,香港科技大学华南研究中心、华南研究会合编:《经营文化:中国社会单元的管理运作》,香港教育图书公司,1999 年;许金顶、魏丹:《民国时期晋江的社会慈善事业——以晋江市档案馆馆藏资料为中心》,《历史档案》2008 年第 2 期;焦润明:《论民国年间奉天的民间慈善救助》,《东北史地》2008 年第 5 期。

50　毕素华:《民国时期赈济慈善业运作机制述论》,《江苏社会科学》2003 年第 6 期;沈洁:《试论中国传统慈善事业向近代社会事业的转型过程——析 40 年代国民政府的社会事业政策》,见中国社会科学院近代史研究所编《划时代的历史转折:"1949 年的中国"国际学术讨论会论文集》,四川人民出版社 2002 年版,第 817—828 页。

51　龚书铎总主编:《中国社会通史·民国卷》,山西教育出版社 1996 年版,第 470—471页、第 529—535 页;周秋光、曾桂林:《中国慈善简史》,人民出版社 2006 年版,第 260—265 页。

52　吴宗慈:《中华民国宪法史》,东方印刷局 1924 年版;杨幼炯:《近代中国立法史》,商务印书馆 1936 年版;谢振民:《中华民国立法史》,正中书局 1937 年版,本书参考征引版本为中国政法大学出版社 2000 年重印本。

53　邱远猷、张希坡:《中华民国开国法制史:辛亥革命法律制度研究》,首都师范大学
　　出版社 1997 年版;朱勇主编:《中国法制通史》(第九卷:晚清民国),法律出版社
　　1999 年版;张生:《民国初期民法的近代化》,中国政法大学出版社 2002 年版;《中
　　国近代民法法典化研究(1901—1949)》,中国政法大学出版社 2004 年;郭成伟:
　　《民国时期水利法制研究》,中国方正出版社 2004 年版;李倩:《民国时期契约制度
　　研究》,北京大学出版社 2005 年版;李学智:《民国初年的法治思潮与法制建设》,
　　中国社会科学出版社 2006 年版;赵金康:《南京国民政府法制理论设计及其运
　　作》,人民出版社 2006 年版;季立刚:《民国商事立法》,复旦大学出版社 2006 年
　　版;陈婉玲:《民国〈合作社法〉的孕育与影响》,法律出版社 2010 年版;殷莉:《清末
　　民初新闻出版立法研究》,新华出版社 2007 年版;卢静仪:《民初立嗣问题的法律
　　与裁判》,北京大学出版社 2004 年版;黄宗智:《法典、习俗与司法实践:清代与民
　　国的比较》,上海书店出版社 2007 年版;李露:《中国近代教育立法研究》,广西师
　　范大学出版社 2001 年版。

54　岳宗福:《近代中国社会保障立法研究(1912—1949)》,齐鲁书社 2006 年版。

55　蔡勤禹:《国家、社会与弱势群体:民国时期的社会救济(1927—1949)》,天津人民
　　出版社 2003 年版。

56　蔡勤禹:《民国社会救济立法述论》,《中国海洋大学学报》(社科版)2002 年第
　　1 期。

57　周秋光、曾桂林:《民国时期的慈善法规述略》,《光明日报》2009 年 1 月 20 日第 12
　　版;曾桂林:《民国时期的红十字会立法初探》,《苏州大学学报》(社科版)2009 年
　　第 5 期。前一文构成了本书第三章内容的基本框架,后一文构成了本书第四章第
　　一节的主要内容。

58　龚汝富:《民国时期监督慈善团体法及其启示》,《法商研究》2009 年第 5 期。

59　李永军、杨道波:《辛亥革命以来我国公益募捐立法的回顾与反思》,《社团管理研
　　究》2011 年第 10 期。

60　李永军、杨道波:《我国近代公益慈善募捐事业发展的历史特点》,《广西社会科学》
　　2010 年第 4 期。

61　曾桂林:《民国时期慈善立法中的民间参与——以上海慈善团体联合会为中心的
　　考察》,《学习与探索》2011 年第 6 期;《试论民国北京政府的慈善立法》,《北京社

会科学》2012 年第 4 期；《民国政府慈善行政体制的演变与慈善立法》，《安徽史学》2013 年第 1 期；《民国时期的慈善法制建设及其经验教训》，《史学月刊》2013年第 3 期。

62　岳宗福：《试论南京国民政府的社会立法》，《科学·经济·社会》2010 年第 2 期。

63　王倩、杨娟、李运仓：《北洋政府时期与南京国民政府时期社会保障管理体制之考察》，《学术研究》2012 年第 5 期。

64　姜春燕：《南京国民政府社会福利政策研究》，山东师范大学硕士学位论文，2006年，第 41—48 页。

65　张益刚：《民国社会救济法律制度研究》，华东政法学院博士学位论文，2007 年，第137—140 页。

66　卢艺：《民国时期慈善救济法律制度设计刍议——以抗战时期为中心考察》，西南政法大学硕士学位论文，2010 年，第 8—28 页。

67　相自成：《中国残疾人保护法律问题历史研究》，中国政法大学博士学位论文，2004年，第 131—147 页。

68　有关当代中国慈善立法研究，仅就笔者目力所及，近五年来论文不计其数，著作已出版约十种，如：李芳：《慈善性公益法人研究》，法律出版社 2008 年版；郭健：《社会捐赠及其税收激励研究》，经济科学出版社 2009 年版；黄春蕾：《我国慈善组织绩效及公共政策研究》，经济科学出版社 2011 年版；杨道波、李永军：《公益募捐法律规制研究》，中国社会科学出版社 2011 年版；朱迎春：《我国企业慈善捐赠课税的经济分析》，立信会计出版社 2012 年版；徐卫：《慈善宣言信托制度构建研究》，法律出版社 2012 年版；李领臣：《公司慈善捐赠的利益平衡》，中国政法大学出版社 2012 年版；王雪琴：《慈善法人研究》，山东人民出版社 2013 年版，等等。

69　为简洁起见，本目所提及已出版的文献史料不再——详注版本信息，可参阅本书末的"主要参考文献"部分。

70　[日]夫马进：《中国善会善堂史——从"善举"到"慈善事业"的发展》，胡宝华译，见常建华主编：《中国社会历史评论》第七卷，天津古籍出版社 2006 年版。

71　秦晖：《政府与企业以外的现代化——中西公益事业史比较研究》，浙江人民出版社 1999 年版，第 168—169 页。据原书注释，留冈幸助所著《慈善问题》一书，于1898 年由日本东京警醒书社出版。

72　[日]夫马进：《中国善会善堂史研究》，伍跃、杨文信、张学锋译，商务印书馆 2005

年版,第1页。

73　相关文章及报刊主要有:《中国纪事:上海慈善会述闻》,厦门《鹭江报》第58册,
　　1903年3月11日;《学艺丛录:寡妇之捐助教育慈善费》,《湖北学报》第2集第8
　　册,1904年5月10日;《本省杂录:高邮之慈善事业表》,东京《江苏》第11—12期,
　　1904年5月15日;《杂录:富豪之慈善事业》,上海《大陆报》第9期,1904年10月
　　28日;《记事:外国慈善演艺》,上海《女子世界》第10期,1904年;《慈善教育说》,
　　上海《东方杂志》第1卷第9期,1904年9月;《论中外慈善事业之不同》,《东方杂
　　志》第1卷第11期,1904年11月。

74　在出洋考察宪政的过程中,戴鸿慈在日记中也记录了个人对西方慈善事业的观
　　感,多处明确以“慈善”一词载录。如:光绪三十一年十二月二十五日(1906年1月
　　19日),参观芝加哥基督教青年会:“邻近女童来学者,常五百人。学既竣事,乃出
　　而授其他穷者,亦慈善事业之不可少者也。又贫家子女年幼,抚养无人,碍于作工
　　者,别为一室,代调护之,尤法之最善者也。”翌年五月初七日(1906年6月28日),
　　舟行红海途中,天气炎热,“每日船客无事,辄投票射船行之里数,以贽十之一助慈
　　善事业,而馀者分配干得利一人或三五人。”见戴鸿慈:《出使九国日记》,陈四益
　　校点,湖南人民出版社1982年版,第76、261页。

75　中华书局上海编辑所编辑:《秋瑾集》,中华书局1960年版,第167页。

76　谢振民编著:《中华民国立法史》上册,中华政法大学出版社2000年版,第360页。

77　上海市社会局编:《公益慈善法规汇编》,1932年刊印,第18页。

78　张文显主编:《法理学》(第三版),法律出版社2007年版,第100页。

79　张仁善:《法律社会史的视野》,法律出版社2007年版,“序言”第1页。

80　付海晏:《中国法律近代社会史研究》,华中师范大学出版社2012年版,第3页。

第　一　章

民国慈善事业的立法诉求与条件

　　法律是人类社会发展到一定阶段的产物,它从无到有、从萌芽出现到最终形成一种基本制度,尽管在不同民族和社会表现各异,但都经历了由习惯演变为习惯法再发展到成文法的长期过程。正如中国法律社会史的开创者瞿同祖先生所指出:"法律是社会产物,是社会制度之一,是社会规范之一。它与风俗习惯有密切的关系,它维护现存的制度和道德、伦理等价值观念,它反映某一时期、某一社会的社会结构,法律与社会的关系极为密切。因此,我们不能像分析学派那样将法律看成一种孤立的存在,而忽视其与社会的关系。任何社会的法律都是为了维护并巩固其社会制度和社会秩序而制度的,只有充分了解产生某一种法律的社会背景,才能了解这些法律的意义和作用。"[1]可见,法律的产生与创制都离不开客观的物质世界和主观的精神世界,法律无不反映发展变化着的各种社会需求。民国时期,中国慈善事业已开启由传统向近代的转型,并获得了进一步发展。这在客观上需要有一个良好的法制环境,慈善立法乃深深根植于这种社会土壤中。

第一节　民国慈善立法的历史基础

中国慈善事业源远流长,在上千年的发展进程中,历朝历代浩繁的诏令、典章、律例所关涉到慈善组织、慈善活动的条文,构成了内容较为丰富的传统慈善法制。历史前进的惯性不会戛然而止,传统社会慈善法制的存在,也为民国时期的立法者提供了可以汲取的有益养分,由此构成民国慈善立法中一个不可或缺的历史基础。

一、先秦至唐朝的慈善法令

《礼记·礼运》开篇有言:"大道之行也,天下为公,选贤与能,讲信修睦。故人不独亲其亲,不独子其子,使老有所终,壮有所用,幼有所长,鳏寡孤独废疾者皆有所养,男有分,女有归。货恶其弃于地也,不必藏于己;力恶其不出于身也,不必为己。是故谋闭而不兴,盗窃乱贼而不作,故外户而不闭,是谓大同。"虽然这里所描绘的"大同世界"并非上古时期的真实影像,不过是王者统治的理想社会,但自西周以降却成了后世一些开明君主、帝王的施政理念,并将之付诸实践,大力推行仁政、惠政的措施,以实现河清海晏的太平盛世。由此,作为仁政惠政之举措,相应的慈善政令也随之产生。

西周初年,周公在损益殷礼的基础上制成周礼,"使礼的规范更为丰富、系统,并赋予礼以道德的、法律的等种种属性,用来调节社会关系,周礼便成为西周最主要的法,周公制礼也就成为西周最早的立法"[2]。今人研究周礼,主要利用春秋以后流传下来的三部古文献,即所谓"三礼":《仪礼》、《礼记》和《周礼》。尽管学界关于《周礼》的成书时间尚存分歧,但大都认可它是以西周的制度为基础,加上理想化的整理,系统追述西周政治制度的著作。[3] 因此,我们从中可管窥出当时社会的法律制度概况。据《周礼》记载,西周时期设有疾医、司救、司徒、遗人等官职,负责平时或灾时救济贫病之民。这就是文献中所称的:"疾医,凡民有疾病者分治之;司救,凡有天患民病,则以王命施惠"[4];"大司徒以保息六养万民:一曰慈幼,二曰养老,三曰赈穷,四曰恤贫,五曰宽疾,六曰安富。"[5] 可见,中国还处在早期奴隶制国家的阶段就已开始实施一些慈善惠政。由于"礼作为整体而言是不成文的习惯性规范,它还不完全等同于现代意义上的'法'"[6],因此,严格地说,前述官职及其所施惠政与慈善法令还存有一定的差距,或许称之为中国慈善法的最早起源或最初萌芽更合适。

　　春秋战国时期,礼崩而乐坏,各诸侯国纷纷开展变法活动,逐渐创制起比较完备的成文法。"李悝始集诸国刑典,著《法经》六篇",而后"商鞅传《法经》,改法为律"[7],为秦国各项法律制度的发展奠定了基石,也为秦国日臻富强、最终一统天下提供了强有力的法制保障。秦朝建立后,颁行秦律于全国。除律之外,秦代还有令、程、式等多种法律形式。其中,令即是皇帝发布的诏书,它是为适应社会发展与变革的需要而产生的一种新的法律载体,后来成为整个封建社会最基本的法律形式与渊源之一。汉沿秦制,律、令仍是两种最主要的法律形式,正如《汉书·宣帝纪》注文所云:"天子诏所增损,不在律上者为令。"众所周知,汉初崇奉黄老思想,长期推行休养生息政策,这对汉代立法产生了重大影响。汉律在赋役与刑罚上矜恤老弱妇残者,体现出轻刑薄罚、约法省禁的特点。[8] 汉律中还有两项涉及慈善内容的法令,即胎养令和养老令。《汉书·高帝纪》载,七年(公元前200年),"民产子,复勿事二岁"。

这是汉代颁行胎养令之始,即规定免征生子育婴之家的赋役,以示慈恤婴幼儿。它是在历经多年战乱、生产凋敝的背景下,西汉朝廷为复苏社会经济、鼓励人口增殖而采取的一项特殊的慈幼措施。此后,文、景、武帝一以贯之。及至东汉时期,胎养令仍在实施。如元和二年(85年),章帝下诏各州县,"《令》云人有产子者,复勿算三岁,今诸怀妊者赐胎养谷人三斛,复其夫勿算一岁,著以为令"。[9]翌年,又诏"其婴儿无父母亲属及有子不能养食者,禀给如律"[10]。养老令是汉代另一项重要的慈善法令。它颁布于汉文帝元年(公元前179年)三月,其规定由各地有司赐给八十岁以上年长者米、肉、酒、帛、絮等物。[11]东汉亦沿袭之。建武六年(31年),光武帝下诏各郡国,对"高年、鳏寡孤独及笃癃、无家属贫不能自存者"在灾年应依律支给谷物。[12]据日本学者夫马进的考察,两汉时期的慈善法多以诏书形式颁行实施,向鳏寡孤独等弱势者临时发放粟帛,"西汉颁赐的主要是帛,而东汉颁赐的则主要是粟",标准为每人每天给粮食五升。[13]

　　佛教于两汉之际传入中国,到了魏晋南北朝时期,流播更广,日臻繁盛。随着佛教寺院在各地的兴设,佛家慈悲观念、福田思想的广泛传布,佛寺慈善活动日趋活跃,发展十分迅速,并开始出现常设性质的慈善机构。中国慈善事业发展史上的第一个高潮期由此形成。这也在一定程度上推动了朝廷以诏令的法律形式予以倡导和规约。如北魏宣武帝永平三年(510年)颁布诏令设立医馆,"使京畿内外疾病之徒,咸令居处"[14],并由医署分派出医师进行救疗,依其治疗业绩而行赏罚。这样,朝廷初步确立了对慈善活动的监督管理。稍后,南朝梁武帝在普通三年(522年)正式将慈幼恤孤确立为国家的法令制度,要求各郡县收养无依无靠的老人和孤儿,供以充足的衣食。诏曰:"凡民有单老孤稚自存,主者郡县咸加收养,赡给衣食,每令周足,以终其身。又于京师置孤独园,孤幼有归,华发不匮。若终年命,厚加料理。"[15]虽然孤独园的设置还仅限于京城建康一地,但这道诏令的颁行,即表明国家在法律层面上对设置专门慈善机构的重视,"为传统的鳏寡孤独政策加进了新的因素","将已有的政策向前推进了一步"。[16]此外,西晋、北周等朝法令也有涉及慈善内容的条款。[17]

　　唐朝是中国传统法律制度发展的重要时期,也是中华法系的成熟与完备时期。这表现为:在法律成果方面,颁行了后世影响深远的《唐律疏议》等法典;在立法形式方面,创制了由律、令、格、式所组成的比较完备的成文法律体系。这种以律令为主体的法律体系,涉及刑事、民事、经济、行政等诸多领域,几乎涵盖了唐代社会生活的各个角落。[18]仔细检索唐代律令条文,我们发现有若干慈善行政管理方面的内容。一是关于慈善救助对象和主体的规定:如唐玄宗《开元二十五年令》的《户令》载:"诸鳏寡孤独、贫穷老疾不能自存者,令近亲收养。若无近亲,付乡里安恤。如在路有疾患,不能自胜致者,当界官司收付村坊安养,仍加医疗,并勘问所由,具注贯属,患损之日,移送前所。"[19]上述史料表明,受助者是"鳏寡孤独、贫穷老疾"之类丧失生存能力的社会弱者,施助的主体是"近亲"、"乡里"、"村坊"。二是关于慈善机构管理的规定。由于魏晋以来佛教的盛行,佛寺慈善活动频频,并开始收留医治贫病孤老。唐初,这种施医善举已发展成为有固定处所的慈善机构——悲田养病坊(或称病坊、养病坊)。缘于各地不断出现悲田养病坊,朝廷着手制定相关法令措施予以管理。武周长安年间(701—704年),"置使专知,国家矜孤恤穷,敬老养病,至于安庇,各有司存"。即设专职管理原由佛寺创设、主办的慈善机构,并将它纳入到官府的监督管理之下。开元五年(717年),宋璟奏请将悲田养病坊的患者"令河南府按此分付其家",但唐玄宗并没有采纳。及至开元二十二年,乃令:"断京城乞儿,悉令病坊收管,官以本钱收利给之。"这一诏令颁行后,朝廷对悲田养病坊从经济上给以一定资助,但管理权仍归寺院。这种情形持续了百余年,佛寺也因善举扩大了对社会的影响力。会昌五年(845年),武宗废佛,全国各道寺院僧尼被迫还俗,悲田养病坊也处于无人管理的废弛状况,许多贫病无告者顿时限入困窘之境。鉴于此,同年十一月,李德裕上奏朝廷请求恢复悲田养病坊,同时为消除佛教的社会影响而去掉与佛教含义关联的"悲田"二字,改名为养病坊,给以一定寺田作粥食来源,并于两京及诸州耆老中选择合适者专司其责。朝廷最终颁布敕令:"悲田养病坊,缘僧尼还俗,无人主持,恐残疾无以取给,两京量给寺田拯济,诸州七顷至十顷,各于本置选耆寿一人勾当,以充粥料。"[20]由此,会昌废佛成为唐后期慈善法令施行过程中的又一个转折点。从悲田养病坊管理权的屡次变更可以看出,唐代统治者对于慈善事业发展的认识是有矛盾的,以致前后期出现法令执行的偏移。

二、宋元时期的慈善法令

宋代的法律形式基本承袭唐制,随着社会演进亦有些变化,主要有律、敕、令、格、式、例。"在宋代,令仍然是关于国家政治和社会生活制度的规定。"[21]翻检宋代的法律文献可知,两宋时期以诏令形式来颁布实施的慈善法律法规相当丰富,规定十分详细。其中,最具重要意义的慈善法令是"元丰惠养乞丐法"和"元符居养令"。

北宋前期,全国各路有广惠仓以救恤孤贫,京师有东、西福田院以收养老幼废疾,但规模甚小,每院仅容24人。嘉祐八年(1063

年），宋仁宗去世，英宗继位。同年十二月，宋英宗刚刚登基就下令增置南、北福田院，共为四院，每院名额扩充为 300 人。福田院制度由此趋于完善。熙宁二年（1069 年）闰十一月，京畿寒雪，宋神宗遂下诏："应老疾孤幼无依乞丐者，令开封府并拘收，分擘于四福田院注泊，于见今额定人数外收养，仍令推判官、四厢使臣依福田院籍贯看验，每日特与依额内人例支给与钱赈济，无令失所。至立春后，天气稍暖日，申中书省住支，所有合用钱于左藏库见管福田院内支拨。"[22] 由于贫病乞丐众多，开封四福田院及各路广惠仓所收容人数也有限，熙宁十年（1077 年）二月，宋廷又颁令："诸州岁以十月差官检视内外老病贫乏不能自存者注籍，人日给米豆共一升，小儿半之，三日一给。自十一月朔始，止明年三月晦"[23]，即对赈济标准与起止月份作了明确规定。因不久改元，该令制定于熙宁年间，而实际施行却始于元丰元年，故称"元丰惠养乞丐法"。这项法令对两宋时期的慈善事业产生了深远的影响。此后，各州冬季赈恤乞丐基本依该法施行，仅个别地区在实施过程中因时因地对赈济起止日期有所调整。如，太原知府韩绛以"河东地寒与诸路不同"，经奏准后，变更为"本路州县于九月以后抄札，自十月一日起支至次年二月终止；如米豆有余，即至三月终。"[24]后来，南宋朝廷随时局变迁对散放办法及恤养标准亦略有修正。

居养令正式颁行于元符元年（1098 年）。这年十月八日，宋哲宗谕令全国："鳏寡孤独贫乏不能自存者，州知通、县令佐验实，官为养之，疾病者仍给医药。监司所至，检察阅视：应居养者以户绝屋居，无户绝者以官屋居之，及以户绝财产给其费，不限月分〔份〕，依乞丐法给米豆。若不足者，以常平息钱充；已居养而能自存者，罢。"[25]这一法令规定，由各州县官僚核查各类亟需救助者的实情，由官或民供以屋宇、医药，并按"惠养乞丐法"发放米豆。之后,各地开始遍置居养院、安济坊,将鳏寡孤独等穷民依法收养,官给钱米养济。徽宗崇宁年间,这两类慈善机构都获得了较大发展,不仅设置区域由州县推行到一些重要城寨镇市,而且收养对象也扩大到癃老疾废者。[26]由于朝廷三令五申地推行居养法,以致有些州县奉行失当,屡滋弊端。如大观四年(1110 年)八月二十五日诏称:

> 鳏寡孤独,古之穷民。生者养之,病者药之,死者葬之,惠亦厚矣。比年有司观望,殊失本指。至或置蚊帐,给肉食,祭醮加赠典,日用既广,靡费无艺,少且壮者游惰无图,廪食自若,官弗之察,弊孰甚焉。应州县以前所置居养院、安济坊、漏泽园许存留外,仰并遵守元符令,余更不施行。开封府创置坊院悉罢,见在人并归四福田院,依旧法施行。遇岁歉大寒,州县申监司,在京申开封府,并闻奏听旨。内遗弃小儿委实须乳者,所在保明,听,依崇宁元年法雇乳。[27]

宋室南渡后,居养令仍然具有法律效力,一些州县继续收养贫病无依者,供以住食。值得注意的是,宋代法典《宋刑统》还新增了“户绝资产”门类,将无子女、亲戚继承的财产没入官,[28]在一定程度上也为居养院、安济坊提供了经费来源。

两宋时期的慈善法还包括有关漏泽园的法规。掩埋客死他乡及贫无葬者的义举,古已有之,然多属于临时性举措,尚未形成制度。北宋朝廷多次颁布这方面的法令,正式形成了漏泽园制度。[29]元丰二年(1079 年)三月,宋神宗下诏:“令逐县度官不毛地三五顷,听人安葬。无主者,官为瘗之”[30],并支给若干经费。崇宁三年(1104 年),朝廷正式赐名为漏泽园,并谕令各路广为设置。该令不仅规定了漏泽园的瘗埋对象,即“凡寺观寄留槽无主者”或“军民贫乏亲属愿葬漏泽园者",[31]还订有较完善的瘗埋方法及墓园管理规则,如先殓葬,次立碑记,"镌记死人姓名、乡贯,以千字文为号",再置图籍。[32]到南宋庆元年间(1195—1200年),漏泽园制度已编入国家法令大典。如当时汇编的法律典籍《庆元条法事类》卷七十七《服制门·丧葬》载录:"诸客户死,贫无葬地者,许葬系官或本主荒地,官私不得阻障。"[33]

根据《宋刑统》卷十二《户婚律》,收养非本族的异姓之男属于违法行为,应处以徒刑。然而,终宋一代,因灾荒造成的弃儿、孤儿,以及丁税过重导致民间生子不举而杀婴、溺婴等社会问题一直较为突出。由此,该法典在《户婚律》"养子"条也规定:"其遗弃小儿年三岁以下,虽异姓,听收养,即从其姓。"[34]这表明对于民间收养弃婴、孤儿还是持鼓励态度,并从法律上保障收养人的权益。为切实解决这个严重的社会问题,两宋时期曾多次下诏要求各州县推行慈幼局、举子仓等慈善设施,并颁布胎养助产令:"禁贫民生子不举,有不能育者,给钱养之。"[35]可见,朝廷所采取的政策是双管齐下,一面倡设慈幼机构,一面鼓励与资助民间收养的善行义举,以寻求问题的真正解决之道。

由于灾害频发,国家财力有限,宋朝开始大力推行劝分法,即劝谕有力之家无偿赈济贫乏,或使富户减价出粜积谷以惠穷民,并制定了相应的法规制度,以保障其顺利实施。北宋真宗天禧元年(1017)最先出台相应的奖励措施,南宋绍兴至乾道年间也先后数次制订了劝分赏格。[36]

元朝为北方游牧民族所建立,其立法较为繁杂,经历了部落习惯法到成文法的转变。它所颁行的法律典籍《元典章》和《大元通制条格》,也有多处关于养恤鳏寡孤独等弱势人群的条款、事例。中统元年(1260年),元世祖忽必烈登王位诏书内就有一款:"鳏寡孤独不能自存者,所在官司于官仓优加赈恤。"[37]此后,元世祖屡下诏令各路设众济院,收养鳏寡独孤废济不能自存之人。至元十九年(1283年)又重申:

> 鳏寡孤独不能自存之人,照依中统元年已降诏书,仰所在官司支粮养济,仍令每处创立养济院一所,有官房者就用官房,无官房者,官为起盖,专一收养上项穷民,仍委本处正官一员主管。应收养而不收养,不应收养而收养者,仰御史台、按察司计点究治。[38]

该项法令不仅完善了鳏寡孤独的救助方式,确立起养济院制度,还进一步规定了主管官员在慈善救助中应承担的法律责任。至元二十一年,经中书省、御史台呈准,养济院对收养对象进行严格甄别,规定鳏寡孤独老弱残疾倘还有同宗则由族人收养,"如贫民委无亲族可倚或亲族亦贫不能给养者,乃许入养济院收养"。[39]同时,户部议定"养济贫民每口日支柴五斤,于本处年销柴内销支"[40]。随后的元代诸帝也都贯彻了这些法令,并在实施中使之更趋完备。大德三年(1299年)正月,元成宗怜恤鳏寡孤独贫民,除要求所在官司常加存视外,又恐常例拨给衣粮不足,遂付中书省讨论。中书省议得:

> 除常例给衣粮等,今拟自大德三年正月为始,每名添中统钞一两。如遇天寿圣节,每名支给中统钞二两,永为定例。[41]

惠民药局的管理运作也是元代慈善法律的重要内容。元朝惠民药局系沿袭宋制,设立时间较早,立国之初就开始在燕京等十路推行。[42]中统五年(1264年)八月,元世祖在重申恤养鳏寡孤独者的谕令中又明确规定:"有疾病,命官医调治,其药物惠民局支给。"[43]大德三年(1299年),因有些地方贫民的疾病失于救疗,坐待以毙,情形可悯,元成宗特下诏:"宜准旧例,各路置惠民药局,择良医主之,庶使贫乏病疾之人不致失所。"[44]另外,元代法令还制定有义冢、漏泽园方面的条款:"孤老病故者,城郭周围空闲官地内斟酌标拨为坟,官为给棺。"[45]同时,还令孤老头目主丧,负责掩埋事宜。

三、明清时期的慈善法制

明清时期,民间社会的慈善事业趋于兴盛,尤以江南地区为最,善堂善会数量众多、种类齐全、财力充足、参与阶层广泛、善举频频。[46]民间慈善事业兴盛局面的形成,一方面缘于大量功过格、劝善书的刊行及其流通;[47]另一方面也与朝廷的政策导向有密切关联,这是不可忽视的因素。明清两朝不仅在国家最重要的法典《大明律》、《大清律例》确立了对鳏寡孤独等弱势人群的救助制度,而且在会典、例等法律汇编中也载有许多关涉慈善事业的条文。这些法律条文对慈善事业进行多方面的规范,在一定程度上促进了明清慈善事业的发展。

有明一代,最早涉及慈善的法令是洪武元年(1368 年)颁布的《大明令》。这部法律明确规定:

> 凡鳏寡孤独,每月官给粮米三斗,每岁给棉布一匹,务在存恤。监察御史、按察司官,常加体察。[48]

同年八月,明太祖下诏重申了该令。为使法令不成为具文,让鳏寡孤独有所依附,洪武五年(1372 年),朱元璋又谕令各州县设孤老院(不久改名养济院)。随后,全国不少州县相继创建养济院,明代慈善救助制度渐趋成型。洪武三十年(1397 年),《大明律》正式颁布,其中"收养孤老"条为:

> 凡鳏寡孤独及笃疾之人，贫穷无亲属依倚，不能自存，所在官司应收养而不收养，杖六十。若应给衣粮而官吏克减者，以监守自盗论。[49]

明人应槚对此释义为：

> 孟子曰："老而无妻曰鳏，无夫曰寡，无子曰独，幼而无父曰孤。"笃，如折二肢、瞎二目之类；废，如折一肢、瞎一目之类。此皆无告之民，待人而食者。或又无财产可以自给，无亲属可以倚托，使非官司有以养之，岂能自存哉？故应收养而不收者，其罪杖六十，克减应给衣粮者，以监守自盗论。[50]

由此而见，明律不仅对慈善救助的对象有严格规定，而且规定了主管官吏的法律责任及其处罚措施。为了保障鳏寡孤独的生活，洪武十九年，明政府规定每岁给米六石。建文帝元年（1399 年）下诏对此作了调整，令曰："鳏寡孤独贫无告者，岁给米三石，令亲戚收养。笃废残疾者，收养济院，例支衣粮。"[51]及至永乐年间，明代养济院制度已经相当完备。

设仓贮以备饥荒，历来是中国封建社会荒政的重要措施，明朝有预备仓、义仓之制，籴谷收贮。为保证荒年有米谷可供赈济，明代法律中还制定有奖劝积谷条例。如正统五年（1440 年）议准："凡民人纳谷一千五百石，请敕奖为义民"，"三百石以上者，立石题名"，并可免除捐助者的差役；同时还规定："各处预备仓，凡民人自愿纳米麦细粮一千石之上，杂粮两千石之上，请敕奖谕。"[52]凡自愿捐输纳谷的百姓，除赐奖敕为义民，有时也可给冠带散官，或充吏役。嘉靖八年（1529 年），朝廷还专门出台了鼓励民间社会设置义仓的法令：

> 各处抚按官设立义仓，令本土人民每二三十家约为一会，

> 每会共推家道殷实、素有德行一人为社首,处事公平一人为社
> 正,会书算一人为社副,每朔望一会,分别等第。上等之家出
> 米四斗,中等二斗,下等一斗,每斗加耗五合入仓。上等之家
> 主人,但遇荒年,上户不足者置贷,半年照数还仓,中下户酌量
> 赈给,不复还仓。各府州县造册送抚按查考,一年查算仓米一
> 次,若虚即罚会首一年之米。[53]

可见,明代关于义仓的管理和运作的规定是非常细致的。

甲申之变后,清承袭明制,建立起较为完备的以律、例、会典为
主的封建成文法体系。其中,例又有条例、则例和事例等数种,作
为律的补充。顺治四年(1647年),清廷颁行了第一部律典——
《大清律集解附例》,这是在明律的基础上稍加删削完成的,而后
颁布的《大清律集解》、《大清律例》虽然律文有些调整,然篇章结
构一如明律,有关慈善的法律规定也完全是明律的翻版,即在《户
律·户役》之下仍保留着"收养孤老"条,由官府收养鳏寡孤独、贫
无依倚者,给与衣食,违反律例者将追究刑事法律责任,并视不同
的情节分别给予处罚。[54]明末清初民间慈善活动较为活跃,为了适
应新的社会生活的需要,清政府还通过编纂、修订会典及其事例,
收录了大量有关慈善事业的诏令与事例,由此形成一系列较完备
的慈善法律制度。具体来说,主要有以下四个方面内容:

第一,关于慈善机构及其救济对象的法律规定。为使鳏寡孤
独无告者能够依照律例有所依、有所养,清政府逐渐向全国各州府
县倡建各类慈善设施,并对其应救助的弱势群体作了具体区分与
明确。如《大清会典事例·户部·蠲恤》所载,"恤孤贫"有养济
院,"养幼孤"有育婴堂,"收羁穷"有普济堂和栖流所。清代养济
院承袭明制,并在康雍乾时期得到很大发展,几乎各州县都有一
所,"境内鳏寡孤独、残疾无告之人,照额收养养济院。人多于额,

以额外收养"[55]。清代育婴堂的创建在顺治年间就已开始,不过,影响最大的还是康熙元年(1661年)建于京师广渠门内的育婴堂,"遇有遗弃病废之婴儿,收养于堂,有姓名年月日时可稽者,可一一详注于册,雇觅乳妇为乳哺抚养"[56]。数十年来,各地多有仿效者。雍正二年(1724年),"再行文各省督抚转饬有司,劝募好善之人,于通都大邑人烟稠集之处,若可以照京师例推而行之,其于孑弱恤孤之道,似有裨益。"[57]在此法令推动下,全国各府、州、县掀起了建设育婴堂的高潮。普济堂在康雍之交已出现,至乾隆元年(1736年)议准"各省会及通都大郡概设普济堂,养赡老疾无依之人"[58],由此也获得较大发展。除官营慈善机构外,清政府还大力倡导民办社会举办各种形式的善堂善会。

第二,关于慈善经费保障的法律规定。为使慈善机构能够正常运作,清代从法律上对善款来源作了详明规定,予以切实的经济保障。如养济院一般在"在地丁正项银米及耗羡下分别动,支"[59],而普济堂则从乾隆元年始"拨给入官田产及罚赎银两、社仓积谷,以资养赡"[60]。清会典还规定:"通都大邑设有普济堂、育婴堂,除绅士好义捐建者,经费听其自行经理,其动用官发生息银及存公银者,均每岁报部核销"[61],同时详细规定了京城及各省育婴、普济二堂的额内、额外孤贫银米数目。[62]由上可知,除了官款,民间捐赠是其中一笔不可忽视的慈善经费。当然,由于各地社会经济情形迥异,这些善堂的经费来源并不完全一致,但都可归结为官办民助、民办官助等类。

第三,关于慈善组织监管的法律规定。矜孤恤老虽为善举,日久难免弊生,若遇贪墨胥吏,则更容易受侵渔。对于养济院、普济堂、育婴堂等官办慈善机构,清廷多次出台相关法令,加强善款使用情形的监督与管理。乾隆二年(1737年),朝廷乃议准,各州县养济院收养本籍孤贫及外来流丐,其动支公项及散给额内外孤贫口粮名数,须"按年造册报销,如冒滥克扣,奉行不力,照例参处"[63]。乾隆六年,又颁布"稽查责成之法",要求各州县逐一详查养济院留养额内额外孤贫,"凡不愿居住院内及冒滥食粮者,悉行革除","有滥收捏结者,照例治罪"。[64]同年,又议准实施一项地方官加强监督养济院的法规:

> 各处额设孤贫,令该管道府,每年遇查勘公事之时,即带原送册籍,赴养济院点验。如房屋完整,孤贫在院,并无冒滥,出具印结,呈报上司。如房屋坍塌,孤贫不尽在院,或年貌不符冒给者,该管官照例支给列,降一级调用。道府不行查验,遽行加结转详,照违例支给之转详官例,罚俸一年。若纵胥役及令为首之孤贫代领,以致侵蚀,该管官照纵役犯赃例,革职。道府不行查出,照预先不行查出例,降一级调用。如道府徇庇容隐,及持同出结,照徇庇例,降三级调用。[65]

由此而见,一旦违反相关的法律条款,有关官员将会被追究法律责任,受到相应的行政处罚。其他慈善机构如普济堂、育婴堂,在监管方面也有较严密的法律规定。嘉庆四年(1799 年),朝廷就依法派出满汉官员稽查京城普济堂,并以"育婴堂事同一例,即令巡视东城御史随时稽察,以昭核实"[66]。

第四,关于旌奖慈善行为的法律规定。《大清会典》规定:

> 凡士民或养恤孤贫,或捐资赡族、助赈荒歉,或捐修公所及桥梁道路,或收瘗尸骨,实于地方有裨益者,八旗由都统具奏,各省由督抚具题,均造册送部。捐银至千两以上,或田粟准值银千两以上者,均请旨建乐善好施坊,由地方官给银三十两。所捐不及千两者,请旨交地方官给乐善好施匾额。如有

应旌表而原议叙者,由吏部定议,给与顶戴。[67]

类似的奖励措施,终清之世皆有。早在顺治十年(1654年)就已覆准"士民捐助赈米五十石或银百两者,地方官给匾旌奖",向全国各府州县颁布施行。十八年,又题准:"令各省地方照京师例设厂煮粥,以济饥民,事竣,仍将捐输官民姓名并银米数目,汇册题报议叙。"[68]有清一代,官府通过奖匾额、建义祠、立牌坊等形式对善人义士进行旌表,鼓励民众积极捐资赈灾,或捐助善堂,参与各类慈善活动,这在一定程度上弥补了政府慈善经费的不足,进而推动了整个社会乐善好施风气的形成。

此外,在义学、义仓、义冢、义渡等方面,明清两代的律例、会典也有一些规定与载录,但十分零散,在此不一一罗列。通过对明清两代律例、会典及其事例中有关慈善方面的法律条文的剖析,这一时期的慈善法律制度的大致轮廓基本上清晰起来。

总括而言,自西周以来,中国历代王朝对于慈善活动、慈善事业或慈善行为都有相应的立法。诚然,由于中华法系"诸法合体、重刑轻民"的立法传统与特点,古代社会的慈善立法尚不属于专门性立法,其内容散见于各朝律令、典章制度等多种文献中,有的还因岁月沧桑、朝代鼎革而佚失,早已湮没无征。但透过这些零散的记载,钩沉稽考,我们依然可大致看出中国传统慈善法制发展变化的轨迹,即从最初对鳏寡孤独等弱势群体给予临时性救助的诏令发展到倡设常设性慈善机构以及旌奖乐善好施者的法律规定等,这是一个不断发展与完善的过程。在这个过程中,中国传统的慈善法制也体现出中华法系独有的"引礼入法、礼法结合"的特点。中国古代社会的慈善立法,是千百年来中国慈善事业发展实践中所取得的法制成果,也是中华民族优秀法律文化的结晶。作为一项珍贵的法律文化遗产,古代的慈善法规自然构成了民国时期慈善立法的历史基础,为民国政府进行相关慈善立法提供了可资借鉴的本土资源。

第二节　社会转型与慈善事业的新发展

鸦片战争后,在外力的猛烈冲击下,晚清社会面临着"数千年未有之变局",中国开始缓慢地从传统趋向近代、封闭趋向开放的演进与转型。及至民国,社会变迁辐射更广,影响更深,是中国社会近代转型的重要历史阶段。中国慈善事业在这前所未有的社会转型中也有了新发展。

一、转型社会中慈善事业发展的新空间

在近代这样一个大变动、大变革时代,百年社会转型是漫长而艰难的,所波及范围涵括了政治、经济、思想文化等各个领域。这也是中国近代慈善事业兴起与发展的新的历史空间。

首先,政治转型是近代社会转型最主要的表现层面。鸦片战争的失败及其后一系列不平等条约,使得中国开始由封建社会沦为半殖民地半封建社会。这给中国传统士大夫以强烈冲击与震撼。不久,经世派代表魏源就提出"师夷长技以制夷",主张向西方学习。但晚清政治转型的步伐缓慢而沉重。迟至1860年总理衙门设立,始兴起以"求强"、"求富"为目标的洋务运动,然积弊深重,步履维艰,最终没能挽回甲午战争的败局。19世纪末,中华民族危机空前严重。有识之士认识到学习西方不能仅限于器物层面,必须深入制度层面。康有为、梁启超等人遂发起维新运动,鼓吹"兴民权"、"设议院",尽管戊戌变法犹如昙花一现而告失败,然亦成为近代中国政治体制转型的第一次重大尝试。庚子国变后,

处于内政外交困境中的清政府宣布实行"新政"，陆续推行了一些政治、军事、法律方面的改革，但最终没能起死回生，挽救其覆亡的命运。辛亥革命是近代中国社会政治转型的重要界标。随之于1912 年成立的中华民国，最终废除了沿袭两千余年的封建帝制，建立起资产阶级民主共和国。然而，政治制度的变迁，并没有实现革命党人为之流血奋斗而孜孜追求的愿景——社会安定、民族复兴以及国家富强。革命胜利之果很快为袁世凯所窃得，中国由此陷入了长期纷乱的政争，以致各派军阀混战，兵燹连绵。1927 年，国民党在南京建立国民政府，其实质是代表大地主、大资产阶级利益的一党专制统治。

　　近代中国的政治转型，是民族国家的形成与建立的伴生物，但自始至终未能建立一个开明、廉洁、高效、民主的政府。自辛亥鼎革之变后，民国政治窳败腐朽，党争、军争不断，中央与地方各级政府忙于竞选与战事，而罔顾国计民生，财政收入大多耗费于行政及军备支出，且数额惊人。既然军阀官僚发动了战争，便不可指望当权者来拯救嗷嗷待哺的难民、灾民。而大量的军费开支，无疑挤压了社会救济款项及其他民生事业的支出。正由于政府不作为和救助不力，众多灾民难民及弱势群体的救助，便转由民间慈善团体、慈善家来承担。这样，民间慈善团体、慈善家参与救灾助困有了一个合理的存在空间。"其实民国时期每逢大灾发生，政府往往无力救治，靠的就是民间的社会慈善事业。"[69]这种近乎病态的民国政局，反而从客观上为慈善组织提供了生存发展空间，使得慈善事业担负起救灾恤难的"救世"任务。有学者分析慈善事业发展的社会环境也指出，近代以来，"社会慈善事业是国家保障的补充。如果国家的保障功能健全，社会慈善事业就会相对萎缩；如果国家保障不堪重负，慈善事业就会有相当的发展空间"[70]。由此可说，慈善事业在民国社会应时而生、应运而兴,对民国社会的正常运行发挥了重要作用。

其次,经济嬗变是近代中国社会转型的另一个重要方面。嘉道之际,中国传统的自然经济已显露出衰微迹象。鸦片战争结束后,西方列强更大肆地向中国倾销商品,并掠夺原料,自然经济渐趋解体,破产失业的农民、手工业者逐年增多,广大农村地区一片凋敝。传统慈善事业原本就以乡民乐捐为主要善源,乡村经济日趋萧条,使得"捐输因之日少,致善堂不废而常若废"[71]。而此时,列强又在通商口岸开设洋行、兴办工厂,输入了资本主义性质的新经济因素。受其直接影响,19世纪60年代,以洋务派创办军用工业为开端,中国启动了近代工业化进程。据严中平先生统计,1861—1895年,洋务派在全国兴办军工局厂共24家,尤以东南沿海地区最为集中。[72]不过,其民用企业影响更大。至甲午战争前,上海轮船招商局、电报局、机器织布局、汉阳铁厂等一批民用企业建成,重点是交通运输、通讯、纺织和采矿冶炼等行业。中国近代工业化由此向前迈开了重要一步。19世纪70年代初中国民族资本主义产生,其行业主要集中于纺织、采矿、造纸、印刷、保险和航运等,及至甲午前后又有了初步发展。民国初年,中国民族资本主义迎来一个短暂的黄金发展期。由此而见,民族资本主义的产生与发展,是近代中国经济嬗变中最重要的因子。经济的变革,不仅直接开启了中国的工业化、城市化进程,而且使得中国慈善事业的运作机制发生了重大变化。如,在募捐方式上,由传统善堂善会主要依靠田土房产租息及民间乐善为善源,开始转向近代慈善组织以股息、彩票等新经济因素为重要善源,并通过电报、报刊、广播等新式媒介广泛向社会各界募捐。民国时期,工业化、城市化进程进一步发展,人口不断向城市聚集,新式娱乐不断涌现,义演、义卖成为城市慈善组织筹资的新方式。1918 年,苏州义赈会借江南名园拙政园举办筹赈游览会,为直隶水灾募集善款,随时汇解赈济难民。[73]因此说,近代社会的经济转型,也为慈善事业发展提供了新的空间环境,便于慈善组织利用新的经济资源,开展慈善救济活动。

再次,社会的转型还表现在思想文化观念的转变。鸦片战争以后,西学东渐之潮逐浪涌动。魏源的《海国图志》在着重叙述各国的政治、经济情形外,还含有慈善救助事业方面的内容,涉及西方国家慈善机构的设置、资金来源与救助办法,使国人眼界初开。[74]随着清廷出洋使臣的派遣以及来华的外国传教士的增多,同光之际,西学更广泛地传入中国。张德彝、志刚、刘锡鸿、郭嵩焘、曾纪泽、薛福成等一批出洋使臣亲临其境的考察,对西方国家慈善救助事业的认识较之以往更为深入、更为细致,介绍了义卖、义演、彩票募捐等善款筹集方法及各种教养并重的慈善机构。[75]而来华传教士为便于福音的传播,翻译西书或创办中文报纸,介绍西方各国情况,如《地球说略》、《自西徂东》、《泰西新史揽要》及《万国公报》等也对欧美各国慈善事业有不同程度的叙述。同时,他们还积极举办或参与各种教会慈善事业,开展赈灾、创办育婴堂与教会医院等。来华传教士的介绍与实践成为近代中国认识西方慈善事业的又一个重要途径。[76]西学通过各种途径的传播,使得晚清中国人认识到,西方国家亦存在众多慈善机构,且"其思虑之周密,规制之严明,有远非今日各省善堂所及者"[77]。正是基于对西方慈善事业的宣传与新认识,在晚清失业游民问题日益严重的情势下,"'教养兼施'的救助理念并不仅仅得到部分思想家和传教士的提倡,而且得到社会舆论的广泛支持,形成一股强大的社会思潮",晚清各报刊纷纷刊发鼓吹"教养兼施"的文论,如《申报》就登载过

《教养兼资说》、《论善堂宜定善法》、《善堂宜仿西法以臻美善论》等。[78]这种思想文化观念的变化，在晚清社会日趋广泛，尤其是"教养兼施"的理念的兴起，对清末民初以后的慈善事业产生了重要影响。及至民国年间，教养兼施、教养并重已成为慈善界普遍认可的理念，并广泛付诸实践。各地不断涌现出各种贫民工厂、习艺所、教养局、贫儿院、慈幼院等新型慈善机构，授之以必要的知识与技能，养成其勤俭自立的习惯。1912 年，上海设立贫民习艺所，招收贫寒子弟。1913 年和 1919 年，南京和泰州也先后创设贫民工艺厂；1923 年盐城县设立贫儿教养院；民国初年，浙江萧山、汤溪、新昌、寿昌等县均设有贫民习艺所。同样，在其他地区也有类此举措。1915 年，天津绅商开办天津教养院。1921 年，湖南贫民救济会在长沙创办贫民工艺厂和惠老工场，救助游民。1930 年，湖南全省共有各种贫民工艺厂、习艺所等教养慈善机构 22 个。1928 年，甘肃兰州开设济贫工厂 3 处，随后又创办了妇女教养所。[79]由上可见，"教养兼施"的慈善救助理念在民国年间仍得到承继、延续与发展，这也推动了民国社会慈善事业的进一步发展。

此外，民国时期处于中国社会近代转型的重要阶段，除因前述政治转型所致的战乱兵灾外，自然灾害亦频频发生。据夏明方对民国时期各省区历年受灾州县总数的统计，1912—1948 年，全国各地的水灾达 7408 县次，旱灾 5935 县次，虫灾 1719 县次，雹灾 1032 县次，疫病 767 县次，风灾 646 县次，震灾 486 次，冷冻灾害 491 次，其他灾害 148 县次。[80]由此而见，各灾备有，尤以水旱、虫、雹为最。他还指出，在此 37 年间，全国各地总共有 16698 县次发生一种或数种灾害，年均 451 县次，按民国时期县级行政区划的最高数计算，即每年约有 1/4 的国土笼罩在各种自然灾害的阴霾之下，而其极值年份如 1928 年、1929 年，竟高达 1029 或 1051 县，几占全国县数之半,打击面极大。[81]官方于此也不讳言,"最近数年来,各省所受之天灾人祸,疫疬盛行,民无噍类";1929 年,国民政府赈务处的调查统计结果表明,全国灾区"共有 21 省 1093 县 4 市,灾民除四川、贵州、热河、江苏、江西、福建、湖南 7 省尚未据报外,已有 56 622 500 余人,连同上述 7 省,最少有 7000 万人"[82]。其受灾县数实际上已高于夏明方的统计数。如此众多难民,光靠政府有限的财力进行救济,显然无济于事,当时的国民政府也清醒地认识到这一点。而此前的北京民国政府,一遇灾情发生,往往向社会发出吁请,"惟是灾深区广,款绌用繁,欲遂宏施,端赖群力",希望各界"广为劝导,务期集成巨款,惠我灾黎"[83]。欲拯灾民出水火,在官方救济之外,各种慈善组织及民间社会各界力量积极参与其中,成为现实的迫切需要。灾荒的发生,在客观上就给慈善组织救灾济民提供了一个活动的大舞台。正缘于天灾人祸接连不断,由此孕育了近代中国最重要、最活跃的两个慈善团体——中国红十字会和华洋义赈会,前者以专事兵灾救济,而后者专门负责灾荒救济。这两个慈善组织在民国时期积极参与兵灾、灾荒救济,发挥了极其重要的作用。除了全国性的慈善团体外,民国时期还有许多地方性或区域性的赈灾慈善组织。如 1922 年,杭甬绍地区绅士发起成立浙江壬戌水灾救济会。

在社会转型中,中国社会各方面发生急剧变迁,随之也涌现一系列严重的社会问题,诸如流民难民问题、失业问题等。追根结底,乃由战乱、灾荒及乡村破产所致。这使得近代社会的各种矛盾冲突以及贫富分化问题都主要集中于城市,突出地表现在城市。时人即称:"都市者,文明荟萃之区,罪恶丛集之薮也"[84]。这样,为解决城市化进程中的病态,亟需市政建设与慈善事业相结合,次第举行,同时统筹兼顾"治标"与"治本"两策。因而,近代慈善事业与城市紧密相连,息息相关,城市为近代慈善事业的发展提供了崭新的舞台与广阔的空间。

二、近代慈善事业进一步发展的表征

转型社会既使中国近代慈善事业面临危机挑战,也为其创造了一个难得的发展空间。民国以后,近代慈善事业在承继传统的基础上,应时而变,获得了进一步的发展。

一是慈善组织的数量明显增多,类型日趋多元化。明清时期,以善堂善会为慈善组织的基本形式,大都为养济院、育婴堂、普济堂、栖流所等,一般各县设一所。近代以后,随着贫困问题加剧,流民日渐增多,新式慈善组织不断出现,同时还有由传统善堂善会改组为近代型的,以及外来教会慈善机构。尤其是沿海开埠城市,慈善组织的多样性更为明显,既有公立的,也有私立的。据张礼恒统计,1930 年前后,上海共有 119 家慈善组织在开展着各种慈善活动,涵括了施医、施粥、育婴、恤嫠、收容妇孺、助殡施材、义校等各个方面。[85]这也与小浜正子的研究不谋而合。[86]除上海外,其他城市的慈善组织也呈现同样的发展趋势,在数量增长之时,类型更多,救助对象越来越面向众多不同弱势群体。1923 年,北京基督教青年会对北京内外城的慈善机构进行实地调查,其数多达 370 余个。这与光绪年间京城存在的 89 个官私慈善组织相比,虽有调查标准与记录方法的差异,但"还是能够基本反映出晚清到民国初年京城慈善组织在数量上的增长趋势"[87]。又如中国红十字会,因战事时局的需要,在成立 20 年内,其地方组织发展十分迅速。1924 年 5 月,全国各地的红十字分会已达 286 处,1936 年又增至 464 处。[88]此外,抗战胜利后,中国红十字会还设有医院、诊疗所、沙眼防治所、医学校及乡村巡回医疗队等。[89]

晚清以来,受西方慈善思想观念的影响,慈善事业扩展为公益事业,其内容与范围更广。明清的善堂善会,"所济的贫人并非任何生活困苦的人,而是符合所定标准的贫人",即善款优先发给节妇、孝子等有德行而贫困之人,而不救助有道德问题者。[90]清末民初,救助条件已发生了很大改变,不再以道德价值为衡准,对于乞丐、流民、妓女等也一体救助,设立习艺所、济良所。而专收节妇、嫠妇的恤嫠局等旧慈善机构,也因时而变,逐渐改良为妇女教养院、所。这些新型慈善组织,既供以衣食,又传授一定技艺,使其能自食其力,自立于社会。它反映了近代中国慈善事业救助方式的变化,即由重养轻教趋向教养兼施,由消极救助转向积极救助。民国时期,各灾区的赈济举措中则更多采取以工代赈,招募灾民修渠固堤、筑路建坝等。

二是善款来源渠道更广泛。明清时期,传统善堂善会的善款善产主要有官款、民间捐款以及屋宇田产,并以之发典生息或收租等办法来维持运转。从清末开始,随着社会经济的嬗变与转型,慈善团体的善源发生重大变化。一些新兴的洋行、商号逐渐成为各慈善组织进行劝募的主要对象,它们为各灾区捐赠了大量赈款,正所谓"沪上为货财荟萃之区,暴者一有捐输,不难立集"[91]。民国以后,慈善组织善款来源有了更多渠道,这在沿海发达都市中尤为明显。譬如,上海新普育堂的慈善经费就分为捐款、租金、息金及事业收入等四大块。1931年1月,怡和洋行、太古洋行、上海电车公司、法商电气公司、上海自来水公司、闸北水电厂、大通仁记航业公司、上海银行、金城银行、浙江实业银行等20家企业,向新普育堂捐助洋4700多元。[92]可见,近代工商经济组织的捐助已成为一些慈善机构善源的重要组成部分。民国中期,城市化、工业化进程加快,上海各慈善团体拥有房屋建筑、土地、田地等多类房地产。[93]除了房地产这些固定资产外,有些慈善团体还持有股票、债券等有价证券。1930 年,上海特别市慈善团持有华商电气公司股票银88830 元,沪闵长途汽车公司股票银 1000 元,沪闵长途汽车公司公债银 9000 元,续二五库券银 450 元,善后公债银 250 元,上海市公债银 13000 元,由此获得了较可观的息金收入。[94]虽然其他慈善团体拥有的有价证券不多,息金有限,但总的趋势是"田产的重要性进一步降低,资产保有形态的都市性格进一步显现"[95]。天津的情形与此相似。随着开埠通商和工商业的发展,近代天津城市呈现出富庶繁荣的景象。以地方精英、士绅商人为主的城市上层社会积聚起大量的物质财富与社会资源,他们的捐赠成为近代天津慈善事业经费的重要来源。[96]这表明,"近代城市工商业的繁荣,为募集充裕的善款提供了良好的经济基础,使慈善事业的蓬勃发展具有了肥沃的土壤"[97],近代经济的新因素为慈善机构的发展注入了一股活力。近代蓬勃发展的工商业,既给社会经济发展带来的财富,也为慈善事业的兴起提供了巨大资源。

三是慈善家群体的涌现。道光末年,余治编纂《得一录》,系统总结以往慈善事业的经验,并在家乡无锡、江阴一带积极兴办义学、编劝善剧目,劝人行善。及至咸同年间,余治的慈善活动区域已扩展到苏州、上海及浙江等地,影响日益扩大,最终由"乡里善士"转变为"江南大善人"。与此同时,以余治为中心,通过朋友和师生关系集聚了一大批志同道合的慈善家,形成近代中国第一个慈善家群体,共同推进了晚清时期江南地区慈善事业的发展。[98]"丁戊奇荒"发生后,以余治弟子谢家福、李金镛等人为核心的江南绅商又慨然以当,从江南到华北,跨域地域界限,发起大规模的晚清义赈,彼此相呼相应,相互联络,进一步扩大了江南慈善家群体的影响。在随后二三十年里,晚清社会又接连出现了一批批的慈善家群体。民国以后,由于灾害频发及日常济贫助残等需要,加以结社自由已成为法定之民主权利,社会各界人士纷纷投身于慈善事业,有的甚至以赈灾济贫为职志,长期或终身致力于此,逐渐形成了一些以业缘、地缘、教缘等关系为纽带的、较为稳定的慈善家群体。像1927年成立的上海慈善团体联合会,它由原上海慈善团、仁济善堂等多个慈善团体的董事、理事组成,在慈善救济过程中相互联络,声气相通,最终成为民国中后期上海社会最有影响的一个慈善家群体。在二三十年代,他们积极谋求上海慈善事业的发展,救助了数以万计的贫民灾黎。在张建俅的研究中,我们可以清晰地看到,民国前期以红十字会为中心的慈善家群体的籍贯、学历、职业以及年龄构成。[99]世界红卍字会的慈善家群体构成,则主要由清末民初部分崇奉宗教的旧官宦组成,它们也在慈善救济中发挥了重要作用。而就华洋义赈会而言,这个慈善家群体主要是接受了一些西学、或与基督教有联系的中外人士组成。慈善家群体的出现,使得慈善事业不再是封建时代由单个善人善士所行的善行义举,其社会影响与能量在进一步扩大。

由上而见,民国时期,慈善事业已开始由传统善堂善会向近代慈善组织转型,并因缘际会,在纷乱变革的年代得到较大发展。但在近代中国慈善事业的发展过程中,也出现了诈捐、滥募善款、滥用或挪用善款,以及慈善组织不规范、冒充慈善组织等诸多问题。辛亥革命后不久,盛宣怀就明以"捐赈"之名而暗求"复产"之实,通过从被没收的财产中捐助30万元用于江皖水灾赈款,最终收回了武昌起义后被革命势力查抄的全部家产。[100]民国初年,苏州也发生沈茂顺号店主沈杏叔侵吞长生善会公款,败露后被广货业同业者申诉追偿。[101]1929年10月,新闻界曝光广州"有种棍徒假冒慈善名义,四出募捐,敛财肥己;亦有串通善界中之一二败类,朋比为奸，捐募分肥。似此招摇撞骗行为，揆诸道德上固在所不许，即法律上在所不容。若不严加禁遏，殊于真正慈善募捐之进行大受妨碍"。[102]因此，如何来规范、合理地使用善款不致被侵吞挪用，以及如何解决善产管理运作中产生的经济纠纷等问题不时呈现在社会面前，成为社会各界的关注点。而民国初年尚处于传统法律体系已趋解体、新法律体系尚未建立的交替阶段，中国尚未有专门的慈善法律法规，法律空白的矛盾凸显在新生的中华民国政府眼前，使之一度陷入困窘之境。解决慈善事业发展进程中法律缺失问题，遂成为民国慈善立法不断深入的一个重要动因。正是由于社会变迁、转型所导致原有法制的缺陷以及不适应性，才使得慈善立法具有了十分迫切的现实需要。

第三节　中国法律近代化进程的深入

所谓法律近代化，"即废弃传统的法律体系，在吸收西方法律理论和法律原则的基础上，确立具有近代意义的新的法律体系"[103]。通俗地讲，就是法律在近代的发展、演变的过程。关于中国法律近代化问题，目前学术界已取得十分丰硕的成果。一般认为，它开启于清末修律，完成于南京国民政府时期。1902年，清廷下诏宣布修律，开始移植以大陆法系为主的西方资本主义国家法律，由此揭开了中国法制近代化的帷幕。中华民国成立后，中国法律近代化进程继续向前推进，最终建起较为完整的"六法体系"[104]。中国法律的面貌在20世纪上半叶迅速地由传统迈向近代，发生了翻天覆地的变化，而民国时期是其中至为关键的一环。

一、清末中国法律近代化的启动

鸦片战争后,清政府被迫同西方列强签订了一系列不平等条约,中国的主权独立和领土完整逐渐遭到破坏,中华法系也面临着前所未有的冲击与挑战。自此,西方法文化不断传入,开始打破了中国传统法文化封闭的状态,很快影响到相沿已久的传统法观念。[105]庚子之变,更是猛烈地动摇了清朝的统治根基,使其旧有的纪纲法度荡然无存。晚清政府已陷入岌岌不保的统治危机中,到了不变革无以图存的境地。

光绪二十六年十二月十日(1901 年 1 月 29 日),清廷不得已而改弦更张,正式颁布谕旨,令京内外大臣参酌中西政要,各抒己见,限期奏报,由此开启了清末新政的帷幕。不久,刘坤一、张之洞在《江楚会奏变法三折》提出学习西法,制订矿律、路律、商律和交涉刑律等,颇合朝廷之意。光绪二十八年四月四日(1902 年 5 月 11 日),清廷颁发上谕,派沈家本、伍廷芳主持修律馆,修律活动渐次展开。沈家本确立起以"参考古今"、"汇通中西"为修律的指导思想,一面注重体察中国礼教民情,整理历代法律典籍,一面翻译数十种外国法律法规和法学著作,为晚清制订新律提供可资参考的范本,并延聘外国法学家为法律顾问,或直接参与起草法律。[106]在会通中外法律学理的基础上,清末修律的成就斐然。一是起草和颁行了一系列新法律,如《大清现行律例》、《大清新刑律草案》、《大清民律草案》、《钦定大清商律》、《刑事诉讼律草案》、《民事诉讼律草案》、《票据法》、《公司律》、《著作权律》、《报律》,等等。这些法律涵括了民法、商法、刑法、民事诉讼法、刑事诉讼法、行政法等六大部门,一个完整的近代部门法律体系初见端倪。此外,《钦定宪法大纲》和《重大信条十九条》两个宪法性文件的颁布,表明清末制宪取得重大突破。二是推动了全国性的司法改革,初步建立起近代司法制度,并开始实施新式的法律教育。

清末修律启动后,虽然中国法律近代化主要以宪法、民法、商法及刑法等部门法的创制为核心,但其草拟或颁行的系列新法案中,也有些条款内容涉及慈善事业或慈善团体,为中国传统慈善事业的转型注入制度层面上的推动力。光绪三十三年(1907年)冬,宪政编查馆会同民政部拟定《结社集会律》,于翌年二月奏请颁行,即阐明其立法理由:

> 欧西立宪各国,国愈进步,人民群治之力愈强,而结社集会之风亦因之日盛。良以宇宙之事理无穷,一人之才智有限,独营者常绌而众谋者易工,故自学术、艺事、宗教、实业、公益、善举推而至于政治,无不可以稽合众长,研求至理,经久设立则为结社,临时讲演则为集会,论其功用实足以增进文化,裨益治理……是以各国既以人民结社集会之自由明定于宪法,而又特设各种律令以范围之。[107]。

该法规定,凡结社应由首事人在成立前开具宗旨、名称、社章、办事处、首事人、办事人及入社人数等项,呈报该管巡警官署或地方官署,再申呈督抚或民政部核准备案。封建时代延续上千年的不许民众结社集会的禁锢由此被打破,近代慈善结社有了法理依据与法律保障。

光绪三十四年十二月二十七日(1909年1月18日),上谕公布了民政部拟订经宪政编查馆核议的《城镇乡地方自治章程》。该章程在总纲第一条就明确规定:"地方自治以专办地方公益事宜,辅佐官治为主"[108],并对自治范围进行了划分,所列八项自治事宜,前六项均关涉慈善公益,如中小学堂、劝学所、图书馆等学务之事,施医药局、医院医学堂、公园、戒烟会等卫生之事,修缮道路、建筑桥梁、疏通沟渠等道路工程之事,工艺厂、劝工厂、筹备水利等农工商务,救贫、恤嫠、保节、育婴、施衣、放粥、义仓积谷、贫民工艺、救生会、救火会、救荒、义棺义冢、保存古物等善举之事,以及电灯、电车、自来水等公共营业之事。[109]各项事宜,恰如民政部在上呈章程的奏折所言:

> 地方自治之名,虽近沿于泰西,而其实则早已根荄于中古……即今京外各处水会、善堂、积谷、保甲诸会,以及新设之教育会、商会等,皆无非使人民各就地方聚谋公益……故言其实,则自治者,所以助官治之不足也。[110]

同时,章程还对城镇乡的自治机构议事会、董事会及其职员、自治经费、自治监督等作了详明规定。鉴于"京师为首善之区,四方辐辏,户口殷繁,所有地方区域、官署既与各省不同",经宪政编查馆奏核,宣统元年十二月(1910年2月),谕旨颁行《京师地方自治章程》,其内容也大抵与前述各项慈善公益事宜相仿,"准官商绅民一体筹备,俾收众擎易举之效",并希望"有力者皆肯筹财而后可期公益之修举"。[111]在地方自治运动方兴未艾之时,积谷备荒作为地方自治事宜的善举之一,其直接关系灾黎民食,同时也攸关社稷安危,备受朝内外官员关注。宣统元年(1909年)夏,翰林院侍读学士恽毓鼎奏请饬实行储积以备凶荒折,不久,清帝发布上谕:

> 直省各督抚将预备各仓切实稽查整顿,勿使稍有弊窦,并责成地方官督率绅衿悉心经理,务期循名核实,庶足以防凶荒而植元气。[112]

年底,又谕令各省将筹办仓谷情形专案奏报。随后,民政部鉴于各地水旱偏灾频发,咨行各省遇有旱灾及时电告,并将动用库款、劝募绅商及赈恤情形造册详报。[113]

　　清末,贫民和流民问题日益严重。为解决民食生计,维护社会稳定,光绪三十一年(1905年),巡警部奏请开办京师习艺所,收养贫民等人习艺,"事属创行立法必宜详宜",拟定了试办章程。第二年,清廷颁布了《京师习艺所试办章程》,对教养对象、人员配备、机构设施、费用及习艺内容等进行了详细规定。[114]它是"西法东渐的产物,开创了近代中国社会救助立法的先河"[115],直接影响了民国初年的《游民习艺所章程》的孕育与诞生。光绪三十三年(1907年),民政部具奏《整饬保息善政并妥筹办法折》,要求各省改革旧有慈善事业。奏折称:

> 拟令各该省督抚责成地方官绅体察情形,以育婴堂附设蒙养学院,养济院、栖流所、清节堂附设工艺厂……总期民有恒业,款不虚糜,无负朝廷兴养立教之至意。[116]

该方案不久获准,仿行西方兼施教养遂成为清末慈善救助事业改革的重要方针。宣统二年(1910年),民政部再次咨令"各省创建贫民大工厂,广收积贫子弟入厂肄业,或劝绅商合办创办,或将旧有之善堂、善举酌量改进,以宏教养而遏乱萌"[117]。而在宣统元年(1909年),宪政编查馆奏拟定民政统计表式,并着手进行京师内外各厅区以及各省办理教养贫民、赈恤、善举、集会结社等事项的统计工作,要求各部院及各省按所定表式详细胪列,按期咨报,以求改进。[118]并指出:

> 至于地方办理各项善举、公举事项,相沿已久,虽无自治之名,而有自治之实,自可汇列一表……而放赈募捐义举,仁声东南,各省著闻尤久,应即分表列注,以重荒政[119]。

此外,光绪三十二年(1906年),学部奏定颁行的《劝学所章程》也规定劝学员有劝学、兴学、筹款之责，"遇绅商之家，劝其捐助兴学裨益地方"，并为出资建学的绅富，"禀请地方官奖励"。[120]

清末新政的推展，亟需有雄厚的经济实力为后盾，而清政府自鸦片战争后就已入不敷出，财源枯竭，此时财政危机更为加深。为适应社会形势及解决财政危机，清政府实行税制改革，如提高旧税种征收比率，开征一些新税种。光绪三十三年（1907年），度支部仿行西方税种，先后制定和颁行《印花税则》15条、《印花税办事章程》12条，规定了印花税的课征对象、税票的贴用方法以及相关处罚，而第3条亦有免征条款："凡关系国家或地方公益善举事业，所用之契据、账簿，均可不贴印花。"[121]这款免税规定表明，清政府在税制设计上也参照近代西方国家通例给予了慈善事业税收优惠待遇。此外，对于荒年赈灾物资，清末法规也给予一定程度减免运价。光绪三十二年十一月二十八日（1907年1月2日），邮传部颁行《奏定铁路免价减价章程》5条，后因"铁路借款兴修，出入盈亏关系甚巨"，于光绪三十四年（1908年）拟订《铁路免价减价变通办法章程》8条。其中，第5条规定：

> 各省运赈除订有合同之路应照合同办理外，如遇荒年急赈，由臣部体察情形酌减半价；倘系寻常备荒、平粜，并非荒年，不得援例办理。[122]

由于各地灾害频发，税务处还一度允准官商为各灾区平粜采购赈米，概免税厘。[123]

清末新政期间，中国红十字会在中西慈善文化的交汇碰撞中诞生。作为国际红十字运动的产物，中国红十字组织以"平时救灾恤邻以辅行政之不及，战时扶伤拯溺以补军医之缺憾"[124]为宗旨，符合国际红十字会创设原旨，但要得到国际社会的广泛承认，还需完成一系列入会手续。所以,自中国红十字创设后,清政府也多次通过外交途径与红十字国际委员会及瑞士等国商洽。光绪三十二年至三十四年(1906—1908 年),清廷批准了两次保和会条约以及有关红十字会的国际公约,这包括《陆战时救护病伤条约》(即《口内瓦公约》)、《日来弗(日内瓦)红十字公约推行于海战条约》、《红十字救护战时受伤患病兵士条约》等。[125]这些国际公约的签署,为中国红十字会获得了相应的国际地位,但在国内尚未获得合法的法律地位。宣统二年(1910 年),盛宣怀、吕海寰等人拟订《中国红十字会试办章程》,奏请清廷立案,经军咨处会同外务部、海军事务处、陆军部核议后准予立案。这在法理意义上也给予红十字组织一定的合法性地位,但缺乏专门性立法,相关法规也很不完善。固然,清末签署与批准有关红十字的国际公约,更多的是出于外交与军政方面的考虑,藉此谋求与列强平等、公正的国际地位,但这对中国红十字会的未来发展还是具有不可低估的意义。

对于清末修律的成果及其意义,著名法学家张晋藩先生有肯綮的评论:

> 晚清政府以前所未有的速度制订了大量的新法或草案,其中固然有对传统中华法系的继承部分,但主要是移植西方有关的实体法与程序法,连同以《宪法大纲》为核心的宪法性文件,组成了六法的法律体系,标志着中国法律近代化的开端,……为民国以后北洋政府、国民党政府的立法建制提供了前进的基础。[126]

在清末法律改革中,也开始尝试创制新的慈善法,这成为民国慈善法制建设之先声。自清末起,中国法律发展摆脱了孤立的状态,逐步与世界法律的发展相接轨,国际化与本土化成为中国法律近代化进程中的两大追求。虽然清王朝在辛亥革命浪潮的冲击下后迅速覆亡,其法制改革也骤然停止,但中国法律近代化的进程并未停顿,而在民国政治的新气象中仍然继续深入发展,最终确立与形成了中国近代的法律体系。

二、民国年间中国近代法律体系的确立与形成

(一)北京政府时期:中国近代法律体系的初步确立

1912 年 1 月,南京临时政府成立,宣告了中华民国的诞生。由于民主共和制与封建君主专制是两种有着本质区别的政体,二者在法律制度上存有较大差别。因此,"改革固有法律,继受西方法律成为民国初年民主政治的要求"[127]。在这种民主政治的现实需要和价值追求下,民国前期,南京临时政府和北京政府继续推动着中国法律近代化向前发展。

当辛亥革命浪潮澎湃之际,1911 年 12 月 3 日,各省都督代表大会通过了《中华民国临时政府组织大纲》。虽然它只是一部政府组织法,但实际上也"起着临时宪法作用"[128],这成为民国初年革命派开展宪政建设的先声。及至南京临时政府参议院成立,经过一个多月的草拟审议,1912 年 3 月 11 日公布了《中华民国临时约法》,共 7 章 56 条,包括总纲、人民、参议院、临时大总统、副总统、国务员、法院和附则等章目。《临时约法》作为第一个资产阶级共和国性质的宪法文件,在确立中华民国的国体、政体的同时,还规定了人民的自由和权利,确认了保护私有财产的经济原则。由此,《临时约法》的颁行最终从法律上实现了中国社会制度的转变,具有十分深远的历史意义。

民国北京政府攫取辛亥革命的胜利果实后,为了从法理及制

度层面给自身披上合法的外衣,比较注重引入西方各国先进的法律模式,积极开展制宪活动。1912—1928 年成为整个民国时期制宪活动最活跃的阶段。这 17 年间,先后起草和公布了 1913 年天坛宪法草案、1914 年袁记约法、1915 年中华帝国宪法草案、1916 年天坛宪法草案修正案、1923 年《中华民国宪法》和 1925 年《中华民国宪法草案》等。宪法的兴废无常,充分凸显出北京政府法制建设的积极与消极的双重影响。一方面,宪法文件频频出台,表明宪政制度及辛亥以来所宣扬的民主共和观念至少在形式上被接受,基本得以延续、保存;另一方面,宪法与法律被充当其政权合法性的装饰品,故而"众多宪法和宪法草案的尝试,并没有造就真正拥护宪法、尊重宪法的宪政传统"[129],是以民主政治的形式下掩盖是军阀专制之内核。

除宪法外,北京政府统治时期,部门法也呈现了一个渐趋完善的发展态势。

1. 刑事法律的发展变化。南京临时政府成立后,为弥补因政权嬗递而导致的法律适用真空,1912 年 3 月 11 日,孙中山发布大总统令:"现在民国法律未经议定颁布,所有从前施行之法律及新刑律,除与民国国体抵触各条应失效力外,余均暂行援用,以资遵守。"后经参议院议决,"除与民主国体抵触之外,应行废止外,其余均准暂时适用"。[130]不久,北京政府司法部对《大清新刑律》进行修正,删去有关保护皇权的条款及含帝制色彩的文字,定名为《中华民国暂行新刑律》颁布施行。[131]9 月 12 日,又公布司法部拟定的《暂行新刑律实施细则》10 条,以解决新刑律在司法实践中遇到的具体问题。此外,北京政府还颁行一系列单行刑事法规,如:《戒严法》、《惩治盗匪法》、《治安警察法》、《官吏犯赃治罪条例》等,作为对《暂行新刑律》的补充。

北京政府还先后两次提出修订刑法案,即 1915 年《刑法第一次修正案》和 1919 年《刑法第二次修正案》。1914 年法律编查会成立后,聘请日本法学家冈田朝太郎参与修订《中华民国暂行新刑律》,次年草成《第一次刑法修正案》,分总则、分则两编,共 55 章 432 条。该案曾提交参议院核议,但最终未能决议公布。1918 年,段祺瑞政府命修订法律馆总裁董康、王宠惠再次修订刑律,于 1919 年完成《刑法第二次修正案》393 条,仍分总则、分则两编。同民国前两部刑律相比,1919 年刑律修正案无论是编纂体例还是条文内容都有较大变化,较多吸收了西方先进的法学原理与法律制度,确立了从新兼从轻等一系列新的刑法原则,基本适合当时中国国情。故而,民国法学家谢振民认为它"实较前有显著之进步,为民国以来最完备之刑法法典"[132]。

2. 民商事法律的发展变化。南京临时政府在沿用清末民商法的基础上,颁布了一些保护私有财产、发展经济的法令法规。而后,民国北京政府也继受了清末民商事法律,即《现行刑律》中民事有效部分成为民国初年实际施行的基本法。为适应社会发展的需要,北京政府尝试"通过其他法律形式来调整社会发展中出现的新的民事关系,实现民事立法的近代化"[133]。一是着手调查各省民商事习惯,使之成为地方司法审判的重要依据;二是颁布一些民事特别法,如《验契条例》、《契税条例》、《清理不动产典办法》、《不动产登记条例》等,"开始引入近代民商事法律制度,从而推动了民法的近代化"[134];三是发布了众多的判例、解释例。与此同时,北京政府继续进行民律的起草工作。1915—1925 年,先后多次草拟与编纂成民律总则、亲属、债、物权、继承各篇。至 1926 年,修订法律馆在参照《大清民律草案》、调查各省民商事习惯、借鉴西方最新立法经验的基础上,积十年之功,终于编纂完成了比较完整的民法法典草案,史称"民律第二次草案"。该草案基本上继承了清末修律取得的民法成果,同时又"体现出国际化与本土化紧密的特点"[135]。

民国初年,中外贸易更趋活跃,中国民族资本主义得到进一步发展,这在客观上要求政府制定和完善商事法规。由此,商事立法活动十分频繁,主要有 1914 年颁行的《商人通例》、《公司条例》、《证券交易所法》、《商业注册规则》以及获准参酌援用清末的《破产法草案》。此外,还有拟定尚未颁行的《商事条例》暨实施细则、票据法草案、保险法草案等。[136]北京政府颁行的这些单行商事法规,适应了民初商品经济发展的客观需要,为民族资本主义发展进入黄金期创造了良好的法制环境,并"为南京国民政府制定相应的单行商事法规奠定了基础,对中国近代商法体系的形成也起到了主要的促进作用"[137]。

3. 诉讼法的发展。在继承清末修律成果的基础上,民国前期的民事诉讼法与刑事诉讼法也有所前进。1912 年,参议院先后议决援用前清《刑事诉讼法草案》、《民事诉讼法草案》有关诉讼管辖的规定,后又通令援用该两草案相关条款。及至 1921 年,北京政府修订法律馆完成新的诉讼法草案,由政府改定后颁布为《刑事诉讼条例》、《民事诉讼条例》,于 1922 年 7 月 1 日在全国范围内统一施行。

除上述宪法、民法、商法、刑法、民事诉讼法、刑事诉讼法等六法外,北京政府在行政法方面也有所作为。根据《中华民国立法史》的载录,民国前期,北京政府制定的行政法约 150 余件,诸如:1912 年《文官高等考试法》、《国籍法》;1914 年《文官惩戒委员会编制令》、《省官制》;1915 年《司法官惩戒法》、1921 年《邮政条例》,等等。[138]

在以宪政为中心的法律制度由传统向近代转型的同时,民国初期,北京政府还依照近代西方国家的司法模式,着手构建新型司法制度。一方面公布《暂行法院编制法》,在全国建立普通法院、特别法院两个系统,并依照司法独立的原则,构筑现代司法体制,另一方面大力改革监狱制度,积极推进刑事诉讼制度、律师制度的建立。[139]司法领域的变革,对于实现中国传统法制的转型不独有形式上的意义,更具有实践上的影响。

由上观之,民国北京政府时期,尽管军阀专制统治盛行,思想领域也一度趋于保守复古,然而这17年间中国法律制近代化进程也一直没有中断,只随局势动荡而呈现曲折发展态势。与清末10年修律相比较,"由北京政府推动并具体实施的法律近代化的重点,在于宪政体制的探索和变革"[140],这与民初国体变更、政权频繁更迭息息相关。同时,新的社会经济生活也需求政府应时而变,确立起合乎事宜的法制体系,维持整个国家社会的正常运转,尤其是资本主义经济迅速发展使得商事立法颇有特色,也推动了民事法律制度的近代化。由此,北京政府在继承清末修律成果的基础上,在民国前期将中国法律近代化向前推进一步,近代法律体系初步确立。

(二)南京国民政府时期:中国近代法律体系的最终形成

南京国民政府时期,是中国近代法律体系最终确立与形成的阶段。在最初10年间,政局相对稳定,国民政府立足本国国情,在借鉴西方先进法律成果并保留中国固有法律传统的基础上,进行了大规模的基本法律的制定与完善,加快了法律近代化的进程。抗战期间,国民政府的法律制度有进一步发展,但亦具有两面性。及至国共内战爆发,国民政府的法律秩序渐趋崩溃,立法活动成为挽救其垂危统治的一个手段。不过,在南京国民政府时期,中国法律近代化进程总体上还是不断趋向深入,其突出体现于宪法的发展与近代部门法律等"六法体系"的形成。

1. 制宪活动的继续展开。国民政府奠都南京后,遵照孙中山"三民主义"和"五权宪法"学说,着手构建五院制的宪法和政府体制。及至1928年北伐告成,乃宣布结束军法之治,开始进入训政时期。这年10月,国民党中央常务委员会通过《中华民国训政纲领》,规定训政时期由国民党全国代表大会代表国民大会行使政权,训练国民掌握四项政权,炮制出国民党以党治国的法理依据。这引起了国民党内部派系不满,也遭到举国反对。迫于情势,1931年5月召开"国民大会",制定通过了《中华民国训政时期约法》,共8章89条。该约法再次明确国民党一党专政的政治制度,规定以政府主席为首的五院制体制,在中央和地方上采取均权制,并对人民的权利和自由也有所规定。1932年底,国民党四届三中全会宣布进行宪政筹备,开始起草宪法。经过三年多讨论审查,立法院最终通过《中华民国宪法草案》,并于1936年5月5日公布,即"五五宪草"。该宪草分为总纲、人民之权利义务、国民大会、中央政府、地方制度、国民经济、教育、宪法之施行及修正等8章,148条。其基本精神是对《训政时期约法》的继承;改国民政府主席为民国总统,实行总统集权制,设立国民大会,由总统召集之,闭会期间却无常设机关。所谓的"还政于民",只是表面取消了"训政"的统治形式,而实际上进一步确立了集权于总统一身的行政体制。抗战胜利后,五五宪草经政协审议修正后提交国民大会。因不久全面内战爆发,1946年11月,国民大会在国民党主导下通过了《中华民国宪法》,1947年1月1日由国民政府公布,并定于同年12月25日施行。这是南京国民政府正式公布的第一部宪法。从法律条文来看,尽管该宪法的内容已有较大进步,吸纳了"五五宪草"公布后社会各界提出的改进意见和修改方案,但从制定、颁布过程看,"它又带有很大的缺陷"[141]。宪法的出台,终究无法挽救南京国民政府覆灭的命运。

2. 民事法律的进一步发展。南京国民政府成立之初,由于尚未有统一适用的民法典,各地司法机关审理民事案件时,继续沿用北京政府的民事诉讼条例、判例和民间习惯。为巩固统治基石,发展社会经济,国民政府也比较重视民法的起草和修订工作。1928年立法院成立,下设民法起草委员会。此次制订民法典,"允宜考社会实际之状况,从现代立法之潮流,订为民商统一之法典"[142],在立法体系上抛弃了晚清及北京政府所遵行的民法与商法分纂,而采取民商合一。从1929年开始,民法起草委员会以北京政府《第二次民律草案》为基础,参考德、法、日、瑞士等大陆法系国家民法典的民事立法原则,先后拟订了民法各编草案,经立法院通过,由国民政府陆续公布实施。1930年12月26日,民法的亲属、继承两编公布。至此,民事法律的起草工作全部告竣,《中华民国民法》具有了一个完备的法律体系,分总则、债、物权、亲属和继承五编,共1225条。这是近代中国第一部正式公布施行的民法典。与《大清民律草案》、《民律第二次草案》相比,它继承了前二者的法律修订成果,并继续向前发展,呈现出若干新变化:一是采用民商合一的编纂体例,顺应了世界民法发展的趋势;二是采用社会本位的立法指导思想,吸取了当时最先进的民事法典理念;三是贯彻平等原则,进一步排除传统礼教、宗法观念的影响;四是吸收和有意保留了中国固有法律传统中优良的合理性的民法制度。[143]

由于采取民商合一的编纂体例,属于商法的部分内容被编进民法典之中,而不宜列入民法典的一些商事活动,如保险、票据、海商、公司、银行等，南京国民政府于 1929 年初成立商法起草委员会，主持制订相关的单行法规。随后 7 年相继出台的商事法规有《交易所法》、《票据法》、《公司法》、《海商法》、《保险法》、《银行法》、《储蓄银行法》、《破产法》、《合作社法》等。

3. 刑事法律的制定与修订。南京国民政府时期，曾颁行过两部刑法。1927 年 4 月，司法部长王宠惠以北京政府《第二次刑法修正案》为基础加以删改，提出《刑法草案》。该草案经国民党中常会审定通过，定名为《中华民国刑法》，于 1928 年 7 月 1 日施行。由于该刑法制订仓促，内容不尽完善，且当时有多种特别刑事法令并行，破坏了刑法典的严肃性与统一性。另外，民法后于刑法制定，有些内容与刑法规定存在矛盾。鉴于此，1932 年，立法院组织刑法起草委员会，启动新刑法的编纂。1934 年 11 月，刑法修正案由立法院三读通过，1935 年 1 月 1 日国民政府公布《中华民国刑法》，定于 7 月 1 日施行。相对于 1928 年旧刑法，在编制体例上，新刑法进行了大幅度调整，内容框架更为合理，条款间的逻辑结构更为严密；在内容上，新刑法"继承了清末以来已经确立的一些进步的刑法制度与原则，如正当防卫、紧急避险、假释等制度，以及罪刑法定主义、刑罚的人道主义、罪责自负等原则"[144]。同时借鉴与吸收了国际刑法学界的一些先进成果。[145]总之，1935 年新刑法既有追求法律国际化的趋势，亦较注重本土固有的法律资源，为法律的本土化付出了心力。当然，新刑法的某些规定也体现出与时代不和谐的节拍，还有"服制定罪"等方面的残余，将人民反帝爱国运动定刑镇压则暴露其政权的反动性。

4. 民事诉讼法的制定。南京国民政府实现全国统一后，决定草拟新的诉讼法。1928 年，司法部以北京政府《民事诉讼条例》为蓝本拟订《民事诉讼法草案》。经立法院审议后，1930—1931 年，国民政府先后公布《民事诉讼法》各编，并公布《民事诉讼法施行法》，定于1932年5月20日实施。在司法实践中发现该法多有疏漏之处，1935年，立法院通过该两法修正案，于同年7月1日公布施行。[146]新《民事诉讼法》对管辖制度作了较大修改，并将调解制度纳入诉讼法，规定了简易程序。同时，对诉讼保全程序也有较大改动，以保护当事人利益。[147]

5. 刑事诉讼法的完善。1928年，司法行政部在北京政府前颁的《刑事诉讼条例》的基础上，修订成草案，经立法院审议通过，于1928年7月1日公布，9月1日施行。此即旧《刑事诉讼法》，共9编513条。后经修订，1935年1月公布了第二部《刑事诉讼法》，于同年7月施行。与旧法相比，新法仍有9编，但编次与名称均有变动，内容上也有不少变更，条文增至516条，而约有60多条是旧法未有的，这些条款及时吸收了20世纪前期世界各国刑事诉讼法的最新成果。[148]此外，南京国民政府还制订并公布了一系列单行刑事诉讼法规，如《最高法院组织法》、《法院组织法》、《特种刑事案件诉讼条例》等。

6. 行政法的充实与完善。南京国民政府时期，行政法获得很大发展，名目十分繁多。概括来讲，主要有内政、财政和经济三大类。这时期公布施行的行政法，属于内政方面的有《著作权法》、《国籍法》、《工会法》、《渔会法》、《工厂法》、《诉愿法》、《土地法》、《出版法》、《农会法》、《电影检查法》、《户籍法》，等等。财政方面有《银行法》、《营业税法》、《预算法》等。经济方面有《渔业法》、《商标法》、《矿业法》、《铁道法》等。[149]此外，还有一些条例法规，如《监督慈善团体法》、《红十字会管理条例》等，则与本研究直接相关，涉及慈善事业的管理与规范。

由上而见，中国法律近代化具有明显的阶段性，在不同时期进展有急有缓。南京国民政府建立后,由于国民党在全国范围内掌握着充足的政治资源,大规模的法律创制及其完善活动得以快速而强有力地展开,数年间就制定与颁行了一系列重要的基本法律,包括民法、刑法、民事诉讼法、刑事诉讼法等,中国近代法律的典型形态——六法体系最终形成。这表明中国法律近代化向纵深发展,并已取得实质性成就,果实甚丰。探究其因,"中国法律近代化,既有法律自身发展的逻辑动因,也有列强各国的外部推动,而最终体现为立法者通过对中国传统法律与西方近代法律的比较而对法律体制所作出的新的选择。"[150]这种选择,由于清末修律以来法律教育的兴盛及其培养的大批专门法律人才,在民国时期变得更为自觉。由此,中国法律近代化也得以继续深入,立法技术和水平有了很大的提高,这就为民国时期制定近代意义的慈善法律法规积累了十分丰富的立法经验。

注　释

1　瞿同祖:《中国法律与中国社会》,中华书局 1981 年版,"导论"第 1 页。

2　141　王立民主编:《中国法制史》,上海人民出版社 2003 年版,第 26、465 页。

3　6　8　21　147　叶孝信主编:《中国法制史》,复旦大学出版社 2002 年版,第 26、25、94、202、391 页。

4　《周礼·天官·冢宰》。

5　《周礼·地官·司徒》。

7　9　程树德:《九朝律考》卷一,《汉律考一·律名考》,中华书局 2003 年版,第 1、27 页。

10　程树德:《九朝律考》卷一,《汉律考六·沿革考》,中华书局 2003 年版,第 155 页。

11　参见程树德:《九朝律考》卷一,《汉律考一·律名考》,中华书局 2003 年版,第 28 页。程著辑录《汉书·文帝纪》载:"元年,诏曰:老者非帛不暖,非肉不饱,今岁首,不时使人存问长老,又无布帛酒肉之赐,将何以佐天下子孙孝养其亲? 今闻吏禀当受鬻者,或以陈粟,岂称养老之意哉? 具为令。有司请令县道,年八十已上,赐米人月一石,肉二十斤,酒五斗。其九十已上,又赐帛人二匹,絮三斤。赐物及当禀鬻米者,长吏阅视,丞若尉致。不满九十,啬夫令史致。二千石遣吏循行,不称者督之。"以上引文,诏书仅仅指出存问长老的重要性以及实际中存在的问题,并要求制定有关令文,而令的具体内容则由有关部门制定。法史学界的研究表明,作为汉令内容的来源主要是皇帝的制书和诏书,而这些制诏文中或结尾特别附有"著为令"、"具为令"之类的用语时,它即成为具有长期遵行效力的令。

12　程树德:《九朝律考》卷一,《汉律考五·律令杂考》,中华书局 2003 年版,第134 页。

13　16　47　[日]夫马进:《中国善会善堂史研究》,伍跃、杨文信、张学锋译,商务印书馆 2005 年版,第 34、36、158—160 页。东汉时的五升,相当于明清时期的一升。

14　《魏书》卷八,《世宗本纪》。

15　《梁书》卷三,《武帝本纪》。

17　据程树德勾稽考察,西晋武帝泰始二年(266)十二月,"班五条诏书于国郡,一曰正身,二曰勤百姓,三曰抚孤寡,四曰厚本息,五曰去人事。"(《九朝律考》,卷三《晋律考下》;中华书局 2003 年版,第 299 页)北周时颁布的《周令》:"颁施惠之要,审牧产之政。……司仓掌辨九谷之物,以量国用,国用足即蓄其余以待凶荒,不足则止,余用足则以粟贷人,春颁之,秋敛之。"(同上书,卷七《后周律考》,第 420—421 页)

18　李玉生:《唐令与中华法系研究》,南京师范大学出版社 2005 年版,第 1—3 页;郑显文:《律令时代中国的法律与社会》,知识产权出版社 2007 年版,"序言"第 5—6 页。

19　[日]仁井田陞:《唐律拾遗》,栗劲、霍存福、王占通等编译,长春出版社 1989 年版,第 165—166 页。

20　以上均见(明)王溥:《唐会要》卷四十九,《病坊》,中华书局 1998 年版,第 863 页。

22　24　25　27　30　31　32　(清)徐松辑:《宋会要辑稿》第 6 册,《食货》六十,中华书局 1957 年影印本,总第 5866、5866、5866、5867、5866、5866、5869 页。

23　(宋)李焘:《续资治通鉴长编》卷二八〇,"熙宁十年二月丁酉"。转引自张文:《宋朝社会救济研究》,西南师范大学出版社 2001 年版,第 242 页。

26　《宋会要辑稿》载,元丰五年(1090)九月二日诏:"城寨镇市户及千以上有知监者,许依诸县条例增置,务使惠及无告,以称朕意。"(《食货》六十,总第 5867 页)又崇宁四年(1105)十二月二十八日,诏:"自京师至外路皆行居养法及置安济坊,犹虑虽非鳏寡孤独而癃老疾废委是贫乏不能自存,缘拘文遂不与居养,朕甚悯焉。可立条委当职官审察诣实,许与居养。"(《食货》六十八,总6319页)

28　34　窦仪等撰:《宋刑统》,薛梅卿点校,法律出版社1999年版,第222—223、217页。

29　关于宋朝漏泽园制度的发展、形成过程,有学者认为其经历了四个阶段:北宋初年至元丰二年是草创阶段,元丰二年至崇宁三年是形成阶段,崇宁三年至北宋末年是健全阶段,南宋时期是恢复阶段。参见张邦炜、张崟《两宋时期的义冢制度》,《天府新论》1995年第5期。

33　谢深甫修纂:《庆元条法事类》,见杨一凡、田涛主编:《中国珍稀法律典籍续编》第一册,戴建国点校,黑龙江人民出版社2002年版,第837页。

35　《宋史》卷二十九,《高宗本纪六》。

36　参见张文:《宋朝民间慈善活动研究》,西南师范大学出版社2005年版,第237—239页;张文:《宋朝社会救济研究》,西南师范大学出版社2001年版,第126—129页。

37　41　《大元圣政国朝典章》卷三,《圣政二·惠鳏寡》。见《续修四库全书》(787),史部·政书类,上海古籍出版社1995年版,第52页。

38　40　43　45《大元通制条格》卷四,《户令·鳏寡孤独》。见《元明史料丛编》第一辑(6),第一册,(台北)文海出版社1984年版,第143页。

39　《大元通制条格》卷三,《户令·收养同宗孤贫》,见《元明史料丛编》第一辑(6),第一册,第73页。

42　46　王卫平、黄鸿山:《中国古代传统社会保障与慈善事业》,群言出版社2005年版,第57、203—205页。

44　《大元通制条格》卷二十一,《医药·惠民局》,第2册,第479—480页。

48　《大明令》卷一,《户令》。见怀效锋点校:《大明律》,法律出版社1998年版,第244页。

49　《大明律》卷四,《户律一·户役》。见怀效锋点校:《大明律》,法律出版社1998年版,第51页。

50　应槚:《大明律释义》,见《续修四库全书》(863)史部·政书类,上海古籍出版社1995年版,第55页。

51　龙文彬:《明会要》卷五十一,《民政二·恤鳏寡孤独》。见《续修四库全书》(793)

史部·政书类,上海古籍出版社 1995 年版,第 443 页。

52　53　《大明会典》卷二十二,《仓庾·预备仓》,见《元明史料丛编》第 2 辑,文海出版社 1984 年影印本,第 405—406、408 页。

54　《大清律例》卷八,《户律·户役》,见田涛、郑秦点校:《大清律例》,法律出版社 1998 年版,第 188 页。

55　59　61　62　《钦定大清会典(嘉庆朝)》卷十二,《户部》。见沈云龙主编:《近代史料丛刊三编》第 64 辑,文海出版社 1991 年影印本,第 2 册,第 614、614、614—615、615—617 页。

56　57　《钦定大清会典事例(嘉庆朝)》卷三一七,《礼部·风教·收养孤幼》,见沈云龙主编:《近代史料丛刊三编》第 67 辑,文海出版社 1991 年影印本,总第 4399、4400 页。

58　60　《钦定大清会典事例(嘉庆朝)》卷二一六,《户部·蠲恤·收羁穷》,见沈云龙主编:《近代史料丛刊三编》第 66 辑,文海出版社 1991 年影印本,总第 9969 页。

63　64　65　《钦定大清会典事例(嘉庆朝)》卷二一六,《户部·蠲恤·孤贫》,总第 9945、9955、9956—9957 页。

66　《钦定大清会典事例(嘉庆朝)》卷七七六,《都察院·五城·稽察育婴堂》,见沈云龙主编:《近代史料丛刊三编》第 70 辑,文海出版社 1992 年影印本,总第 2037 页。

67　《钦定大清会典(嘉庆朝)》卷二十三,《礼部》,见沈云龙主编:《近代史料丛刊三编》第 64 辑,文海出版 1991 年影印本,第 4 册,第 1059—1060 页。

68　《钦定大清会典事例(嘉庆朝)》卷二三一,《户部·蠲恤·劝输》,见沈云龙主编:《近代史料丛刊三编》第 66 辑,文海出版社 1991 年影印本,总第 10885 页。

69　周秋光:《民国时期社会慈善事业研究刍议》,《湖南师范大学社会科学学报》1994 年第 3 期。

70　郑功成:《中华慈善事业》,广东经济出版社 1999 年版,第 44 页。

71　《论清查善堂事》,《申报》1897 年 3 月 15 日。

72　严中平:《中国近代经济史(1840—1894)》,人民出版社 1989 年版,第 1615 页。

73　《为直省灾赈,本会组织义赈会共募得一万五千余元已汇解在案》,苏州市档案馆藏,苏州商会档案,档号:I14—001—0543。

74　78　79　黄鸿山:《中国近代慈善事业研究——以晚清江南为中心》,天津古籍出版社 2011 年版,第 149—150、183—185、206 页。

75 参见周秋光、曾桂林:《中国慈善简史》,人民出版社 2006 年版,第 220—221 页;黄鸿山:《中国近代慈善事业研究》,天津古籍出版社 2011 年版,第 151—156 页。

76 参见黄鸿山:《中国近代慈善事业研究》,天津古籍出版社 2011 年版,第 156—166 页;周秋光、曾桂林:《中国慈善简史》,人民出版社 2006 年版,第 215—217 页。

77 夏东元编:《郑观应集》上册,上海人民出版社 1982 年版,第 526 页。

80 81 夏明方:《民国时期自然灾害与乡村社会》,中华书局 2000 年版,第34、35 页。

82 《骇人听闻之全国灾情》,《广州民国日报》1929 年 10 月 3 日。

83 苏常道尹李维源:《为徐海各县惨遭水灾希贵会广为劝募》(1926 年),苏州市档案馆藏,苏州商会档案,档号:I14—001—0541—010。

84 沈毅:《都市社会问题与广州市社会事业》,《广州民国日报》1928 年 9 月 30 日。

85 张礼恒摘编:《民国时期上海的慈善团体统计(1930 年前后)》,《民国档案》1996 年第 3 期。

86 93 95 [日]小浜正子:《近代上海的公共性与国家》,葛涛译,上海古籍出版社 2003 年版,第 58—67、88、95 页。

87 王娟:《清末民初北京地区的社会变迁与慈善组织的转型》,《史学月刊》2006 年第 2 期。

88 89 中国红十字会总会编:《中国红十字会历史资料选编(1904—1949)》,南京大学出版社 1993 年版,第 155—160、213—215 页。

90 梁其姿:《施善与教化——明清的慈善组织》,河北教育出版社 2000 年版,第 77 页。

91 《综纪丙申年本馆协赈所筹赈事略》,《申报》1897 年 2 月 12 日。

92 《上海新普育堂征信录(民国二十年一月至十二月)》,上海市档案馆藏,上海市社会局档案,档号:Q6—18—340。

94 《上海特别市慈善团财产目录》,上海市档案馆藏,上海市社会局档案,档号:Q 6—18—317—35。

96 任云兰:《近代天津的慈善与社会救济》,天津人民出版社 2007 年版,第 61 页。

97 周秋光、曾桂林:《近代中国的城市与慈善事业》,见李长莉主编:《近代中国的城市与乡村》,社会科学文献出版社 2006 年版。

98 黄鸿山、王卫平:《晚清江南慈善家群体研究——以余治为中心》,《学习与探索》2011 年第 6 期。

99　张建俅：《中国红十字会初期发展之研究》，中华书局 2007 年版，第 73—75 页。

100　朱浒：《滚动交易：辛亥革命后盛宣怀的捐赈复产活动》，《近代史研究》2009 年第 4 期。

101　《函沈茂顺为图吞长生善会公款事三日内来处原诉事》(1914 年 8 月 19 日)、《为请追沈茂顺善款于近日进行评议的通知》(1914 年 9 月 1 日)，苏州市档案馆藏，苏州商会档案，档号分别为：I14—002—0078—079、I14—002—0078—082。

102　《社会局防禁市民假冒慈善名义募捐》，《广州民国日报》1929 年 10 月 29 日。

103　140　150　朱勇主编：《中国法制通史》(第九卷：晚清民国)，法律出版社 1999 年版，"绪言"第 1、2、1 页。

104　"六法"一词源于日语，它在中国的流播有一个内容与语义变化的过程。日本明治维新初期，开始舍弃中华法系而学习西方资本主义法系，先后翻译了法国的民法典、刑法典、民事诉讼法典、刑事诉讼法典、商法典和宪法，总称"六法"。清末新政时期，"六法"一词始由留日学生传入中国，形成"六法全书"之说法，其时泛指整个成文法体系。民国初年，"六法全书"是指宪法、民法、商法、民事诉讼法、刑法、刑事诉讼法。及至南京国民政府建立后，因采取"民商合一"的法律制定原则，此时的"六法全书"一般指宪法、民法、民事诉讼法、刑法、刑事诉讼法、行政法。汇编法律法规时，即按此分类，在法典之后排列相关法规法律。参见叶孝信主编：《中国法制史》，复旦大学出版社 2002 年版，第 359 页。

105　106　126　参见张晋藩：《中国法律的传统与近代转型》，法律出版社 1997 年版，第 346—362、384—433、443—446、464、447 页。

107　114　120　上海商务印书馆编译所编纂：《大清新法令》第 3 卷，商务印书馆 2011 年版，第 39、45—54、519、520 页。

108　110　上海商务印书馆编译所编纂：《大清新法令》第 1 卷，商务印书馆 2010 年版，第 149 页。

109　《城镇乡地方自治章程》，上海商务印书馆编译所编纂：《大清新法令》第 1 卷，商务印书馆 2010 年版，第 154 页；又见故宫博物院明清档案部编《清末筹备立宪史料汇编》下册，中华书局 1979 年版，第 728—729 页。

111　上海商务印书馆编译所编纂：《大清新法令》第 7 卷，商务印书馆 2010 年版，第 165—168 页。

112　上海商务印书馆编译所编纂：《大清新法令》第 6 卷，商务印书馆 2011 年版，第

71 页。

113　124　上海商务印书馆编译所编纂:《大清新法令》第 8 卷,商务印书馆 2010 年版,第 231、341 页。

115　韩君玲:《清末新政时期贫民习艺所立法评析——以 1906 年〈京师习艺所试办章程〉为中心》,《东岳论丛》2010 年第 11 期。

116　《民政部奏整饬保息善政并妥筹办法折》,《东方杂志》第 4 年第 5 期,1907 年 7 月,"内政"第 197—198 页。

117　上海商务印书馆编译所编纂:《大清新法令》第 9 卷,商务印书馆 2011 年版,第 91 页。

118　参见上海商务印书馆编译所编纂:《大清新法令》第 5 卷,商务印书馆 2011 年版,第 95—96、110、113—114 页。

119　《大清新法令》第 5 卷,第 99 页。

121　122　上海商务印书馆编译所编纂:《大清新法令》第 4 卷,商务印书馆 2011 年版,第 61、440 页。

123　上海商务印书馆编译所编纂:《大清新法令》第 11 卷,商务印书馆 2010 年版,第 379 页。

125　参见上海商务印书馆编译所编纂:《大清新法令》第 10 卷,商务印书馆 2011 年版,第 324—400 页。

127　128　133　134　137　144　赵立新、毕连芳:《近代东亚的社会转型与法制变迁》,中国社会科学出版社 2006 年版,第 69、71、84、85、89、106 页。

129　135　145　曹全来:《国际化与本土化——中国近代法律体系的形成》,北京大学出版社 2005 年版,第 106、119、145 页。

130　谢振民编著:《中华民国立法史》上册,中国政法大学出版社 2000 年版,第 54—55 页。

131　132　136　142　146　谢振民编著:《中华民国立法史》下册,中国政法大学出版社 2000 年版,第 887、903、803—864、758、1004—1012 页。

138　149　参见谢振民编著《中华民国立法史》上册第三编第二、三章关于行政法的介绍。

139　参见方立新:《传统与超越——中国司法变革源流》,法律出版社 2006 年版,第 111—118 页;赵立新、毕连芳:《近代东亚的社会转型与法制变迁》,中国社会科学出版社 2006 年版,第 89—91 页。

143　赵立新、毕连芳:《近代东亚的社会转型与法制变迁》,中国社会科学出版社 2006

年版,第111—114 页;曹全来:《国际化与本土化——中国近代法律体系的形成》,北京大学出版社 2005 年版,第138—142 页。

148　何勤华:《西方模式的选择与中国司法的现代化》,见何勤华:《外国法与中国法——20 世纪中国移植外国法反思》,中国政法大学出版社 2003 年版,第504 页。

第 二 章
民国慈善立法的理念、体系及历史轨迹

任何立法活动都是以一定的立法理念为指导,立法理念作用于立法者的思想而影响其立法活动,最终形成一定的立法体系。立法是一个社会与时代的反映,时代在嬗变,立法理念、立法指导思想与基本原则也要随之发生变化。"如果不了解一定社会、国家和历史时期思想意识形态领域的情况,尤其是其中占主导地位的思想意识,如果不了解它们与各有关立法的关系尤其是它们对各有关立法的指导或影响作用,是很难深入理解、把握各有关立法的精髓或精神实质的"。[1] 民国时期的慈善立法活动亦如此,它与民国社会的立法理念息息相关。因而,研究民国时期的慈善法制,须首先考察其立法理念、体系构成,了解慈善立法的发展演变轨迹及其特点。

第一节 慈善立法的理念

在中国,汉以后的封建社会,立法依据正统儒家思想进行,体现出以家族为本位、皇权至上、等级森严和德主刑辅等基本原则。及至晚清,随着西方法文化的输入,传统法观念渐渐发生变化,以清末修律为标志,"法自君出,权尊于法"的传统终结了,中国社会的立法活动开始注入一些现代因素。西方法律文化推动了中国对传统法律的修改与更新,促成了清末的宪制改革与西式法典的编纂。中华民国建立以后,民主共和观念得到进一步张扬,言论自由,思想活跃,"解除了清末法制变革的枷锁,西方法律文化在中国的传播渐成澎湃之势,并对中国法学的培植乃至制度的建构产生了较之晚清更为深远的影响"[2]。处在社会转型与过渡之际,民国政府的立法理念迥然有别于前代,参考古今,博辑中外,对西方法文化采取兼收并蓄的方针。这不仅浸润于《临时约法》等宪法文本中,也体现在民、刑诸法里,其他法律法规亦然。本节将从思想意识发展演变的角度来探析民国时期的慈善立法理念,以便把握各项慈善法律法规的精髓。

一、传统的慈善思想

中国慈善事业的历史悠久,慈善思想源远流长。在中国传统文化中,儒家仁爱、民本思想与义利观,佛家慈悲、业报、福田思想以及道家承负思想,构成了中国古代慈善事业的思想基础。宋明以后,儒释道三教出现合流趋势,佛、道的儒家化,更有利于民众乐善好施风尚的形成,推动了中国慈善事业不断发展、趋于兴盛,以至于民国时期民间慈善活动依然活跃。民国初年的国务总理熊希龄,在后来创办北京香山慈幼院时就说:"吾国立国最古,文化最先,五千年来养成良善风俗者,莫不由于儒、释、道之学说所熏染。"[3]传统慈善思想于中国古代慈善事业的深远影响自不待言,而对近代中国来说,正处在从传统农业社会向现代工业社会的转型期,虽然沿江沿海地区受到西方文明冲击后发生了沧桑巨变,但在全国范围内,传统慈善观念仍在民间慈善事业中居主导地位,起着重要作用。显然，传统的慈善思想还是民国社会慈善立法进程中重要的本土资源。

　　儒家文化是中华文化绵绵不断的主流。儒家思想中的"仁爱"、"大同"、"民本"等核心内容不仅影响了几千年来的中国政治思想，也成为构筑慈善体系的基石。其一，仁爱思想。孔子以善为仁，提出"仁者爱人"，这是儒家慈善观的内核与基石。在此基础上，孟子提出人性本善，所谓"恻隐之心，仁之端也"，即指出了人们从事各种慈善活动的动机所在。受之影响，后世众多乐善好施的仁者以"人饥己饥、人溺己溺"的精神，不断地致力于济贫弱、助危困的社会慈善活动。其二，大同思想。它是儒家文化中最具理想色彩的内容，于后世影响极为深远。《礼记·礼运篇》：

> 大道之行也，天下为公，选贤与能，讲信修睦。故人不独亲其亲，不独子其子，老有所终，壮有所用，矜寡孤独皆有所养。男有分，女有归。货恶其弃于地也，不必藏于己；力恶其不出于身也，不必为己。是故谋闭而不兴，盗窃乱贼而不作，故外户而不闭，是谓大同。

继孔子对大同社会的生动描述后，孟子也勾画了"出入相友，守望相助，疾病相扶持，则百姓亲睦"（《孟子·滕文公上》）的熙和盛世景象。这令后人不禁心驰神往，时至近代还深深吸引着洪秀全、康有为、孙中山等一代代追寻民族独立、国家富强的仁人志士。大同世界依然是他们心中挥之不去的情愫，孜孜以求的理想国。"中华民国国父"孙中山就曾以大同世界为蓝本构想中国的未来，"即所谓'天下为公'，要使老者有所养，壮者有所营，幼者有所教"[4]，这成了他终生奋斗不息的内在精神动力。正缘于孙中山毕生的追求与民族心理的深厚积淀，大同思想也为中国国民党人所认同、所继承,成为其执政理念与施政目标,希冀通过慈善立法所能达到社会诉求。此外,儒家主张"民为邦本","民贵君轻",这种民本主义构成历代施仁政的基石,每逢灾年都要采取施粥、赈谷、调粜等多种赈恤措施,救济灾民、流民。这对民国政府相关慈善立法也有影响。

　　道教是中国土生土长的宗教,在民间社会有着广泛而深远的影响。早在先秦时期,《周易》有言:"积善之家必有余庆,积不善之家必有余殃。"这种"积善余庆"、"积恶余殃"等观念也为道家、道教所继承,并得到反复申论。《道德经》中不乏劝善去恶的嘉言,如:"天道无亲,常与善人";"施恩布德,世代荣昌";"人行善恶,各有罪福,如影之随形,呼之应声"。及至东汉魏晋之际,随着道教的创立与不断发展,它所宣扬的善恶报应观渐渐化为人们心中遵守的伦理律令,深深地影响了中国民众的善恶选择与行为举止。宋代以后,《太上感应篇》、《文昌帝君阴骘文》、《关圣帝君觉世真经》等刊布流行,道教的善恶报应、行善积德思想便成立普遍民众根深蒂固的慈善伦理传统。而佛教自西汉末年传入中国后,其修善功德观、因缘业报说和慈悲观念,也成为中国传统慈善事业发展的重要源泉。基于"十善十恶"的佛教教义,众多佛门弟子广结善缘,笃行布施,多种福田,以求修成正果。魏晋以降,养恤鳏寡残疾的六疾馆、孤独园、悲田养病坊、福田院等慈善设施,都与佛教有着直接的、深厚的渊源。直到清末民初,在近代中国慈善事业的发展进程中,佛教依然是一支活跃的民间社会力量。1913年2月,太虚为了复兴佛教,提出"教理"、"教产"、"教制"三大革命的主张,首倡"人生佛教",后来进而倡导"人间佛教"。"人生(间)佛教"的倡导与实践,正是佛教自觉开展济世利人、普度众生的慈善事业,在近代社会变迁中做出的一个积极回应。佛教慈善的历史传统及其在现实社会所表现出的积极姿态,无疑或多或少地影响了民国政府的政策取向,影响了相关立法的出台。1929 年,南京国民政府先后颁行与修正《寺庙管理条例》、《监督寺庙条例》,就规定寺庙应按其财产情形兴办慈善公益事业,并受主管官署监督。1932 年,内政部又进一步出台了《寺庙兴办公益慈善事业实施办法》(后修订为《佛教寺庙兴办慈善公益事业规则》)。显然,国民政府已将佛教千年以来慈悲行善的传统逐步予以规范化、法制化,这正说明传统慈善思想对于民国慈善立法发生了实际影响,已潜化作其参酌考量的立法理念,成为影响民国慈善立法的一个不应忽视的因素。

　　民国年间,陈凌云先生将中外慈善救济事业进行比较审视后认为,"我国社会救济事业,古代虽无具体组织,而因家庭制度健全之故,伦理观念素为一般人所尊重。由亲及友,自邻至远,大多互相顾恤协助,盖已成为普遍之美德矣。故在形式上,社会救济事业虽不及西方各国之完整,而实际上具有欧美诸邦之长处"[5]。而近代以来旧制渐废,新制又未立,百事待兴,多有未臻完备尽善之境,慈善救济事业亦属其一端。如何来完善近代中国的慈善救济法律制度? 陈凌云建言:"若就我国固有之美德而言,倘能善为运用,实足为今后社会救济事业之重要动力。"[6] 由此而见,当时的学者亦还认可中国传统的慈善思想与理念,强调它对现实社会具有借鉴作用。相关学理的探讨,不仅推动了慈善观念的更新,而且在实践上为慈善法律制度的构建、运行奠定了一定的理论基础。从后来的立法实践来看,国民政府社会部在 1941 年起草《社会救济法》之初,就"内本《礼运·大同》关于救济原则之意义,外查各国关于救济行政之趋势"而拟成草案。在给立法院的呈文中,社会部还进一步阐述其立法理由:

　　我国关于救济之观念,在儒家渊源于仁爱,佛家发愿于慈
悲,故综合而为慈善观念;然细绎《礼运·大同篇》"老有所
终,壮有所用,幼有所长,鳏寡孤独废疾者皆有所养"之含义,
其崇高理想殆为合理之社会,对此数者,为其天然应负之责
任。盖因集体之生存而当为,不专为人类之悲悯而宜为。[7]

这清楚地表露出,时至民国后期,儒家的仁爱、大同思想、佛家的慈
悲等传统思想观念仍有影响,是民国政府进行慈善立法的基本理
念与主要依据。

二、近代西方的慈善救济思想

　　西方社会的慈善事业源于基督宗教的教义,《圣经》中有大量
关于慈善的劝诫:"你手若有行善的力量,不可推辞,就当向那应
得的人施行";"周济贫穷的,不致缺乏。佯为不见的,必多受咒
诅";"有施散的,却更增添。有吝惜过度的,反致穷乏。好施舍
的,必得丰裕";"施比受更为有福"。在这些有关施舍、利他和济
世的神谕中,上帝通过基督耶稣彰显了无私的爱。可以说,博爱是
基督教慈善思想的核心与基础。正缘于此,自公元5世纪以来,基
督教会一直将济贫助困作为其宗教义务之一,把救济穷人视为遵
从上帝谕示应履行的一种责任。教会慈善便成了中世纪西方慈善
事业的典型形态,西欧社会的慈善活动几乎为教会所独占和垄断,
行会、采邑和村社等共同体仅处于次要位置。及至12世纪,在基
督教教义、罗马法和日耳曼法基础上形成的教会法明确了法人概
念,并将法人制度应用于慈善活动中,创造了新型的财团法人形
式,同时,教会也成为财团法人的管理者。由教会管理的财团法人
包括教会慈善基金、教会用所捐赠财产设立的慈善机构(如医院
和育婴堂)。14世纪以后,随着国王为代表的世俗权力的崛起,对

教会慈善权力进行限制与削弱,加之新教运动中理性主义慈善观的兴起,教会慈善逐步走向衰落,世俗性慈善法人组织开始发展。[8]这种变化在英国表现得最为剧烈。

15—16世纪,英国都铎王朝持续推行宗教改革,解散了修道院,没收了教会的土地和财产以及改革了某些教义,从而使得英国教会摆脱了罗马教皇的控制并从属于王权,以国王的权威代替教会的权威。到16世纪中叶,大量的修道院被解散,其财产收归王室,也直接导致穷人失去了最重要、最基本的住宿和医疗支持,丧失了接济和藏身之所。同时,英国人为获得心灵救赎而向教堂捐赠财产的行为也受到限制。这样,经过宗教改革后,打破了教堂持有慈善财产的传统,英国的慈善观念发生了重大转变,慈善目的日益世俗化,现代意义上的慈善观念开始出现。[9]而中世纪后期的大饥荒和黑死病,使得大批民众流离失所,穷人数量激增。救济穷人不再是一个道义问题,而是一个亟需解决的社会问题。由此,英国的宗教改革以及经济和社会发展,导致人们对慈善、贫穷和乞丐态度的改变,导致人们对教会的捐赠也更多地转向对穷人的捐助。为了解决贫困和维护社会稳定,都铎王朝先后颁布和实施了多部济贫法,慈善成为一个主要的政策工具。在济贫法实施与不断修正过程中,英国逐渐感觉到需要由国家积极参与到贫困救济中。1601年,英国议会通过了第一个对慈善捐赠进行规制的立法——《慈善用益法》。该法是一部改革性的立法,有着双重立法意图。首先,它在解决贫困问题的同时,试图建立一种有效募集慈善基金的机制;其次,它又力图杜绝慈善用益财产的滥用,通过对慈善目的种类进行列举和建立慈善用益监管制度来实现这一目标。[10]同年,伊丽莎白一世还新颁了《济贫法》。伊丽莎白时期的慈善立法——1601年《慈善用益法》及其相关的《济贫法》,不仅对解决当时贫困等社会问题发挥了关键性的作用,还确立了英国的慈善信托制度,为英国慈善事业的发展创设了一个长效机制。更为重要的是,它为后来英国及其他西方国家有关慈善的法律奠定了基础,成为英美法系里慈善信托法的蓝本,中世纪以来的西方传统慈善事业由此发生重大变革。当然,受基督宗教文化浸润,英国社会的教会慈善并没有完全停顿,也还存在一定影响。

1688 年英国光荣革命后,建立起君主立宪制,为资本主义发展开辟了广阔道路。18 世纪下半叶,工业革命首先在英国发生,很快波及欧洲大陆,大规模的工业化、城市化进程导致了大量贫民失业以及病残等诸多社会问题。在新的社会背景下,1834 年,英国重新修订颁布《济贫法》(即《新济贫法》),进一步强化政府的济贫责任,废除了院外救助方式,即一切救助均要在政府管理之下的济贫院内进行,这成为西方国家近代社会救济与保障制度的一个新起点。从 19 世纪 80 年代开始,德国进行了一系列社会保险立法,范围涉及疾病、工伤事故、伤残、养老等多个方面,逐渐构建起适应工业时代的社会保障制度。稍后,欧洲各国纷纷效仿,相继开展社会救济与慈善立法。20 世纪 30 年代,罗斯福推行新政,先后颁布《联邦紧急救济法案》和《社会保障法》,社会保障作为一项基本法律制度在美国确立。

西方国家在构建近代社会救济与保障制度之际,新的慈善救济理念也伴随着殖民扩展向外输出与传播。晚清以后,西方的慈善救济理念通过西学报刊、国人海外见闻以及教会慈善事业三个途径逐渐传入中国。[11]它传播的直接结果,就是催生了近代中国慈善思想的形成与发展。

鸦片战争后,中国士大夫中的一些开明之士开始睁眼看世界,提出了向西方学习的时代主题。眼界初开之际,魏源编纂的《海国图志》及时向国人介绍了世界各国政教民俗,其中也涉及一些欧美国家慈善救助事业的资金来源、机构设置和救助办法。[12]咸同年间,江南名士冯桂芬因太平天国战事避居上海,开始接触西方政教文物,撰有《收贫民议》一文述及西欧国家慈善救济机构:

> 荷兰国有养贫、教贫二局,途有乞人,官若绅辄收之,老幼残疾入养局,廪之而已。少壮入教局,有严师,又绝有力,量其所能为而日与之程……以是国无贫民,无饥民。[13]

光绪初年,清政府开始向欧洲列强派遣使臣,为了解、认识西方各国实情提供了新的途径。首任驻英法大使郭嵩焘对英国慈善事业感到很新奇,日记中有多处记载。随行的翻译官张德彝对此也很留意,他介绍英国慈善医院善款的来源:"楼房皆巨室捐建,或就地醵金为之。各项经费,率为富绅集款";间有不足则"借地演剧歌,纵人往观,收取其费,以资善举",[14]即举行义演来募集善款。他对义卖情形也有叙述:"当肆者皆富家少女,货倍其值,往者必购取数事而后可……如是捐来货值为一倍,售去获利又一倍,两倍相并,则所敛者更足矣。"[15]稍晚,驻美使臣志刚等人也有观察与载录。晚清时期,基督教自西徂东,滚滚而来。各差会传教士致力传教之时,也热心举办教会慈善事业,像上海徐家汇育婴堂就影响甚广。教会慈善机构成为近代中国人对西方慈善救济事业最直接、最直观的认知,扩大了西方慈善救济理念及制度的影响。基于以上各渠道对西方社会的认知了解,晚清著名思想家郑观应在《盛世危言》之《善举》篇详细分析了近代西方的慈善事业。他说:"泰西各国以兼爱为教,故皆有恤穷院、工作场、养病院、训盲哑院、育婴堂。善堂之多,不胜枚举,或设自国家,或出诸善士。常有达官富绅独资捐数十万,以创一善举。而其思虑之周密,规制之严明,有远非今日各省善堂所及者。"[16]他还注意到"西人遗嘱捐资数万至百数十万者颇多"[17]，遗嘱捐赠成为西方国家慈善经费的重要来源。由此，"好善者多，而立法綦密，所以养之者无不尽，所以恤之者无不周耳"[18]。完备的捐赠募款机制以及健全的立法保障，促进近代西方慈善事业发展到了较高水平，这将是中国取法西方的重要内容。甲午前后，教养兼施成了中国传统慈善事业改革的一个目标与方向。效仿西方，创设新的慈善设施，或改良中国旧有的善堂善会，以改变重养轻教的局面，已是社会各界共同的呼声。[19]

在近代西方社会思潮的影响及有识之士的呼吁下，庚子事变后，晚清政府开始学习西方的做法，设立工艺局收养和救济贫民，授与一定生产技能，使之能自食其力，自谋生路。光绪二十七年（1901 年），江西巡抚李兴锐向朝廷奏请设立工艺院，"收诸游荡，及曾犯轻罚者，雇派工师，教以工艺"，院内设粗工、细工、学工三厂，并有"众人习艺之地"，"食息起居之所"。[20]不久获准，南昌府率先开办起工艺官局，随即江西一些府县也相继设立工艺院、习艺所等教养机构。同年，黄中慧亦向庆王奕劻建议创设北京善后工艺局。此后，直隶开办工艺局、广仁堂女工场、习艺所等多处，岑春煊也在成都成立四川通省劝工场。另外，两广、东三省、河南、湖北、云南、新疆、热河、甘肃、安徽、陕西、浙江、福建、山西等省都建立了类似的工艺局。[21]正当各省兴办工艺局、习艺所、教养工厂等官办教养机构高涨之时，光绪三十一年（1905 年），巡警部向清廷呈《奏京师开办习艺所酌拟试办章程》，提出创办京师习艺所的具体立法建议和内容。据此，清政府于翌年颁布了《京师习艺所试办章程》，试图从法律上为解决当时日益严重的失业与流民问题寻求法理依据。该章程作为专门性的贫民习艺立法，"对西方当时的社会救助思想及立法内容有所借鉴，堪称西法东渐之产物，开创了近代中国社会救助立法的先河,对于近代以后社会救助乃至社会保障部门法的形成具有重要的奠基作用"[22]。随后两三年间,经民政部核准立案,北京相继创办京师内城贫民教养院、外城初级教养工厂、外城中级教养工厂、外城教养女工厂、外城贫民工厂、内城公立博济初级、中级工厂等多所收容教养机构,并制定了相应的章程。清末所有的习艺所、工艺局、贫民工厂等收容教养机构,均"以收留贫民兼施教养、勿任失所为宗旨"[23],因而具有慈善公益性质。而此时清末新政依次推行并趋于高涨,科举已废,学堂渐兴,清政府又先后颁布一系列诏谕,饬令全国各省创设学堂、工艺局等,收容孤贫幼童及流离失业无业游民,延聘教习以助其自立。如,光绪三十三年(1907年),民政部上呈《奏整饬保息善政并妥筹办法折》,指摘传统慈善组织"重养轻教"之弊端,要求全国各地善堂设立学堂和工艺厂。奏折称:"从前各项善堂善局率多重养轻教,物力日绌,生齿日繁,势必难以持久,盖聚此无数不耕不织、非士非商之民,皆纷然待哺于官吏,不惟国家财力不逮,亦为世界公理所无。拟令各该省督抚责成地方官绅体察情形,以育婴堂附设蒙养学院,养济院、栖流所、清节堂附设工艺厂……总期民有恒业,款不虚糜,无负朝廷兴养立教之至意。"[24]宣统二年(1910年),民政部下发《咨各省创设贫民大工厂文》,再次要求各省创建贫民工厂,"广收极贫子弟入厂肄习,或将旧有之善堂、善举酌量改并,以宏教养"[25],进一步推动各地的贫民习艺救助。这表明,清末新政时期,民政部作为慈善事业的中央主管机关,已把近代西方的慈善救济思想融进法律创制与修订中,上升到国家政策、法律制度层面,慈善组织兼施教养逐渐成为一项常规性的制度。这类新型慈善救济机构的兴办,"为解决中国传统的游民问题提供了新的模式"[26],而相关章程、法规的颁行,也是近代时期中国政府在西方慈善救济思想影响以行政、法律手段介入慈善领域的开端。

辛亥革命后，近代西方慈善救济思想在中国社会传播更广，影响亦更大。对于近代西方慈善救济理念的传播及其引起的中国慈善事业变化，民国立法者不可能没有感触，没有察觉。因而，近代西方慈善理念走进民国立法者的视野之内，并将其作为民国立法机构参照、借鉴的源泉，也就水到渠成、实属必然了。1930 年，有学者在《中国建设》刊物上公开发表《慈善政策论》一文，介绍英法等国慈善法律政策的起源及其制度发展，并提出了我国今后应采取的慈善政策。[27] 1935—1936 年，陈凌云奉国民政府派遣，赴德、法、英、美、瑞士、意大利等欧美国家以及日本考察社会救济事业，归国途中撰成考察报告《现代各国社会救济》，以供当政者参考与借鉴。他在序言中称：

> 窃以为社会救济事业，在欧西各国，历史已极悠久，英国在 1601 年时即有《贫穷救济法》之公布施行，该法案不仅驰名世界，且因内容完备，有若干原则仍为当今施政之根据。惟就当年立法原意而言，不免有如我国普通所谓"慈善"，乃当局或上层阶级对于平民之一种施惠。[28]

他还提到英国政府较早注重以法律来规范慈善事业的发展，保障救济贫民的效果。他介绍说，由于资本主义经济危机的出现、社会问题的丛生以及社会主义运动的发展，"近年以来，此种观念业经根本改变，各国多认为社会救济乃政府对于人民之一种重要责任，在人民方面则为一种应享受之权利"[29]。又说：

> 各国近年来对于社会救济，不独在观念与意义上根本有所变更，即其事业范围，亦较前扩充。曩时政制，仅对贫穷人士或残废老弱予以补助，其受惠者仅为一部分之人民。近年

以来,其协济范围遍及于全体民众,除鳏寡孤独者有所救济外,普通人民亦被顾及。

产妇保护、劳动补助、幼儿教养、残疾救济,乃至房屋租赁、经济合作,与国民生活相关的一切,均由政府为之谋福利,"以前之限于金钱救济者,今者扩充至医药救济、教育救济、职业救济。以前之限于消极方面,而为被动施惠者,今则扩充至积极方面,使谋自立的生活"[30]。西方国家慈善救济观念的变迁及其相关的立法,也对民国政府的慈善立法产生了实际的影响。最显著的例子就是1943 年颁行的《社会救济法》。该法草案是南京国民政府"内本《礼运·大同》关于救济原则之意义,外查各国关于救济行政之趋势"拟具而成。它在承继我国固有的慈善观念的同时,又参酌西方救济事业发展情况及其经验,认识到"欧西各国之救济事业,导源于宗教之慈善观念,自产业革命后,社会问题日趋严重,各国政府为安定其人民之生活,保障其社会之秩序",慈善救济事业蔚然而兴,"观其政府由放任而进为管制,由倡导而进为国营,每年递增大量之津贴与经常费,固早已引为国家之责任。本法草拟之际,遵从国父遗教,体察现代趋势",亦将慈善观念而进为责任观念。[31]从上可知,在 20 世纪上半叶欧美各国建立现代社会保障制度的潮流中,国民政府也追潮逐浪,欲将慈善活动纳入社会救济事业的轨道,以行政力量来强化监督管理。

另外,红十字会是从西方舶来的近代慈善组织,其与中国传统善堂善会不尽相同,因而,民国时期相关的立法规范直接借鉴了西方的慈善救济理念,并移植了一些日内瓦国际公约、惯例以及日本法的若干内容与精神。具体来讲,20 世纪 30 年代初,南京国民政府立法院在起草红十字会法规过程中,就参考了日本等国家立法经验,以《日本赤十字社条例》为蓝本,并结合当时中国社会的实际情况适当变通，草拟完成了《中华民国红十字会管理条例》。[32]当时有学者就指出："现时立法，有由个人主义进入社会主义之倾向，并渐由权利本位而代以义务本位，即不尽保护个人利益，尤在注重社会公益"；"保护社会团体公益，此不独吾国立法如此，即各国亦有相同之趋势"。[33]事实上，民国时期总的立法趋势是紧随世界潮流，亦步亦趋，注意吸收外国法律文化的新成果。

三、孙中山的民生主义

作为中华民国的缔造者，孙中山在领导资产阶级革命、争取民族独立的长期斗争中，深感法制建设的重要："中华民国建设伊始，宜首重法律。"[34]为巩固新生政权，为民国政治建设提供蓝本，他总结了古往今来中外治国理政之利弊得失，创制出五权宪法。共和肇建，孙中山在广东省教育会演说，谈起五权宪法的由来：

> 五权宪法是兄弟所创造，古今中外各国从来没有的……兄弟倡此五权宪法，实有来历的。兄弟倡革命已三十余年，自在广东举事失败后，兄弟出亡海外；但革命虽遭一次失败未成，而革命底事情仍然是要向前做去。奔走余暇，兄弟便从事研究各国政治得失源流，为日后革命成功建设张本。故兄弟亡命各国底时候，尤注意研究各国底宪法，研究所得，创出这个五权宪法。[35]

由此可见，"孙中山的法律思想是其融会中西法律思想创新的结果"[36]。孙中山对三民主义、五权宪法一直寄予厚望，视之为民族振兴、国家强盛的指针。"至立国之道，当以三民主义、五权宪法为要素，能行此道，庶跻于强盛之列。"[37]并希望国会"更因应现在将来国家社会之所宜，制为国宪及一切法规，俾全国人有所依据。

法良意美,而执行者又得人,则以中国之地位,政治日良,进至为世界最富强之国不难也"[38]。

在孙中山的法律思想体系中,"五权宪法"思想是其重要组成部分。实际上,它包含五权分立、权能分治和主权在民。孙中山认为,宪法思想的根基在三民主义,故而三民主义是"立国之本原"。[39]其中,民生主义又是孙中山三民主义颇具特色的内容,蕴含他关于慈善福利的基本观点,这成为民国时期慈善救济立法乃至社会福利、社会保障立法的重要思想渊源。民生主义的初步萌发,乃是基于古代大同思想的认识。在甲午战争前后,他受大同思想的影响,提出了济穷养民的思想:"家给人足,四海之内,无一夫不获其所"[40];"兴大利以厚民生,必使吾国四百兆生民各得其所"[41]。之后,孙中山将传统的慈善观念加以扩展、衍变,进而注重谋求广大民众的福利,由此成为其民生论的基石和出发点。他在流亡欧美时博采广纳西方各流派的社会思想,丰富完善了"养民济民"的民生论,进而提出了富有时代意义的慈善福利主张,如采取社会救济措施,改善工农大众的生活;实施"安老怀少"的慈善制度。对于前者,1924年,由孙中山亲自主持起草的《中国国民党第一次全国代表大会宣言》提出:

> 国民党之主张,则以为工人之失业者,国家当为之谋救济之道……此外如养老之制、育儿之制、周恤废疾者之制、普及教育之制,有相辅而行之性质者,皆当努力以求其实现。凡此皆民生主义所有事也。[42]

对于后者,孙中山提出了具体的制度设计:幼童入学,由国家教养,及长而自食其力,"设有不幸者半途蹉跎,则五十以后由国家给予养老金";"凡无力养之者,亦可由国家资养"。[43]这就是孙中山心目中"天下为公"的大同世界——"大同世界即所谓'天下为公',要使老者有所养,壮者有所营,幼者有所教"[44]。各项善政的经费源于土地、山川、林泽、矿产等利税,由政府征收后,"用以经营地方人民之事业,及育幼、养老、济贫、救灾、医病,与夫种种公共之需"[45]。也就是通过土地回收国有,以平均地权达到社会全体民众享有平等的福利。在这里,孙中山顺应社会变迁趋势与时代发展潮流,不仅仅视救济贫民为带施舍性质的慈善事业,而是现代政府应担负的责任。显然,孙中山提出的这种制度设计具有很浓的理想化色彩。事实上,孙中山的民生主义对南京国民政府的施政产生了深刻影响,并成为其社会立法、行政立法的基本指导思想。

1928 年立法院成立后,首任院长胡汉民就宣布三民主义为南京国民政府进行立法活动总的指导思想。他认为,"中国现在立法的精义,一是不能离开整个三民主义,二是不能离开由三民主义所产生的国家组织","离开三民主义便不能立法,这是根本的要点"。[46]中国国民党由孙中山亲手创建,这一特殊的发展历程使得孙中山的三民主义构成国民党执政后南京国民政府最具直接意义的立法指导思想。胡汉民任立法院院长后,就曾公开、明确地说过:"我们所立的法,原都是根据于总理的三民主义。"[47]在他看来,时间、空间和事实是法律所赖以存在的三个条件,因而,他还从这三个维度阐析了法律同三民主义的密切关系:"论时间,现在是革命到了训政的时代,要立法,当然就是为训政时代三民主义实行的计划和方略而立法,这就是一方面要把旧时不适用的法律革除,一方面要把适于新时代的法律定出来";"论空间,我们现在是要在这个旧社会、旧制度崩坏了的中国造起新国家、新社会,所以要立法,当然就要准据我们建造新社会、新国家的图案——三民主义——而应合中国现实的情形来立法";"论事实,则我们现在所迫切的需要,是要谋人民生产财产之保障,然后社会才能安定;要确定国家与人民责任义务之分际,然后民族才算有组织;要使社会的经济利益能在平衡的保护和鼓励之下得以发达,然后民生才算有解决。"[48]胡汉民长期追随孙中山,是三民主义的忠实信徒,在南京国民政府成立后,他主持立法院工作期间,大力践行三民主义,"奉三民主义为立法圭臬,是顺理成章的事情"[49]。胡汉民还提出,对于社会上残疾废病和鳏寡孤独的保护教养,与社会的财力和人力的保养问题有关,法律不能不予以注意。[50]于此,胡汉民对民生主义作了突出强调。这也可看出,民生主义实为慈善立法及更广范围的社会立法的圭臬,成为各项关乎弱者民生的慈善法规的立法理念。

第二节　慈善立法的体系

立法体系是"以各法律规范的制度机关在整个国家法律创制中的地位及与此相联系的法律规范的效力范围和效力等级为分类组合标准"[51]。虽然它与法律体系都是指法律法规的不同组合,但二者既有联系又有区别,立法体系侧重于法的调整的外部形式,而法律体系侧重于法的调整的内在内容。就民国时期的慈善立法体系而言,它主要涉及三个组成要素,即立法主体、法律渊源与功能机制。

一、立法主体

立法主体,简要地说,就是各种立法活动参与者的总称。在实践中,立法主体是非常复杂的现象,法学界对此有种种不同的界说。[52]按照功能说的界定,慈善立法主体是指在慈善立法活动过程中具有一定职权、职责的立法活动参与者,以及虽不具有这样的职权职责,却对立法起实质性作用或对立法产生重要影响的实体。

在实际情形中,民国时期的慈善立法并非由某一单个主体孤立展开的,而是在一定的机关组织和人员的主持下,多个部门共同参与完成的。综观民国政府的慈善立法,其立法主体可以分为四类。

(一)国家立法机关

国家立法机关"是以整个国家的名义进行立法的机关,包括享有国家立法权的机关和被授权制定全国性法律的临时性立法机关"[53]。民国时期,国家立法机关主要有北京政府的两院制国会、国民政府及其立法院等。

1. 参议院、众议院。1912 年 1 月 28 日,南京临时参议院正式开院议事,在其存在的两个多月中,进行了积极的立法工作,成果卓著。它所审议通过的《临时约法》规定结社自由,为创建包括慈善组织在内的社团提供了法律依据。4 月,南京临时参议院北迁并改组,成为北京临时参议院,开始了民初法制建设的有益尝试,对中央官制官规及其他法律法规的制定与修订,初步确立起民国前期的慈善行政体制。[54] 1913 年第一届国会成立后,拟订颁行了一些涉及慈善褒奖方面的法规,如《褒扬条例》。

2. 国民政府。南京国民政府成立后,于 1927 年 6 月设法制局作为法律起草机构。1928 年 10 月,国民党中执委通过《国民政府组织法》,决定以五院制组织国民政府。经过两个月筹备,立法院始成立。因而,从 1927 年 4 月到 1928 年 12 月,国民政府一度代行立法职权,属于被授权制定全国法律的临时性立法机关。此后,国民政府仍有议决、公布法律案的职权,对立法院及相关行政部门拟订的各项法律草案,国民政府有议决权,提出修正意见,而最主要的则是法案公布权。这时期,一些重要的慈善法律法规都经过国民政府颁布后生效的。

3. 立法院。立法院是南京国民政府最高的立法机关,成立于1928 年12 月5 日。根据《立法院组织法》及相关法律精神,由各委员分组成法制、外交、财政、经济、军事等五个常设委员会,负责审议各项立法草案,有时也为起草某一法律而成立特设委员会;立法院会议则负责对一些重要议案的表决。如:1928 年12 月,国民政府第13 次国务会议决议,交立法院赶速制定慈善团体立案注册条例。翌年1 月12 日,立法院第6 次会议提出报告,并交法制委员会起草。该会"以关于慈善团体立案注册之条文在民法上已有详细之规定,似无庸再定法规;惟对于慈善团体之目的及其设施,则应有相当之监督","爰拟定《监督慈善团体法草案》一案",呈立法院提交大会公决。该草案经立法院第26 次会议逐条讨论审议,后省略三读通过全案,[55]并呈国民政府于1929 年6 月公布施行。又如,1930 年10 月《中华民国红十字会管理条例》草案提交立法院后,即议决付外交委员会会同军事委员会审查,经该两会5 次联席会议将全草案详加讨论,再经立法院会议进行二读,逐条讨论通过。[56]立法院成立后,还设立过一些民法、土地法等临时性委员会,负责起草各相关法律,其中也涉及若干慈善内容的条款,兹不赘述。

然而,立法院"为训政时期之立法机关,既非普通立法国家之国会,亦非宪政时期由各县人民选举代议士所组成之立法院",故当时有学者就指出,"此等组织之立法院,似不能表现民治精神,有类于党之御用机关",[57]它在本质上构成了国民党专制统治的重要组成部分。立法院以议决法律为主要职权,对于其成立之前的各项法律均予以追认。即便后来,许多法律案也都是由国民党最高党部最先提出,再由立法院议决。

(二) 中央行政机关

南京国民政府建立后,遵循孙中山五权宪法的构想,按五权分开、权能分治的原则组织国家机关。相对于立法机关和司法机关而存在的行政机关,是以组织管理行政事务为主要职能,亦是国民政府整个国家政权机构中至为关键的一个组成部分。而按照立法学的理论观点,"立法权作为综合性权力体系,不是也不可能由一个机关行使,而总是由诸多机关来共同行使"[58],据此,行政机关也是一种立法主体,并有着两方面的特征。第一,"它是以行政为主要职能而兼具立法功能的立法主体,其立法兼有行政和立法的双重性";第二,"它的立法功能在立法主体群体中仅次于立法机关"。[59]因而,民国年间,立法院不过是这些立法主体中享有较大或最大立法权的一个机关。除此之外,国家行政机关也有相当的立法权限,诸如行政院、内政部、社会部、教育部、财政部等部门机构。其中,又以行政院的立法权限较大。这些中央行政机关的立法既是行政立法,也是授权立法之一种,都归属于政府立法权的范畴。

1. 行政院。按照组织法规定的功能职责,行政院有很大的立法权限,在国民政府诸多中央行政机关里,仅次于立法院。民国年间,行政院制定和颁布了不少慈善行政法规,如1929年7月公布的《监督慈善团体法施行规则》、1944年9月公布的《管理各地方私立救济设施规则》、1944年公布的《救济院规程》及《社会救济法实施细则》,等等。

2. 内政部。内政部起初直隶于国民政府,主管全国内务行政事务,下设秘书处、民政司、土地司、警政司等机构。民政司职掌赈灾救贫及其他慈善事项,而土地司掌水灾之防御及救济事项。[60]1928年12月修正《内政部组织法》后,改归行政院,并增设统计、礼俗两司,负责全国宗教、慈善团体及其他社会团体之统计事项以及褒扬事项。[61] 1940 年社会部设立之前,内政部一直是慈善事业的主管官署。在这十余年间,内政部先后颁布了一系列有关慈善救济的法规,如 1928 年《各地方救济院规则》、1932 年《各地方慈善团体立案办法》、1934 年《中华民国红十字会各地分会立案办法》、1939 年《私人办理济渡事业管理规则》[62],等。

3. 社会部。抗战爆发后,难民难童剧增,而水旱灾荒仍然频发。为应对时局变化,1940 年 11 月,国民政府设立新的中央机构——社会部,以统辖全国社会救济行政。该部隶属于行政院之下,系将原隶于国民党中执委的中央社会部进行改组并划入了内政部一部分慈善救济职能。由于职权的归并调整,民国政府出现了一个慈善救济立法活动的小高潮,由社会部主持制定或出台了一系列法律法规。比较重要的有:《社会救济法》(1943 年 9 月 29 日国民政府公布)、《社会部奖助社会福利事业暂行办法》(1944 年 4 月 10 日行政院公布)。

4. 其他部委。民国时期,教育部、财政部、铁道部、卫生部、水利委员会等行政部门,也起草制定了一些涉及慈善内容的法律规章。从广义上讲,这些部委亦属于慈善立法主体。1928 年 11 月,铁道部制定《铁路运输赈济物品条例》及《减价凭单持用办法》,经呈奉国民政府核准后即予公布施行。[63] 1929 年 2 月,卫生部拟具《捐资兴办卫生事业褒奖条例》,呈经行政院核准、国民政府备案,即予院令公布施行。[64] 4 月,财政部公布了《赈灾物品免税章程》,对“确系运赴灾区、专为赈济之用”的各赈灾物品,“经财政部核发护照,概予免税”。[65]这表明,在立法院成立前后,铁道部、卫生部、财政部都在其职权范围内制定了一些涉及慈善事业的法规章程,并呈经行政院及国民政府核准、审查或备案。从法理学角度看,这种立法是调整范围非常具体的部门立法,属于中央立法的组成部分,它的从属性和受制性也较明显。它一般又被视为授权立法,大多是一些法律效力等级较低的行政法规。

(三) 地方立法机关

"地方立法是相对于中央立法而言的立法,是构成了整个国家立法的一个重要方面。"[66]从民国时期的立法实践来看,地方政府也是一个重要的立法主体,其立法活动亦客观存在,在一定时期还较为活跃。民国初年,北京政府曾通令各省组织省议会,由全体省议员组成。省议会作为省立法机关,对省内财政、民政等重要事务有议决权及法案起草权、审议权。

1928 年底"东北易帜",标志着国民党在形式上实现全国统一。此后,地方立法权逐渐向中央转移,省级长期不设专门的立法机关,而由省政府委员会行使立法权。及至 1938 年国民参政会成立,国民政府才决定在各省设立省临时参议会;1944 年底正式公布《省参议会组织条例》,开始组设省参议会。参议会与临时参议会都是当时的省级立法机关。即便如此,省、市的慈善立法也扮演着重要的角色。以上海市为例,1927—1936 年,上海市(特别市)政府颁行相关慈善立法近 10 项,涉及慈善团体登记注册、会计审查、财产整理、募捐等诸多方面。其中,比较重要的地方性法规有:《上海市救济院组织细则》(1928 年 11 月)、《上海市慈善团体登记规则》(1930 年 5 月 14 日修正)、《上海市慈善团体财产整理委员会章程》(1929 年 4 月 2 日)、《上海市慈善团体会计规程》(1931 年 9 月)等。[67]广州市很快也在数年内出台了一系列针对慈善组织的法规规章,如《广州市私立慈善团体注册及取缔暂行章程》、《广州市各善团施衣施粥规则》、《广州市各善团设立育婴院规则》。[68]民国中后期,江苏省亦出台若干管理慈善事业的地方性法规或规章,分别是《江苏省各县公私救济机关婴儿看护训练办法》(1936年)、《江苏省各县孤儿院实施教育暂行办法》(1936年)、《江苏省各县市慈善救济事业基金管理办法》(1947年)。[69]

南京国民政府时期,各省、行政院直辖市分别以民政厅、社会局作为慈善事业主管机关。不少省市民政厅、社会局根据本地实际需要,相继颁行了一些地方性慈善法规、章程,具体内容各有千秋,在此不赘述。

从历史发展的情况来看,地方立法虽然居于较低层次,但在民国慈善法制建设和整个社会生活中起着不可或缺的作用。它使得国家制定的相关慈善法律法规得以有效实施,同时也体现出地方特色,充分反映了本地政治、经济、文化、法制、风俗、民情等对立法调整的需求程度,适合本地实际情况,使之具有较强的、具体的针对性,解决了本地突出而中央立法没有或不便解决的问题。

(四)国家元首

国家元首在立法中的作用虽然不如前三者那么直接、明显,但仍是一种不应忽视的立法主体。国家元首在立法领域所能行使的职权,主要是公布法律权、发布命令权、召集和解散立法机关权。北京政府时期,大总统袁世凯在慈善立法进程中发挥了一定作用。《中国红十字会条例》、《褒扬条例》等法令,均由袁氏提议并略去一些正式的立法程序,最终以总统令公布。南京国民政府时期,国家元首对慈善立法也有或多或少的影响,属于立法主体之一。

二、法律渊源

法律渊源,也称"法源",是指那些具有法律效力作用和意义的法的外在表现形式,因此也可叫法的形式。民国时期,主要采用以制定法为正式的法律渊源,而非判例法和习惯法。在民国政府制定法律时,宪法、法律、行政法规和部门规章、地方性法规和地方性政府规章等名称已普遍出现与广泛运用。这些调整不同范畴、层次的法律法规,也是民国政府构建慈善法律体系的重要法律渊源。以下将对各层次的法律渊源进行论析。

（一）宪法

宪法是国家的根本大法,是近代以来世界各国最重要的法律渊源。它是一个国家最根本的政治、经济与社会制度,以及公民基本权利与义务、国家和社会生活中重要事务的全面规定,涵盖范围广。民国时期颁行的宪法,也有若干民生及慈善救济问题的原则性规定。

民国时期先后颁布了 1912 年《中华民国临时约法》、1914 年《中华民国约法》、1923 年《中华民国宪法》、《中华民国训政时期约法》、1947 年的《中华民国宪法》等多部,此外还有 1936 年 5 月 5 日公布的《中华民国宪法草案》,即“五五宪草”。众多宪法和宪法草案的创制,既是国家根本政治制度博弈角逐的结果,也是中国追随世界时代潮流,不断推进法律近代化的尝试。民国法学家谢振民指出:“近世宪法,有两大最显著之趋势,即渐由政治而倾向于经济,由确保人民之权利而注重于人民之教养。”[70]这在民国的宪法制定过程中也有体现。如《中华民国训政时期约法》第 14 条:“人民有结社、集会之自由,非依法律不得停止或限制之。”第 34 条规定,为改善农民生活,增进佃农福利,国家应实施仓储制度以预防灾荒、充裕民食等诸多事项。[71]“五五宪草”第 128 条:“老弱残废无力生活者,国家应予适当之救济。”[72]这些宪法性文件中有关结社自由和社会救济方面的规定,自然成了慈善团体及慈善事业最重要的法的渊源。

(二)法律

此处所言的法律,是指以"法律"为名称的规范性文件,而非广义上所有具有法律规范效力的规范性文件。从法律位阶上看,法律是仅次于宪法的下位法,其内容应与宪法相吻合。国民政府作为国家最高行政机关,具有颁布法律的权力。在民国慈善法制体系里,属于法律这一层次的规范性文件主要分为三类。第一类是慈善法制的核心内容——《监督慈善团体法》;第二类是由国民政府公布的其他法律,其中有些条款与慈善救济相关,如《民法》、《社会救济法》、《土地法》、《所得税法》所涉及的相应内容;第三类是国民政府公布的专门的慈善事业规范性文件,虽然没有以法律命名,但由国民政府公布,也具有与前两类相同的法律效力,如《中华民国红十字会管理条例》、《捐资兴学褒奖条例》、《捐资兴办卫生事业褒奖条例》等。

1. 慈善法。近代以来,西方国家相继制定专门的慈善救济法律法规,以规范慈善事业的发展,消弭社会不稳定因素,并由此构成了社会保障制度的重要组成部分。如前所述,英国在1601年颁行了《慈善用益法》和《济贫法》,对救助对象及原则作了规定。法、德等国也随后制定了相应的慈善政策与法规。受西方慈善救济思想及法律制度影响,民国政府酝酿出台了近代中国第一部具有完整法律形式的慈善法——《监督慈善团体法》。该法共14条,颁布于1929年6月12日,同年10月15日正式实施。它对慈善事业的目的、发起人资格、财务收支账目、会务情况进行了规范,并规定对办理慈善事业著有成绩者予以褒奖。《监督慈善团体法》是中国近代第一部较为全面调整慈善事业相关社会关系的成文法，虽然调整范围并不是所有的慈善法律关系，但在实践上也促进了慈善事业其他监管法规、制度的建立与完善。

2. 民法。民国初年设法典编纂会起草民法，后因立法机关变更，延至 1925—1926 年始完成《民律第二次草案》，其"总则"所设法人一节，略涉及慈善会等社会组织。国民政府建立后，很快制定《民法》各编，并于 1929 年 5 月 23 日公布、同年 10 月 10 日施行。在《民法》第一编"总则"的第二章第二节法人部分，将法人分为财团和社团（又细分为公益社团和营利社团），并对公益社团及财团的设立作了预防性的限制规定，即"公益社团与财团非向主管官署登记不得成立，且登记前须得主管官署之许可"[73]。此外，还有多项条文与慈善团体的设立相关联。如：第 46 条是关于以公益为目的之社团登记应得主管部门许可；第 47 条是关于社团章程应载明目的、名称、董事、社员等事项；第 48 条是关于社团设立时应登记的事项，并规定社团登记应由董事向其主事务所及分事务所所在地的主管官署行之，并附具章程备案。第 60 条规定了设立财团者应订立捐助章程，章程内应订明法人目的及所捐财产，并但书遗嘱捐助者不在此限。第 61 条是关于财团设立的应登记事项，包括目的、名称、主事务所及分事务所、财产总额、受许可之年月日、董事姓名及住所等。第 62 条是关于财团组织及管理方法，规定其由捐助人以捐助章程定之，如捐助章程所定组织不完全或重要之管理方法不具备者，法院得应利害关系人之声请，为必要之处分；第 63 条是关于为维持财团目的或保存财产，法院可依法变更其组织；第 64 条是财团董事有违反捐助章程之行为时，法院得因利害关系人之声请，宣告其行为为无效。第 65 条规定了因情事变更致财团目的不能达到时，主管官署得斟酌捐助人之意思，变更其目的及其必要之组成或解散之。[74]民法中关于法人事项的规定,主要是从组织的内部治理结构的角度对公益社团、财团的分类以及董事、社员或捐助人的关系进行调整,这就为团体法人的设立和登记、变更、解散提供了法律依据。

3. 社会救济法。《社会救济法》于 1943 年 9 月 29 日由国民政府公布,分救济范围、救济设施、救济方法、救济经费和附则 5 章,共 53 条。该法体察现代救济行政之趋势,以扬弃慈善观念而进为责任观念为立法宗旨,救济方法也从消极救济转为积极救济为主,并由此扩大了救济对象与救济范围。当然,限于国家财力,对于私办慈善救济事业亦"广为提倡,特予保护,以利推行,而期宏效"[75]。如第 8 至 9 条规定:"团体或私人亦得举办救济设施,但应经主管官署之许可;主管官署对于前条之救济设施有视察及指导之权";"团体或私人办理之救济设施,主管官署应予以保证,其成绩卓著者,应予以奖励。"第 43 条又规定:"救济设施由团体或私人举办者,其费用由各该团体或私人负担。前项救济设施,办理著有成绩者,得由主管官署酌予补助。"同时,第 11 条也规定了民间慈善救济组织的相应的责任与义务:"团体或私人办理之救济设施,如办理不善,主管官署得令其改进,其违反法令情节重大者,并得令其停办";"团体或私人举办之救济设施,非经主管官署核准,不得向外募捐"。[76]这与监督慈善团体法的实施形成了前后的衔接关联,发挥着互为补充的作用。

4. 税法。1943 年 1 月 28 日,国民政府在重庆制定了《财产租赁出卖所得税法》,规定凡土地、房屋、堆栈、码头等财产之租赁所得或出卖所得,均依本法征收所得税,但在第 2 条亦规定可以免征的各款,第 3 款为"教育文化、公益事业之租赁所得或出卖所得全部用于各该事业者"。同年 2 月 17 日,又颁行《所得税法》,共 6

章 22 条。该税法规定对营利事业、薪给报酬和证券存款三类来源依法所得征收所得税,同时也明文规定三类来源中的若干项所得可享有相应的免税条款。如第一类营利事业所得,若"不以营利为目的之法人所得",即可免纳;第二类薪给报酬中,卯款"残废者劳工及无力生活者之抚恤金、养老金及赡养费"也在免征之列;而对于第三类证券存款,诸如公债、公司债、股票及存款利息之所得,若其为"教育慈善机关或团体之基金存款"亦一律免征。[77]此外,1946 年公布施行的《遗产税法》(系 1938 年《遗产税暂行条例》的修正法案)也规定遗产税免征条款 6 款,"捐赠教育文化或慈善公益事业之财产未超过五十万元者"即属于其中之一。[78]这样,使慈善事业与税收主管机关也发生了密切的联系,对于慈善法的实施有着紧密的配合作用。

5. 土地法。《土地法》由国民政府于 1930 年 6 月 30 日公布,1936 年 3 月 1 日施行。土地法中涉及慈善事业部分主要是关于减免土地税和土地征收的问题。依照《土地法》第四编土地税第 327 条的规定,"由中央地政机关呈准国民政府免税或减税"的土地,其中第六类即为慈善机关用地。第五编土地征收中第 336 条规定,国家因公共事业之需要,可以依本法之规定征收私有土地,这也包括了慈善公益事业。第 342 条还规定,于必要时,慈善公益事业征收土地可以实行附带征收,将"因兴办之事业所需土地范围外之连接土地为一并征收"。[79]

6. 红十字会管理条例。《中华民国红十字会管理条例》由国民政府 1932 年 12 月 16 日公布。在此之前,1914 年 9 月 24 日和 1920 年 5 月 20 日,北京政府曾两度颁布《中国红十字会条例》;在此之后,国民政府亦于 1935 年 7 月 27 日、1936 年 7 月 23 日两次修正颁行《中华民国红十字会管理条例》。抗战爆发后,为适应战

争形势发展的需要,又曾于 1943 年 4 月 1 日公布《中华民国红十
字会战时组织条例》。复员时期,还制定了总会调整及管理分会
办法,并着手起草《中华民国红十字会法》。该法律修订、变更纷
繁,但亦有一定的内容承继性,我们仅以 1935 年颁布的《中华民国
红十字会管理条例》为例来简要介绍其内容。该条例共 18 条,规
定中华民国红十字会设总会及分会。总会以内政部为主管官署,
并受外交、军政、海军三部之监督;分会隶属于总会,以所在地地方
行政官署为主管官署。总会设理事、监事各若干人,由全国委员代
表大会就会员中选举,理事互选常务理事五人,监事互选常务理事
三人,呈请内政部转报行政院转呈国民政府聘任之。分会设理事、
监事各若干人,由分会会员大会选举,俟分别陈报地方主管官署及
总会核准认可后就任。总会应于每年年度开始前将下年度进行计
划及收支预算,并应于年度结束后将上年度收支细数及事业成绩、
编具报告,分报内政部、外交部、军政部、海军部查核;分会则陈报
总会查核,并向地方主管官署备案。[80]

7. 捐资褒奖条例。民国时期,北京政府和南京国民政府颁行
了多项捐资褒奖条例,如《捐资兴学褒奖条例》、《捐资举办救济事
业褒奖条例》、《捐资兴办卫生事业褒奖条例》、《捐资兴办福利事
业褒奖条例》以及《兴办水利奖励条例》。上述各条例,自首次公
布实施后均屡有修订。其中,《捐资兴学褒奖条例》颁行最早,在
民国建立不久即由北京政府首先颁行,十余年间又有三次较大修
正,后来南京国民政府基本继受了其内容,并依社会经济发展状况
对捐资数额的褒奖等级进行了改订;后四项条例均是南京国民政
府期间第一次颁布,而后又有数次增删。在此,试以 1944 年修正
公布的《捐资兴办卫生事业褒奖条例》和 1933 年公布的《兴办水
利奖励条例》略作介绍。如前者规定:凡以私有财产捐助办理公

共卫生,或不以营利为目的之医疗事业者,依本条例给奖。对于捐资者,无论用个人名义、合捐名义或用团体名义,其褒奖分为奖状、奖章和匾额三种,并规定了不同的捐资数额给予一至五等奖状、金、银质奖状及匾额的具体情形。另外,还规定了受奖者的褒扬程序,即由主管卫生官署开具事实及受奖人履历,呈请省或院辖市政府核明授与,或由卫生署、国民政府给予之。而对侨居外国之人民应给予褒奖者,由当地领事馆开具事实及受奖人履历,报请卫生署核办。如续行捐资,得并计先后数目晋给褒奖;同时对经募捐资、以不动产和国币之外的动产捐助,以及外国人捐资也有相应的规定。[81]后者则规定:凡兴办水利确有成绩或于水利上有重大贡献者,得依本条例奖励,奖励分为褒扬和奖章两种,并规定了可给予褒扬或奖章的具体情形,如捐助款项1万元以上者或经募款项3万元以上者均可特予褒扬或酌给奖章。凡依本条例请奖者,由主管机关叙列事实,开具履历递报全国经济委员会核办。[82]这些条例都是实体法,同时也是程序法,对民国时期慈善捐赠活动起到了很好的促进作用。

另外,《刑法》中有些罪名是直接关涉慈善救济事业的,如妨害救灾罪;也有些罪名是与慈善公益事业间接相关的,如曾经犯有或涉嫌"渎职罪"、"鸦片罪"、"盗窃罪"、"赃物罪"、"侵占罪"、"诈欺背信及重利罪"等刑事、经济罪者,将不能作为慈善团体的发起人。在办理慈善事业过程中,管理及经办人员若有冒滥募捐、卷逃善款、贪污侵吞善款、假造或涂改单据账簿等牟取私利情事,也将依刑法惩处。

(三)行政法规

1929年,南京国民政府颁布了《监督慈善团体法》。由于慈善事业涵盖范围广，涉及事项繁多，仅一部慈善法并不能调整所有关于慈善事业的法律关系，尚不足以满足依法监督、管理慈善事业的需要。作为国民政府的最高行政机关，行政院为此还制定了一系列的行政法规，从而与慈善法相配套实施，以进一步完善慈善法的法律体系。这一时期，民国政府制定实施的重要行政法规有《监督慈善团体法施行规则》。

　　依据《监督慈善团体法》第14条规定，行政院于1929年7月制订公布了该法的施行规则，并定于同年10月15日施行。[83]该规则共14条，对《监督慈善团体法》的内容从各个方面进行了细化，使之更具可操作性。施行规则首先对《监督慈善团体法》所称慈善团体作了进一步明确的界定，规定"凡永久设立或临时办理者均属之"（第2条）。关于慈善团体的设立，细则规定"应先得主管官署之许可，再依民法社团或财团之规定，将应行登记之事项造具清册呈经主管官署核定。其财产在五千元以下者，汇报内政部备案；在五千元以上者，专报备案。主管官署汇报或专报内政部时，在省由省政府、在特别市由特别市政府转报之。"同时还明确了各级的主管官署，省会为民政厅，特别市为特别市政府社会局，各县市为县市政府，同时"民政厅得指定省会警务处或县政府为主管官署；特别市除社会局外，得指定其他各局为主管官署"（第3、4条）。[84]细则还规定，在《监督慈善团体法》施行前依照旧法规成立的慈善团体，应呈由主管官署重行核定转报备案。在监管事项方面，"主管官署审查发起人之资格及事迹，得令其提出证明文件或取具保结"（第6条）。如"因考核上之必要，得令慈善团体造送预算书及计算书"（第10条）。另外，慈善团体如须募捐时，应先得主管官署之许可；其收据、捐册并须编号送由主管官署盖印方为有效。该细则还要求"慈善团体每届月终应将一月内收支款目及办事实况公开宣布"；每年 6 月及 12 月，慈善团体应向主管官署呈报职员任免、职员成绩考核、财产总额及收支状况、会员增减等情况，以便查核，并对账簿、单据的保管期限也有规定；关于褒奖事项，细则规定依照《救济事业褒奖条例》办理。[85]

（四）行政院部门规章

南京国民政府建立后，1928 年，行政院下设内政部，负责全国的内政事务，其中就涵括慈善救济事务，这种情形直到 1940 年另立社会部为止。这十余年是国民政府慈善法制逐渐完善时期。在行政院统领下，内政部、社会部颁布了不少有关慈善救济的规章。由于内政部在行政级别上要低于行政院，相对于行政院的行政法规而言，内政部、社会部所颁布的规范性文件属于下位法，我们称之为行政规章或部门规章，也许更合适。除内政部、社会部颁布的规章外，民国政府的其他行政机关如赈济委员会、振务处也曾一度主管过全国的灾荒赈济事务，颁布了一些涉及慈善救济规章。另外，还有些机关部门并不主管慈善事业，但它所颁布的规章也涉及了慈善方面的内容。以下将略为介绍。

1.《各地方救济院规则》。该规则经行政院核准后，内政部于 1928 年 5 月公布。该规则共 8 章 58 条，除总纲、附则外，它具体规定了救济院下设的养老所、孤儿所、残废所、育婴所、施医所、贷款所的收容救助对象、职能及其设施。根据该规则，"各省区、各特别市、各县市政府为教养无自救力之老幼残废人，并保护贫民健康、救济贫民生计于各该省区、省会、特别市政府及县市政府所在地，依本规则规定设立救济院。各县、乡、区、村、镇人口较繁处所，亦得酌量情形设立之"；同时，"各县、各普通市及乡、区、村、镇设立救济院时，对于前项列举各所，得分别缓急次第筹办，亦得斟酌各地方经济情形合并办理"。[86]规则第 7 条还规定,各地方原有之官立、公立慈善机关,其性质有上述各所名义相当者,"得因其地址及基金继续办理,改正名称使隶属于救济院"。这就对长期以来各地繁杂的慈善设施名称进行了统一规范。经费是慈善救济活动赖以展开的经济基础。《各地方救济院规则》对于经费来源及其管理也有明文规定:"救济院经费以基金利息及临时捐款充之";"救济院基金由地方收入内酌量补助或设法筹募"。[87]为合理使用和管理基金,细则还规定"救济院各所之基金,应由组织基金管理委员会分别管理之。基金管理委员会由地方法团公推委员若干人组织之,救济院长、副院长为当然委员";"救济院基金无论何项情形不得移作别用";"救济院基金管理委员会得呈准主管机关,以其基金购置不动产,一经购置,以后非呈准主管机关不得变卖"。[88]民国时期,由于社会救济对象庞大,国家财力有限,因而,中央政府对民间慈善组织也并不是采取一味地改组、合并的措施,在一定程度上推行了默许与监管并重的政策。这在《各地方救济院规则》第 12 条中也有体现:"各地方慈善事业由私人或私人团体集资办理者,一律维持现状,但须受主管机关监督。"[89]

2.《管理各地方私立慈善机关规则》。依《各地方救济院规则》第 12 条规定,1928 年 10 月,内政部公布该规则,其规定:"仍准维持现状或新请立之私立慈善机关应遵照本规则办理"。按照此项规则,"各地方私立慈善机关应将机关名称、所定地址、所办事业、财产状况、现任职员姓名、履历详细造册呈报主管机关查核,转报内政部备案";同时,"每届月终应将一月内收支款目及办理实况逐一公开,并分别造具计算书及事实清册呈报主管机关查核"。因临时救济事件组织慈善机关者,也应于事毕日分别查照前条规定办理。如须捐募款项时,各地方私立慈善机关或因临时组织之慈善机关均应先呈请主管机关核准,并需在收据、捐册盖印始为有效。另外,主管机关对于各地方私立慈善机关各项册报可随时派员检查。[90]

3.《佛教寺庙兴办慈善公益事业规则》。佛教自魏晋以来就是中国传统慈善事业领域的一支重要的社会力量。虽然佛教在清代前中期趋于衰微,但自杨文会于同光年间倡导佛教复兴运动以后,佛教开始积极回应社会,开展庙产兴学、济贫等多项慈善公益活动,佛教慈善事业又重新引起了人们的极大关注。为了规范佛教各项活动,北京政府、南京国民政府先后颁布《管理寺庙条例》(1915 年 10 月 29 日)、《寺庙管理条例》(1929 年 1 月 25 日)、《监督寺庙条例》(1929 年 12 月 7 日)。1929 年初颁布的《寺庙管理条例》规定:"寺庙应按其财产丰绌,自行办理各级小学校、补习学校、图书馆、公共体育馆、救济院、贫民医院、贫民工厂、合作社等。"同年底公布的《监督寺庙条例》也规定:"寺庙应按其财产情形兴办公益或慈善事业",其"收支项及所办事业,住持应每半年报告该管官署并公告之。"[91]据此,1935 年 1 月,内政部拟订了《佛教寺庙兴办慈善公益事业规则》12 条。该规则规定,寺庙应斟酌地方之需要,兴办慈善公益事业,其范围包括民众教育、济贫救灾、育幼养老、卫生医药等事项及其他慈善公益活动。对于这些慈善公益活动,"应酌量各寺庙经济情形,得由一寺独立兴办,或由数寺合力举办,或当地佛教会督促该地全体寺庙共同举办之"[92]。同时,按照各寺庙收入丰盈,规定了其兴办慈善公益事业应出资的标准以及相关的奖惩措施。另外,规则还明确了"寺庙兴办慈善公益事业,应受主管官署之监督,并当地佛教会之指导"[93],并需向主管官署及当地佛教会备案。

（五）地方性法规和政府规章

北京政府统治时期，由于军阀纷争割据，各自为政，全国仅颁布了涉及褒奖慈善捐赠及相关慈善救济活动的《褒扬条例》，没有出台更高规格、更全面系统的专门慈善法规。直至南京国民政府成立后，《监督慈善团体法》才颁行，另还出台一些慈善捐赠褒奖条例。这些条例颁布后，各地方根据本省区的具体情况，对于捐资数额低于国家褒奖条件的也制定了相应的规章。因此，这些地方性规章进一步弥补、完善了全国性法律法规所遗留的空缺，也因地制宜地促进了南京国民政府时期地方慈善事业的发展，发挥了积极作用。因各省政治经济状况不同，民风民俗有别，所以各地的慈善捐赠规章不尽相同，比较有代表性的有《湖南省褒奖捐资兴学暂行条例》、《广东省褒奖捐资兴学暂行条例》、《上海市捐资兴学褒奖规程》、《修正河北省教育厅捐资兴学褒奖单行规程》、《绥远省教育厅捐资兴学褒奖暂行规程》。另外，一些直辖市对慈善团体的登记注册也制定了若干地方性规章，如：《青岛市公益慈善教育团体募款限制规则》、《青岛市私立公益慈善机关注册暂行规则》、《青岛市监督私立公益慈善机关暂行规则》等。

1.《湖南省褒奖捐资兴学暂行条例》。该条例经大学院准予备案后于 1928 年 4 月 2 日公布施行。根据该条例，人民或人民团体以私财创立或捐入各级学校、图书馆、博物馆、讲演所、阅报处或其他教育机关，准由地方长官开具事实，呈请褒奖。褒奖分为褒章、褒状、匾额、褒辞四种。同时，该条例还明确了人民捐资在百元以上，可按等级奖给一至三等金、银质褒章；而对于人民团体捐资在百元以上也依次奖给一至六等褒状。另外，对遗嘱捐资以及不动产、动产捐赠，也有明文规定。由于该条例颁布于南京国民政府

《捐资兴学褒奖条例》之前，其内容较多承袭了北京政府时期的《捐资兴学褒奖条例》，然褒奖事项则以省教育厅为主管官署。"应给银质褒章及四等以下褒状者，由地方长官呈请教育厅授与。应给金质褒章及三等以上褒状者，由教育厅长呈请省政府授与。"[94]对地方长官呈请核给褒章者，它还规定由受捐教育机关预缴公费的标准。

2.其他省市的捐资兴学褒奖规程、条例。1929年3月，教育部呈请国民政府公布实施《捐资兴学褒奖条例》后，又以部令第577号训令各省，"捐资兴学在五百元以下者之褒奖者，得酌量地方情形自定单行规程"[95]。为此，全国许多省市都结合本地实际制定了捐资兴学褒奖的地方性法规章程。如上海特别市于1929年9月拟具《捐资兴学褒奖规程》，呈请市政府鉴核，后经修正，提交第133次市政会议议决通过，并呈报教育部备案。该规程规定："凡以私有财产创立或捐助学校、图书馆、博物馆、美术馆及其他文化事业在五百元以下者，得依规章请给褒奖。"捐资者用个人或私人团体名义，按照其捐资多寡，可分别授与一至四等褒状。应授与褒状者，由受捐之机关开具事实表册呈请教育局核实授与，每六个月汇报市政府及教育部备案，并登报广告。凡已受褒奖者，如续行捐资，将计先后数目按此晋授褒奖。捐资过500元者，照国民政府颁布《捐资兴学褒奖条例》办理。[96]

在绥远，省教育厅于1929年5月制定公布《捐资兴学褒奖暂行规程》，对以私有财产创办或捐助学校、图书馆、阅报所及其他教育事业，分别奖给奖状。在奖给褒状方面，绥远则只将捐资等差分为两级："五十元以上至二百元者，县政府给予褒状"，并呈报教育厅备案；"二百元以上至五百元者，教育厅给予褒状"，先由县长、局长开列事实表册呈请教育厅核发褒状，并"于年终汇呈省政府转咨教育部备案"。[97]

　　1929 年 8 月，广东亦依据教育部第 577 号训令制定《广东省褒奖捐资兴学暂行条例》11 条，褒奖以私财创立或捐助学校、图书馆、博物馆、美术馆及其他教育机关者。对捐资额在 500 元以下的捐赠者，该规程按其捐资多寡，分别授予甲、乙、丙、丁四等奖状。众所周知，广东是我国著名的侨乡，海外华侨捐资兴学颇为踊跃，该条例特有专门规定："华侨在国外以私财创立学校或捐助学校培育本国子弟者，由各驻在领事开列事实表册，请给褒奖。"[98]另外，该规程对于遗嘱捐资、续行捐资、经募捐资及以动产或不动产捐助者，均有相关规定。

　　1930 年 1 月，河北省教育厅修正公布的《捐资兴学褒奖单行规程》，对捐资者按照其捐资多寡，分别授与一至六等奖状，捐资 50 元至 200 元间，以每 50 元为一差等，分别由教育厅给予四至六等奖状；而 200 元至 500 元之间，每 100 元为一差等，分别给予一至三等奖状。该规程也对续行捐资、遗嘱捐资等作了明确规定。同时载明："凡经募捐资十倍于第二条所列各数者，得比照该条分别给予奖状。而对于应给奖状者，由各县教育局开列事实清册，呈请县政府转呈本厅核明授与。"[99]

　　此外，1933 年 5 月，青海省教育厅也颁行有《捐资兴学褒奖规程》。该规程褒奖捐资范围颇宽，其涵盖了学校、图书馆、教育馆、博物馆、美术馆、讲演所、体育场、阅书报处及其他教育机关，并规定捐资在 50 元以上即可授与奖状，奖状等级分为五级。同样，该规程也有经募捐资、遗嘱捐资、续行捐资等方面的相关规定。[100]

　　3.《青岛市公益慈善教育团体募款限制规则》。该规则共 10 条，最初由青岛市社会局拟订，呈经第 21 次市政会议议决通过，1929 年 12 月 9 日由市政府第 884 号指令核准后公布。根据该规则，"凡以公益慈善教育或临时救济事项向市民商店或机关筹募款项者"，均应遵照行之；"各慈善团体无论临时或固定者，于筹募款项时应先呈请社会局核准。"规则还规定，各团体呈请募款时，应声明其团体名称、地址、宗旨、主办者姓名、募款原因及方法等款；各团体"呈请募集款项主管机关核准后，如系捐募，应将收据、捐册送由主管机关编号盖印，如系会剧，应将入场票券送由主管机关登记盖章方为有效"；并"应于募款完结后一星期内将收支款目及办事实况连同收据捐册及未经售出之票券呈送主管机关查核公布"。"凡未经呈请核准而迳向市民商店或机关募集捐款者，得由主管机关会同公安局取缔之。"该规则还对各团体筹募捐款的次数作了限制，"每团体至多每一年度举行一次"。[101]

4.《青岛市私立公益慈善机关注册暂行规则》。该规则亦有10条，由社会局呈经第50次市政会议通过，1930年7月15日市政府公布。该规则对公益慈善机关的注册程序及手续做出了明确规定："应由各发起人或负责职员之连署，备具正副呈请书，并附具章规、职员履历表及印鉴单各二份"；在注册呈请书内，还应载明慈善团体的名称、所在地址、所办事业、主持人姓名、财产状况、内部组织、职员人数及姓名、沿革、附属机关等条款。社会局接到注册呈请书，经审核相符，如系旧设慈善团体，办有成绩者应即准予注册；其新创立者，准予试办三月，如有成绩方准注册。若私立公益慈善团体及其附属机关呈请注册，而查有手续不合、违背法令、附件内容简略或与事实不符等情形之一者，社会局则令其更正或补充始行受理。当私立公益慈善机关及其附属机改组或解散时，亦应申叙理由，呈报社会局核准备案；若将其解散，则要吊销其执照及图记。[102]

5.《青岛市监督私立公益慈善机关暂行规则》。该规则颁布于 1930 年 7 月 15 日，也是由青岛市社会局呈奉市政会议通过并经市政府核准后实施。该规则规定，"凡本市区内私立慈善机关及其附属机关，不论新设、旧有，均应呈经社会局核准注册给照，并依照本规则受社会局之监督及指导，如未经核准注册者，一经查出得令停办。"该规则还规定，各慈善机关得设委员会，其主任、办事人员由委员会公举呈请社会局核准委任，其他各职员由主任选用，但须呈报；并规定了主任及职员的劳绩与营私舞弊情形，予以奖励或处分。该规则还对公益慈善团体的募捐、账目等活动进行监督与规范，并要求及时送呈社会局查核、备案。[103]

6.《江苏省各县市慈善救济事业基金管理办法》。该办法由江苏省政府于 1947 年 8 月 19 日公布，共 10 条。依照该管理办法，各县市应设立相应的管理委员会，"专司慈善救济事业管理之责"；各县市私立慈善救济事业基金由各该董事会自行管理，受县市政府指监督审核；如属公立，则应依其性质各别立户管理，除充作原指定用途外，不得变更用途。各县市的慈善事业基金，其现金、票据、证券之出纳、保管、转移及收入，均应由县市公库代为管理，并需按月报告县市政府；"基金之支用，应照各该基金预算或核定计划数目，由该基金户内支出之，除有特殊情形经呈准变通外，并应依法以支票为之。"基金预算及核定计划有变更时，应由各该经管机关报由县市政府转送省社会处备查。[104]

三、功能机制

共和肇建以后，经过二三十年的立法活动，中华民国的慈善法制从表现形式上已基本构成一个独特而完整的法律体系，并具备了相应的法律功能。从法的创制方式及表达形式的角度看，民国政府颁布了一系列慈善法律法规，使之具有了成文法的正式渊源，但也并没有完全排斥非正式渊源，一些民间惯习仍在慈善事业的运作中发挥着作用；从中央立法与地方立法的角度看，国民政府及行政院对于涉及全国范围的慈善事业、慈善组织制定法律规章进行调整，与此同时，地方政府及其立法机构也对属于本辖区内的慈善事业、慈善团体予以规范；从根本法与普通法的角度对比，宪法对公民的结社权以及结社自由有原则性的规定，其下又有若干法律法规对于社团设立的条件、程序、内部治理结构等诸多具体问题作了进一步的细化；从一般法与特别法的角度分析，既有民法、土地法、税法中关于社团法人、财团法人、土地征收、税收等问题的统一解决方法，又有《监督慈善团体法》、《社会救济法》中的特别规定。从国内法与国际法的角度来观照，中国红十字会既要遵守由国家法律机关创制的《中华民国红十字会管理条例》等国内法，同时也要遵守国家作为国际法律关系主体加入的国际红十字会日内瓦公约。因此，很有必要再对民国时期慈善法制的内部功能进行结构上的分析。

首先，宪法的统摄作用。

在民国六法体系中，宪法是根本大法，是国家活动的总章程，它所规定的内容大都是关乎国家与社会生活中的重要内容。1923年《中华民国宪法》第 10 条规定："中华民国人民有集会、结社之自由，非依法律不受限制。"南京国民政府成立后迟迟没有颁行正式的宪法，直到 1947 年才姗姗公布，不过此前的约法、宪法草案也有关于人民结社方面的规定。如 1931 年《中华民国训政时期约法》规定民众有结社之自由，1936 年的"五五宪草"也赋予民众结社权。从这层意义上讲，虽然民国政府有奉行独裁专制的一面，但它仍能顺应近世各国发展大势与时代潮流，在宪法精神指导之下制定出《监督慈善团体法》及《中华民国红十字会管理条例》等相关的慈善法律法规,给予了人民一定的结社集会权,为民众组织慈善团体、开展慈善募捐活动提供了法律保障。

法学界普遍认为,"法人是宪法制度上一个重要的权利主体,也是宪法学上的一个重要的概念与范畴"[105]。基于此,关于法人的法律地位和权利义务,民事法律应有进一步的规定。民国时期颁布的《民律第二次草案》《中华民国民法》在这方面予以较好地遵循。再从法律效力看,宪法的法律效力是最高的,普通法律的制定往往应当以宪法为依据、准绳。凡与宪法相抵触、冲突的法律法规及其活动、行为,均不具有法律效力。因此,宪法是其他各种法律法规的"母法",其他法律法规是宪法这一根本大法的具体化。

其次,慈善法的衔接作用。

鉴于宪法对慈善救济的规定都是一些原则性的内容,这需要制定专门的法律将之细化、具体化。1929 年,《监督慈善团体法》公布实施,它在民国慈善法制中起了核心作用。该法对慈善团体设立的目的、发起人资格、章程、会员、财产状况等具体问题进行了规定,为其下位法的行政规章、地方性规章的拟订提供了依据与范本。因此,从法律地位来看,慈善法起到了承上启下的作用,一方面将宪法的原则性规定具体化,另一方面则奠定了具体规章的基石。虽然民国的慈善法颁布较晚,但依法管理慈善事业已成为时人的共识,成为包括慈善界在内的社会各界有识之士努力追求的一项目标。由于《监督慈善团体法》对有些事项只作了初步规定,需要下位法具体化之后才便于实施。因此,按照慈善法的授权或客观实际需要,国民政府又颁布了一些配套的规章。如《监督慈善团体法》第 14 条规定:"本法施行日期及施行规则由行政院定之。"这属于一个授权性规范,依据该条,行政院于 1929 年 7 月公布了《监督慈善团体法施行规则》,该细则第 1 条亦明确提到了制定依据。慈善法的颁行也为地方性规章的制定提供了依据。嗣后，一些省市在不抵触该法范围内制定了单行章则，如 1930 年 5 月上海市政府修正公布的《上海市慈善团体登记规则》、1931 年 9 月核准颁行的《上海市慈善团体会计规程》。

再次，相关法律的配合作用。

一国的法律体系不可能毫无关联，彼此割裂。民国时期，其他法律与慈善法也存在着直接或间接的联系。其中，与慈善法内容直接相关、联系密切的法律有《民法》、《土地法》、《所得税法》《财产租赁所得税法》等，还有一些法律是间接联系的，如《会计法》、《审计法》、《刑法》、《诉愿法》等。各相关法律与慈善法的关系，根据具体情况，主要有以下几种：

一是相互为用。慈善法的实施离不开一定的社会环境，需要依据其他的法律加以配合，此时其他法律为慈善法的施行创造了有利条件。如《监督慈善团体法》第 13 条规定："办理慈善事业除本法有规定者外，依民法及其法律之规定。"而翻检《民法》诸条文内容，第 46—58 条、第 59—65 条即是关于社团（公益社团）和财团许可登记、章程、董事、社员等方面的规定，这就为慈善法的实施提供了配套的法律规则。按照《民法》和《监督慈善团体法》，设立慈善团体，无论是公益社团还是财团，均要登记主事务所及分事务所，也即需要一定的办公用地以及相应的土地、房屋收益。这里就需要以《土地法》为根据。按照《土地法》第 336 条规定，国家因公共事业如卫生、教育、慈善公益之需要，可以征收私有土地。再有，该法第 327 条规定，慈善机关用地可由中央地政部门呈请国民政府减免税；再根据《土地赋税减免规程》（该规程依《土地法》第 327、328 条制定）第 9 条规定，"业经立案之私设慈善机关，办理社会救济事业五年以上，具有成绩者，其用地如不以营利为目的,得呈请免税"[106]。

二是一般与特别。相对于《监督慈善团体法》关于慈善团体的规定,《中华民国红十字会管理条例》关于中国红十字会的规定属于特别法。虽然立法者最初也欲将中国红十字会纳入到一般慈善团体的范围中进行统一管理,但红十字会的特殊性——其"设立在条约上有根据,在国际间有地位,所办主要事业又为救护各交战国受伤疾病士兵等特殊之事,未便与普通慈善团体一例待遇"[107],这样具有国际性的人道主义慈善团体,《监督慈善团体法》显得未尽合适,有时还有冲突。缘于此,经内政部、外交部、军政部、立法院等协商,出台了《中华民国红十字会管理条例》。在这种情况下,按照法理上"特殊法优于一般法"的原则,应根据管理条例来执行,中国红十字会相关的法律关系受其调整,即规定了总会以内政部为主管官署,并依其事务之性质,受外交部、军政部、海军部之监督;分会隶属于总会,以所在地地方行政官署为主管官署。这个解决办法,符合了一般法与特别法的关系。

三是协调一致。各相关法律之间协和一致是现代国家立法的基本要求。民国时期,慈善法作为规范慈善事业及慈善资源的法律,由于慈善组织的设立涉及法人,因而与民法的关系十分密切。由前所述即可看出,慈善法与民法之间是基本一致的。此外,慈善法与《褒扬条例》、《捐资兴学褒奖条例》等法律法规也是相协调的。如《监督慈善团体法》第12条规定:"办理慈善事业著有成绩者,主管官署得呈请国民政府或省政府褒奖之。"其施行规则就规定褒奖事项依《捐资举办救济事业褒奖条例》办理。1931年《褒扬条例》颁行后,《捐资举办救济事业褒奖条例》被废止,所有褒奖均依新条例。《褒扬条例》列出了褒扬的两种情形,其一是热心公益,同时明确规定"凡创办教育、慈善或其他公益之事业,或因办理此等事业而捐助款项者"均属之。受褒扬人之事实,县市政府、省政府、内政部均有确实调查之责;若由乡邻亲属呈请者,应详叙事实,依式填列清册五份,并取具当地公正人士两人以上的证明书。褒扬方法为匾额和褒章,并附给褒扬证书,均由内政部拟定,呈转国民政府行之。这与《监督慈善团体法》的规定是相符的,是一致的。

四是保障功能。刑法所调整的是因违法犯罪而产生的社会关系,所采用的调整方法也是最严厉的一种法律制裁方法,即刑罚。由此,刑法成为惩治各种刑事犯罪、维护社会正常秩序的重要屏障,发挥着保障其他法律实施的作用。民国时期,刑法与慈善法的关系也如此。《监督慈善团体法》第 5 条规定,有以下各款情事之一者,不得为社团性质的发起人,"一、土豪劣绅有劣迹可指证者;二、贪官污吏有案可稽者;三、有反革命之行动者;四、因财产上之犯罪,受刑之宣告者;五、受破产之宣告尚未复权者;六、吸食鸦片者。"这里相对应或可能涉及的罪名在《刑法》上有"诈欺背信及重利罪"、"渎职罪"、"内乱罪"、"盗窃罪"、"赃物罪"、"侵占罪"、"鸦片罪",等等。[108] 由此可见,凡涉嫌刑事犯罪及经济犯罪者,不能作为慈善团体的发起人,这为确保慈善事业的正常运作、提高公信力构筑起一道安全的防线,有利于规避贪污挪用善款、滥用善款、中饱私囊等情事的发生。同时,也为惩治此类违法犯罪行为提供了法律依据,保障了慈善捐赠者、受助者的合法权益。

又次,法规规章的补充、完善作用。

《监督慈善团体法》在民国慈善法制中发挥了核心作用,但相对来说,该法的内容依然是些原则性的规定,仍需要法规规章作补充,加以进一步完善。类此,行政院颁布的一些有关慈善事业的行政法规,同样需要规章进行补充。这样,处于下位法的法规对法律、规章对法规都起到了补充与完善的作用。具体言之,这种作用表现如下三点。

其一,明确期限。按照《监督慈善团体法》第 8 条,慈善团体属于社团性质者,每年应由董事会报告详细收支账目,并说明办理会务的经过情形,但没有规定何时予以说明或公布。而在《监督慈善团体法施行规则》第 8 条规定每届月终慈善团体应将一月内收支账目及办事实况公布之。《监督慈善团体法》第 10 条规定,对于慈善团体办理情形及财产状况,主管官署有随时检查之权,也没有具体期限规定,其施行规则中则明确应于每年 6 月及 12 月呈报主管官署查核。对于《监督慈善团体法》的施行日期,该法条文中没有明定,而是在其施行规则才明确于 1929 年 10 月 15 日施行。

其二,补充内容。《监督慈善团体法》对于若干事项只规定应如何做,至于具体的办法并没有明文规定。显然,这需要在立法技术上依照一定的程序规则通过制订相应法规规章来完成。如《监督慈善团体法》第 1 条,以列举方式对慈善团体规定为:“济贫、救灾、养老、恤孤及其他以救助事业为目的之团体”,然而近代中国慈善团体种类繁多、庞杂,性质、目的、组织形式也各有差异,如此定义不免强调了这类团体的一个方面而忽视或省略了其他方面,有其侧重点,也有其片面性。所以,《监督慈善团体法施行规则》第 2 条规定,凡永久设立或临时办理慈善公益活动的组织均属于慈善团体。又如,《监督慈善团体法》第 3—5 条是关于社团性质的慈善团体发起人应具有的资格及其限制性规定,其施行规则第 6 条对此作了进一步补充:“主管官署审查发起人之资格及事迹,得令其提出证明文件或取具保结。”根据《监督慈善团体法》第 9 条,规定慈善团体所收支的款项、物品应逐日登入账簿,所有单据应一律保存,账簿、单据保存期限不得短于 10 年。其施行规则第

11 条则对解散时慈善团体存续未满 10 年者有补充规定,其账簿、单据应由原办人或发起人负责保管。《监督慈善团体法》第 12 条还规定,办理慈善事业卓有成效者,主管官署得呈请国民政府或省政府褒奖之,而在施行规则中明确了褒奖办法可依《捐资举办救济事业褒奖条例》办理。

其三,限定范围。立法者在制定慈善法时,由于立法经验及社会因素的影响,难免会有疏漏之处。一旦颁行或于实施中发现问题,即需要法规章程对法律条文的字面含义进行限制,使其只能在法规章程所限制的范围内适用。如根据 1931 年颁行的《褒扬条例》规定,凡热心公益者,均得褒扬,并在第 2 条进行了界定:"所称之热心公益,凡创办教育、慈善及其他公益之事业,或因办理此等事业而捐助款项者,属之"[109]。由于定义言语仍较笼统,不够确定,难于把握,1932 年公布的《褒扬条例施行细则》在第 3、4、5 条中对此作了进一步的限定与解释:"《褒扬条例》第二条所称创办教育、慈善及其他公益之事业,以能福利社会昭垂久远,或救灾恤邻嘉惠民生者为标准";"《褒扬条例》第二条所称捐助款项,以私资独自捐助满五千元以上者为限;在五千元以下者,得由省政府或直隶于行政院之市政府颁给匾额,并于年终汇编内政部备案。关于捐助款项之褒奖,另有法令规定者,从其规定";"凡经募捐款在前条所定私资捐额五倍以上者,得依前条办理;以不动产捐助者,准照时价折合银元计算;历年继续捐资者,得将数目先后并计"[110]。这些限制性的规定,使法律法规条文更为具体、明确,增强了操作性和适用性。

其四,解决冲突。由于立法的初衷、关注点不同,以及社会形势的发展变化,法律与法律之间、新法与旧律之间,二者难免会出现冲突。在具体的法规中,为法律的调适、执行创造条件,立法者可通过一些设计来解决这种矛盾或冲突。譬如,依据《民法》及《监督慈善团体法》的有关规定,所有慈善团体都应该向主管官署登记备案。但是,在这两部法律施行前。一些地方慈善团体存在已久,有的设立于清朝同光年间,其善举绵延大半个世纪,还有的则根据北京政府时期旧法律登记注册。这样,新法与旧律之间就产生了冲突。究竟该适应哪部法律? 执行哪部法律呢?《监督慈善团体法》采取了依据新法的原则,第 13 条明确规定,《监督慈善团体法》施行前,凡依旧日法规组织之慈善团体,应呈主管官署重行核定转报备案。据此,1932 年专门出台了《各地方慈善团体立案办法》,规定依旧法规组织的慈善团体呈请重行核定书式,与新组织的慈善团体呈请立案书式并行。后来,内政部又特地下令重申,凡旧有慈善团体应在新法施行 6 个月内补行登记,逾期不登记者,撤销或解散之。

通览民国时期慈善法律渊源的内部功能机制之后,我们大体可归结出:民国政府在宪法性文件中关于结社自由及慈善救济问题的规定,在中国法律史上颇具创造性,宪法规范为整个慈善法制奠定了基础,起着提纲挈领的作用;而《监督慈善团体法》的颁行同样具有开创性,它是中国历史上第一部近代意义上的慈善基本法,在民国慈善法制体系中起到了核心作用,其上承宪法的原则性规定,下启行政规章的具体化规定;而民国时期其他法律也协同地发挥了相应作用,如《民法》、《土地法》的配合作用,《刑法》的保障作用、各种税法的激励作用等;下位法的行政法规、行政规章则对法律难以规范到位的地方进行了补充,加以限制或明确。

另外,还需提及的是,中国传统社会留存下来的一些民间惯习在民国慈善事业中也发挥了一定作用。明清时期,朝廷曾颁布过有关慈善方面的诏令、则例或事例,但在慈善事业的管理运作中,民间社会对于慈善资源及其关系的调整还是主要依靠惯习,如刊刻征信录公布善款来源及其去向,以显示慈善组织的透明度,获得善士捐赠等。民国前期由于没有及时颁布相应的慈善法律法规，许多慈善组织为取信于民也只好继续沿用前清时代已形成的民间惯习，自行刊印征信录或依时代情形编制报告书。由此，民间惯习在调整慈善捐赠及慈善资源问题上依然发挥着积极作用。即便在颁行慈善法律之后，国家对于此类民间惯习也持认可态度，并在某种程度上将之法律化，或在有关法律中予以承认。

第三节　民国慈善立法的历史轨迹

民国慈善立法的形成与演变，既与民国政权更迭有关，也与慈善事业的发展进程有关。由此，大致可将民国慈善立法分为北京政府和南京国民政府前后两个时期，前一时期是近代意义上的慈善立法的初创阶段，而后一时期则是其发展、完善阶段。

一、北京政府时期慈善立法概况及其特点

1912 年 1 月 1 日，南京临时政府成立，孙中山就任临时大总统。1 月 28 日，南京临时参议院举行开院礼，参议院正式建立。随后，立法成了南京临时参议院最重要的职权和最主要的活动。2—3 月，南京临时参议院审议通过《中华民国临时约法》，规定将中华民国政体由总统制改为责任内阁制。这是在中国法制史上具有划时代的法律文件，它为其他法律法规的制订及中华民国民主共和体制的运行起到了奠基的作用。清帝逊位后，南北议和实现，孙中山请辞大总统之职，3 月 10 日，袁世凯在北京继任临时大总统。由于民国肇建，百废待兴，各项法制未及制定，袁氏乃下令："所有从前施行之法律及新刑律，除与民国国体抵触各条应失效力外，余均暂行援用，以资遵守。"[1] 21 日，又据司法部呈请转咨参议院承认，将前清制定之各

项法律及草案,以命令公布施行。4 月,南京临时参议院北迁并改组。在随后一年多时间里,北京临时参议院和第一届国会议决了一系列法案,但袁世凯并非真心拥护共和,一登上总统宝座即下令解散国会,发动赣宁之役,镇压革命。为使其独裁统治合法化,袁世凯于 1915 年颁布《中华民国约法》,恢复为总统制并将总统权力无限扩大。随后又向国会施压修订总统选举法,变相地成为世袭制。经过袁世凯这番谋划,最终走上了帝制复辟之路。1915 年底,护国战争爆发。在举国一致的讨伐中,袁世凯于 1916 年 6 月毙命。然此时的中国,西南军阀与北洋军阀两大派系各据南北,但无足够强大的力量来实现新的统一,由此开始了一个长期纷争的军阀割据时期。及至 1928 年东北易帜前夕,相继发生府院之争、张勋复辟、直皖战争、直奉战争、冯玉祥北京政变等诸多重大事件。在北京政府统治的 17 年间,各派系军阀头目你方唱罢我登场,先后控制中央政权,犹如走马灯似的,内阁也频频更迭达 47 次。

动荡的政局、频繁的战争,不仅造成了社会经济的停滞,还影响到了政治法律制度的建设。走马灯似的轮流掌政,每一届内阁、国会都没有集中精力心思进行法律制度建设,只重视与自身权力密切相关的立法,如起草颁行象征获取合法权的宪法以及一些政治经济迫切需要的刑事、民事、行政等法律。这些具有资产阶级性质的宪法、法律的制定与实施,对当时的社会生活发挥了调整作用,近代部门法律体系有所发展,却不够完备。这种政局及其立法现状也直接影响和制约了民国前期的慈善立法。不过,相对于清末而言,这一时期的慈善立法还是有些成绩,通过传承与创新中国传统慈善法文化,借鉴与移植外国慈善法文化,初创起具有时代气息又有中国本土相合的近代慈善法律体系雏形。这主要表现在以下四个方面。

一是慈善行政机构立法。中华民国的建立标志着中国政治制度发生了划时代的革命性变化，并由此引发从中央到地方的行政管理体制的立法重构。由于民主、分权等西方政治观念的传播，但凡关于行政权的组织及其作用的规范，民国政府大都有相应的法规或命令。[112]民国前期，内务部作为慈善组织的行政主管官署，也有相应的立法规范。

1912 年 4 月，南京临时参议院初议《内务部官制》10 条，第 1 条规定内务总长管理警察、卫生、宗教、礼俗、公益善举、著作出版及地方行政等事务。其余各条则规定内务部职员数额以及所置民治、职方、警政、土木、礼教、卫生六司，并各司所掌之事务。慈善组织及慈善事业即归属民治司主管，褒扬事项由礼教司负责。参议院北迁后又议决《修正内务部官制》13 条，由临时大总统袁世凯于 8 月 8 日公布，内容与原官制大致相同，惟列举各司职掌较详。1913 年 12 月 22 日，大总统以教令第 42 号公布《修正内务部官制》10 条，将六司改为民治、警政、职方、考绩四司。1914 年 7 月再度修改内务部官制，共 20 条，增设典礼司，并定次长为 2 人。1917 年 1 月 8 日，内务部仍呈准适用民元修正之官制，此后即未变更。[113]在地方官制方面，1914 年 5 月 23 日，袁世凯公布《省官制》16 条，规定省置巡按使，管辖全省民政各官及相应事务；巡按使公署设政务厅，下设总务、内务、教育、实业各科。1916 年 7 月改巡按使为省长，省长公署因之设立，由其政务厅内务科主管灾荒救济、慈善公益等事项。[114]通过一系列官制立法，基本确定了各级主管慈善事务的行政机构，中央设有内务部，各省设政务厅或内务科，县一级则由县知事公署具体负责。这样，一个相对统一、完整的慈善事业管理网络逐步建立起来，开始对全国各地的慈善组织及其慈善活动进行监督和管理。然而，受军阀割据与政局动荡影响,地方层级上的省、县慈善行政机构的组织法并未长期有效执行。由此,民国前期的慈善行政部门显得颇为纷杂紊乱,不过,监管慈善事业之权并未完全懈怠。

民国时期,灾害频发,且灾区广、灾情重。为加强慈善救济与统一赈务行政起见,北京政府于 1921 年 10 月 29 日公布了《赈务处暂行条例》10 条。该条例规定中央设赈务处,综理各灾区的赈济及善后事宜;赈务处设督办一人,会办、坐办各一人,委员若干人;赈务处经管收支赈款,应随时公布;办理赈务各官署,应将灾区状况及一切赈济事宜随时报告。[115]各慈善组织参与灾区慈善救济,也受赈务处协调、督办。

二是慈善团体立法。北京政府时期对中国红十字会单独立法规范管理,是近代中国慈善立法的新举措。唐宋时期出现的悲田养病坊、福田院、安济坊、慈幼局、惠民局等慈善机构,因其有一定的官方背景,管理法令多以诏令颁布,未尽缜密与完善。明清以来,民间善堂善会纷纷涌现,种类繁,数量多,为获得官方及社会各界的支持与认可,有些曾向地方官府备案,但朝廷尚未颁布管理各类善堂善会的专门法令,仅在则例、事例中稍带涉及。随着近代西方慈善文化和法观念的传播,创新慈善组织、规范管理运作已成为清末舆论的聚焦点。1904 年上海万国红十字会成立,后演变为中国红十字会,这即是源自西方的舶来品,也正是中西慈善文化相互融合的结晶。清末民初,中国签订《日内瓦红十字公约》,中国红十字会又加入国际红十字会联合会,成为具有国际性的慈善组织。[116]中国红十字会以"平时救灾恤邻,以辅行政之不及,战时扶伤拯弱,以补军臣之缺憾"[117]为宗旨,显然有别于中国传统的善堂善会。鉴于此,民国甫立,1912 年 11 月 20 日,大总统袁世凯急切地向参议院提交中国红十字会条例草案。该草案顺利通过一读,准予立法并交付法制委员会审查，随后却因政治纷争延宕了法律审查程序，及至 1914 年 9 月 24 日，袁世凯径行大总统职权，以第 130 号教令形式公布《中国红十字会条例》11 条，并于同日施行。[118]该条例是民国时期制订的第一部红十字会法规。为了进一步贯彻实施，1915 年 10 月 5 日，北京政府公布由陆军、海军、内务三部会同拟定的《中国红十字会条例施行细则》，对红十字会的各项事业、会员、议会、职员、资产、奖励及惩罚作了详细规定。[119]

　　也许中国红十字会关涉内务、外交、军事等大政急务，北京政府对红十字会立法颇为重视。相较言之，一般慈善组织仅涉及国内事务，相关的法律调整主要通过国内法，具体来说是《治安警察条例》，以及地方政府的行政立法。1914 年 3 月 2 日，大总统袁世凯以教令第 28 号公布《治安警察条例》，规定行政官署因维持公共安宁秩序、保障人民自由幸福，得行使治安警察权诸事项，其中包含政治结社及其他公共事务结社之登记管理。[120]自然，慈善公益社团也书公共事务结社之列。民国初年，城市流民、游民问题日趋严重，1915 年 12 月，北京政府在继受清末相关法规的基础上颁行了《游民习艺所章程》，规范了习艺所这类慈善救济机构的设施、收养对象及教养科目等。[121]这时期，一些省已关注到慈善团体立案备案问题，并出台了若干地方性法规，以监督管理辖区内的慈善组织。1919 年，王一亭等人在上海发起中国崇文会。在江苏省公布社团注册办法后，该会于 1921 年 11 月以"既负社会之义务，宜受法律之保护，特谨具章程并陈始末请求鉴存，俯转呈省内转咨内务部立案，并通饬所在地方一体保护，俾利进行而垂永久"[122]。这种情形在民初社会并非特例，或许与其时近代法律文化传播有关。1919 年天津廖世经等人组织共济社，由直隶省咨请内政部备案；1920 年 9 月，李庆芳创办民生协济会，王浩瀛组织公善总社，亦先后向京师警备司备案。[123]北京政府要求各慈善组织注册备案,在给予民众享有宪法规定的自由结社权的同时,也依照近代社团法律规制进行监管,为南京国民政府时期出台专门的慈善团体监管法律奠定了基础。

三是慈善捐赠立法。相关立法主要有《捐资兴学褒奖条例》和《义赈奖劝章程》两项。民国成立之初,各省陆续咨请教育部核办捐资兴学案,"或请开复原官,或请援例建坊",教育部以"民国更新,旧章不尽适用"为由分别驳覆,并表示"惟是表彰虽不容缓,而办法不宜两歧",[124] 将着手拟订褒奖章程,以归划一。经国务会议议决后,1913 年 7 月 17 日,教育部以部令公布了《捐资兴学褒奖条例》9 条,并附有褒章及执照图式说明。该条例明确了捐赠兴学褒奖的范围以及各项具体鼓励措施,规定凡以私财创立学校或捐助学校、图书馆、博物馆、美术馆、宣讲所等,均属捐资兴学范畴,可依法呈请褒奖,褒奖分金、银质褒章及匾额三种,废止了清代赏官职和建牌坊之例。从立法技术的角度看,这反映了民国前期的立法者正试图弥补因政权更替所带来的法律空缺与不适问题,既剔除了封建礼教与特权,又适当汲取西方法律文化,体现出民主平等的精神。1914 年、1918 年和 1925 年,教育部先后三次对《捐资兴学褒奖条例》进行修正,补充了团体捐资、华侨捐资、遗命捐资等褒奖情形以及两万元以上巨资兴学的特奖办法,并经国会议准或大总统核准公布实施。[125] 1925 年 7 月 18 日教育部公布的《修正捐资兴学褒奖条例》18 条,不仅对后来南京国民政府同类法律法规的制定有着显著影响,而且形成了中华民国时期慈善公益捐赠褒奖的基本格局。

民国前期,另一部慈善捐赠的法规是 1914 年 8 月内务部公布的《义赈奖劝章程》。它主要鼓励人们对灾害及灾民进行捐资救助。这在封建时代就是慈善事业的重要领域,民国年间仍属慈善救济的重要事项。1913 年 2 月 2 日内务部曾公布《灾赈奖章条例》,后因《褒扬条例》施行,"所有前项奖章条例所举事项,大致赅括于《褒扬条例》第一条所定范围以内。惟该第六款特限于千元以上者,其不满此数者未免向隅,……查义赈捐输事属救济行政,其乐输巨款者,自应特予褒扬。即使捐额在千元以下者,集腋成裘,足资赈助,亦未便没其急公好义之忱"[126]。于是,内务部将前项《灾赈奖章条例》分别酌加修正,改称为《义赈奖劝章程》,共8条,使之与《褒扬条例》相辅相成,更广泛地鼓励民众踊跃捐赠。

　　四是褒扬立法。民国前期,北京政府颁行了5项褒扬慈善公益方面的法规,后还有所修正,详见下表。

表 2—1　　民国北京政府颁行的褒扬法规

公布时间	法规名称	备注
1913 年 3 月 11 日（教令第 24 号）	《褒扬条例》	1917 年 11 月 12 日修正公布
1914 年 6 月 17 日（内务部令第 111 号公布）	《褒扬条例施行细则》	1917 年 11 月 13 日内务部修正,1921 年 5 月 30 日再修正,并以内务部令第 77 号公布。
1921 年 2 月 27 日（教令第 6 号公布）	《慈惠章给予令》	
1921 年 3 月 31 日	《慈惠章给予令施行细则》	由内务部呈准
1921 年 4 月 18 日（内务部令第 44 号公布）	《慈惠章收费规则》	

　　资料来源:《最新编订民国法令大全》,商务印书馆 1924 年版,第 1565—1570 页。

　　稍稍注意上述法规颁行的时间,我们会发现,《褒扬条例》及其施行细则公布于 1913—1914 年间,即袁世凯执政时期。从法规内容不难看出,其立法初衷在于恢复封建礼教道德,为复辟称帝张本,营造社会氛围。不过,该条例也有些合理的内核,如所褒扬的"尽心公益",无疑是传统社会中的良好品行之一,通过立法的形式予以鼓励,自然有助于弘扬与传承中华民族乐善好施、扶危济困的传统美德。袁世凯垮台后,北京政府对该条例进行修正,废除了若干不合事宜的旌奖事项。《慈惠章给予令》颁行于 1921 年 2月,凡妇女捐募赈款、办理公益事业、慈善事业,均可依令给予慈惠章。慈惠章分宝光、金色、银色三种,各五等,由主管官署核准给予。其施行细则又详明规定了捐募赈款、慈善、公益事业的内涵范畴,以及各等级慈惠章授予的具体情形标准、程序,对不同慈惠章的领绶、章式也有详细规定。《慈惠章收费规则》各条规定了受奖人领取慈惠章应按不同的等级缴纳章费。这些褒扬条例的制定,有利于鼓励民众积极参与慈善公益活动,通过多渠道聚集社会财力、人力、物力,弥补政府救济的不足,推动民间慈善公益事业的发展。

"周虽旧邦,其命维新"。中华民国的肇建,旧邦新造的时代责任与历史使命也摆在民国立法人的面前。革故鼎新,师法欧美自然成了他们实现旧邦新造雄伟蓝图之首选。这在慈善立法当中也有所反映。与传统时期的慈善法令相比,民国前期的慈善立法有着强烈的时代特征。首先,慈善行政立法通过颁行相关法律法规逐渐构建起上下衔接的慈善行政管理的科层体系,体现出借鉴欧美近代行政制度的印痕。其次,慈善立法的内容渐趋合理。民国慈善立法吸收了传统慈善事业中合理的成分,并在形式上借鉴了近代西方的立法技术,二者有机融合,以期达到旧邦新造之效。虽然袁世凯最初颁布《褒扬条例》等法规,保留一些封建旧道德,有复古倾向,经修正后将慈善作为优秀的传统伦理道德以法的形式加以弘扬,进一步彰显,这无疑是合理的。

总体来说,北京政府时期还处在中国法律近代化的重要转型阶段,宪法、民法、刑法等根本法及基本法还在不断探索创制中,慈善法不可能成为立法者着重考虑的对象。因此,慈善立法尚处于初创阶段,这是很自然的。正缘于此,这时期的慈善立法缺乏总体规划,显得不够完备、不够系统,还没有形成一套全面完整的慈善法律体系;同时,立法层次也低,法规章程居多,法律效力较低。

二、南京国民政府时期慈善立法概况及其特点

1927 年 4 月,中国国民党在南京成立国民政府。由于政权更迭造成旧的法律失效,新的法律尚未颁行,法律空缺的矛盾再次摆在新政府面前。解决不同阶段的慈善法规缺失问题,满足急切的现实需要,成为南京国民政府创制慈善法律法规的一个重要动因。可以说,南京国民政府的慈善立法,既源于社会经济发展对法律创新的内在要求,也有来自外部因素的促动与推进。根据民国社会的发展演进,南京国民政府统治时期的慈善立法又可分为训政、抗战、复员三阶段,各阶段又有其特点。

(一)训政阶段(1928—1937):继受与创新

南京国民政府建立后,于 1928 年基本实现全国统一,8 月中国国民党二届五中全会宣布军政时期结束,训政时期开始。此后10 年间,南京国民政府颁布了一系列有关慈善事业的法律法规,内容涉及慈善行政、慈善组织管理、慈善救灾赈济、捐资褒奖、税收优惠等多个方面。这是民国时期慈善立法最重要的发展阶段,也是慈善法律体系形成的关键阶段。

一是慈善行政组织立法。南京国民政府成立后,极为重视政

权组织建设。1928 年 3 月 30 日《国民政府内政部组织法》公布，规定内政部直隶于国民政府，管理地方行政及土地、人口、警察、国籍、宗教、公共卫生、社会救济等事务，并设秘书处及民政、土地、警政、卫生等一处四司。其中，民政司的职掌包括赈灾救贫及其他慈善事项，土地司亦掌有关于水灾之防御及救济事项。[127]这样，通过行政组织立法确定了慈善事业的主管部门。同年 10 月，国民政府改组，内政部改隶行政院，中央政治会议议定《内政部组织法（修正案）》，由国民政府于 12 月 8 日公布。其内容与前法略同，惟改增设总务司、统计司、礼俗司；民政司、土地司职掌仍旧，而有关"宗教、慈善团体及其他社会团体之统计事项"属于统计司的三项职责之一，礼俗司负责慈善公益的褒扬事项。[128] 1931 年 4 月、1936 年 7 月，《内政部组织法》两度修正公布，[129]而有关慈善事业的管理职权基本未变，内政部一直都是南京国民政府的最高慈善行政管理机关。至于地方政府的慈善行政，1928 年 7 月 3 日公布的《特别市组织法》和《市组织法》也规定，特别市、市在不抵触中央法令范围以内，应办理市区的公益慈善等事项，并由社会局主管。[130] 1928 年、1930 年通过的《省政府组织法》也有类似规定，由民政厅负责管理各省的慈善公益事业。在一些特殊行政区域如威海卫管理公署，设总务科执掌"育幼、养老、济贫、救灾等设备事项"。[131]

在历史上，佛教是中国传统社会慈善事业发展的一支重要民间力量，佛寺、僧众参与各项慈善公益活动代代有之。有鉴于此，内政部在草拟寺庙管理法规时，对旧有的良善风俗予以肯定，吸纳入法。1929 年 1 月 25 日，国民政府公布由内政部拟订的《寺庙管理条例》21 条，规定寺庙财产之所有权属于寺庙，僧道住持不得把持或浪费，并规定寺庙应按其财产之丰绌，自行办理各级小学校、补习学校、图书馆、公共体育场、救济院、贫民医药、贫民工厂等慈善公益设施。但缘于各方面原因，各省在执行过程中发生窒碍，引起纷扰。1929 年 5 月，立法院将该条例详加审核，后经讨论决定另拟草案，并逐条审议通过。1929 年 12 月 7 日，国民政府新颁《监督寺庙条例》13 条。在监管寺庙财产的条款中，新条例也规定寺庙应按其财产情形兴办公益或慈善事业，住持应每半年应将其收支款项及所办事业报告该管官署并公告之。按照该条例有关规定，内政部据中国佛教会呈准又拟具了《佛教寺庙兴办慈善公益事业规则》，后于 1935 年 1 月正式公布施行。

赈灾救荒属于临时性的慈善救济活动，相应的组织立法对赈灾的开展十分重要。1928—1930 年间，国民政府先后制定颁行《赈务处组织条例》、《赈灾委员会组织条例》、《赈务委员会组织条例》，办理各灾区的赈务事宜，并督管参与灾区赈济的各慈善救济团体。另外，还有针对具体灾区赈济的组织法，如《直鲁赈灾委员会组织条例》、《两粤赈灾委员会组织条例》。

二是慈善团体立法。1928 年 6 月，国民政府内政部颁布《各地方救济院规则》，要求各地根据地方情形建立救济院，下设养老、孤儿、残废、育婴、施医、贷款等所，并开始对各地原有官立、公立慈善机构进行整理，凡其性质与上述各所名义相当者，可因袭其地址及基金继续办理，但需更正名称、改隶于救济院；而对于私人或私人团体集资办理的慈善事业，则一律维持现状，并受主管机关监督。不久，内政部以此为法律依据，用部令形式颁行《管理各地方私立慈善团体机关规则》，对私立慈善组织的设立备案、财务状况及募捐情形均有规定。[132] 稍后，内政部又分令各省民政厅："此后各省地方关于公私立慈善机关，自应由民政厅恪照颁定规则，分别整顿。其办理毫无实效者，必予以切实指正督饬，限期改良，并随时加以审查,勿令发生任何流弊。"[133] 两规则颁布实施后,有人呈请解释私立慈善机关范围,加之其法律位阶低,调整范围及法律关系有限,1928 年底,国民政府即令立法院赶速制定慈善团体立案注册条例,后经讨论最终出台了《监督慈善团体法》,由国民政府于 1929 年 6 月 12 日公布。1932 年 9 月,内政部又公布了《各地方慈善团体立案办法》。

另外,内政部还于 1928 年 9 月公布《义仓管理规则》。[134] 红十字会作为一个特殊的慈善团体,国民政府专门制定了单行条例,如 1933 年 6 月《中华民国红十字会管理条例》及其施行细则,1934 年 9 月、1935 年 7 月和 1936 年 7 月先后进行了修订。

三是赈灾立法。1930 年,振务委员会呈准国民政府颁布了《各省振务会及县市分会会计规程》。为了加强对办赈团体和人员的管理,国民政府于 1931—1932 年间颁布了一系列章程和条例,主要有《办赈人员惩罚条例》(1931 年)、《办赈团体及在事人员奖励条例》(1932 年),逐渐建立起一套包括奖励、惩戒等内容的慈善救灾组织及其人员的激励制度。

四是慈善捐赠及褒扬立法。慈善捐赠方面的法律法规主要有《兴办水利防御水灾奖励办法》(1929 年 1 月 24 日)、《捐资兴办卫生事业褒奖条例》(1929 年 2 月 4 日)、《捐资兴学褒奖条例》、《捐资举办救济事业条例》。这些条例后来都进行过一些修订,如《兴办水利防御水灾奖励条例》经修订为《兴办水利奖励条例》,于 1933 年 10 月 14 日公布;1935 年 4 月 4 日又公布了《修正兴办水利奖励条例》。《捐资兴学褒奖条例》于 1929 年颁行后,鉴于全国各地社会经济发展不均衡,尤其是西部民族地区较为落后,1934 年教育部出台了《捐资兴学褒奖条例补充办法》4 条,对于在蒙古、西藏、新疆、西康、宁夏、青海及甘肃等省捐资兴学之褒奖,予以适度倾斜,并由教育部、蒙藏委员会共同负责审核备案、查酌授与;捐资额达三千元以上,依等级还可颁令嘉奖、或题给匾额。[135]

褒扬立法是民国慈善捐赠立法的一个重要组成部分。1931年《褒扬条例》和1935年《颁给勋章条例》,都规定了对热心慈善公益者予以褒奖,授予匾额、褒章或勋章。1935年2月22日公布的《颁给勋章条例施行细则》规定,在叙勋标准上,非公务人员如有所列四项勋劳之一,可颁给采玉勋章,其中就包括“创办慈善事业规模宏大、福利社会昭垂久远者”;友邦人民如“创办教育或慈善事业,有功于我国家社会者”,亦授予采玉勋章。[136]

五是税收优惠立法。1928年11月,国民政府核准铁道部拟订的《铁路运输赈济物品条例》及《减价凭单持用办法》,并于12月咨请内政部、财政部知照执行。1929年5月财政部拟订呈准国民政府公布的《赈灾物品免税章程》,也有税收减免的规定。另外,1936年公布的《土地法》及《土地赋税减免规程》则规定了土地征收及土地税减免具体条款。

经过多年的探索与实践,及至南京国民政府时期,近代中国的慈善立法渐趋规范与成熟。从内容和形式上讲,这一时期慈善立法的特点是继受与创新,具体表现为以下三点。

第一,慈善立法的体系化。与清末民初相比较,南京国民政府对慈善立法似乎更为重视,立法速度快,数量多,十年内颁布十余部相关慈善法律法规。如上所列,不仅有统摄全局性的《监督慈善团体法》,还有若干配套实施的法规细则,从而结束了近代中国法律发展史上只有慈善法规法令、规章而无慈善法律的历史。这部慈善基本法的出台,以及相关配套的慈善法规、章程的颁布,标志着南京国民政府前期的慈善立法取得长足进展,并初步形成了相对完整的慈善法律体系。而这以慈善法律体系的形成,是以

"三民主义"（尤其是民生主义）为立法指导原则的,对民国慈善事业的不同层次、不同方面进行调整与规范,是一个彼此间相互协调、有机联系的整体。从法规的横向结构来看,这些慈善法可分为慈善组织立案登记注册、日常运作管理、慈善捐赠及其褒扬、免税优惠等四大类,大体涵盖了慈善事业的方方面面,各类慈善法规的立法宗旨亦较为明确,相互关联,合为整体。从纵向结构来看,慈善法律体系分为五个层次。最高层次是宪法。1931 年 6 月颁布的《中华民国训政时期约法》中关于结社自由和法人的规定,是慈善团体成立及其开展活动的重要依据。第二层次是慈善基本法。虽然《监督慈善团体法》所调整的法律社会关系还有限,与真正意义上的"慈善基本法"还有一定距离,但它在整个民国慈善法律体系中的地位却极其重要,起到了类似于慈善基本法的作用。直到1945 年立法院废止前,《监督慈善团体法》对南京国民政府兴办慈善公益事业起到了总纲或核心的作用,相关慈善立法都以它为依据。第三层次是行政法规及单行条例。第四层次是部门规章。如《铁路运输赈济物品条例》、《各省振务会及县市分会会计规程》等条例、规程,以及大量的规则、细则、办法等等。第五层次就是地方性慈善法规,前已详论,此不赘述。由此,民国慈善法形成了一个纵横交错、相互贯通衔接、彼此支持的体系。不过,我们还得承认,这一时期虽有"法",但单行条例多,效力层次普遍不高。

第二,慈善立法内容的稳定化。南京国民政府前期,慈善法律法规主要来源于两个途径:一是修改和补充原有的法规,二是起草制定新法律法规。法的修订和补充,是"立法主体对现行法实施变动,使其呈现新面貌的专门活动"[137],它同样作为立法系统工程的组成部分,属于立法活动的范畴。北京政府时期曾制定过一些涉及慈善事业的法规,如《褒扬条例》、《捐资兴学褒奖条例》、《中国红十字会条例》、《监督寺庙条例》等,随着实践的发展,原有法逐渐暴露出不协调、不切实际的问题,难以执行、适用、遵守,或者是因其调整的社会法律关系已发生重大变化,因而有必要加以修改、补充。南京国民政府建立后,立法院对于上述法律法规进行了审查,在继受其内容的基础上,并结合当时的社会实际进行了修正,予以重新颁行。此外,南京国民政府在这十年间还制定实施了许多新法律法规,如《监督慈善团体法》、《捐资兴办卫生事业褒奖条例》、《义仓管理规则》。由于立法经验的积累与立法技术的成熟,这期间,无论修订、补充的法规,还是新颁的法律,都具有较强的稳定性和适应性。譬如,《监督慈善团体法》于 1929 年 10 月施行后,十五年内一直没作任何修改变动,直到《社会救济法》公布后,因社会救济范围广于慈善事业,后一部法律对前一部法律的内容有所涵盖,最终由立法院审查后于 1945 年初废止。又如,1931年 7 月《褒扬条例》施行后,便从未修订,凡热心慈善公益者均依法褒扬之。而《捐资兴学褒奖条例》、《捐资兴办卫生事业褒奖条例》自 1929 年颁布以后,变动甚微,主要是随主管官署的变更而予以相应修订,或因抗战时期物价上涨对捐资褒奖的标准进行适当调整,其核心内容仍保持了相对的稳定性。慈善立法内容的连贯性、稳定性,不仅有利于维护法律法规的权威性、严肃性,也便于贯彻实施之,以取得实效。

第三,立法语言表述的科学化。民国政府以成文法为正式法律渊源,这就要求立法语言文字严谨、规范、简洁,表述法的内容应明确、肯定。事实上,南京国民政府前期的慈善法律法规非常注重用词行文的精当、准确,力求言简意赅。由此,一些基本的慈善法律法规篇幅都不长,内容却较为全面,像《监督慈善团体法》及其施行规则都是 14 条,《捐资兴办卫生事业褒奖条例》仅 10 条。

《监督慈善团体法》的出台，严格地遵循了立法程序。1929 年 1 月，先由立法院交付法制委员会起草，法制委员会于同年 5 月召开第 19 次常会讨论，出席委员 12 人，拟定出草案交立法院审议，立法院在审议会上对两条款进行了修订。具体是：第 2 条"凡慈善团体不得利用其事业为宗教上之宣传，或兼营有营利性质之事业"，后半部改为"或兼营为私人谋利之事业"；第 5 条第 1 款"土豪劣绅有劣绩可指证者"中的"劣绩"改为"劣迹"。[138]这样，内容表述显得更合理、精确。有的法规规章如《管理各地方私立慈善机关规则》，仅有几条，数百字。还有些法律法规虽有总则、分则、附则等几个部分，但每章节条款并不多，各部分紧密衔接，彼此构成亦很科学化。

在南京国民政府前期，中国的慈善立法呈现出继受与创新的特点并非偶然，而是有一定的历史必然因素促成。一是政局渐趋一统，社会相对安定，使得立法机关有可能对慈善事业立法进行阶段性的规划。二是"六法体系"的建立与完善，为隶属于行政法的慈善法律体系的形成营造了有利的氛围。三是近三十年的慈善立法实践，前人为后继者提供了可资借鉴的宝贵经验与教训。法律文化的可继承性与移植性特征，使得立法者在继受旧有法律优秀成果的基础上，有可能取得超越与创新。四是立法机关及参与慈善立法人员具备较高的法律素养。通过对南京国民政府第一、二届立法院组成人员的统计分析，有关学者指出立法院拥有众多法律专家，且大都有政法教育或留学的背景。正缘于此，立法委员的选择"注重年轻化、高学历，兼及地区与阶层的代表性"，"在一定程度上保证了立法的速度与质量"。[139]这样，在拟订慈善法规内容时更有针对性，更科学、更全面，相关法出台后也更具适应性与稳定性。

（二）抗战阶段（1937—1945）：应急与调整

1937年卢沟桥事变，标志着中国进入全面抗战阶段。随着日本帝国主义侵华战争的扩大，战火迅速从华北蔓延到华东、华中，数以千万计的民众被迫流落异乡，沦为难民。至1938年初，各沦陷省区的难民难童麇集武汉三镇，达数百万之众。原有的慈善行政及慈善团体，已根本无法胜任浩繁的救济工作，这对长久抗战极为不利。难民救济攸关民族存亡，成了国民政府以及社会各界面临的一项十分急迫、亟需解决的社会问题。在国共合作建立起抗日民族统一战线后，全国民众同赴国难、共御外侮的热情日益高涨。迫于情势，1938年4月，中国国民党通过《抗战建国纲领》，国民政府最终确立起"抗战建国"的基本国策。战争不仅严重地破坏了中国的经济建设，也打乱和中断了国民政府的立法规划与进程。《抗战建国纲领》及其所确定的基本国策遂成为战时慈善立法的出发点和重要指针。由此，国民政府在抗战期间慈善立法主要围绕应急与调整两方面交织展开，以应对战争所致的一系列严重影响。也就是，一方面从抗日战争的实际需要出发，制定和颁布了一些应急性质的慈善法规；另一方面也从建国的长远目标着眼，公布了一些调整性质的慈善法规，使得旧法进一步完善。这些慈善法律法规，既为战时慈善事业的管理运作提供了适时的法律依据，又为后来的慈善立法及其修正奠定了基础。

先来看应急性慈善立法。这是为配合战时军政、经济及社会需要而进行的，以适应抗战、服务抗战为基本前提和最终目的。

一是慈善行政的立法。抗战初期，难民骤增，救济迫在眉睫。1937年9月7日，行政院为此迅即颁布《非常时期难民救济办法大纲》，决定成立非常时期难民救济委员会，设总会于南京（后迁重庆),各省、市设立分会,县设支会,专办难民收容、运输、给养、救济、管理等事项,[140]从而建立起一套上下有序、分级负责的战时难民救济机制。但是,随着战事进一步扩大,难民激增,救助体制也暴露出事权不专不大、效率低下、与振务委员会职权重叠等弊端。1938 年 2 月 24 日,国民政府又公布《振济委员会组织法》,将前述两机构合并改组而成振济委员会,同时划入内政部民政司的救济行政业务,掌理全国振济行政事务。委员会下设三处,第二处职掌救灾机关的指导与监督、灾民救护与管理事项、赈款募集、保管与分配以及勘报灾歉的审核等事项;而第三处则职掌慈善机关的指导与监督、救济残废老弱、扶助贫民事项、教养游民及其他有关社会救济事项。[141]12 月 8 日,对该组织法进行了修订。1944 年再度修正公布。1942 年,为适应形势发展,行政院还颁行了《修正非常时期难民救济办法大纲》。这一时期的慈善行政立法,更重要的是《社会部组织法》的颁行。该法于 1940 年 10 月 11 日公布,随后依法设立社会部,掌管各项社会福利事项,慈善事业成为其中之一重要业务,这是南京国民政府有关慈善行政管理的重大转折与变革。

二是慈善团体监管立法。红十字会法规的应急出台是这类慈善立法最显著的表现。抗战全面爆发后,战地救护工作成为当务之急。1937 年 12 月 6 日,卫生署公布《调整中国红十字会总会救护事业办法》,确定了中国红十字会的战时救护方针,对红会的办事机构进行相应调整,成立临时救护委员会。[142]后来,战事进一步扩大,战地救护更趋繁重,国民政府遂有意将中国红十字会纳入战时军事管理体系。1943 年初,国防最高委员会以 1936 年红十字会管理条例为底本,拟订《中华民国红十字会战时组织大纲草案》,提交立法院以完成立法程序。立法院随即饬法制委员会进行法案审查,提出初步审查意见三点:即"管理集中,由署主管";"会长、副会长、理监事改为派任";"救护队改变战区司令指挥,由司令派人员"。[143] 3 月 5 日,立法院再行讨论,结果将标题中的"大纲"改为"条例",并增删、修正了若干条文,最终形成决案 14 条,经三读会正式通过。[144] 4 月 1 日,国民政府公布《中华民国红十字会战时组织条例》,[145] 新颁条例已全部吸纳前述三点审查意见。这样,中国红十字会完全被纳入国民政府的战时军事管理体系。

为加强民众团体组织的指导、监管与控制,1940 年 6 月 1 日,国民政府还公布了《非常时期人民团体组织纲领》,规定"人民团体之组织,应以适合战时需要为前提","不得违反民主集权之精神",成立前应先经政府之许可,活动范围一般以行政区域为限。后经全面修订,于 1942 年 2 月 10 日公布了《非常时期人民团体组织法》。[146] 此后,战时一切慈善组织的设立及其活动的开展,都要遵照纲领、组织法,接受国民政府严密的指导、监督。另外,1939 年,赈济委员会将原内政部 1932 年制定的《各地方慈善团体立案办法》予以修正公布。1939 年 8 月,内政部公布的《私人办理济渡事业管理规则》则加强了民间义渡的监管。

抗战后期,胜利曙光在望,世界反法西斯联盟国首脑决定战后成立联合国善后救济总署。随之,国民政府着手准备善后救济事宜。1945 年 1 月 21 日,行政院公布《善后救济总署组织法》,9 月 10 日颁布《善后救济分署组织条例》。

再来看调整性慈善立法。它着眼于建国的长远目标,结合战时情形实况进行了一些慈善法规调整,较多地考虑到慈善救济事业自身发展的需要。这主要涉及以下几个方面:

一是社会救济立法。抗战时期,国民政府的立法理念发生变化,社会法成为立法的大趋势,由慈善进而为责任,救济由消极变为积极。基于此,1943 年 9 月 29 日,国民政府正式公布实施《社会救济法》。1944 年 9 月 12 日,由行政院核准施行《社会救济法施行细则》。1945 年 9 月 5 日又颁行《救济院规程》。

1941 年 6 月 6 日,行政院修正公布《监督慈善团体法施行规则》,通饬全国施行。此次修正案的要点是将中央的主管官署由内政部改为社会部,并明定院辖市的主管官署为社会局,如未成立社会局时,得指定其他各局为主管官署。同时,还增订一款:"具有国际性之慈善团体,其事业范围及于全国者,得经社会部之特许为其主管官署,但其分事务所仍应受所在地地方官署之指导监督。"并在第 9 条规定,慈善团体应向主管官署呈报查核各项中补增董事推选一项,报社会处、社会部备查。[147] 由于已颁布社会救济与社会保障方面的"母法"——《社会救济法》,其内容又大体涵盖《监督慈善团体法》,1944 年秋,立法院开始进行废止《监督慈善团体法》审查。[148] 1945 年 6 月 4 日,行政院宣布废止《监督慈善团体法施行规则》,并由内政部分令各省市政府转饬所属一体知照。[149] 8 月 13 日,国民政府正式下令从即日起废止《监督慈善团体法》的实施。[150]

抗战期间,在国民政府一些文件中,"救济"一词逐渐替代"慈善"。但就其实质而言,私立救济、私人救济即等同于民间慈善。1944 年 9 月 5 日,行政院公布的《管理私立救济设施规则》就是这种思潮、理念的产物。从立法技术上看,该规则借鉴、继受了《监督慈善团体法》、《管理私立慈善机关规则》以及《佛教寺庙兴办慈善公益事业规则》的若干内容。根据该规则,教会、寺庙、家族、各种人民团体及外人或国际团体在中国境内设立的各种救济设施,均属私立慈善救济设施;其创办、变更及停办,均须经主管官署核准。私立救济设施应设立董事会,由团体或创办人延聘 7—15 人为董事,并以团体之负责人或创办人为董事长。如外国人或国际团体在国内创办救济设施的董事会,还应有三分之一华籍董事。私立救济设施不得利用其事业为宗教或别有作用之宣传,并不得兼营私人谋利之事业。办理不善时,主管官署应令其改进。如违反法令、情节重大者,得撤销其立案,或勒令停办。[151]值得注意的是,该规则已将外国教会及其他慈善团体也纳入到中国法律的调整管辖范围之内,同时各救济设施都要设董事会,这对于慈善救济事业的长远发展是很有利。

二是规范与鼓励慈善事业的立法。1941 年,社会部颁布《奖助社会福利事业暂行办法》,1944 年 4 月 10 日再修正公布。该办法规定凡公私举办的社会福利事业,如认为确合地方或战时需要者,给予奖助。所称福利事业,即包含社会救济事业、社会服务事业、儿童福利事业等,其实涵括多项慈善救济与公益活动。申请者应所办事业已著成效,由中央或地方主管官署核转,核给一次补助金或经常补助金。1943 年 3 月 20 日还颁布有《奖惩育婴育幼事业暂行办法》,规定奖惩的各种情形,如保育设备完全、办理著有成绩者、尽力收容当地孤苦童婴有劳绩者、其他办理育婴育幼事业声誉卓著者均可申请奖励;反之,收养童婴保育不善以致高死亡率者、或无故拒绝收容婴孩者及其他违背育婴育幼宗旨、业务者,均应受惩处。1944 年社会部公布《社会部直辖育婴育幼机关领养童婴办法》,对童婴领养的范围、领养人及数额做出规定。[152]

三是捐赠褒奖立法。抗战前,国民政府已颁行实施一系列慈善捐赠及其褒奖的条例,并取得了相当的效果,社会影响较好。然而抗战爆发后,大量工厂被迫内迁,经济形势日趋恶化,工商凋敝,物价飞涨,货币急剧贬值,原有法规的有关规定已显然不合实际。其中,关于褒扬的捐资数额标准因货币贬值加剧而失去激励作用。

缘于此,行政院对相关条例进行了必要的调整。1942 年 8 月 29 日,国民政府公布《修正捐资兴办社会福利事业褒奖条例》。随后于 1943 年 7 月 29 日修正公布《兴办水利事业奖励条例》。1944 年 2 月 10 日、4 月 1 日,又接连公布了修正后的《捐资兴学褒奖条例》、《捐资兴办卫生事业褒奖条例》。1945 年 5 月 10 日,再度修正了《捐资兴学褒奖条例》第 2 条、第 6 条及第 7 条条文。以上修订,主要是根据物价情形对褒奖等级相应地提高了捐资额度的要求,对褒奖程序也进行了一些变更。

四是税收优惠立法。抗战时期,国民政府的法律制度进一步建立健全,"六法体系"亦臻于完善,颁布了一些新的税收法律,如《遗产税暂行条例》(1938 年 10 月 6 日公布)、《财产租赁出卖所得税法》(1943 年 1 月 28 日公布)、《所得税法》(1943 年 2 月 17 日公布)。而修正公布的税法有《修正土地赋税减免规程》(1939 年 2 月 16 日公布)和《营业税法》(1942 年 7 月 2 日修正公布)。这些税法都有条款涉及慈善事业的优惠政策,或免征全部税额,或减征部分税款。

抗战时期的慈善立法,是在关乎民族生死存亡的战争环境下进行的。因而,这种非常态下的立法,难免会烙上战时色彩,时代特征明显,具体表现为应急性、调整性、统制性。

抗战时期,国民政府颁布了大量慈善法规规程,乃出于救济难民、配合军事之需要,以解燃眉之急。这些法规具有强烈的适时性,也注定了它的不稳定性,将随战事时局的变化修订频繁,速立速废。及至抗战结束后,它们大多被宣布废止,自然丧失其法律效力。战时慈善立法的应急性特点十分突出。同时,基于抗战建国的需要,为维系慈善救济事业正常运行,并虑及慈善事业长远发展,国民政府对有关慈善法规也进行了重新调整或创制,如《捐资兴办社会福利事业褒奖条例》、《社会救济法》等。这些慈善法律法规虽然时代印痕明显,但其内容合理,战后没有修正或被废止,仍然沿用,对慈善事业的发展起着促进作用。这是战时慈善立法具有的调整性所使然。此外,国民政府还以抗战需要为由,强化各类团体的控制与整合,加强对会员的思想统治,慈善公益团体也概莫能外。这期间所颁布的《非常时期人民团体组织纲领》、《非常时期人民团体组织法》以及修正公布的《各地方慈善团体立案办法》就是明例。它们以"非常时期"之应急面目出现,实为国民党的统制服务。还有些主要属于调整性的慈善立法如《奖惩育婴育幼事业暂行办法》,也难免不染上统制的色彩。正因如此,有些慈善法规虽经颁布,但也招致慈善界人士的非议、批评与抵制。这是战时慈善立法的统制性必然所致的消极后果。

总括而言,抗战时期慈善立法具有应急、调整与统制等特性,并由此产生一些不利影响,但从慈善立法本身的发展角度而言,也应看到其存在的合理性,毕竟利弊难以完全割裂开来。从整体上来说,它是民国时期慈善立法进程中不可或缺的重要一环,为构筑民国慈善立法体系增添了更完备的内容框架。抗战时期众多难民难童得以幸存、伤员灾黎得以活命,各类慈善救济组织功不可没,民间慈善事业也由此获得相当发展,从一定意义上讲,这一阶段的慈善立法还是发挥了重要的保障与促进作用。

(三)复员与宪政阶段(1945—1949):发展与控制

抗战结束以后,国民政府的慈善立法进入了一个全面修订的高潮期。这既有慈善事业发展、慈善组织管理的客观需要,也还有深刻的社会经济背景、法律根源以及其他因素。首先,从国际大环境而言,起源于西方国家的近代社会保障思想与理念在20世纪上半叶已传入中国,并开始对慈善事业的发展产生影响。在抗战中后期,原有的慈善法律法规已出现了一些与现实社会生活不太相适应的规定,涌现出许多新问题。对已有慈善法规进行修订、补充和完善,也就成了战后社会的客观要求。其次,从国内政治因素看。抗战胜利后,接收复员与发动内战成为国民政府的政策轴心。复员结束后,虽然国民政府于 1947 年颁布宪法,宣布进入宪政时期,但其实质仍是国民党一党专政的独裁统治,强化思想意识的控制,并渗透到包括慈善组织在内的各种社会团体。再次,从经济因素来分析。由于国民党一意孤行,撕毁政协停战协议,挑起内战,增支军费进一步加剧了财政危机。为弥补财政赤字,国民政府滥发纸币,加紧盘剥勒索民脂民膏,最终导致通货膨胀、物价飞涨,工商业纷纷歇业倒闭,国民经济趋于全面崩溃。日益恶化的经济局面,不仅破坏了慈善事业发展的物质基础,对慈善组织的经营运作带来了诸多不利,也导致了原有法制执行、实施困难,慈善行政管理渐渐流于具文,这就需要对已有慈善法规进行重新审核、修订与废止。缘于此,国民政府通过修订旧法与制定新法,以便加强统制与促进发展,应对局势的发展变化,便成为这阶段慈善立法的重点。同时,这也构成了近代中国慈善立法的发展与变革趋势中的一个断面。

在收复区慈善组织接收与管理方面,国民政府加大了立法力度。随着抗战的胜利,收复区的善后救济工作很快提上日程。早在 1945 年 1 月,国民政府行政院颁布《善后救济总署组织法》,为开展全国范围内的救济工作进行组织酝酿。9 月 10 日,又公布了《善后救济分署组织条例》,将全国分为 15 个分署,由总署将接收联合国援华的慈善救济款物转发至各分署。战事结束后,《中华民国红十字会战时组织条例》从法理上讲已失去法律效力。经立法院审议,1946 年 2 月 15 日正式废止该条例。由于遭受战争重创,收复区一片疮痍满目,参与社会服务成为战后复员时期中国红十字会等慈善公益团体的工作重点。为此,社会部及卫生署颁布了一系列法规规章,如《复员期间中华民国红十字会医药事业资产管理办法》、《复员期间中华民国红十字会诊疗所暂行通则》(1946 年 7 月)、《复员期间中华民国红十字会总会组织规程》、《复员期间中华民国红十字会分会组织规程》、《复员期间中华民国红十字会分会工作纲要》(1946 年 8 月)、《复员期间管理中华民国红十字会办法》、《复员期间中华民国红十字会总会调整及管理分会办法》(均 1946 年 12 月 9 日)[153]。《复员期间管理中华民国红十字会办法》规定,将红十字会的主管机关由军事委员会改为行政院,并依其业务性质,分别受社会部、卫生署和善后救济总署的监督指挥。[154]此外,社会部还颁布《人民团体整理办法》,对沦陷区的各类人民团体包括慈善团体进行重新登记、彻底整理;同时出台的还有《收复区救济机关团体补助专款处理暂行办法》[155]。

在慈善事业的综合管理方面,国民政府进一步强化了法律调整,具体表现在如下。

其一,慈善救济法规的完善。1946 年 3 月 9 日,社会部、卫生署联合公布了《各地方推行义诊办法》,规定各地应组织义诊委员会,以办理施济医药事宜,促进民众健康,救济平民。7 月 27 日,社会部修正公布《各省市县社会救济事业协会组织规则》,规定各省市县应组织社会救济事业协会,以发展社会救济事业,增进社会福利;会员由社会行政人员、私立救济机关团体或当地慈善公益机构负责人及热心慈善救济事业的公正人士组成。此外,社会部还修正了《冬令救济实施办法》,颁布了《社会部重庆实验救济院规程》、《旧有基金管理委员会组织规程》等法规章程。

其二,税收优惠法规的补充。在抗战时期颁行《遗产税暂行条例》的基础上,经立法院修订完善,1946 年 7 月,国民政府颁布《遗产税法》。15 日,行政院随即公布《遗产税法施行细则》,具体规定了捐赠减免条款及其免税程序。[156]这时期,《所得税法》及其施行细则也进行了修订,并予以重新颁行。还值得重视的是,1946年社会部公布施行的《私立救济设施减免赋税考核办法》虽是一部行政规章,但涉及减免慈善组织多项税种,综合性较强。

其三,慈善捐赠褒奖法律的修改。慈善捐赠与社会经济情形变化息息相关,故而,国民政府不得不对各项褒奖条例进行修订,予以重新颁行。1947 年 6 月 26 日,国民政府同时公布了修正后的《捐资兴办社会福利事业褒奖条例》、《捐资兴办卫生事业褒奖条例》、《捐资兴学褒奖条例》三项条例。这次修订,统一了各褒奖条例中捐赠数额的褒奖标准,改变了以往向教育、卫生、福利救济不同领域捐赠同等数额的款物而获得不同奖励的情形。12 月 20日,又公布了《修正兴办水利事业奖励条例》。

在民国后期的慈善立法中,我们不应忽视的是,国民政府立法院已启动《中华民国红十字会法草案》的审议工作。该法草案启动于 1946 年,最初由中国红十字会总会会章起草委员会草拟,后因复员工作而搁置,迟至 1948 年 2 月才将法律草案拟订完毕,即由卫生部转呈行政院核准。由于国共战争日趋激烈,该法案移文至立法院正式进入立法审查程序已届年终。11 月 27 日,立法院卫生委员会召开会议初步审议《中华民国红十字会法草案》,并邀卫生部、社会部、国防部、中国红十字会及立法院国防、法制两委员会代表列席。12 月 1 日,立法院卫生委员会重邀相关部会进行再次审查,从立法技术层面作了些微调,均同意该草案似尚可行,遂提交立法院院会讨论。1949 年 1 月以后,立法院数次开会议决此案。[157]此时,国民党军队溃败已成定局,3 月底立法院被迫迁往广州,国民政府陷入风雨飘摇中,红十字会法终究没能正式出台。

　　总而言之,复员时期,国民政府的慈善立法表现出发展与控制的双重性,既有促进慈善事业发展的一面,也有强化统制监管的一面。这些慈善法规中,有些为配合反共内战、强化意识形态在慈善公益领域的控制而仓促出台;也有些顺应了时势要求,在推进慈善救济事业方面取得一定效果,顺畅有序地完成了复员时期的救济工作,对战后慈善活动的开展起到了法律规范作用。由于战事绵绵,经济濒临崩溃,相关慈善法律实施缺乏有利的社会环境,或实施时间极为短促,仅三四年时间,尚未能充分发挥其作用。尽管如此,复员时期的慈善立法依然为民国慈善法制增添了新内容,也在一定程度上完善了慈善立法体系。

注　释

1　53　58　59　66　137　周旺生:《立法学》,法律出版社 2004 年版,第 69、97、138、113、215、376 页。

2　叶秋华、王云霞、夏新华主编:《借鉴与移植:外国法律文化对中国的影响》,中国人民大学出版社 2012 年版,第 113—114 页。

3　周秋光编:《熊希龄集》下册,湖南出版社 1996 年版,第 2002 页。

4　44　《孙中山全集》第 6 卷,中华书局 1985 年版,第 36、36 页。

5　6　陈凌云:《现代各国社会救济》,商务印书馆 1937 年版,第 290 页。

7　31　《为令仰审查社会救济法案由》,中国第二历史档案馆藏,南京国民政府立法院档案,档号:10—1115。

8　李芳:《慈善性公益法人研究》,法律出版社 2008 年版,第 56—58 页。

9　10　谢锟:《英国慈善信托制度研究》,法律出版社 2011 年版,第 26、30 页。

11　参见周秋光、曾桂林:《中国慈善简史》,人民出版社 2006 年版,第 215—222 页。

12　黄鸿山:《中国近代慈善事业研究》,天津古籍出版社 2011 年版,第 148—150 页。

13　冯桂芬:《校邠庐抗议》,戴扬本评注,中州古籍出版社 1998 年版,第 154 页。

14 15 张德彝：《随使英俄记》，"走向世界丛书"合刊本，岳麓书社 1985 年版，第 427 页。

16 17 18 夏东元编：《郑观应集》上册，上海人民出版社 1982 年版，第 526、526、528 页。

19 在甲午战争前后，上海《申报》刊发了多篇鼓吹学习西方慈善事业、改革传统善堂、创设新型慈善组织的文章。另外，上海格致书院在光绪十九年（1894 年）曾以《泰西善举中国能否放行论》、《欧洲各国养济院考》为课艺题目，应考者中不乏见闻广博之人，如许庭铨、沈尚功等。参见中央研究近代史研究所编：《近代中国对西方及列强认识资料汇编》第三辑第一分册，台北，1986 年刊印，第 733、839—840 页。

20 彭泽益：《中国近代手工业史资料》第 2 卷，生活·读书·新知三联书店 1957 年版，第 539 页。

21 参见池子华：《中国近代流民》，浙江人民出版社 1996 年版，第 196—199 页。

22 韩君玲：《清末新政时期贫民习艺立法评析——以 1906 年〈京师习艺所试办章程〉为中心》，《东岳论丛》2010 年第 11 期。

23 田涛、郭成伟整理：《清末北京城市管理法规》，北京燕山出版社 1996 年版，第 241 页。

24 《民政部奏整饬保息善政并妥筹办法折》，《东方杂志》第 4 卷第 5 期，1907 年 7 月。

25 上海商务印书馆编译所编纂：《大清新法令》第 9 卷，商务印书馆 2011 年版，第 91 页。

26 岳宗福：《近代中国社会保障立法研究》，齐鲁书社 2006 年版，第 227 页。

27 梁维四：《慈善政策论》，《中国建设》第 2 卷第 5 期，1930 年，第 179—188 页。

28 29 30 陈凌云：《现代各国社会救济》，商务印书馆 1937 年版，"自序"第 1、2 页。引文中的《贫穷救济法》，即今通译的《济贫法》。

32 立法院秘书处编：《立法院公报》第 44 期，首都京华印书馆 1932 年 12 月刊印，"公牍"第 18 页。

33 57 70 111 112 113 114 115 120 谢振民编著：《中华民国立法史》上册，中国政法大学出版社 2000 年版，第 19、20、219、18、54—55、340、359—360、463—464、414、515 页。

34 41 《孙中山全集》第 2 卷，中华书局 1982 年版，第 14、22 页。

35 《孙中山全集》第 5 卷，中华书局 1985 年版，第 486—487 页。

36　49　赵金康:《南京国民政府法制理论设计及其运作》,人民出版社 2006 年版,第 3、24 页。

37　郝盛潮主编:《孙中山集外集补编》,上海人民出版社 1994 年,第 320 页。

38　《孙中山全集》第 3 卷,中华书局 1985 年版,第 320 页。

39　《孙中山全集》第 7 卷,中华书局 1985 年版,第 1 页。

40　《孙中山全集》第 1 卷,中华书局 1981 年版,第 297 页。

42　《孙中山全集》第 9 卷,中华书局 1986 年版,第 121 页。

43　《孙中山选集》上卷,人民出版社 1956 年版,第 89 页。

45　《孙中山选集》下卷,人民出版社 1956 年版,第 570 页。

46　48　50 胡汉民:《三民主义之立法精义与立法方针》,见罗家伦主编:《革命文献》第 22 辑,台北,1978 年影印版,第 386—387、387、387 页。

47　胡汉民:《民法精神》,国民党中央执行委员会宣传部印:《中央周报》第 77 期。转引自赵金康:《南京国民政府法制理论设计及其运作》,人民出版社 2006 年版,第 23 页。

51　张文显:《法理学》(第三版),法律出版社 2007 年版,第 150 页。

52　目前,法学界关于立法主体主要有两种不同的界说,一是法治说,二是功能说。按照法治说,立法主体是依法有权进行或参与法的制定、认可和变动活动的国家机关的总称。法治说强调,依法具有立法权和依法作为立法主体存在和运作,是立法主体必备的条件。按功能说,立法主体则是有权参与或实际参与立法活动的机关、组织和人员的通称。它强调,衡量一个主体是否立法主体,不仅要看它是否依法具有立法权,还要看它事实上是否具有立法功能。参见周旺生:《立法学》,法律出版社 2004 年版,第 86—87 页。本书在论析民国慈善立法主体时,倾向于立法主体的功能说。

54　曾桂林:《民国政府慈善行政体制的演变与慈善立法》,《安徽史学》2013 年第 1 期。

55　《拟定监督慈善团体法草案报告》,《立法院公报》第 6 期,1929 年 6 月。

56　立法院秘书处编:《立法院公报》第 44 期,首都京华印书馆 1932 年 12 月印,"公牍"第 18 页;又见谢振民编著:《中华民国立法史》上册,中国政法大学出版社 2000 年版,第 525 页。

60　《国民政府内政部组织法》,见国民政府文官处印铸局印行《国民政府公报》第 128

号,1928 年 3 月 31 日,河海大学出版社 1990 年影印本,第 8 册,第 149 页。为简洁起见,下文征引该文献,仅标注公报的期号、出版日期、影印本册数、页码等项,而省略原编印者、影印出版社及时间,引文篇名视需要酌注。

61　《国民政府公报》第 40 号,1928 年 12 月 21 日,影印本第 9 册,第 33—35 页。

62　《义渡事业管理规则》(1939 年),中国第二历史档案馆藏,南京国民政府内政部档案,档号:12—13768。

63　《令知铁道部赈济物品减价凭单持用办法》(附条例及办法),《江苏省政府公报》第 65 期,1928 年 12 月 24 日,第 24—26 页。

64　《国民政府公报》第 91 号,1929 年 2 月 13 日,影印本第 8 册,第 44 页。

65　《财部公布〈赈灾物品免税章程〉》,《江苏省政府公报》第 126 期,1929 年 5 月 4 日,第 4 页。

67　参见上海市社会局编:《公益慈善法规汇编》,1932 年刊印,第 26—48 页。

68　参见广州市市政府编:《广州市市政规章集刊》,1930 年刊印,第 19—29 页。

69　参见江苏省政府秘书处编:《江苏省政府公报》第 2297 期(1936 年 6 月 9 日)、第 2393 期(1936 年 9 月 30 日)、第 2 卷第 25 期(1947 年 9 月 11 日)。

71　《中华民国训政时期约法》,见《国民政府公报》第 786 号,1931 年 6 月 1 日,影印本第 21 册,第 88—89 页。

72　《中华民国宪法草案》,见《国民政府公报》第 2039 号,1936 年 5 月 5 日,影印本第 49 册,第 145 页。

73　谢振民编著:《中华民国立法史》下册,中国政法大学出版社 2000 年版,第 757 页。

74　参见中国第二历史档案馆编:《中华民国档案史料汇编》第五辑第一编(政治),江苏古籍出版社 1994 年版,第 319—324 页。

75　《为令仰审查社会救济法案由》,中国第二历史档案馆藏,南京国民政府立法院档案,档号:10—1115。

76　《国民政府公报》渝字第 610 号,1943 年 10 月 2 日,影印本第 87 册,第 2 页。

77　《国民政府公报》渝字第 545 号,1943 年 2 月 17 日,影印本第 84 册,第 24—25 页。

78　《遗产税暂行条例》,见《国民政府公报》渝字第 90 号,1938 年 10 月 8 日,影印本第 64 册,第 18 页。

79　《国民政府公报》第 515 号,1930 年 7 月 8 日,影印本第 16 册,第 114 页。

80　《中华民国红十字会管理条例》(1935 年 7 月 27 日修正公布),《国民政府公报》第

1805 号,1935 年 7 月 29 日,影印本第 44 册,第 30 页。

81　《国民政府公报》渝字第 663 号,1944 年 4 月 5 日,影印本第 89 册,第 4 页。

82　《国民政府公报》第 1707 号,1935 年 4 月 5 日,影印本第 42 册,第 20 页。

83　84　85　86　87　88　89　90　上海市社会局编:《公益慈善法规汇编》,1932 年刊印,第 18—19、18、18—19、20、20—21、21、21、19—20 页。

91　《国民政府公报》第 340 号,1929 年 12 月 9 日,影印本第 13 册,第 30 页;谢振民编著:《中华民国立法史》上册,中国政法大学出版社 2000 年版,第 522—523 页。

92　93　《佛教寺庙兴办慈善公益事业规则》,见《江苏省政府公报》第 1880 期,1935 年 1 月 29 日,第 8、9 页。

94　大学院编:《大学院公报》第 5 期,1928 年 5 月,见沈云龙主编《近代中国史料丛刊续编》第 66 辑,文海 出版社 1979 年影印本,第 99—101 页。

95　96　《上海市捐资兴学褒奖规程》,上海《民国日报》1929 年 9 月 24 日。

97　98　99　100　《第一次中国教育年鉴》,乙编"教育法规",开明书店 1934 年版,第 156、144—145、150、158 页。

101　《青岛市公益慈善教育团体募款限制规则》,见《青岛市市政法规汇编》,青岛市档案局藏,档案类别:政务总类。下载自青岛档案信息网(http://www.qdda. gov. cn/archives files /ziliao/0986/00000078. gif)。

102　《青岛市私立公益慈善机关注册暂行规则》,见《青岛市市政法规汇编》,青岛市档案局藏,档案类别:政务总类。下载自青岛档案信息网(http://www.qdda. gov. cn/archives_files/ziliao/0962/00000074. gif)。

103　《青岛市市政法规汇编》,青岛市档案局藏,档案类别:政务总类。下载自青岛档案信息网(http://www.qdda. gov. cn/archives_files/ziliao/0987/00000078. gif)。

104　《江苏省政府公报》第 2 卷第 25 期,1947 年 9 月 11 日,第 18 页。

105　莫纪宏:《法人的宪法地位与公益法人的法律特征》,见吴玉章主编:《社会团体的法律问题》,社会科学文献出版社 2004 年版,第 121 页。

106　《国民政府公报》第 2026 号,1936 年 4 月 20 日,影印本第 49 册,第 75 页。

107　立法院秘书处编:《立法院公报》第 44 期,1932 年 12 月,首都京华印书馆,"公牍"第 16—18 页。

108　民国时期,曾颁行了 1925 年《禁烟条例》、1928 年《禁烟法》和 1929 年修正之《禁烟法》,均规定有鸦片罪,其中第三部禁烟法规定,吸食鸦片,施打吗啡,或使用鸦片之代用品者,处一年以下有期徒刑,得并科 1000 元以下罚金。另外还实施有《惩治土豪劣绅条例》及《危害民国紧急治罪法》、《暂行特种刑事诬告治罪法》等多种刑事特别法。1932—1933 年立法院起草新刑法期间,中央提出划一刑法案,上述特别刑法予以废止,其罪合并归纳于新刑法各章内,刑法亦渐趋划一。参见谢振民编著:《中华民国立法史》下册,第七章"刑法",中国政法大学出版社 2000 年版。

109　上海市社会局编:《公益慈善法规汇编》,1932 年刊印,第 165 页;国民政府文官处印铸局编:《国民政府法规汇编》第三编,1932 年,第 142 页。

110　《褒扬条例施行细则》,《北平市市政公报》第 155 期,1932 年,"市府"第 1 页。

116　参见周秋光:《红十字会在中国(1904—1927)》,人民出版社 2008 年版,第 126—135 页。

117　中国红十字会总会编:《中国红十字会历史资料选编(1904—1949)》,南京大学出版社 1993 年版,第 31 页。

118　《大总统申令》(1914 年 9 月 24 日),《政府公报》1914 年 9 月 25 日。

119　《中国红十字会施行细则》,《政府公报》1915 年 10 月 8 日。

121　商务印书馆编译处编:《最新编订民国法令大全》,商务印书馆 1924 年版,第 480—481 页。

122　《江苏省长咨送上海中国崇文会章程请立案并通饬保护由》(1921 年 11 月 28 日),中国第二历史档案馆藏,北京政府内务部档案,档号:1001—1786。

123　《京津沪等地人民组织慈善公益社团请备案有关文件》,中国第二历史档案馆藏,北京政府内务部档案,档号:1001—1786。

124　《教育部通咨各省都督凡人民捐资兴学应由本省教育司先予纪录文》,《政府公报分类汇编·教育》(上),上海扫叶山房北号 1915 年刊印,第 20 页。

125　《教育部制定捐资兴学褒奖条例及拟定特将巨资兴学办法案(1913—1925)》,中国第二历史档案馆藏,北京政府教育部档案,档号:1057—96。

126　《通咨各省修正〈灾赈奖章条例〉改名为〈义赈奖劝章程〉由》,中国第二历史档案馆藏,北京政府内务部档案,档号:1001—1448。

127　《国民政府公报》第 45 期,1928 年 3 月,影印本第 3 册,第 149—150 页。

128　《国民政府公报》第 40 号,1928 年 12 月 21 日,影印本第 7 册,第 33—35 页。

129　《国民政府公报》第 740 号,1931 年 4 月 7 日,影印本第 20 册,第 110 页;《国民政府公报》第 2100 号,1936 年 7 月 15 日,影印本第 51 册,第 80—81 页。

130 《国民政府公报》第 72 期,1928 年 7 月 5 日,影印本第 5 册,第 3—5 页。

131 《修正威海卫管理公署组织条例》,见《国民政府公报》第 758 号,1931 年 4 月 28 日,影印本第 20 册,第 179 页。

132 上海市社会局编:《慈善公益法规汇编》,1932 年刊印,第 20—21 页;又见《国民政府公报》第 64 期,1928 年 6 月,影印本第 4 册,第 120—122 页。

133 《各地慈善机关概由民厅整理》,见《江苏省政府公报》第 41 期,1928 年 7 月 9 日,第 12 页。

134 《国民政府公报》第 96 期,1928 年 9 月,影印本第 6 册,第 70—71 页。

135 《中华教育界》第 22 卷第 3 期,1934 年 9 月,第 95 页。

136 《国民政府公报》第 1673 号,1935 年 2 月 23 日,影印本第 41 册,第 64—65 页。

138 《立法院公报》第 6 期,1929 年,第 19—22、46—47 页;《立法院公报》第 7 期,1929 年,第 91 页。

139 陈红民、雒军庆:《国民政府第一、二届立法院组成分析》,《民国档案》2000 年第 2 期,第 65—70 页。

140 秦孝仪主编:《革命文献》第 96 辑(《抗战建设史料:社会建设》第一册),台北裕台公司 1983 年刊印,第 456—457 页。

141 《国民政府公报》渝字第 26 号,1938 年 2 月 26 日,影印本第 61 册,第 149 页。

142 《救护总队档案》,贵阳市档案馆藏,档号:40—3—26。转引自张建俅《中国红十字会初期发展之研究》,中华书局 2007 年版,第 176—177 页。

143 《国民政府立法院令》、《本案初步审查委员会及意见》,中国第二历史档案馆藏,国民政府立法院档案,档号:10—2486。

144 《〈中华民国红十字会战时组织大纲〉初步审查报告》及《〈中华民国红十字会管理条例〉与〈战时组织大纲〉内容比较表》,中国第二历史档案馆藏,南京国民政府立法院档案,档号:10—2486。

145 《中华民国红十字会战时组织条例》,《国民政府公报》渝字第 558 号,1943 年 4 月 3 日,影印本第 84 册,第 118 页。

146 《国民政府公报》渝字第 262 号,1940 年 6 月 1 日,影印本第 71 册,第 106 页;《国民政府公报》渝字第 439 号,1942 年 2 月 11 日,影印本第 79 册,第 70 页。又见秦孝仪主编:《革命文献》第 97 辑(《抗战建国史料:社会建设》第二册),台北,裕台公司 1983 年刊印,第 269—270 页。

147　《修正〈监督慈善团体法施行规则〉草案》(1941 年 6 月),中国第二历史档案馆
　　　藏,南京国民政府内政部档案,档号:12—18815。

148　《废止〈监督慈善团体法〉审查》(1944—1945 年),中国第二历史档案馆藏,南京
　　　国民政府立法院档案,档号:10—1152。

149　《废止〈监督慈善团体法施行规则〉》,中国第二历史档案馆藏,南京国民政府内政
　　　部档案,档号:12—18836。

150　《国民政府公报》渝字第 829 号,1945 年 8 月 13 日,影印本第 94 册,第 83 页。

151　《管理私立救济设施规则》,中国第二历史档案馆藏,南京国民政府立法院档案,
　　　档号:10—1152。

152　分别参见江苏省社会处编:《社会法规汇编》第一辑,镇江华美印书社 1947 年刊
　　　印,第 84、97、101 页。

153　《国民政府公报》第 2705 号,1946 年 12 月 22 日,影印本第 99 册,第 90 页;中国红
　　　十字会总会编:《中国红十字会历史资料选编(1904—1949)》,南京大学出版社
　　　1993 年版,第 241—250 页。

154　《复员期间管理红十字会办法》,《国民政府公报》第 2705 号,1946 年 12 月 22 日,
　　　影印本第 99 册,第 90 页。

155　《社会部收复区救济机关团体补助专款处理暂行办法》,上海市档案馆藏,上海市
　　　社会局档案,档号:Q6—9—883—7。

156　《国民政府公报》第 2573 号,1946 年 7 月 15 日,影印本第 97 册,第 103 页。

157　《关于审查红十字会法同行政院秘书处的来往文书》,中国第二历史档案馆藏,南
　　　京国民政府卫生部(署)档案,档号:372—55。

第 三 章
民国慈善立法的内容

民国时期的慈善立法从内容上而言,主要规范了有四方面:一是规定了慈善事业的管理机构,也称慈善行政;二是规定了慈善团体的登记、募捐、资金管理等事项,监管慈善团体是民国慈善法之所要解决的核心问题;三是规定了慈善税收优惠,从税制上扶持和鼓励慈善事业发展;四是规定了慈善捐赠及其褒奖办法,从精神层面上褒扬社会团体、个人的慈善捐赠行为。由此,民国时期慈善法形成了以监管慈善团体为核心,以慈善捐赠褒奖为配合,以慈善行政、慈善税收优惠为关联的法律结构。

第一节 慈善行政立法

法史专家谢振民先生指出:"行政法为关于国家行政权之法,规定行政权之组织,及行政权与人民之关系",故而将之细分为二,"关于行政权组织之法"和"关于行政权作用之法"。[1] 显而易见,行政组织是行政权力的有效载体,没有行政组织,行政权也就无法发挥其作用。中华民国成立后,凡关于行政权的组织及其作用之规范的各种单行法,"先后议定颁行,并已渐臻完备"[2],这为其行政体制的形成及正常运转奠定了法律基础。随着近代中国的社会转型以及世界发展的潮流趋向,虽然更广义的社会救济、社会福利逐渐成为民国政府社会行政体制的重点,但民国政府一直较为重视慈善行政。自民初以来,慈善行政亦是中央政府进行慈善立法的基本路径,通过一系列相关立法,建立起慈善行政体制并划定了相应职权。

一、北京政府的慈善行政立法

1912 年 1 月南京临时政府刚成立,中华民国临时大总统孙中山即令法制局拟具各部官制通则及各部官制,咨送参议院审议。不久,参议院依据法制局所拟草案议定《各部暂行官制通则》26条,规定各部总长及其主管各项事务;各部设承政司及相应职能司,并分设各科,置次长、参事、秘书长、秘书、司长、科长、科员、录事等职员,分掌部务。随后,参议院议决《内务部官制》10 条,第 1条规定:"内政总长管理警察、卫生、宗教、礼俗、户口、田土、水利、工程、公益善举、著作出版及地方行政,并选举事务;监督所辖各官署及地方官。"其余各条分别规定了内务部置民治、职方、警政、土木、礼教、卫生等六司及各司所掌事务;其中民治司负责灾荒抚恤、慈善团体管理等事宜,而疫病防治与救恤归卫生司掌理。[3] 鼎革之际,民初政局尚未安靖,地方上的各项慈善救济事务一般由各省都督兼理。

1912 年 3 月,袁世凯在北京就任临时大总统,中华民国进入到"北洋时期"。执政之初,袁世凯基本上赓续了南京临时政府的官制,各行政机构变更不大。7 月 18 日,参议院将数月前议定的《各部暂行官制通则》加以修改,重新颁布为《修正各部官制通则》20 条,然内容并无多少变更,惟将"承政厅"改为"总务厅","科长"、"科员"改称"佥事"、"主事",其余各条文字亦略有修订。参议院又议决《修正内务部官制》13 条,由临时大总统于同年 8 月 8 日公布,"内容与原官制大致相同,惟列举各司职掌较详"[4]。内务部掌理的行政事务计 14 项,其中赈恤、救济、慈善、感化、卫生等五项均与慈善事业相关联,属于广义的慈善行政范畴,而这五项慈善行政事务占内务部全部政务的三分之一。同时规定,由内务部六司之一的民治司具体负责贫民赈恤、罹灾救济、贫民习艺所、盲哑收容所、疯癫收容所的设置与管理、育婴、恤嫠及其他慈善事项;卫生司负责传染病、地方病预防及种痘等事项。[5] 而上列各项事宜,在民国初年无不由民间社会的各类善堂善会开展收容、赈恤与救济活动,分担了救灾恤黎、安宁社会的责任。由此,民国政府通过行政组织立法,确立了内政部及所属司对慈善事务的管辖范围与职责,以便依法进行慈善行政。随后,袁世凯还曾两次修订内务部官制,强化行政机关的统治职能,为其复辟帝制铺路。1913 年 12 月 22 日,袁氏以大总统教令第 42 号公布《修正内务部官制》10 条,修正内容主要是将六司改成四司,即民治、警政、职方、考绩,民治司职掌范围依旧,而原卫生司的职掌归入警政司,兼管相关社会救济事宜。[6] 1914 年 7 月 10 日,袁氏又以教令第 97 号公布《修正内务部官制》20 条。这两项修正案的共同点在于进一步明确总长、次长的职权及各司职员的额数及职责,并规定内务部直隶于大总统,[7] 由此扩大了总统的权力。袁世凯殒命后,1917 年,内务部仍呈准适用 1912 年 8 月公布之官制,此后即未变更。

　　在行政立法规定中央各部组织设置的同时,北京政府还进一步制定了一系列法规,以明确各部下辖机关的职权范围,保障各项行政事务的正常运行。1914 年 7 月 29 日,北京政府公布《内务部厅司分科章程》。按照章程所列,民治司下设五科,由第四科专门掌管慈善救济事项;警政司所设六科中,第二科、第五科分管消防、卫生事项,而这些事项在民初均属于公益慈善事业内容,其中救火、防疫大都由水龙会及其他善会善堂负责。尽管后来组织机构屡有变更,但慈善公益事项仍属民治司所辖。1917 年 3 月 17 日,《内务部民治司变更分科职掌办法》颁布。该办法规定,第四科执掌慈善行政事务,具体为地方罹灾救济、地方筹办赈捐之核准、地方捐赈人员奖励、地方备荒积谷、筹备八旗生计、红十字会之设置救济及奖励、京师平粜、京师冬防、收养贫民、散放棉衣及开辟临时粥厂、育婴恤嫠及其他慈善事业,以及经管游民习艺所、济良所、教养局和贫民工厂、地方善堂等十余项。[8] 1922 年 9 月 28 日公布了新的《内务部厅司分科规则》,对慈善行政机构又有所调整,将疫病防治等事务从警政司划出,重新归卫生司管理,诸项慈善公益事务仍由民治司第四科负责。可见,民治司是民国初年中央政府主管慈善事业至为重要的行政机构。

北京政府时期,随着中央行政管理体制的变更,地方的慈善行政机构也相应地进行过调整。1913 年 1 月,北京政府颁布《划一现行各省地方行政长官组织令》,规定省行政机关为行政公署,下设内务司,主管各项慈善救济事务。1914 年 5 月,为复辟称帝作前奏准备,袁世凯首先改革官制,设巡按公署为省级行政公署,署内所置的政务厅内务科兼管慈善公益事项。袁氏复辟之梦幻灭后,继任的大总统黎元洪将之改为省长公署,但政务厅职责未变,仍兼管公益慈善及救济事项。而在县级,地方慈善事务则长期划归内务科管理。还要提及的是,在民初行政体制变迁中,1913—1924 年,道为省县之间的一级行政机关,也下设内务科掌理慈善事务。

在灾荒救济行政方面,北京政府颁布过若干法规法令,设置一些临时性救济机关。1920 年华北五省大旱灾,北京政府国务院乃于 9 月 14 日公布《筹议赈灾临时委员会章程》。章程规定,由内务、财政、农商、交通各部组成筹议临时赈灾委员会,专司筹议临时赈灾及善后事宜;各省区赈灾事宜,由地方长官遴选主办赈务委员接洽办理。[9] 1921 年 10 月,北京政府为统一全国赈务行政起见,特设赈务处,综理各灾区赈济及善后事宜,并公布《赈务处暂行条例》10 条。条例规定,赈务处设督办一人,由大总统特派;会办、坐办一至二人,由大总统简派,委员若干人。赈务处的主要职权为"经管赈款,随时将收支款项公开宣布";监督赈务各官署并统领各灾区的一切赈济事宜。[10] 在灾区赈济的各慈善救济团体,也一律接受赈务处的监管、督察。由于灾害连年且灾情愈重、灾区愈广,北京政府逐渐将赈务处的权限扩大,并提升其行政建制规格,1924 年 10 月 17 日公布了《督办赈务公署组织条例》和《附设赈务委员会章程》。条例规定,督办赈务公署内设总务、赈务、稽查三处;其职责是综理全国官赈,凡海关附加收入的全部均由其支配;各赈务官署得随时报告各灾区赈济事宜。[11]

由上可见,北京政府通过行政组织立法基本确立与完善了中央和地方各级的慈善行政体制,即实行中央 – 省(道) – 县的三级管理体制,分别负责同级的各项慈善事务。尤其在中央一级,慈善行政立法较为全面,既有掌理平时公益慈善事业的常设机构,也有督办灾时慈善救济活动的临时机关。相关组织法规的颁行,为北京政府的慈善行政提供了法律依据,慈善救济机构的存在具有了合法性。

二、南京国民政府前期的慈善行政立法

国民党取得全国执政的地位后,南京国民政府渐次展开了行政组织立法,一套主管慈善事业的行政机关自上至下也随之建立

和运作起来。与北京政府相比较,在南京国民政府前期(1927—1937 年),慈善行政主管机构相对稳定,基本上未出现大的变动与调整。在中央,以内政部为慈善行政主管机构,在地方则以社会局、民政厅等慈善行政主管部门。

中央的慈善行政以内政务为主管机构,这在国民政府及各部的组织法案中均予明确规定。1928 年 3 月 14 日,中央政治会议第 132 次会议通过《国民政府内政部组织法》20 条,30 日,由国民政府正式公布。该法规定:内政部直隶于国民政府,管理地方行政及土地、人口、警察、选举、国籍、宗教、公共卫生、社会救济等事务;内政部设秘书处及民政、土地、警政、卫生等四司;其中,民政司的职掌共有九项,第七项是关于赈灾救贫及其他慈善事项;土地司执掌五项事项,即包括水灾防御及救济事项。[12] 6 月,《内政部各司分科规则》颁布,它详细规定了各司属科的设置及各科职权范围。如,民政司下设四科,第四科负责社会救济和其他社会福利事项,具体为贫民救济、残废老弱救济、勘报灾歉及蠲缓田赋审核、地方罹灾调查赈济、防灾备荒、慈善团体考核、慈善事业奖励、地方筹募赈捐及游民教养事项。[13] 不难看出,这些事项大都属于慈善事业的范畴,或与之息息相关。不久,中央政治会议第 138 次会议议决"各院部应增设总务处,交由法制局拟具修正各院部组织法草案",复于第 140 次会议议决通过《修正内政部组织法》。[14] 1928 年10 月国民政府改组,内政部改隶行政院,中央政治会议于第 165 次会议议定《内政部组织法(修正案)》23 条,并由国民政府于1928 年 12 月 8 日公布。此修正案的内容与前颁法案略同,内政部仍"管理全国内务行政事务",惟部内改设总务、统计、民政、土地、警政、礼俗等六司,次长定为两人。增设的统计司,执掌事项包括"关于宗教、慈善团体及其他社会团体之统计事项";民政司仍负责赈灾救贫及其他慈善事项。[15]1930年底,国民党第三届四中全会议决卫生部并入内政部,立法院再次审查修订内政部组织法,并于1931年3月7日立法院第134次会议通过,国民政府于1931年4月4日正式公布《修正内政部组织法》。[16]这次修订,在第4条关于内政部下属机构设置中增列"卫生署"一款,其他六司依旧,而民政司、统计司继续分掌赈灾、救贫、监督其他慈善事项,以及统计慈善团体之职权;土地司负责水灾防御事项。而礼俗司则增列褒扬事项,负责褒奖慈善捐赠及其他有功于慈善事业等德行可嘉者。[17]1936年7月14日,国民政府又一次修正公布《内政部组织法》,内政部内撤销了卫生署,统计司改为统计处,其余各司名称因循不变,其职权也大致未改,惟水利防御及救济已划出,归全国经济委员会。有关赈灾、救贫、其他慈善事项及褒扬事项继续为民政司、礼俗司执掌。[18]在历次调整中,民政司都设有一科,专门管理慈善事业,负责慈善团体的监督考核、奖励等。

再来看地方行政机构有关慈善事务方面的立法。还在北伐期间,国民政府暂驻武汉即已颁布《省政府组织法》13条,规定省政府下设民政、财政、教育、建设各厅,必要时得增设农工、实业、公益等厅。及至奠都南京,中央政治会议第109次会议将前颁法案加以修正,1927年7月8日由国民政府公布了《省政府组织法》。[19]此后,国民政府又多次修正公布之,大都由民政厅负责管理慈善事务。特别市、行政院直辖市是与省级并行的行政建制。1928年7月3日,国民政府公布《特别市组织法》。在第二章关于特别市的职务中,该法规定,特别市不抵触中央法令范围以内所办理各事项即包含"市公益慈善事项";第三章关于特别市政府组织及权限,规定特别市设财政、土地、社会各局,分掌市行政事务,而"一切农、工、商、公益等事项"属社会局管理。[20]同日公布的《市组织法》

亦规定,在不抵触中央及省政府法令范围之内,市应办理公益慈善事项;市政府设财政局、土地局、社会局、工务局、公安局,于必要时得增设卫生局、教育局、港务局。社会局的权限仍涵括一切慈善公益等事项。[21]两年后,特别市撤销,改为行政院直辖市,而其慈善行政事务并没变。对于地方基层的行政机构及其职权,国民政府也制定有法规予以规范。1930年7月国民政府公布的《修正区自治施行法》,在第26条规定,区公所于现行法令或区民大会决议交办之范围,分别自行办理或委任各乡镇办理,由区长执行的二十余项事务中,包括了教育、文化、卫生事项以及"育幼、养老、济贫、救灾等设备事项"[22]。在一些特别行政区域,国民政府同样从法律上赋予它有慈善事业的管理权限。如《修正威海卫管理公署组织条例》规定,威海卫在未辟为军港以前,置威海卫管理公署,掌理、监督地方自治事务,下设总务科负责育幼、养老、济贫、救灾等设备事项,[23]以发展地方慈善公益事业。

至于灾荒救济行政立法方面,国民政府也有所为,这与慈善事业有直接或间接关联。为救济直鲁旱灾,1928年3月30日国民政府公布了《直鲁赈灾委员会组织条例》,4月2日又修正其中第2条、第7条。该条例规定:直鲁赈灾委员会由国民政府特派委员若干人组织之,互推5人为常务委员,由常务委员互推主席,执行决议及处理日常事务;赈灾用款除由政府拨给外,委员会得设法募捐;捐助赈款千元以上者,得由委员会呈请政府优予奖励。委员会可自拟赈济及募捐方法,并"聘请热心慈善事业者充本会委员及顾问,赞助本会事务","皆系名誉职"。[24]鉴于灾害频发,1928年7月27日,国民政府公布《国民政府赈务处组织条例》13条,规定赈务处直隶于国民政府,下设总务、调查、赈济三科,掌理各灾区赈济及善后事宜;赈务处对特种灾害或特别灾区得组织委员会办理赈济事宜;处内又置赈款委员会,凡赈款的募集、保管、分配和使用,均应经该会议决。此条例实行后,国民政府又将第 3 条加以修正,规定赈款委员会设常务委员 5 人,以 1 人为主席,就委员会中指定之。[25]之后,根据该条例第 10 条规定,1928 年又特设两粤赈灾委员会和豫陕甘赈灾委员会两个特别灾区委员会,以救济两粤、豫陕甘等省的水旱各灾,并公布了相应的组织条例。如 1928 年 12 月 31 日公布的《两粤赈灾委员会组织条例》规定,该会由国民政府特派委员若干人组织之,设常务委员会、主席、总干事、干事及书记等职,分别处理各项会务;除由政府拨发部分赈款外,还需设法募捐及筹措;经费亦由委员会自行筹捐,不在救济款项内开支;捐助赈济款项者,遵照《直鲁豫赈款给奖章程》办理。[26]

1929 年 2 月 27 日,国民政府公布《赈灾委员会组织条例》,撤销赈务处,设立赈灾委员会,以统一全国赈灾事宜。此条例共分 4 章 12 条,规定该会由国民政府特派委员若干人组织之,并指定常务委员会 9—11 人,以其中 1 人为主席。该会设执行、监察、设计三委员会及秘书处。一年后,国民政府于 1930 年 1 月 25 日明令改赈灾委员会为振务委员会,并另定组织条例公布施行。新条例共 10 条,规定振务委员会办理各灾区赈务事宜,由国民政府特派委员 11 人组成,内政、外交、财政、交通、农矿、工商、铁道、卫生各部部长为当然委员;会内设总务、筹赈、审核三组,各设总干事、副干事各 1 人;总务科负责筹划会务、购置物品;筹赈科负责筹募赈品赈款、赈品的运输、免税及免费各项护照的办理;审核科负责审核赈款、赈品的出纳等。[27]后因国民政府机构改革,该条例于1931 年 6 月进行增修,主要是改振务委员会主席为委员长,当然委员删去工商、农矿、卫生各部部长,增入实业部部长;原设各组均改为科,总干事、干事改为科长、科员。其余内容,大致与原条例无甚差异。[28]此外，国民政府还颁布一些规程，在省、市、县各级设立振务委员会、分会。

三、南京国民政府后期的慈善行政立法

1937年卢沟桥事变是南京国民政府统治前期与后期的分界线，也是其慈善行政体制的一个重要转折点。由于兵燹战乱导致难民骤增，慈善救济事业浩繁，既有慈善行政已无法按部就班、有序有效地赈济难民，甚至还耗费大量人力、财力、物力，十分不利于长期抗战。在日益突出的社会矛盾面前，国民政府也意识到，有必要调整各级各类慈善救济机构，理顺慈善行政体制，以争取抗战胜利。基于此，国民政府在抗战期间制定颁行了一些新的组织法，先后整顿或改革现有慈善救济机关，使事权归一，提高行政效率。

卢沟桥事变后，日本侵略军很快占领华北、华东，数千万无辜的民众沦为流离失所、无衣无食的难民，还有不少父母双亡、年幼的难童。救助难民难童成为当时最急切、最紧迫的社会问题。尽管中国红十字会、世界红卍字会等民间慈善团体在战事甫发之时已紧急行动起来，参与伤兵救治、难民转移及收容，无奈灾区广阔、灾情深重，仅靠少数民间慈善团体进行慈善救济，难免"博施济众，尧舜犹病"，因而更需要政府采取有力举措，统一调度与部署。1937年9月7日，行政院颁布《非常时期救济难民办法大纲》，决定设置非常时期难民救济委员会，总会在南京，全国各省市县普遍设立分支会，办理难民救济事项。总会由"行政院、内政部、军政部、财政部、实业部、交通部、铁道部、卫生署、振务委员会各指派高级职员一人为委员，以行政院所派之委员为主任委员"[29]，协调能力因之得到增强，便于统筹开展各项难民救济工作。此后，一套上下有序、分级负责的难民救助体制逐渐确立起来。这套体制也在

一定程度上要求民间慈善团体协助、配合各地的难民救济委员会分会、支会,开展相应的慈善救济活动,收容或资遣难民。

随着战事的蔓延,难民人数激增,非常时期难民救济委员会及其分支会逐渐暴露出一些缺陷,如职权多与振务委员会重叠、交叉,委员由各部高官组成以致协调有余而事权不专不大,相互推诿,行政效率较低。鉴于此,1938 年 2 月 24 日,国民政府公布《振济委员会组织法》15 条,以统一难民救济体制,提高行政效能。依照该法,振济委员会掌理全国赈济行政事务,设委员长、副委员长各 1 人,委员 7—11 人,并指定 3—5 人为常务委员。委员长执行会议决议,并综理会务、监督所属职员及各机关;副委员长及常务委员襄理会务。振济委员会设有三处:第一处职掌文电收发缮校、经费出纳等庶务事项;在第二处职掌范围中,救灾机关的指导与监督、灾民的救护与管理以及赈款募集、保管、分配等事项均属之;而第三处实为慈善行政主管机构,具体负责五项慈善事务:“一、慈善机关之指导、监督事项;二、残废老弱之救济事项;三、贫民之扶助事项;四、游民之教养事项;五、其他有关社会救济事项”。各处设处长一人,简任;科长二人,荐任;科员四至六人,委任。该法第 13 条还规定:“振济委员会于必要时,得延聘慈善专家,组织特种委员会”[30]。4 月 27 日,国民政府将原振务委员会、行政院非常时期难民救济委员会合并改组,并接管内政部民政司执掌的救济行政业务,正式成立振济委员会。振济委员会权力颇重,下辖各省市县振济会、各救济院等机构,同时兼管多项慈善行政事务,指导、监督慈善团体及督办各项救济活动也属于其职权,这对于战时慈善事业的开展有一定的规范、促进作用。1938 年 12 月和 1940 年 12 月,国民政府两度修订《振济委员会组织法》,主要为人员编制的变动,而机构设置依旧,其第二、三处仍主管慈善事业的各项事务。

1944年9月18日,国民政府再次修正公布了《振济委员会组织法》,共23条。振济委员会继续掌理全国赈济事务,下设机构的职权则变化较大:第一处仍负责处理日常事务;第二处职掌的事项包括灾民难民的救护、运送、收容与给养;紧急工赈、农赈的举办及补助;救济灾难机关及团体的指导、监督等;第三处则管理灾民、难民生产事业的举办及补助;灾民难民的小本贷款;灾贫儿童教养;灾民难民的施诊施医;以及其他灾难善后事项。[31]由此而见,第二、三处也兼管了部分慈善业务,不过,从其行政管辖事项来看,已开始偏重于灾民难民的生产自救及复员工作。综上,非常时期难民救济委员会和振济委员会的先后设置,表明国民政府慈善行政发生了重大变化,由平常慈善救济趋向战时难民救济。

抗战时期,国民政府慈善行政的另一重大变化是社会部的设立。社会部原系中国国民党的党部机构,而非国家行政机关,它成立于1938年,主管民众组训和社会运动,其宗旨为"指导党员在自治、慈善、开垦、保育等社会团体中之工作,协助社会团体之组织,并策进其事业"[32]。在此前后,慈善行政仍由内政部和振济委员会分别掌理。进入抗战持久阶段后,国民政府在行政运作中暴露出机构重叠、多头管理及推诿敷衍等弊端更为明显。这亟需对社会行政进行统一规划,以提高行政效率。而慈善行政固然也应包括在内,需要进行全盘统筹,调整事权。1939年11月国民党五届六中全会召开,蒋介石在会上训示:"党应透过政府施行其主义政策","社会部可改隶行政院"。[33]由此组织起党政军行政机构调整委员会,协调改隶事宜。1940年10月11日,国民政府公布了《社会部组织法》,规定社会部管理全国社会行政事务,下设总务司、组织训练司、社会福利司及合作事业管理局;"关于贫苦老弱残废等之收容教养事项"即属社会福利司掌管的七项事务之一。[34]很快,国民政府着手改组社会部,11 月 16 日,社会部正式成立,隶属于行政院。改隶之后,又公布《社会部各司分科规则》,规定社会福利司第五科负责掌理各项慈善救济事务,具体为残疾老弱救济、贫民救济、救济经费的规划及审核稽查、慈善团体的指导监督、国际救济的联系与推行等 10 项,第六科也掌管多项儿童福利救济事务。[35]与此同时,国民政府还决定各省在省政府之下设置社会处,或于民政厅内设社会科,院直辖市则由社会局主管;县、市政府也设置社会科。这样,一套上下衔接的慈善行政体制变更和建立起来。由于施政理念的变化,国民政府在慈善行政方面由消极救济转为积极救济,并由社会救济扩充至社会福利,慈善事业成为其行将构筑的社会福利制度的一个细部内容,慈善行政也仅占整个社会行政的一小部分了。不可否认,国民政府仍为慈善行政立法做了一些努力,有助于慈善事业的有序发展。

抗战爆发后,国民政府为适应战时需要对内政部进行了一些机构调整。1938 年 2 月 11 日,国民政府修正公布《内政部组织法》。该法规定内政部仍是全国内务行政事务的主管机关,同时对其内部机构进行较大变更,置总务、民政、警政、土地、礼俗等五司及统计处、卫生署、禁烟委员会。其中,民政司仍旧掌理赈灾、救贫及其他慈善事项,但将其执掌的部分社会救济行政划归新设立的振济委员会;统计处继续负责慈善团体及其他社会团体的统计事项;礼俗司仍然执掌慈善事业的褒扬事项。[36]虽然这次组织法的颁布及机构调整,划出了民政司部分救济行政职能,但在整体上对慈善行政影响并不大,各项日常慈善业务依旧运行。

及至太平洋战争发生,中、英、美等国结成世界反法西斯联盟。经过近两年艰苦卓绝的奋战,1943 年秋,世界反法西斯战争渐露胜利的曙光。由日、德、意法西斯国家挑起的这场空前浩劫,使得多国人民流离失所,资财荡然,饱受着巨大的战争创伤。1943 年 11 月 9 日,中、英、美等 44 国代表在旧金山签署《联合国善后公约》,决定成立联合国善后救济总署(简称"联总"),在战区各国开展善后救济,携手重建家园。中国作为战争受害的重灾国,也是联总发起及签约国。为接受国际社会无偿援助的慈善捐赠物资,1945 年 1 月 21 日,国民政府公布了《善后救济总署组织法》27 条,决定成立行政院善后救济总署(简称"行总"),办理收复区善后救济事宜。该法还规定:行总设储运、分配、财务、赈恤四厅及调查、编译、总务三处。有关慈善救济业务即由赈恤厅、调查处负责。具体为难民的资遣返送、收容救助、灾区灾情调查与救济等。³⁷抗战胜利后,收复区的善后工作即将展开,1945 年 9 月 10 日,国民政府公布了《善后救济分署组织条例》20 条。条例规定,各分署设振务、储运、卫生、总务四组,由振务组负责具体的工赈、急赈等慈善救济业务;卫生组负责防疫医疗救济业务;凡设善后救济分署的地区,得另设各该区善后救济审议委员会,并由善后救济总署聘请当地军政及慈善界有声望人士担任委员;同时,各分署还可聘请国内外专门人员 20 名,负责各项慈善救济。³⁸实际运作中,收复区各分署的善后救济工作大都与当地慈善组织联系紧密,或补助、接济慈善组织款物,或直接依托慈善组织开展善后救济;或聘慈善组织负责人参与分署工作。

　　从抗战胜利转向复员阶段,社会部的业务范围也有所调整,社会福利司掌管社会保险、社会服务以及贫苦老弱残废收养与教养等多项事务,虽然业务职能扩大便于统一社会行政,但对慈善事业的管理及其发展似乎并无裨益。因为,这也意味着慈善行政在整个社会行政中地位的下降。1947 年底,善后救济工作基本完成,行政院善后救济总署随即撤销,其社会救济业务划归社会部。社会部又进行了大规模机构调整,原来六科一室缩减为四科,第三科执掌社会救济,第四科主管儿童福利,都是相关慈善事业的行政主管部门。1949 年 1 月,国民政府再次修正公布《社会部组织法》,撤销社会福利司,其业务分别由人民团体司、社会救济司、妇女儿童司等管辖,慈善行政更为分散,但与各司都有一定关联。

综观民国慈善行政的沿革变迁,我们可清晰地看出近代中国慈善事业从传统到近代的历史嬗变进程,这一进程并非平坦而是充满曲折的。特别在南京国民政府统治后期施政理念的变化,由消极救济而趋向积极救济,由摒弃传统慈善的施舍观念进而为社会救济、社会福利,慈善事业逐渐融为社会福利事业的一部分,慈善行政立法由此发生了重大的变化。

第二节　慈善组织监管立法

慈善组织的创设与发展,客观上要求有相应的法律制度予以调整、规范。民国前期,慈善团体的设立依据主要为民法有关规定。南京国民政府成立后,民法及《管理各地方慈善机关规则》、《监督慈善团体法》等专门的慈善法律法规相继颁行,为慈善组织设立及其运作提供了基本的法律规范。

一、结社自由与慈善团体的法律地位

(一)结社权与结社自由

在研究慈善组织法律制度时,结社自由是首先要遇到的一个基础性问题。因为,对结社自由、结社权的观念决定了一个国家社团制度的基本精神。在封建时期,中国虽然也出现过各种类型的

结社,如明末复社、几社、清代天地会等政治型会社,文人雅士结成的诗文社、讲学会、怡老会等文化生活型会社,牛社、联义会等军事型会社,合会、行会等经济型会社,[39]但由于历朝都有结社的禁律,这些会社的组织一般较为松散,"并非现代公民意义上的结社"[40]。揆诸西方国家,结社自由理念的形成与发展与其特有的社会结构、宗教文化密切相关,其间亦大体上经历限制、部分承认、承认与保护的漫长过程。17—18 世纪,随着近代民族国家的建立,"天赋人权"等启蒙思想的逐渐传播,结社自由作为一项基本的权利得到普遍认可。自 19 世纪后期起,西方资本主义国家的宪法都有结社权的规定。无论是英美法系还是大陆法系,结社自由已成为公民享有的最基本宪法权利。由此观之,结社自由是西方近代社会发展的产物,是其制度演化的结果。[41]因此,有学者也提出,"以现代公民社会的角度来衡量,结社自由的理念本源于西方近现代社会发展历史历程之中"[42]。

　　清末修律之际,西方的法律观念不断涌入中国,结社自由与结社权作为一项最基本的人权内容,也开始体现在宪法等法律文件中。光绪三十四年(1908 年)编订的《宪法大纲》,即以日本宪法为蓝本,始规定臣民有结社、集会等权利,由此奠基了中国具有近代意义的社团管理法律制度。民国建立后,1912 年 3 月 11 日颁布的《中华民国临时约法》第 6 条第 4 款规定:"人民有言论、著作、刊行及集会、结社之自由。"[43]这是民国时期第一次在法律形式上赋予人民有结社的权利,为民国社团立法提供了宪法依据。从此,保障人民有"结社自由"的法律条款出现在中华民国历次具有宪法性质的根本大法中。如,1914 年 5 月公布的《中华民国约法》,第 5 条第 4 款为"人民于法律范围内,有言论、著作、刊行及集会、结社之自由";1924 年《中华民国宪法》第 10 条:"中华民国

人民有集会、结社之自由,非依法律,不受限制。"1931 年 6 月 1
日,南京国民政府公布了《中华民国训政时期约法》,在第二章"人
民之权利义务"第 14 条也有明确规定:"人民有结社、集会之自
由,非依法律不得停止或限制之。"[44] 后来的 1936 年"五五宪草"以
及 1947 年宪法,同样规定人民有结社的自由。当然,民国宪法规
定的结社自由,受当时特定阶级利益、道德规范与公共秩序等诸多
因素的共同作用,它只能是相对的并受到限制的自由。即便如此,
这种有限度的结社自由,也为民众组织慈善团体提供了最根本的
法律依据,其活动有了合法存在的可能性。

　　除了这些根本大法之外,民国时期还制定了一些相应的具体
法律法规,对结社产生的各种法律关系以及权利、义务进行详细规
定,如民法以及专门的社团法规。民初修订的《民律草案》,在"法
人"一节中,首先划分为公法人、私法人两类,接着又将私法人分
作营利法人、公益法人。而慈善团体即属于后者,具体而言,它又
有社团法人与财团法人之别。社团法人系由人集合体而成,财团
法人系由财产集合而成,许多善堂均属于公益目的的财团法人,也
有私益目的的财团法人,如义庄,[45] 它们都可视为慈善团体的不同
组织形式。1930 年南京国民政府公布的《中华民国民法》关于法
人的划分,与此有相同之处,它首先分作社团法人、财团法人两类,
慈善团体均可属于上述两类,但设立为社团法人者,只能以公益为
目的,不得以营利为目的;设立为财团法人者,应订立捐助章程。
民法的这些规定,也为社团立法提供了重要的法律依据,确定了一
些基本规范。

(二)社团立法

　　1914 年,北京政府公布《治安警察条例》,规定了结社集会的

呈报制度及违犯应受之处罚。这是民国时期政府较早对社团进行立法规范。南京国民政府建立后,开始系统地进行社会团体立法,对原有的社会团体法作了修订。国民政府加强社团改组与法律建设是有其深刻的政治背景。正如有学者所论,中国国民党在实现由革命党向执政党转型后,"党民关系由动员体制转变为控制体制,国民党从而由一个有着广泛群众参与的动员型政党蜕变为一个以政治控制为主的执政党"[46]。1928 年 10 月,《中国国民党训政纲领》颁布,由此确立了训政时期以党治国的原则,确立了国民党一党专政的训政政治体制。在这一大背景下,国民党对包括学术团体、慈善公益团体在内的民众团体重新进行制度建构。随即,国民党及其执政的国民政府先后制定和颁行了《训政时期民众训练方案》、《人民团体组织方案》、《修正人民团体组织方案》等多部法规,对人民团体的组织原则、组织程序及党团关系作了明确规定,[47]以期建立国民党统领下的人民团体体系,扩大和巩固其政权统治的社会基础。

　　1929 年 6 月 17 日,中国国民党三届二中全会议决《人民团体组织方案》,规定所有人民团体均应"受党部之指导,方得依照现行各该关系法规之规定设立之"[48]。"惟法令之颁布未久,人民对于法治之素养不深,已有组织则未尽合法;未有组织者尚不知应如何进行,兼以智识缺乏、利害不明之故","为指导民众依法组织团体,以谋其各自所应求得之幸福而达到国民革命完成之目的起见",1930 年 7 月 17 日,国民党第三届中央执行委员会第 101 次常务会议又通过《修正人民团体组织方案》。[49]该案分三节,其中"人民团体之分类"一节规定,人民团体除地方自治团体外,分为职业团体及社会团体两种;职业团体如农会、工会、商会等,社会团体如学生团体、妇女团体、文化团体、宗教团体、慈善团体等。在党部及政府对人民团体之关系规定为："本党对于依此标的所组织之人民团体,应尽力扶植并加以指导;对于非法团体或有违反三民主义的行为之团体,应严加纠正或尽力检举,由政府分别制裁之"[50]。在颁布一系列关于民众团体的一般法规的同时,国民政府还制定了其他的专门法规,对工人团体、文化团体、慈善公益团体等主要社团进行规范。如1929年10月、1930年10月先后颁布了《工会法》、《农会法》;1929年6月出台了《监督慈善团体法》,1930年1月又制定了《文化团体组织大纲》。如此频繁的社团立法,其目的就在于对包括善堂善会等慈善公益团体在内的所有民间社团组织进行全面整顿、监管与控制。就《监督慈善团体法》的内容而言,主要涉及慈善团体的登记、日常监督及管理,如登记的程序和条件、发起人的资格及其限制、财务申报与检查等。1930年7月公布《修正人民团体组织方案》在团体组织程序上也规定,"欲组织慈善团体者,须有《监督慈善团体法》第四条之资格";组织发起人应向当地党部提出申请,"接受申请之党部应即派员前往视察,如认为不合当,据理驳斥;认为合法时,即核发许可证,并派员指导。"在经核准合法成立的许可证内,还载明将来组织的团体须遵守各事项:不得有违反三民主义之言论及行为;接受中国国民党之指挥;遵守国家法律,服从政府命令;有反革命行为或受剥夺公权及开除党籍处分者,不得为会员;除例会外,各项会议须得当地高级党部及主管官署许可方可召集等;如违反上列规定者,受应得之处分。[51]所谓"应得处分",即如《监督慈善团体法》第11条所规定,由主管官署撤销其许可或解散之。发起人领得许可证后,得组织筹备会推定筹备员,并呈报主管官署备案。筹备会应按《民法》等有关规定,拟订章程草案呈请当地高级党部核准,并呈报政府后方可进行组织。团体组织拟订章程经当地高级党部覆核后,再呈请政府备案。此外,"一切以公益为目的之社团、财团,并须依《民法》第四十八条呈请主管官署备案。其一切组织方法章程内容,均须具备民法所规定之条件"[52]。

通过社团立法,国民政府可以及时掌握各地各类社会团体的分布,有效监控社会团体的活动,引导社会团体的发展方向。"在法律适用上,某一团体既适用于专项法规,又要受到普适性社会团体法规的约束。与专项性法规相较,普适性社会团体法规显然更重视团体的政治意义。"[53]在相关法规出台之前,清末民初的善堂善会虽不必像秘密会社处于非公开状态,但在有结社禁忌传统的中国,它似乎仍有一定的政治风险,还需得到官府的榜文或勒碑保护才可确立其合法性。而此时南京国民政府出于缓和社会矛盾、巩固社会基石的考虑,转而采取法律法规的手段从正面引导其建立,规范其运作,监督其发展,诚然具有不同的意义。从这个层面来说,社团立法对于慈善团体等民间社团,既是一种监督,也是一种保障。

(三)慈善团体立法

南北朝时期,中国始出现孤独园、六疾馆等慈善设施,唐宋之际又创设有悲田养病坊、福田院、安济坊、慈幼局、漏泽园等多种慈善机构,及至明清,育婴堂、普济堂、清节堂、栖流所、恤嫠会等诸多名目的善堂善会更是普遍设立于各府州县。虽然历朝都有过一些规范发展慈善事业方面的政策诏令,但是并没有出台或形成一个针对慈善组织的系统、完善的专门性立法。而这些传统慈善组织在救助方式上重养轻教,积久弊生,步入近代后显得有些不合时宜,甚至有碍于社会发展进步。近代以来,特别是戊戌变法和清末新政期间,西方慈善救助理念大量传入,师法西方,重视教养兼施理念、改革传统善堂善会的呼声不绝于耳。由此,在近代西方社会思潮的影响下,在有识之士的呼吁下,20 世纪初年,晚清政府也幡然变计,决心学习西方的做法,各地纷纷设立官办或民办的习艺所、工艺局等慈善教养机构收容救济贫民,传授培养一些生产技能,使之自食其力,自谋生路。光绪三十一年(1905 年),刚成立的巡警部即向清廷呈《奏京师开办习艺所酌拟试办章程》,提出创办京师习艺所的具体立法建议和内容。第二年,晚清政府据此颁布了《京师习艺所试办章程》,这是近代中国由中央政府颁布的第一部救济贫民的专门性法规。后来,巡警部改设为民政部。京师内城贫民教养院、外城初级教养工厂、外城中级教养工厂、外城教养女工厂、外城贫民工厂、内城公立博济初级、中级工厂等多所收容教养机构,将制定章程呈准民政部立案。[54]光绪三十三年(1907年),民政部上呈《奏整饬保息善政并妥筹办法折》,建议清廷下令要求全国各善堂善会附设立学堂和工艺厂。这一建议获得清廷批准,并规定由地方政府进行监督管理,随后很快在各地推展开来。这些相关章程、法规的颁行,成为近代中国政府以行政、法律手段进行慈善团体监管的开端。

清亡后,官办习艺所、工艺局等教养机构大都不复存在,然而民初社会的流民、游民问题依然严峻,这使得北京政府不得不重新考虑借鉴清末的慈善实践及其立法经验,设立相应的慈善组织。基于历史参照和经验汲取,1915 年 12 月 18 日,北京政府颁布了《游民习艺所章程》,规定游民习艺所"直隶于内务部,专司幼年游民之教养及不良少年之感化等事项,以获得有普通知识、谋生技能为宗旨",收容贫民无依者和性行不良者;同时,章程还规定了收容游民额数、入所年龄、出所年限、教育事务、工艺事项、设备事项和员工分职等。[55]

民国初年,红十字会立法是北京政府另一项重要的慈善团体立法。中国红十字会成立于 1904 年的,及至武昌起义前夕已在全国十余省创设起地方分会,不过总体上仍处于草创阶段。清末修律之际,以宪法、刑法、民商法为立法重点,无暇顾及无关大局的红十字会立法,仅由外务部交涉签署《红十字会医船免税条约》、《日内瓦公约》等国际性文件完成入会手续[56],并没有制定相关的管理法规。民国肇始,中国红十字会获得南京临时政府的承认并准予立案。1912 年 9 月至 10 月,中国红十字会在会员大会上通过了《中国红十字会章程》和《中国红十字会分会章程》,以期规范运作,加强自律。但此时民国北京政府已有意制定法律对红十字会进行监管。1912 年 11 月 20 日,大总统袁世凯向参议院提交中国红十字会条例草案,顺利通过一读,准予立法并交付法制委员会审查,但在后来的法律审查程序因故推延,直至 1914 年 9 月 24 日,袁世凯径行大总统权力,未经三读会即以第 130 号教令形式公布实施《中国红十字会条例》。[57]该条例是民国时期中国第一部关于红十字会的法规,共 11 条。其主要内容有:明确了政府对中国红十字会的监督、管理权;规定了中国红十字会的职责与任务为"辅助陆海军战时后方卫生勤务",并"分任赈灾、施疗及其他救护事宜";确定了中国红十字会的组织结构与人事任免。[58]显而易见,这个条例的总特点在于强调政府部门对红十字会的监管。为进一步贯彻实施,1915 年 10 月 5 日,北京政府公布由陆军、海军、内务三部会同拟定的《中国红十字会条例施行细则》,详细规定了红十字会的各项事业、会员、议会、职员、资产、奖励及惩罚。[59] 1919 年 4 月,北京政府直接干预中国红十字会的人事任免,派蔡廷干替代沈敦和继任副会长之职。[60]蔡廷干秉承北京政府旨意,试图对中国红十字会的组织结构施加影响进行变革,但因各方博弈最终未能如愿。于是,北京政府又着手从法律上加强对红十字会的管理。1920 年 5 月,陆军、海军、内务三部会同对原条例及其施行细则进行修订,6 月 3 日,该项修正条例及施行规则公布。[61]修正内容主要有:完全取消中国红十字会总会驻沪办事处;规定会长、副会长任期为三年,增添常议员名额;增列基金为总会资产之一,并明定非经内务、陆军、海军三部核准不得动用。[62]《中国红十字会条例》及其细则是在中国红十字会没有参与的情形下制订的,尚存诸多不完善之处,不过,它的颁行与实施也在一定程度上规范了中国红十字会及其地方分会的发展,开启了中国红十字会立法乃至慈善组织立法的先河。在前无先例可资借鉴的情况下,民国北京政府开始进行红十字会立法的尝试,应当说这是可贵的探索,它初步奠定了南京国民政府红十字会立法的基本内容框架,并积累了一些有益的经验。

　　南京国民政府时期,慈善团体的立法活动颇有成效。1928 年 5 月 4 日,内政部长薛笃弼在国府会议上提议:"各省区、各特别市、各县市政府所在地设立救济院,并分为恤老、孤儿、残废、育婴、施医、因利六所,借以保护健康、维持贫民生计,拟定《救济院条例草案》,请核定公布。"[63]经议决,推薛笃弼、经亨颐、钮永建三委员审查。审查结果,将原草案 61 条各条款详加修订,定为 58 条,分总纲、养老所、孤儿所、育婴所、施医所、贷款所、附则八章,并定名为《各地方救济院规则》,即由内政部公布施行。该规则将"各地方原有之官立、公立慈善机关,其性质有与本规则第二条各所名义相当者",即凡有养老、孤儿、残废、育婴、施医等慈善活动的官办、公立善堂善会,"得因其地址及基金继续办理,改正名称,使隶属于救济院";而"各地方慈善事业由私人或私人团体集资办理者,一律维持现状,但须受主管机关监督"。[64]根据这一规定,内政部

"为保护私人团体办理慈善事业,以杜弊端而昭划一起见,拟定《管理各地方私立慈善机关规则》,呈请国民政府核示,嗣奉国府批复"[65],内政部即于1928年6月12日公布。该规则主要对"仍准维持原状或新请立之私立慈善机关"进行管理,其监管范围涉及登记备案、财务呈报与查核、募捐审批等方面。[66]上述两规则颁行后,开始在全国各地实施,但因它们都属于行政规章,法律位阶低,法律效力并不高,难以强制执行;同时,也存在着主管官署不明、管辖权不清等问题。9月初,内政部只得通令各省民政厅,解释私立慈善机关之管理权:"凡以个人财力自办慈善事业,并不另立机关,亦不向他人募捐者,不在管理规则范围之内;凡属团体组合设有机关者,虽不受公款或官款补助,亦不就地募捐者,仍应遵照私立慈善机关规则办理之。"[67]为进一步加强慈善团体的管理,1928年12月,国民政府第13次国务会议决议,交立法院赶速制定《慈善团体立案注册条例》,并应包括目的、发起人资格、立案及注册、会员、职员、会计清算等6项内容。文官处即录案函达立法院查照办理。1929年1月18日,立法院第6次例会议决,交付法制委员会起草。该会第19次常会提出讨论,"金以关于慈善团体立案注册之条文在《民法》上已有详细之规定,似无庸再定法规;惟对于慈善团体之目的及其设施,则应有相当之监督。"[68]根据上述理由,在法制委员会委员长焦易堂的主持下,拟定《监督慈善团体法草案》一案,并缮呈立法院提交大会公决。5月25日,立法院第26次会议将该法案提出逐条讨论,并省略三读,通过《监督慈善团体法》全案,1929年6月12日由国民政府正式公布。[69]该法共14条,首先界定了慈善团体的含义,即"以济贫、救灾、养老、恤孤及其他救助事业为目的之团体";其他条款则对发起人的人数及其资格、主管官署检查事项与褒奖办法等作了规定。[70]7月,行政院又颁布《监督慈善团体法施行规则》,补充规定了慈善团体设立备案程序、募捐许可及财务信息呈报制度等,并进一步明确了各级主管官署,以便查核。由此而知,这几部法律法规对慈善团体的立案程序、发起人资格、会员、主管官署监督事项等方面已有较为详明的规定。1932 年 9 月,内政部公布《各地方慈善团体立案办法》,进一步细化了立案条件与程序。

此外,1929 年 1 月国民政府公布的《寺庙管理条例》及随后修正的《监督寺庙条例》,均规定"寺庙应按财产情形,兴办公益或慈善事业",住持应每半年报告主管官署其收支款项及所办事业情形,并公告之。[71]为推动其实施,1932 年内政部又制定了《寺庙兴办公益事业实施办法》,后因"佛教会等沥呈窒碍难行情形,又经呈准将原办法暂缓施行,俟修改完妥后再行呈核公布"[72]。至 1935 年 1 月,内政部将中国佛教会呈送拟具的《佛教寺庙兴办慈善公益事业规则》修正备案,予以公布。该规则规定"寺庙应斟酌地方之需要,兴办慈善公益事业",并"应受主管官署之监督并当地佛教会之指导"。[73]

抗战期间,国民政府的慈善行政体制发生重大变革。1940年,国民政府增设社会部,内政部划出部分慈善事业管理权,归之管辖。相应地,各省市亦设置社会处、社会局。与此次机构改革密切相关的是,1941 年内政部拟订了《监督慈善团体法施行规则修正草案》,经行政院修正后于同年 6 月 6 日公布施行。该修正案的最大变更之处就在于变更了主管机关,相应修订的条款达五处,如关于慈善团体设立、核准或解散的条文中,第 3 条规定:"慈善团体设立时应先得主管官署之许可,再依民法社团或财团之规定,将应行登记之事项造具清册呈经主管官署核定。其财产在五千元以下者,汇报社会部备案;在五千元以上者,专报备案。主管官署汇报或专报社会部时,在省或院辖市,由该省政府或市政府转报之。"第 5 条："主管官署于核准或解散慈善团体时,应呈社会处,未设社会处之省呈经民政厅或院辖市政府核定之。社会处、民政厅或院辖市政府核定解散慈善团体时,应转报或送报社会部备案。"[74]由于社会形势变化,该施行规则还对慈善团体设立分事务所、募捐及主管官署的确定及职责进行了修订补充。该规则强调,已经立案的慈善团体于原立案官署管辖区域以外设立分事务所者,仍应遵照本规则规定办理。"慈善团体如须募捐时,应将募捐计划预定起讫日期,呈经地方主管官署许可。其捐册及收据须编号送由主管官署盖印方为有效,并将募款情形结束后一个月内呈报备查或登报当地报纸或用印刷品公布";"慈善团体每月终应将一月内收支情形、办事实况及捐款捐物登报或用印刷品公布"。与前颁施行规则相比较,这更为详细、明确地规范了募捐程序及其善款公开信息。在地方主管官署的规定方面,如同前规定的各县市为县市政府、院辖市为社会局外,还补充规定:"具有国际性之慈善团体,其事业范围及于全国者,得经社会部之特许为其主管官署,但其分事务所仍应受所在地地方官署之指导监督。"对于慈善团体每年 6 月、12 月的例行呈报主管官署查核事项,该规则也规定:"地方主管官署根据前项报告汇报社会处、未设社会处之省汇报民政厅报由省政府(院辖市社会局由市政府)汇报社会部备查。"同时,修正后的《施行规则》增添了一款旨在加强监管慈善团体的条文,即第 10 条:"省政府、院辖市政府应于每年一月及七月举行总检查各一次,并将检查结果报告社会部查核,社会部每年应举行全国总检查一次。其时间程序由社会部定之。"[75]另外,修正颁行的法规还有《各地方慈善团体立案办法》。该项办法于 1939 年由当时的主管机关振济委员会修订。因其与《非常时期人民团体组织法》有些抵触,自不适用而修订,并规定如不抵触部分,仍可沿用。[76]

抗战后期,国民政府对原颁各项慈善法规进行了整理、审订。1944 年 9 月 5 日,行政院公布的《管理私立救济设施规则》即属此项立法活动之一。在条文内容上,该规则对以往颁行的《管理各地方私立慈善机关规则》、《监督慈善团体法》、《佛教寺庙兴办慈善公益事业规则》等法规均有所借鉴、吸收与融汇。在适用范围上,该规则第 1 条即明确规定:"团体或私人创办救济设施为私立救济设施。教会、寺庙、家族、各种人民团体及外人或国际团体在本国境内设立之各种救济设施,均属之。"[77]这就将基督教会、佛教寺庙举办的各种慈善设施、组织及家族义庄义田都归入其中,法律调整的范围更广,内容也更全面。由此而见,国民政府所谓的"私立救济设施",其实质仍然是民间或民办性质的慈善事业。在抗战后期及其后,由于施政理念与指导方针的变化,国民政府将慈善团体视为私立救济设施,将慈善事业视为社会救济事业之一部分而纳入相关救济法律法规的调整范围中。同日还公布了《救济院规程》,这是据《各地方救济院规则》修正而成,共 58 条,然而也仅在救济经费及贷款所一章中略有增补、修订,其余并无变动。[78]

中国红十字会是民国时期最活跃、最重要的的慈善团体之一,国内影响甚大,国际交往也比较频繁。对于这样一个具有国际因素的慈善团体,南京国民政府先后多次制定、修订红十字会单行法规,属于专门立法。这其间也颇多曲折。在 1929 年《监督慈善团体法》公布实施之初,青岛市政府即呈请国民政府解释中国红十字各地分会是否属于地方慈善团体,应否受当地政府监督。国民政府批复称,"依照《监督慈善团体法》之规定及司法院之解释,自应与普通地方慈善团体一并受地方官署之监督。"[79]同时,有报刊亦指称红十字会为地方慈善团体之一,应按《监督慈善团体法》受地方政府监督。面对政府的行政干预与社会的舆论压力，中国红十字会总会深知此事攸关其前途命运，一方面呈文国民政府重申自身的独立地位，"中国红十字会为国际慈善法团，与世界五十三国联盟，完全独立，不受地方行政官厅之管辖，无备案之必要"[80]，一方面着手重新修改章程。1930 年 11 月 16 日，中国红十字会将修订章程暨选举法、分会通则等件呈送行政院请予核准备案。[81]由于久有监管中国红十字会之意，国民政府并不准备仅以核准备案的方式来处理了结，"而是打算更进一步的借此机会制订法律，使政府力量积极介入红十字会"[82]。于是便积极酝酿出台红十字会管理法规。在接到中国红十字会呈请备案后，行政院饬令内政部召集外交部共同会商审议，在审议中，各代表都认为，此次章程修改不符合原章程所定程序，"自不能认为手续完备"[83]，且"该会会章定为国民政府特许之国际慈善法团，亦与《监督慈善团体法》之规定不符，若迳准予备案，殊无法律根据"[84]。同时，外交部提出"该会之设立在条约上有根据，在国际间有地位，所办主要事业又为救护各交战国受伤疾病士兵等特殊之事，未便与普通慈善团体一例待遇"[85]，主张仿照日本等国由政府制定特别条例加以管理。这一主张得到与会各部认可，并达成一个共识，即今后制定该法规须于条文内载明红十字会设立时应呈由内政、外交、军政、海军、卫生等部会核备案。[86]而内政部也认为，现在各地方政府对于监督红十字会问题存有疑义，若由国民政府饬令立法院制定管理红十字会法规将更适合些。审议结论和建议得到国民政府的采纳。[87]1932 年 11 月 25 日，《中华民国红十字会管理条例》经立法院会议三读通过，12 月 16 日由国民政府正式公布。[88]之后，内政部又拟具《中华民国红十字会管理条例施行细则》43 条，并于 1933 年 6 月 3 日公布实施。1935 年 7 月 27 日和 1936 年 7 月 23 日，国民政府两度修正公布《中华民国红十字会管理条例》,增修为 18 条。这两次修订条例,最大的变更是有关人事选举办法[89];其次是将红十字会的主管官署由内政部改为卫生署[90],其各项业务均以卫生署为主导。抗战爆发后,随着战区扩大,战地救护日趋繁重,国民政府遂有意将中国红十字会纳入战事军事管理体系。1943 年初,国防最高委员会以 1936 年红十字会管理条例为底本,拟订了《中华民国红十字会战时组织大纲草案》,后经行政院送交立法院完成立法程序。在法案审查过程中,立法院对法案名称及有关条文作了修订。4 月 1 日,国民政府明令公布《中华民国红十字会战时组织条例》。及至抗战胜利后转为复员时期,国民政府对红十字会的管理也发生变化。1945 年 11 月 20 日,国民政府批准公布了《复员期间管理中华民国红十字会办法》,将红十字会的主管机关由军事委员会改为行政院,并依其业务性质分别受社会部、卫生署和善后救济总署的监督指挥。[91]不久,卫生署着手拟订《中华民国红十字会法草案》,1948 年秋,该草案提交立法院正式进入立法审查程序,但终因时局等诸多原因直至 1949 年 4 月国民政府覆亡仍未颁布。

最后,还需要特别论析的是《社会救济法》。它虽然不属于社团立法,也不是慈善团体立法,但它却是抗战期间与慈善立法紧密关联的一项重要立法成果,对战时、战后慈善团体的发起创设以及慈善团体法律地位的确立都产生了重大影响。抗战爆发后,难民灾民如潮涌动,社会救济尤为迫切。严峻的军政时局与社会形势,使得国民政府不得不认真考虑、充分关注这一攸关其政权存亡的重大问题。1941 年 12 月,居正等人在国民党五届九中全会上提出《确定社会救济制度以济民生而利建国案》,获得顺利通过。这一法案的内容要点有五方面:一是从速订颁社会救济法,规定救济对象,划一救济设施;二是调整并统一社会救济行政机构,不分消极与积极、临时与经常,统一规划和实施,以宏救济之效用;三是积极整顿并扩充各种救济事业,刷新内容,力求完毕;四是切实整理并监督各地方慈善团体,责由主管官署另定整理办法及监督办法,以期改进;五是奖励个人及团体办理社会救济事业,使其普遍发展。[92]正当此际,社会部也邀集有关学者专家启动拟订社会救济法的立法活动,并草成初稿,共5章77条。1942年10月,国民政府在重庆召开第一次全国社会行政会议,其中心议题就是"确定社会救济制度"。鉴于"私人之乐善好施,能力有限,故亦未能收普遍增进福利之效",会议提出"今后于社会事业允宜由民间消极之慈善观念,变为国家积极之行政责任,更发动社会力量共策进行,纾地方之财力解救地方之疾苦,以地方之正士,主持地方之善政",由此通过了《从速颁行社会救济法》及《积极整理并改进地方慈善团体及救济设施》等决议。[93]不久,社会部完成社会救济法草案的拟订工作。1943年2月12日,社会部将所拟法案草案呈请国民政府行政院审核,并呈文详述了社会救济法立法的有关原则。[94]《社会救济法》及《社会救济法原则》两草案经行政院审核后修正通过,4月13日遂咨请立法院审议。5月18日,行政院又将卫生署所提修正意见供立法院查照参考,其意见认为:

> 《社会救济法原则草案》丁项"救济方法"第四目,院外救济之免费诊疗护产,与现行卫生业务不无重复,行政权责亦难免错综混淆。社会救济机关既本救济贫民之旨,尽可充分予以医疗及生活费之补助,并可联络地方原设之卫生机关办理医疗护产工作,似无单独设置机构之必要。因是,原草案之救济方法第四目拟请修改为"医疗及助产费用之补助"。《社会救济法草案》内所有第七条、第十五条、第二十七条至第三十

一条等条文亦拟请均予修改[95]。

立法院随即组织法制、经济两委员会中的陈顾远、罗鼎、杨幼炯等8人组成初审委员,共同对《社会救济法草案》进行初步审查,9月4日又开会重审,并由社会部次长洪兰友、司长谢征孚、卫生署署长金宝善、振济委员会代表王昉、内政部代表陈续先等列席说明。审查结果,删除了法案中第29、34条等部分条文,并斟酌吸收了内政部、卫生署等部门的若干意见,其余条文均经重新修正后,提交立法院会议审议通过。[96]此中,立法院的修正要点有三:

一、救济事业费用,就目前地方财力着想,不宜专令地方负担。为求分别负担、便于举办计,故将第四十一条之句修正为"由县市举办者,其费用由县市负担;由中央或省举办者,其费用由中央或省负担。"

二、各有关官署之职权,应为划清,俾免争议,故于第四十九条中增入但书:"第二十六至二十八条所定关于卫生事项,由卫生署主管;关于临时及紧急之救济,由振济委员会主管。"

三、本法旨在救济,其救济设施及方法规定不宜过于简单,然如不分时期、地域及事项性质同时举办,想亦为财力所不许。故于第七条增加"视实际需要及地方经济状况次第举办"等字句,俾留伸缩而便适应。[97]

1943年9月29日,国民政府正式公布施行《社会救济法》,共5章53条。该法规定了救济范围、救济设施、救济方法和救济经费等内容,是民国时期第一部公布施行的内容系统、体例完整的社会救济法。1944年9月12日,社会部公布了《社会救济法施行细则》,该细则对救济经费、救济程序及期限作了补充规定,并对各救济设施的名称和备案予以规范。虽然《社会救济法》并不是一部专门的慈善法律，但从现代社会保障的内涵与外延来看，却又涵盖了慈善法的部分内容，属于慈善法的上位法。由此，《社会救济法》及其施行细则的制定与颁行，也对民国后期慈善事业的发展产生了重大的影响。随之，国民政府的慈善理念由消极救助转为积极救助，慈善事业亦在一定程度上由民间施舍进而为政府责任、义务。然而政府财力毕竟有限，慈善事业既不可能也无法完全变为公立、公办，它仍给私立留有空间。

　　通过对民国时期社团立法、慈善团体立法情况及其内容的概述，我们可以得出这样一个结论：结社自由这一宪法规定的神圣权利，在民国时期的法律实践中的确在一定程度上得到保障。一般民众可以根据相关立法发起组织慈善团体，并且慈善团体的法律地位也基本上获得了国家与社会的认可，其慈善救济活动能够正常运作而不受非法侵扰。其实，上述这些法律法规不仅仅从宏观整体上保障了民众的结社自由权及慈善团体的法律地位，从微观上而言，则涉及了慈善团体的登记管理、日常行政管理、财务监督和慈善募捐等四个方面。这既是民国时期慈善团体的法律地位确立的具体表征，同时也构成了民国政府慈善行政管理体制的重要内容。我们将在后面分别详细论述。

二、登记管理

　　作为一种社会组织形态，慈善团体与其他社会团体一样，需要通过一定的形式取得社会承认和法律保护。按照民国法律，慈善团体属于民法上所规定的法人组织之一种，其从无到有，从有到无都需要登记，以确定其合法性。由此，登记是民国政府确定慈善团体合法性的基本形式，也是慈善团体取得社会承认的法定渠道。

近代以来,尽管世界各国对于社会团体登记的具体形式不同,但登记已成为国家确定社会团体合法身份的通常做法。自19世纪下半叶以来,国际上对社会团体的登记管理一般采取预防制或追惩制两种办法。[98]在中国法律近代化的进程中,民国政府也移植了大陆法系国家普遍采用的预防制的做法,实行严格的登记管理制度,即采取了一系列严密的调整、规范社团各种登记行为的法律程序和措施。

(一)成立登记的内容与程序

1. 筹备登记

近代国外社团登记管理的经验表明,未经过一个筹备期而直接申请成立社会团体,在时间上显得有些仓促,在工作上也容易出现纰漏。鉴于此,民国政府在进行社团立法时显得较为慎重,在吸取国外立法经验的基础上,首先在民法上规定了法人组织成立的一般程序,而后又于1930年7月公布的《修正人民团体组织方案》中增加了申请筹备程序,规定人民团体(包括慈善团体)在申请成立登记前要申请筹备。具体为:"欲组织社会团体者,须由在当地有住所并有正当业务之发起人三十人以上之连署,推举代表具备理由书,先向当地高级党部申请许可。"同时还补充规定,欲组织慈善团体者,还须有《监督慈善团体法》第4条之资格。接受申请之党部应即派员前往视察,如认为不合当,据理驳覆;认为合法时,即核发许可证并派员指导。发起人领得许可证后,得组织筹备会推定筹备员,呈报主管官署[99]备案。随即,筹备会应照《民法》及其他法令的相关条款拟订章程草案呈请当地高级党部核准,并呈报政府后,始得进行组织。团体组织完成其章程经当地高级党部复核后,方可呈请政府备案。如此严密复杂的立案程序,一方面使得申请成立的社会团体有充裕时间去考虑其宗旨、业务范围以及发展会员;另一方面,登记管理机关也可避免在短时间内审核通过而出现失误。同时,它还表明国民党在执政之后进一步加强了社团管理与控制,社团的党化色彩逐渐明显。

综合考察民国各项法律,筹备成立慈善团体应当具备下列条件:

第一,一定数量的发起人和会员。

社团是人群的组合,没有一定人数的发起者和会员,所组成的慈善团体很可能难以运作,筹募不到善款,就无法开展慈善活动,进而缺乏社会影响力。因此,《监督慈善团体法》第3条明确规定:"慈善团体除属于财团性质者外,应有五人以上之发起人。"接下来的两个条文,该法对发起人的资格作了限制性和禁止性的规范。即发起人应具有以下四项资格之一:"一、名望素著,操守可信者;二、曾办慈善事业著有成效者;三、热心公益,慷慨捐输者;四、对于发起之慈善事业,有特殊之学识或经验者。"而土豪劣绅有劣迹可指证者、贪官污吏有案可稽者、有反革命之行动者、因财产上之犯罪受刑之宣告者、受破产之宣告尚未复权者、吸食鸦片者,均不得为发起人,同时也不得为慈善团体会员。[100]该法施行规则第6条还规定:"主管官署审查发起人之资格及事迹,得令其提出证明文件或取具保结。"[101]

第二,有规范的名称和相应的组织机构。

慈善团体名称是它区别其他财团法人组织的一个重要标识。规范的慈善团体名称应由行政区域的名称、善团性质的标识和业务范围三方面构成。民国法律已有规定,地方性慈善团体不得冠以"中国"、"中华"、"中华民国"、"全国"等字样,只能冠以相应行政区划的名称;而全国性慈善团体方可冠以上述字样,其大名鼎鼎者有如中国(中华民国)红十字会、中国华洋义赈会、世界红卍字会中华总会等。慈善团体一般可称作善会、善堂、慈善会、救济会、协济会、义赈会、基金会，等等，如系基督教、佛教、道教等宗教组织举办慈善团体或活动，其名称前还可冠以该宗教名称，但"慈善团体不得利用其事业为宗教上之宣传"[102]。

慈善团体作为一种社会法人组织，必须建立相应的组织机构，以反映和体现社团法人或财团法人的意志。民国时期，慈善团体的组织机构一般由总会、董事会组成，比较复杂的机构还有理事会、监事会等执行机构以及分支机构、代表机构组成。

第三，有固定的住所。

法人组织需有固定的住所，这是民法中的一般规定。对慈善团体而言，从法律中确认其住所，有两方面的含义：一是慈善团体享有权利和履行义务的法定地点；二是法律文书及其他函件法定的送达场所。由此，需要慈善团体的办公住所相对稳定，以便主管官署的管理及社会各界的联络与监督。即便临时性慈善救济组织，也要求其有相对稳定的办公处所。

第四，有一定的活动资金。

合法的资产和经费来源是保证慈善团体正常开展慈善活动的经济基础，是促进慈善事业顺利发展的必要物质条件。慈善团体资产的获得，必须符合法律法规的规定，同时要有相对稳定的经费来源。在民国时期，慈善团体资产和经费来源渠道主要有：会员交纳的会费、慈善募款与社会捐赠、政府机关的补助、资产租赁所得的收入、存款与股票息金、从事经济活动的税后赢利以及其他合法收入。对于公益性的财团法人而言，创设者的捐助往往是其活动资金中最重要的一笔善款。

第五，有相应的工作人员。

慈善团体要有效的开展慈善活动，必须要根据其善举性质、业务活动需要及经费、财产状况,配备相应的有经验的专职或兼职工作人员。《监督慈善团体法》所规定的发起人,事实上也是各创设之慈善团体的重要职员,因为他们有办理慈善事业的经验或学识,或有一定的声望、财力及其他社会资源,往往在慈善团体成立后即分任会计、文牍、募捐等事务,在保障和推动慈善活动的正常开展方面起到核心作用。此外,慈善团体还会视情况需要聘请一些工役、文书等。

在具备上述条件后,发起人才可向主管官署申请筹备。申请时,须提交以下文件:(1)成立理由书,也称发起人连署之呈请书;(2)国民党地方党部的许可证;(3)章程草案;(4)印鉴单;(5)经费收支预算书;(6)发起人或筹备员履历表。

2. 成立登记

依照民国法律,批准筹备的慈善团体未经成立程序,还不具有民事主体资格,不能以独立法人名义开展慈善活动,只能召开筹备会议通过章程,选举产生董事或会长为组织负责人,最后向主管官署申请备案登记。筹备期不能超过三个月。如果慈善团体自筹备会备案后满三个月尚未组织完成呈请立案,社会局将撤销其备案并取缔之。

在筹备期间,由发起人组成的筹备会需及时制定章程。章程是社会组织自律制度的集中体现,它既反映了全体会员的意志,同时对全体会员又具有约束力。按照《民法》的相关规定,社会组织作为法人,法人分为社团法人和财团法人两种。设立社团者应订定章程,其应记载事项含目的、名称、董事之任免、总会召集的条件、程序及其决议证明的方法;社员之出资、社会资格之取得与丧失。设立财团者应订立捐助章程,捐助章程应订明法人目的及所捐财产。[103] 慈善团体既可以是社团法人,也可以是财团法人。基于此,为便于登记管理工作的实际操作,一些地方政府还对慈善团体的章程或捐助章程作了进一步规定,使之更为具体明晰。1930 年 5 月,上海市出台的《上海市慈善团体登记规则》颇具代表性和典型性。

《上海市慈善团体登记规则》对社团、财团性质的慈善团体管理办法进行了分别规定。慈善团体属于社团性质者,其管理办法要求章程内应载明以下各事项:①名称及性质;②目的及职务;③区域及所在地;④职员之人数、职权及选任、解职之规定。⑤会员资格之取得与丧失及其权利、义务;⑥会议之组织及其决议证明之方法;⑦会期之规定及其召集之条件、程序;⑧经费之来源;⑨会计;⑩解散及清算;⑪定有存立时期者其时期。而慈善团体属于财团性质者,其捐助章程应载明名称、目的、组织、所捐财产、管理方法、会计、解散及清算等事项。[104] 为了便于各慈善团体遵照执行,上海市社会局还制定公布了《上海市慈善团体章程应行规定及载明事项一览》,以规范慈善团体章程。从某种意义上讲,该法规文件也是民国慈善团体登记成立的一个范本,从中可真实地窥探到民国慈善立法的旨意。下面将略作分析。

（1）名称及性质

名称反映一个社会组织自身的特征,其拟订和使用应符合规范的要求。《上海市慈善团体章程应行规定及载明事项一览》规定,慈善团体名称"须依据性质及目的并参酌历史关系而定"。而慈善团体的性质,则依出资方式或资金来源不同分为公立者、同志集资设立者、同乡集资设立者、同业集资设立者、私人捐资设立者。"凡由地方人士公同倡议设立或经费半数系受公款补助,或收益之产业大部份系属公产,或因捐助人年代久远并无遗嘱又未定捐助章程者",慈善团体均属公立者;而"会馆、公所如专为办理慈善事业者,即属于同乡同业集资性质"。[105]

（2）目的及事业

由于各慈善团体宗旨、目的不同，并受其非营利性质所限，其慈善活动、事业范围也有所差异。民国时期，慈善事业大体包括：养育弃婴、收容迷拐妇孺、收容残废流民、养老、收养孤儿、教养妇女、习艺、救生、施医药、施棺助殓掩埋（含寄棺运柩、埋葬赊棺）、施衣米诸种。各慈善团体在拟订章程时应具体载明举办上述何种善举，如果"其事业不属于上列各项之性质或事业甚多未能枚举者，应依《监督慈善团体法》第一条规定以济贫、救灾、养老、恤孤及其他救助事业为目的"[106]。

（3）活动地域与机构所在地

清同治年间之前，各善堂善会等传统慈善团体的活动范围多限于本地，畛域之分十分明显。及至光绪初年"丁戊奇荒"发生，大规模义赈随之兴起，其慈善募捐涉及海内外，众多慈善团体也开始消泯畛域界限，由江南跨向华北，救助数以万计的灾黎。入民国后，跨区域的慈善活动更为频仍、更为活跃。从地域上看，慈善团体的类型也更为繁多，不仅有在省、县域内活动的地方性慈善组织，还有在全国范围内活动的慈善组织，还有跨行政区域的慈善组织。分支机构、代表机构已成为慈善团体的重要组成部分，对慈善事业的发展产生了一定影响。为规避擅自设立、开展违法活动及疏于管理、放任自流等情况的发生，民国法律法规规定，慈善团体可依其活动地域的广狭，设立主事务所和分事务所等组织机构。凡慈善团体与所办事业不在一处者，应以慈善团体所在地为主事务所，事业所在地为分事务所；若慈善团体与所办事业同在一处，为对外接洽便利另设办事处者，则以事业所在地为主事务所，办事处为分事务所。[107]

（4）职员的人数、资格、职权及选任

法规中所谓的职员，是指慈善团体最高机关之董事或委员会而言。职员人数由各慈善团体自行规定，"惟人数在二十人以上者应设常务董事会或委员会，自三人以至七人组织之"。其资格分一般的限制和特殊的限制，一般的限制即"凡有《监督慈善团体法》第五条之各项情事之一者，不得当选为董事"[108]；特殊的限制有三种情况：一是慈善团体为公立者，其董事须符合《监督慈善团体法》第4条规定；二是同志或同乡、同业集资设立者，其董事须具有会员之资格；三是私人捐资设立者，其董事的资格须不得违背捐助章程规定。在职权上，法规规定，职员拥有以下权利：关于事业兴革及变更事项、办理主管官署交办事项、聘任雇员并规定其职务、议决各项规则及订定办事规则、审议预算决算、筹划经费、依法保管及处置所有资产、考核成绩以及其他关于监督、整理、维持及改善事项，等等。对于职员的选任，公立、私立慈善组织应照章程或捐助章程办理，而由同志、同乡、同业集资设立者，由各团体自行规定，惟不得违背民权初步及普通选举惯例。其解任办法与期限，可由各团体自行规定，依惯例其任期不得过三年。如发现有《监督慈善团体法》第5条所规定之情事者，不受此限制，得随时解任。[109]

（5）会员的资格、权利与义务

会员入会的条件，法规上有消极与积极两种限制。其消极限制，"依照《监督慈善团体法》第七条办理"；而积极限制，"其资格之取得与丧失由团体自行规定"。某一个人加入一个慈善团体，就成为其会员，即享有相应的权利，并承担相应的义务。至于其权利及义务，民国时期，在不违背《民法总则》第50条至第58条之规定范围内，慈善团体可以自行规定。而公立及私人捐助设立的慈善团体,则无须有会员之规定。[110]

(6)组织管理制度

组织管理制度主要包括组织机构的产生程序及其职权、组织机构之间的相互关系、议事规则和程序的规定。慈善团体的组织管理机构,一般均应设立总会和董事会。对于会议之组织会期,《监督慈善团体法》第8条规定:"慈善团体属于社团性质者,每年至少应开总会二次,由董事报告详细收支账目,并说明办理会务之经过情形。"[111]如出席会员过半数,总会可决议变更章程、任免董事、监督董事职务之进行、开除会员或社员等事项。而变更章程的程序更为严格,"须依据《民法总则》第五十三条,应有全体会员过半数之出席会议,出席会员四分之三以上同意或有全体会员三分之二以上书面之同意方得议决,并应得主管机关官署之许可"。至于董事会,则"由各慈善团体于章程及法令范围内自行规定其组织法及分配职务、会议程序等项"[112]。

此外,慈善团体发起成立登记拟订的章程或捐助章程还应有经费来源、会计、解散和清算等项内容。善款来源,各慈善团体可自行规定,但属于财团性质者,则应详细注明所捐财产及其管理办法。如"慈善团体之章程有未妥善者,主管官署得于许可设立前命其修正"[113]。

慈善团体发起人在三个月的筹备期内完成相关组织后,即可向主管官署呈请立案。呈请时,除需有前述的章程或捐助章程外,还要将发起人连署的呈请书、地方党部许可证、印鉴单、经费收支预算书、发起人履历表等文件造具清册由主管官署核定。而民政厅、特别市政府以下的主管官署核准慈善团体时,还"须呈经民政厅或特别市政府核定之"。同时,还有规定,慈善团体的"财产在五千元以下者,汇报内政部备案;在五千元以上者,专报备案。主管官署汇报或专报内政部时,在省由省政府、在特别市由特别市政府转报之"[114]。为更直观地展示慈善团体登记立案的情形，我们再以上海为例作进一步说明。

根据《上海市慈善团体登记规则》，"凡发起组织慈善团体者于具备理由书、列举所办事业并造送经费收支预算书，呈经上海特别市党部许可设立组织筹备会后，应即由发起人备具连署之呈请书、列举所办事业并造送经费收支预算书及筹备员履历表检同市党部许可证、筹备会印鉴单等件，向社会局呈请备案"；"慈善团体应于筹备会备案后三个月内组织完成、经上海特别市党部认为健全时，由全体董事备具连署之正副呈请书，附具章程或捐助章程、办事规则及会员名册（财团性质之慈善团体可免送会员名册）职员履历表及各项调查表各二份，并检同市党部证明组织健全之批令呈请社会局立案"；"慈善团体自筹备会备案后满三个月尚未组织完成呈请立案者，社会局得撤销其备案并取缔之"；如主管官署核准慈善团体立案后，应即发给立案证书及图记，并公告之。[115]立案证书及图记是社团主管官署发给慈善团体证明其合法身份的证件，其立案证书上面登记的事项包括名称、事业、主任职员（法人代表）、会员人数、总机关所在地、分机关所在地等。

鉴于《监督慈善团体法》及其施行规则颁行后，各地慈善团体呈请立案逐渐增多，而不同省市立案登记办法并不统一，多有分歧。这十分不利于规范全国慈善事业的发展。1932年9月，内政部在总结以往法律实施经验的基础上，出台了《各地方慈善团体立案办法》。它规定，各地方慈善团体依《监督慈善团体法》第3条及《监督慈善团体法施行规则》第13条向所在地主管官署呈请立案时，应依本办法行之。其具体内容或程序为：慈善团体立案，应由全体董事备具正副呈请书，并附呈章程或捐助章程、登记清册、财产目录、印鉴单、全体社员名册或捐助人名册、职员名册以及各项足资证明之文件等；各主管官署办理慈善团体立案时，应酌置慈善团体登记簿、登记收件存根册和登记证书存根册等簿册；"各主管官署接受慈善团体立案呈请书后，应即行立案。其有须调查者，应于两星期内调查完毕，但有特别事由者，不在此限"；"各主管官署准许慈善团体立案后，应即发给立案证书并公告之"。如主管官署立案完毕后发现"立案有错误或遗漏时，应即通知原立案慈善团体于指定期限内补正之"；各地方慈善团体立案后，主管官署应于三个月内依照《监督慈善团体法施行规则》第 3 条后半段规定，分别转报内政部备案，也即其财产在 5000 元以下者，主管官署汇报内政部备案，在 5000 元以上者专报备案。此外，还规定，"慈善团体所附呈各项证明文件及其他应行发还之文件，主管官署应盖印并记载立案号数、收件年月日、收件号数后，再行发还"；"各主管官署对于慈善团体之呈请，查有违背法令及本办法者，应令其补正始行立案"。[116]该办法重申，各省市此前颁布的各单行规则，如不与之抵触仍准适用。这样，民国政府就通过行政法规形式将全国各地慈善团体的立案情形逐渐规范、统一起来，同时也适量予以地方一定自主权。

1943 年《社会救济法》公布后，国民政府对慈善救济团体的登记程序与条件略有修正。如，作为该法补充的《管理私立救济设施规则》首先载明，私立救济设施在创办时应依照《社会救济法施行细则》有关条款，先行申请许可，"创办成立后，应于一个月内呈请立案。准予立案者应发给立案证书"。该规则还规定："主管官署于接收私立救济创办或成立之书面申请后应于一周内为准否之批答。前项申请主管官署认为有调查之必要时，应于两周内调查完竣"；"私立救济设施于创立一年后不为立案之申请者，主管官署得勒令停办"；"凡经立案之私立救济设施，主管官署应于三个月内依照《社会救济法施行细则》第六条之规定,层报社会部备案"。[117]以上规定,进一步细化规范、明确了慈善团体登记的程序。

(二)变更登记和注销登记

慈善团体的变更登记是指登记事项发生变化后进行的登记,具体来说,它包括名称、住所、目的、事业范围和活动地域、法定代表人、资金来源的变更登记,以及分支机构的变更登记。1932年公布的《各地方慈善团体立案办法》就明确规定:"慈善团体以事务所之设置或迁移、立案事项之变更、消灭或废止为立案或为立案之变更及涂销者,应由董事向原立案官署声请之。为前项声请者,应附具声请事由之证明文件";"慈善团体之主事务所或分事务所迁移至原立案官署管辖区域以外,为迁移之立案者,其原立案即行销结,立案证书应同时缴销";"慈善团体经依法解散后,原立案官署应即饬令缴销其立案证书并公告之"。[118]抗战期间颁行的《管理私立救济设施规则》也规定,凡私立救济设施的变更、停办,均须经主管官署核准,即:"私立救济设施迁移地址时,应报告主管官署备案,如迁至原管辖区之外时,应分别呈报。"私立救济设施办理不善时,主管官署应令其改进、整顿。"如违反法令、情节重大者,得撤销其立案,或勒令停办"[119]。撤销立案或勒令停办,慈善团体均须履行相关法律手续。《上海市慈善团体登记规则》第8条亦有规定:"慈善团体立案后如有修订章则等事项,应随时呈报社会局核准备案方生效力。"另外,慈善团体如改选董事或委员、变更财产、声请改组等情事,还须先期十日呈报社会局核准备案。慈善团体经改组后,社会局应即缴销其原立案证书及图记,并公告之。同时,还应将变更事项呈报市政府转咨内政部备案。[120]

根据民法及相关慈善法规定,慈善团体完成章程规定的宗旨、自行解散、分立或合并，以及"经全体会员三分之二以上议决"或"定有存立时期"而解散的，[121]应办理注销登记。注销登记是指社团终止应履行的法定程序，也是社会团体登记管理的重要内容之一。主管官署通过办理注销登记，可以清晰地掌握慈善团体数量的变动及其反映的趋势，从而依法对慈善团体实行有效管理。慈善团体办理注销登记后，应停止活动，这也有利于社会各界了解慈善团体存续废立的真实情形，分清法律责任，明晰权利义务。

慈善团体在办理注销登记之前，首先要进行清算。因为，慈善团体作为法人，在终止前清算其财产，了结其作为当事人的法律关系，从而使法人消失，这是民事法律的一个基本要求。这在民国法律中有明确规定。慈善团体声请清算时，也应先期十日呈报社会局核准备案。其清算程序"依《民法总则》第三十七条至第四十四条办理，遇有特别情形得酌量增加"[122]。具体言之，"法人解散后，其财产之清算由董事为之。但其章程有特别规定或总会另有决议者不在此限"；"不能依前条规定定其清算人时，法院得因利害关系人之声请，选任清算人"；清算人的职责包括"了结现金"、"收取债权、清偿债务"，"移交剩余财产于应得者"，"法人至清算终结止，在清算之必要范围内，视为存续"；"法人之清算疏于法院监督，法院得随时为监督上必要之检查"；"清算人不遵法院监督命令，或妨碍检查者，得处以五百元以下之罚锾"；"法人解散后，除清偿债务外，其剩余财产之归属，应依章程之规定或总会之决议"。[123]

民国法律还规定，慈善团体在办理注销登记前，还应在主管官署的指导下成立清算组织，完成清算工作。清算期间，慈善团体不得再开展清算以外的任何活动，自然亦得停止举办募捐及其他慈善救助活动。可见，清算是一种法律程序，是注销程序的重要环节。然清算活动只是注销程序的前奏，清算结束并不意味着慈善团体法人的终止。因此,清算活动结束后,慈善团体应在清算结束之日起一定时间内向主管官署办理注销登记手续。主管官署准予注销登记的,收缴该慈善团体的立案证书及印鉴图记。注销手续完毕,即表明慈善团体法人资格的终止,意味着其丧失民事主体资格,不再具有募捐及开展慈善救助等民事权利能力和民事行为能力。

(三)登记管理的意义

如前所述,民国宪法明确规定公民有结社、集会的自由。从这层意义上讲,慈善团体是公民结社的产物。它作为一种社会组织形态,以自己的特定名义在社会上活动,必然会产生各种社会关系,也就需要受到一定的法律法规的调整与规范。再从慈善团体自身角度来看,欲取得合法地位,获得社会的承认并受到法律的保护,也需要通过履行社团登记的法律程序来实现。在中华民国存续的38年间,北京政府和南京民国政府先后通过《民法》、《监督慈善团体法》、《各地方慈善团体立案办法》等多部相关法律法规,对慈善团体的成立、变更、注销予以规范和调控,成为社团管理的一个重要形式。对慈善团体进行登记管理,一方面体现了国家行政机关依法对慈善团体实施管理的职能,另一方面也为慈善团体的生存发展提供了法律依据和制度保障。

登记管理有利于促进民国时期的社会建设。社团登记作为法定程序,在保障公民结社自由的同时,也用于限制滥结社,以维护社会稳定。抗战期间及战后,中央及地方政府就多次颁行法规,对慈善团体进行整顿或予以重行登记。湖南省政府于抗战时颁布的《整理本省慈善机构办法》,其内容就规定,除各县育婴所、孤儿院应遵令改为儿童保育所外,其余全省所有合于慈善团体再申令于文到一个月内依法呈请立案。"未立案之慈善团体,应依照各地慈善团体立案之办法呈请立案,并参照民法法令规定办理";"已立案之慈善团体,仍应彻底清查,依法呈请重行立案。其未履行法人登记手续者,应即补办"。如不遵前两款整理立案者,"由县市政府强制执行或由县市长约集当地公正士绅共同清理其财产"。[124]实际上,南京国民政府后来在很大程度上就将登记管理作为社会控制的一个手段和工具,用来强化和巩固其统治。

平心而论,登记管理也有利于促进慈善团体的自身建设。通过登记,从外部环境上对慈善团体形成一种约束力,促使其完善运作机制,强化内部管理制度,规范行为,以提高社会公信度,树立良好的声誉与形象。同时,登记管理还有利于发挥慈善团体的积极作用。慈善团体依法进行登记,其法人地位得以确定,取得独立的民事主体资格,即能以自身名义开展与其宗旨相符、业务范围相适应的活动,如募捐、救济等,这有助于其在社会生活中发挥博施济众、扶危济困的积极作用。或许,从民国慈善组织登记管理法律法规中汲取一些有益的经验教训,对当下中国培育和发展慈善组织、加强和创新社会管理仍将有殷鉴作用。

三、日常行政管理

慈善团体管理属于国家行政管理的范畴,两者息息相关。日常行政管理是慈善团体管理的一个重要方面,具体而言,就是运用一定的机制对慈善团体的日常活动进行有效的规范、监督和指导的过程。[125]而这种日常行政管理的具体目标,乃是主管官署依据相关法律法规及政策,运用法律的、行政的手段,使慈善团体日常活动和自身建设法制化、规范化。由此,慈善团体日常管理的重点在于法规建设,而行政法规恰是行政机关行使行政职能、管理社会事务的主要依据。慈善团体日常管理是行政管理的一项重要内容，本身就是依法行政的过程。民国时期，慈善团体日常管理的内容很多，主要包括以下五项：按照法律法规规范慈善团体的日常活动、对慈善团体进行定期检查、财务和人事管理、慈善募捐管理、按章程开展活动等。鉴于财务管理与募捐管理的特殊性，本书拟专列两目进行讨论，此处将分别详述其他项内容。

（一）人事行政管理

人事行政管理是指慈善团体工作人员或职员的任免、延聘、考核、奖惩等工作。《监督慈善团体法》规定："办理慈善事业著有成绩者，主管官署得呈请国民政府或省政府褒奖之。"[126]褒奖方法，在该法施行规则上规定依照《捐资举办救济事业褒奖条例》办理，后来因《褒扬条例》出台，而改按后者行之。对于职员的任免、职员成绩的考核、会员加入或告退情形，《监督慈善团体法施行规则》也规定主管官署有查核之权。后来，内政部的行政法令还补充，对于慈善团体的董事或委员改选，必须申报主管官署。1944年9月，行政院公布《管理私立救济设施规则》，其第3条规定继受、完善了前述内容："私立救济设施应设立董事会，由团体或创办人延聘七人至十五人为董事组织之，并以团体之负责人或创办人为董事长；私立救济设施历史悠久，董事会无法产生时，得由创办人之继承人或关系方面商承主管官署延聘董事组织之；董事死亡或因故辞退者，得由团体或创办人或董事会议决另聘之；外国人或国际团体在国内创办救济设施之董事会，应有三分之一华籍董事。"[127]值得注意的是，该条款已将外国人创办或具有国际性质的慈善团体也纳入管辖范围，并对其董事会的中外董事名额作了限制，这在一定程度上反映出国家主权问题的变迁。另外，慈善救济组织对于人事考核,也"得依《社会救济法施行细则》第七条之规定,每年分两次于六月及十二月呈报主管官署查核"[128]。

(二)定期呈报、定期或随时检查

慈善团体需呈报或接受检查,在民初法律法规就已有相关规定。如1914年《中国红十字会条例》第5、6条规定,陆军、海军和内政三部各就所管事项可随时派员检查中国红十字会的资产及账簿;同时,中国红十字会须于每年1月将上年收支计算、事业之成绩造具清册,报告陆、海、内三部。[129]及至南京国民政府建立,慈善团体须经国民党地方党部许可并由主管官署核准立案后,方取得合法地位。但这仅仅是慈善团体取得基本资格、具备准入门槛的开端,还需要规范自我行为,不断完善和发展。定期呈报、定期或随时检查是主管官署对慈善团体进行日常行政管理的重要环节,是促进慈善团体健康有序发展的重要手段。民国的立法者、执政者熟谙此理,因而,南京国民政府成立甫一年,1928年10月,即由内政部公布了《管理各地方私立慈善机关规则》,其第3条、第6条就有这方面的规定,"各地方私立慈善机关每届月终应将一月内收支款目及办理实况逐一公开,并分别造具计算书及事实清册呈报主管机关查核";"主管机关对于各地方私立慈善机关各项册报认为有检查之必要时,得随时派员检查之"[130]。这是南京国民政府最早关于慈善团体需定期呈报、主管官署得定期或随时检查的规定。在此基础上,1929年6月,国民政府颁行的《监督慈善团体法》也规定了主管官署的检查监督权,第10条规定"主管官署得随时检查慈善团体办理之情形及其财产状况";同时还在第11条增列了处罚条款:"慈善团体如有拒绝主管官署之检查或违反第二条之规定者,主管官署得撤销其许可或解散之"。[131]随后制定实施的《监督慈善团体法施行规则》

则更细致地规定了定期检查的时间及内容。如第 9 条规定,每年 6 月及 12 月,慈善团体应主动将职员任免、职员成绩考核、财产总额与收支状况、会员加入或告退、办理经过情形等事项呈报主管官署,以备查核。如果主管官署因考核上之必要,还"得令慈善团体造送预算书及计算书"[132]。1944 公布的《管理私立救济设施规则》是在先前《管理各地方私立慈善机关规则》基础上修订而成,内容也有所承继,如第 9 条:"私立救济设施对于财产状况款项、收支工作进度及人事考核等,得依《社会救济法施行细则》第七条之规定,每年分两次于 6 月及 12 月呈报主管官署查核。"[133]

后来,地方政府制定实施的一些地方性法规、行政规章基本因循如上规定,在内容方面多有沿袭。例如,经上海市政府核准公布的《上海市慈善团体登记规则》载有相关条款:"慈善团体立案后,每半年应将会务状况、收支款项编制报告呈报社会局审核备案"[134]。抗战时期,湖南省政府制定出台的《整理本省慈善机构办法》同样规定了主管官署检查监督的职权,具体言之,有两点:"各主管官署对于地方慈善团体,应依照《监督慈善团体法》及其施行规则切实负责监督,随时检察其办理情形及财产状况";"慈善团体应造预算书及计算书报由主管官署查核,并于每月月终将一月内收支情形、办事实况及捐助物登报或印刷品公布"。[135]

通览各项法律法规,总括言之,我们可梳理出民国时期慈善团体呈报、检查制度的基本内容,主要有四方面。

其一,遵守法律法规和国家政策的情况。从中央到地方各级主管官署,都要求慈善团体必须在法律法规范围内活动,没有法律法规规定的,要遵守相关政令。通过定期或随时检查,主管官署对慈善团体进行法律法规实施情况的检查,以纠正违法乱纪现象及禁遏危害国民党政权统治的活动。

其二,履行登记手续的情况。如前已述,慈善团体的成立及其他登记事项发生变化,都需向主管官署申报办理。履行登记的情况包括慈善团体及其分支机构的设立、变更、注销登记,职员任免、会员变动等。通过呈报与检查,主管官署可以及时了解慈善团体是否已如实履行登记手续,掌握其救助工作动态及发展趋向,以便进一步的监管。

其三,按照章程开展活动的情况。发起成立慈善团体,其目的在于为遭遇灾难的人群或社会弱者提供慈善救助服务。围绕章程开展慈善活动,乃是慈善团体的使命所在。如果一个慈善团体不开展慈善活动,或不能通过开展慈善活动发挥应有作用,那么,其存在价值将会遭到质疑,社会公信力也将大受损害。由此,慈善团体办理活动的经过情形需归入呈报、查核事项之列。同时,慈善团体的活动也不能超出章程规定的业务范围,要符合章程规定的宗旨,并按章程选任聘职员、发展会员、召集会议等。否则,将违背或偏离慈善组织设立宗旨。

其四,财务管理和经费收支情况。慈善团体必须严格执行相关的财务管理制度,接受主管官署和社会各界的监督。财产总额、收支款项报告、预算书、计算书等财务资料,都是主管官署检查的重要内容。法律规定,慈善团体应按时编制、及时呈报这些财务资料,以备查核。这关乎慈善团体的声誉与社会公信力,因此,财务收支进行定期呈报、核查也是日常行政管理的重要内容。

此外,职员、会员的人事考核等情况,都属于呈报、检查内容。从上述条文,我们可知定期呈报、检查的时间一般都为每年的6月、12月。对于呈报材料不实者或检查时发现有问题者,主管官署将责令该慈善团体限期整顿。如有拒绝主管官署的检查,或整顿后仍不合格者,或存在问题极为严重者(像利用慈善事业为宗教宣传或兼营为私人谋利等），主管官署得撤销其许可或解散之。

（三）业务活动的行政管理

根据民国时期的民法规定，慈善团体属于法人组织之一，它的存在与发展是以开展慈善救济活动为基础的。不开展慈善活动，慈善团体就没有其存在的价值，自然谈不上发挥其作用，发展其事业。当然，慈善团体开展的慈善募捐、救济等业务活动，也须受章程及相关法律法规的约束和规范，受主管官署的指导和监督。这就是主管官署对慈善团体业务活动进行的行政管理，包括宏观和微观两个层面。宏观层面上的管理，就是通过相关法律法规将慈善团体的业务活动进行调控，使之适应时代发展，满足社会需要，稳定社会秩序。微观层面上的管理，主要是规范日常业务活动、建立年度活动呈报制度、重大业务审批备案制度等。

1. 规范日常业务活动。《监督慈善团体法》有两条涉及日常业务活动的规定，如第 8 条："慈善团体属于社团性质者，每年至少应开总会二次，由董事报告详细收支账目，并说明办理会务之经过情形。"又如，第 9 条规定："慈善团体所收支之款项、物品，应逐日登入账簿，所有单据应一律保存。"[136]在其施行规则对此有进一步的补充规定，"如慈善团体解散时未满十年者，其账簿、单据应由原办人或发起人负责保管之"[137]。该法还规定，对于办理慈善事业著有成绩者，主管官署可呈请政府褒奖之。这些规定，有利于规范慈善业务的正常开展。

2. 年度活动呈报制度。慈善团体应在每年年初将上一年度的财务决算、本年度的财务预算以及拟开展的业务活动呈报主管官署，这在前面已经述及，同时也属于业务管理范畴。这项规定，使得主管官署能全面了解、掌握慈善团体的动向，对其业务进行必要的监管。

　　3. 重大活动审批、备案制度。《上海市慈善团体登记规则》第九条规定,慈善团体立案后,如有总会召集、改选董事或委员、变更财产、举行募捐、声请清算、改组或解散等情事,"应先期十日呈报社会局核准备案"[138]。上述所列各事项,均属与慈善团体性质、发展、存废攸关的重要活动。重大活动事项由主管官署审批核准,一是为防止募捐等重大活动过多过滥,耗费大量人力物力,二是为避免重大活动为人所用,出现虚假伪冒弊端,损害慈善团体的声誉。

　　主管官署对慈善团体的业务活动进行管理,实际上也是一个主管官署依法行政、慈善团体依法办事的过程。监督管理慈善团体的业务活动,在一定程度上也意味着慈善团体需将重大活动明告于社会,定期将慈善团体的日常活动及财务状况等公之于众,接受社会的监督,实现法律约束与社会监督的结合,规范了慈善团体、慈善事业的健康发展。

　　综上言之,日常行政管理是慈善团体管理的重要组成部分。在这一过程中,通过日常行政管理,民国时期的主管官署加强了对慈善团体的督导,运用变更人事、褒扬团体与个人等导向作用,引导慈善团体从国家和社会的整体利益出发,围绕自己的宗旨,在规定的业务范围内按照章程开展慈善活动,使之"由被动的制约变为主动的守法"[139]。同样,通过定期或随时检查,及时发现问题,做出决策,对慈善团体的日常活动进行规范,从而进一步完善慈善团体管理的政策法规体系。

四、慈善募捐监管

　　善款善物是慈善事业存在与发展的经济基础,是开展慈善活动的物质保障。慈善活动要长期、持续开展下去,就必须有一定的款物资源作为后盾。虽然,从事经济活动获利可能成为慈善组织一项重要的资金来源,如明清以来的善堂善会就通过出租田地、房屋收取田租、房租,或将银两存入典当获得利息,但慈善团体毕竟属于非营利组织,还需多管齐下,广拓经费来源渠道,才能维持与推动其发展。而向民间社会募捐其中是其中最普遍、最有效的一个渠道。由此,慈善团体在登记成立之后,募捐可能是最紧迫的议题了。慈善募捐不同于慈善捐赠,前者是劝募人主动发起的行为,而后者是捐助人主动发起的或接受劝募人的邀请而做出的捐赠行为。可见,行为的主动发起人不同是二者间最重要的区别。当然,如果捐赠人接受劝募邀请而做出捐赠行为后,二者则有了联系,由慈善募捐转为慈善捐赠。民国法律对于慈善募捐与慈善捐赠均有不同的规定,此处先讨论慈善募捐的监管法律问题,而有关慈善捐赠的法律制度,将在本章第四节进行专门论述。

所谓慈善募捐监管,一般是指中央政府、地方政府的慈善行政管理机关依据国家法律法规、地方法令政策的授权对慈善组织和个人的募捐行为及其后与此相关的业务活动实施的监督管理。当然,广义的慈善募捐监管还应包括慈善组织的内部稽核、行业自律性组织的监管和社会中介组织、社会舆论的监督,以及捐赠人的监督。这里所探讨的慈善募捐监督仅是前者,即属于狭义的。因其源于国家行政力量,是最具强制力的一种监管方式。加强慈善募捐监管,保障慈善活动有序开展,保障慈善事业健康发展,维护社会经济秩序的稳定具有十分重要的意义。对于这一点,长期陷于灾荒频发、兵燹连绵处境中的民国政府是深有体认的,故而,相继出台了一系列有关慈善募捐管理法律法规,及至南京国民政府后期已趋于完备。

明清之际,各州县已创办一定数量的善会善堂,虽然朝廷和地方官府对于这些传统善会善堂的募捐活动有若干规定,但多以告示、布告、榜文等形式出现,尚未制度化,不仅效力有限,且缺乏稳定性。此外,由于民间结社受到限制,传统善会善堂多为官办性质,或官督民办,且数量有限,仅凭行政命令式的监管即可奏效,且相对容易。共和肇建以后,中国同盟会议员主导起草的《中华民国临时约法》赋予公民自由结社、集会权利,由此,各地慈善团体急剧增多,纷起林立,募捐活动日趋活跃与频繁,民国慈善事业很快进入到一个蓬勃发展期。据史料称,仅上海一地,1930 年有民间慈善救济组织 119 个[140],1941 年增至 160 个[141]。此外,还有各类地缘、业缘组织,如同乡会或同业公会等,在灾荒年景或突发事件中开展慈善救济活动。这就难免会出现鱼目混珠、泥沙俱下的现象,一些寡廉鲜耻之徒假冒慈善名义劝捐敛财的丑闻,亦不时发生。1928 年 7 月,上海特别市市政府发现市区内一些公团"每有向铺户居民征收月捐情事",而此类劝募并未经核准,"实属侵越权限,紊乱系统,自应加以取缔"。[142]翌年夏间,上海再次出现伪冒募捐之事,社会局乃布告市民提高警惕:"近有一种无业游民冒称举办公益慈善,或巧立名目,提倡迷信,三五成群,手持捐簿,向商民劝募,事前并未呈报职局。此种捐款用途不明,非唯弁髦政令,且恐诈欺取财"[143]。时隔不久,此类募捐乱象也在广州发生。据当地一份报纸于 1929 年 10 月底披露:"乃查近日有种棍徒,假冒慈善名义,四出募捐,敛财肥己,亦有串通善界中之一二败类,朋比为奸,募捐分肥,似此招摇撞骗行为,揆诸道德上固在所不许,即法律上亦在所不容。若不严加禁遏,殊于真正慈善募捐之进行,大受妨碍。"[144]丑闻事件曝光后,广州市社会局迅即发表告示,以慈善募捐乃是"职责所在,断不容若辈借善妄为"[145],为防范不法之徒假此渔利,特规定劝捐注册办法。

在这一社会背景下，中央政府及一些省市政府开始启动相关立法，制定了比较规范的募捐法律制度，以确保慈善组织募捐行为的正当性，避免挫伤普通民众的善心与热情。

（一）中央政府关于慈善募捐监管的规定

南京国民政府时期，中央政府最早制定的有关慈善募捐管理的法规是《义仓管理规则》。该规则由南京国民政府内政部制定，1928 年 10 月正式公布施行。它对义仓的设置、积谷的筹集与使用、义仓管理委员会等内容作了明确规范。《义仓管理规则》规定，各地方的义仓为补充或筹集粮食，可采取劝募方式进行筹措。其中，第 8 条对募捐原则及方式作了具体规范，"劝募办法由县、市政府或地方法定团体邀集辖境内殷实住户或热心公益人士劝令量力认捐，并得选派公正人士登门劝募。其募获之数，亦应开具清册，由县、市政府呈报民政厅备案并公示周知"[146]。同月，内政部还颁行了《管理各地方私立慈善机关规则》，其第 5 条更为明确地规定："各地方私立慈善机关或因临时组织之慈善机关，如须捐募款项时应先呈请主管机关核准，其收据、捐册并应编号送由主管机关盖印方为有效。"[147] 1929 年 6 月，国民政府颁布《监督慈善团体法》，而后行政院公布的《监督慈善团体法施行规则》第 7 条也都承袭了以往有关募捐活动的规定，"慈善团体如须募捐时，应先得主管官署之许可。其收据、捐册并须编号送由主管官署盖印，方为有效。"[148] 以上表明，中央政府对于募捐原则、募捐目的、募捐程序及管理已有相应规定，民国时期的募捐法律制度渐趋完善，法律效力逐步增强。由于政府在募捐管理上的全面介入，慈善团体基本上能依法行事，在募捐前向市社会局以及省县行政主管部门呈请。当然，中央法令在地方社会实施时也还存有偏差，如募捐审批时监管过严,或是官僚主义盛行,办事拖沓,迁延时日,这给慈善事业的发展也带来一些不利影响。

抗战爆发后,难民难童的慈善救济问题日益突出与迫切。为救济流离失所的难民难童,各地纷纷发起慈善募捐活动。在海外和港澳地区,海外华侨和港澳同胞与内地民众一道也相继组织起以援助抗战、救助难民为宗旨的慈善救济团体,或利用既有的社会团体开展慈善募捐活动。这些慈善团体通过义卖、义演等多种形式,筹集了大量款物捐献内地,有力地支持了祖国抗战,救助了众多的灾黎。因而,抗战时期的慈善募捐活动,实际上是与民族主义、爱国主义交织在一起的。

为使这些捐赠款物得到有效管理和充分利用,1939年7月12日,国民政府公布了《统一缴解捐款献金办法》。该办法共9条,首先开宗明义地确定了其法律适用范围——凡国内外各项捐款献金,如月捐、慈善捐、慰劳捐、寒衣捐、义卖献金,或其他献金、献值、献息以及捐献金银器具、首饰、房屋契据、有价证券等可以随时变现者,均适用之。接着又规定"国内外各项捐款献金,均缴解财政部统一经收,分户汇存拨用",这乃是该法的内容要旨所在。"缴解财政部统一经收"显然并非慈善的内涵本义,但在战争环境下,通过行政手段汇缴捐赠款物,是一种尽可能集中一切可资利用的财力物力进行全民抗战、持久抗战的方式。同时,该法也对募捐活动进行了规范,"国内各机关或公私团体,向国内外各地募集捐款或献金者,非将其团体组织、款项用途及募集方法,报由当地政府或主管部、会核转行政院核准,不得举办";各团体接收国内外各项捐款献金后,还应"分别名目,陆续汇编征信录",并"随时逐笔开列户名、捐献名目、币别、金额详细清单送交财政部……以便查核"。[149]这一规定正与"缴解财政部统一经收"相呼应,故而这个捐款献金汇缴办法乃是一种非常态的慈善募捐管理办法,仅在全民同仇敌忾、共御外侮的情况下基本可行,带有临时性质和战时色彩。

抗战相持数年后,国力已捉襟见肘,独木难支,社会慈善救济问题更有赖于民间社会的参与方能解决。1943 年 5 月 2 日,国民政府公布了《统一捐募运动办法》。该办法对 1939 年所颁布办法有所纠偏与变更。它开头即规定,凡举办公益慈善及文化教育事业而捐募财物,得适用本办法。接着对募捐范围作了限制与区分:"捐募用途属于全国性者,得向国内外募集之;属于地方性者,只许在各该地区内募集之。但慈善事业中之灾难急赈不在此限";"凡发起各种募捐运动,应先将计划、用途及募集方式报告该管社会行政机关,会商各该事业主管机关核准。但向国外举行捐募时,须呈经行政院核准";同时还规定了捐募方式应遵守的五项原则,一是"应尊重应募人力量捐认之自由,不得以任何方式摊派,并不得以认募人之身份为捐募之比例";二是"不得拦阻交通或利用其他机会强迫捐募";三是"以游艺或义卖等名义发售捐券,应当场或利用其他场会公开竞卖,不得派送";四是"凡关于捐募财物劝募时所发之临时收据、券票,概应由经募机关团体盖印、编号,额面有价值者,不得折扣";五是"捐募开支应力求节省,在实募十万元以内者,以百分之五为限;超过十万元者,其超过数额以百分之二为限,不得支经募报酬"。[150]这些有关募捐范围、原则的规定,在很大程度上规范和纯洁了慈善募捐的社会空间,有利于维护慈善公益事业的声誉,并可能募得较多的善款。1943 年 9 月颁行的《社会救济法》也有两条规定涉及慈善救济组织的募捐。如第 46 条:"各种救济设施,得于设置时筹募基金,其因事业发展而扩充设备者,并得增募基金,但团体或私人举办之救济设施,非经主管官署核准,不得向外募捐。"第 47 条:"救济经费之募集,不得用摊派或其他强制征募方法。"[151]相较前法,该法对募捐监管制度发展之作用更为明显。具体而言,它体现为两点:首先,从法律位阶上而言,《社会救济法》是南京国民政府制定的一部社会保障"母法",它已超越了以往颁行的各种办法、规则和条例,因而具有更高的法律效力;同时,它与以往的各种办法、规则和条例形成了层次分明、上下衔接的法规体系。其次,从法律条文内容上来说,它传承与继受了此前相关法规关于募捐许可、募捐自愿等原则等内容,同时又创新地规范了募捐主体资格及募款用途,即以善款建立基金,使之永续发展。这表明,募捐法律制度在抗战时期有了新的发展。抗战结束后,各地进入善后救济阶段,慈善募捐管理制度基本延续抗战后期所颁布的法律规则。

(二)地方政府关于慈善募捐监管的规定

在中央政府制定有相应的募捐法律法规的同时,地方政府在慈善立法方面也有所作为,一些省、市出台的若干地方性慈善法规章程,均有涉及规范募捐活动的条款。

在 1928 年上海发生公团向铺户派捐之事不久,上海特别市市政府就于同年 7 月 23 日发布《为禁止团体私自募捐由》的第 48 号布告:"任何公共团体,如实因经费不足,须在本市区域内捐募款项时,应于事前呈报本府核准后方能劝募,不得任意创立名目,擅自举办。"[152]如不遵令,由社会局会同财政局随时查核处理,予以取缔。同年,上海特别市市政府还制定公布了《监督公益慈善团体暂行规则》。该规则第 11 条、第 12 条也明确规定,凡市区域内的公益慈善团体及其附属机关,如因经费不足举行募捐,应先呈经社会局核准并将捐册收据等编号,送局盖印,以收监督之效。然法令颁行未久,各慈善团体并未严格遵行。1929 年 7 月 1 日,上海特别市社会局向市长张群呈递公函,希望出示禁令,"俾市民咸知无印捐簿不必应募",并称:"一方欲杜此弊,一方必通告市内慈善团体悉遵规则,将所有募捐册据一律送局盖印,而后市民知所适从,庶于善举前途不无裨益。"10 日,市政府以指令回复:"私擅募捐,易滋流弊,自应严加查禁。"[153] 7 月 16 日,社会局于是再次发出布告,以便民众知悉。文告称:"嗣后如有为公益慈善事业而募捐者,其捐册收据未经本局核准盖印,即属违抗政令。私擅募捐,不必允予捐助,并可来局报告,以便彻究。"[154] 之后,社会局、公安局对未依法呈准而擅自募捐者,严行查禁。[155] 由此,几经反复,由于官府的强力介入,加强了募捐的事前、事后监管,上海的慈善募捐活动才逐渐趋于规范。

抗战胜利后,上海市参照国民政府颁行的《社会救济法》、《监督慈善团体法施行规则》及《统一捐募运动办法》等法律的有关规定,于 1946 年制定了地方性规章制度——《上海市私立救济设施统一募捐办法》。该办法共 11 条,它开宗明义地规定,凡团体或私人在上海市区内因办理救济设施而需向外筹募经费者,均需遵守相关法规,除法令别有规定外,概依本办法之规定。凡未经立案或许可组织之团体,均不得向外募捐。团体或私人募捐善款救济费用时,应遵循如下程序。首先,向社会局提交募捐申请表一式三份,申请表须详细填明必须募捐之事实及理由、预定募捐数目、筹募方式、起讫日期、预计募捐开支、捐款用途等项。随后,社会局在"募捐前后派员调查或考核之,其有与表填各项不符或违背法令时,应即予以纠正制止";"社会局于接获申请表后,应循予核定批示,其有调查之必要者,其期间最多不得超过两星期"。而后,"社会局核准团体或私人募捐后,应即分句汇报市政府备查"。而该办法所规定募捐方式务须遵守的各项,则直接承袭了1943年《统一捐募运动办法》第4条的五款内容,同时亦增补"捐册及收据,均须先期编号呈请社会局盖印"一项,并规定"募捐结束后一个月内,应将募捐情形呈报社会局备查,并登报或用印刷品公布"。此外,慈善募捐的主管机关除社会局外,该办法还根据募捐用途增列教育局、卫生局为募捐活动的管理机构,即"因纯粹办理义务教育或免费施诊给药而须申请募捐者,由社会局商同教育局或卫生局后核定之。"[156]当然,由于特殊的时代背景与政治环境,这些募捐管理条款带有强化国民党一党专制的政治色彩,在一定程度上反映出对慈善组织的政治管制性,但对于规范慈善募捐市场、合理利用慈善资源不无意义。

在国民革命策源地的广州,民国初期慈善事业也颇为发达,慈善团体甚多,尤以方便善院等九大善社最为著名。[157]这些慈善团体为救济城内外贫民,向外募集善款乃是常有之事。为防范不法之徒假冒慈善名义劝捐敛财起见,广州市社会局在1929年9月20日公布的《私立慈善团体注册及取缔暂行章程》订有关于募捐的条款,如第7条:"慈善团体如需募捐款项时,须先呈本局核准。其捐款收据,须用三联根票,编列号数,送由本局加印。该收据于收款后,以一联缴局,以备考核而杜滥冒。"[158]随后,市社会局又发布告示,以便周知:"慈善团体募捐原为办理慈善事业,人民之乐于输将亦为好善之一种良好现象,惟须循名核实,大公无私,方足以坚人民之信仰。……嗣后,凡本市各私立慈善团体,无论向市内外募捐,或别处善团来本市募捐,均须遵照注册章程第七条规定办理。市民倘发觉劝募缘簿及收条未经加盖本局正式印信者,准即喊警拘究。"[159]同年12月,广州市社会局颁行的《管理私立慈善团体暂行规则》的地方性法规章程再次重申,各善团如因特别灾难,须组织扩大救济机关进行募捐,"应即呈报社会局备案,其募捐手续均依照《私立慈善团体注册及取缔暂行章程》第七条之规定办理之"[160]。

如果说,上海、广州等地关于慈善募捐的规定还仅限于法规中的个别条款,其完整性、全面性尚有欠缺,那么,青岛制定的专门地方性章程则更为详细、具体。1929 年 12 月 9 日,青岛特别市政府议决通过了《青岛市公益慈善教育团体募款限制规则》10 条。该规则第 1 条即明确规定了法规适用范围:"凡以公益慈善教育或临时救济事项向市民商店或机关筹募款项者,均依本规则行之。"其余条款则分别规定了慈善募捐的程序、限制条件以及相关义务等,具体为:"各慈善团体无论临时或固定者,于筹募款项时应先呈请社会局核准"(第 2 条);"团体呈请募款时,应声明团体名称、地址、宗旨以及主办人姓名、募款原因、募款方法等项"(第 4 条);"各团体呈请募集款项主管机关核准后,如系捐募,应将收据、捐册送由主管机关编号盖印,如系会剧,应将入场票券送由主管机关登记盖章方为有效"(第 7 条);"各团体如有必须筹募捐款情事,每团体至多每一年度举行一次"(第 6 条);"各团体应于募款完结后一星期内将收支款目及办事实况连同收据捐册及未经售出之票券呈送主管机关查核公布"(第 8 条)。同时,该规则还制定了处罚条款:"凡未经呈请核准而迳向市民商店或机关募集捐款者,得由主管机关会同公安局取缔之"(第 5 条)。[161]由上可见,青岛关于慈善募捐的法规颇为完善,具有较强的可操作性。在法律实践中,该规则对于慈善组织的募捐活动有着显著的指导意义。后来,青岛在此基础上又作了进一步补充,对业已举行的捐募活动也进行了规范,要求在一定期限内补行相关手续。1930 年 7 月 15 日,青岛市政府核准公布的《青岛市监督私立公益慈善机关暂行规则》

在第 8 条规定:"公益慈善团体及其附属机关如须募捐集款时,应先呈经社会局核准,其捐册收据应分别编号送由社会局盖印。如已办有成案者,亦应于本规则公布之日起一个月内将一切手续及办法补呈备核。"[162] 这样,慈善募捐的法律制度已相当完善,有利于慈善募捐活动的有序进行,也有利于慈善事业的健康发展。

透过前述中央、地方两级慈善法规涉及慈善募捐内容的条分缕析,我们可以看出,在抗战期间国民政府已基本形成慈善募捐监管制度,这改变了北洋政府时期慈善募捐监管无法可依的局面。总的来说,这个时期的中央与地方立法呈现出如下特色:

首先,从慈善立法的立意来看,中央政府对慈善募捐监管的规范主要侧重于宏观性和原则性内容,而地方政府对慈善募捐监管的规范更偏重于微观性,以及实施的可操作性、明确性。1928—1930 年间,国民政府颁行的《监督慈善团体法》是从宏观角度对募捐管理进行指导,而上海、广州、青岛等市政府颁布的地方性慈善法规则规定了较为详细的慈善募捐管理程序规则。

其次,从慈善立法的时序和内容而言,中央与地方也表现出配合性、协同性。在中央出台《监督慈善团体法》及其实施细则之前,上海已于 1928 年制定了《监督公益慈善团体暂行规则》,对慈善募捐进行监管。该法在全国颁行后,上海社会局又屡次重申法令,广而告之,以便实施。同时,广州、青岛等地也制定有相关的地方性法规,对慈善募捐行为作进一步规范。此乃地方法规对中央法律的补充与完善,使之更具有适用性,更便于运作实施。1946年《上海市私立救济设施统一募捐办法》的公布实施,也是对国民政府 1943 年颁布的《统一募捐管理办法》的进一步细化和调整,以便更适合战后上海慈善事业的复苏与发展。[163]

再从制度架构的角度来分析民国时期慈善募捐法律,其主要内容包括以下几方面：

1. 募捐原则。捐赠是一种发自内心的、自愿的好善乐施行为。如果迫于某种压力而"被捐款"，只会徒增捐献者的反感；从长远的眼光来看，强迫募捐还将给慈善事业带来损害。募捐应由捐赠人自愿、乐意并量力而行，募捐不能采取强制摊派或其他方式强行劝募。对于这一点，民国年间的立法者们已有意识。为保护捐赠者捐赠之自由，他们将募捐自愿原则确定为募捐法律制度的首要原则，并将其体现于各慈善法规中，订立了相应条文。如，《义仓管理规则》关于劝募仓谷时，就提出由殷实住户或热心公益人士量力认捐。1943 年《社会救济法》亦专列一条："救济经费之募集，不得用摊派或其他强制征募方法。"[164]同年公布的《统一募捐运动办法》同样规定慈善募捐务须遵守认捐自由的原则，由应募人量力而行，不得以任何方式摊派，并不得以认募人之身份为捐募比例，亦不得沿街拦途或利用其他机会强迫募捐。后来上海制定的《上海市私立救济设施统一募捐办法》也沿用了这一规定。

2. 募捐目的与类型。根据募捐目的与类型的不同，立法者设定了不同的募捐监管方式。总览上述各法规条文可知，慈善组织筹措资金的目的大致有二：一是举办教育、卫生、济贫等公益慈善事业；二是救济重大自然灾害或兵灾人祸等突发事件中的受害群体。据此，慈善募捐也可分为年度经常性募捐或特殊和紧急事项募捐。而民国法律对于这两类形式的募捐都有一定的规范。一般而言，经常性募捐活动是慈善公益组织为实现其设立宗旨所进行的经常性工作内容，募捐是其筹资的主要途径之一。对此，青岛的相关法规规定，每团体每年可按计划举办一次募捐活动。而紧急事项募捐多为赈灾救荒而展开的临时性慈善募集，具有突发性。对此，较为集中的见于前述之抗战时期颁布的规则之中。确定慈善募捐的目的与类型,可保障募捐活动的针对性和有效性,提高慈善资源的利用率。

3. 募捐主体与程序。民国法律规定,开展募捐活动只限于具有合法身份的慈善公益团体,未经立案或许可组织之团体,均不得向外募捐。即便具备募捐主体资格,慈善公益团体也必须预先呈报主管机关申请,获得许可后,方能向外进行募捐活动。慈善募捐的一般程序为:先由慈善团体提出申请,以备审核,再将收据、捐册编号送主管官署盖印后始生效。简言之,就是募捐申请与募捐许可。民国后期,随着法律实践的不断深入,慈善募捐制度也渐臻完善。主管机关开始考虑募捐团体的性质及其发起劝募的宗旨,来决定是否许可其申请。如,在抗战胜利后的上海,募捐申请应由劝募发起团体填具详细的申请表格,申请文件包括:必须募捐之事实及理由、预定募捐数目、筹募方式、起讫日期、预计募捐开支、捐款用途等项。主管机关社会局于接获申请表后,应在有限的时间(两周内)核定批示,或调查后作出许可与否的决定。紧急事项募捐活动,应于事前向社会局申请许可,但情况急迫,也允许变通行之。青岛出台的相关法规即规定,如已办有成案者,亦应于"一个月内将一切手续及办法补呈备核"[165]。

4. 募捐管理。慈善团体未经许可而擅自募捐,或伪称所募资金使用目的,这在民国法律中均属违犯法令行为。为发挥募捐的绩效,作为主管机关的社会局有权随时检查募捐行为及相关账册,一经查出,社会局即予取缔之。为确保善款尽其善用,民众免受蒙骗欺诈,民国各地颁布的法规还有信息公开方面的规定,即慈善团体应向大众公开有关募捐的所有账目。在青岛,"各团体应于募款完结后一星期内将收支款目及办事实况连同收据捐册及未经售出之票券呈送主管机关查核公布"[166]。1946 年上海制定的统一募捐办法亦要求各慈善团体在"募捐结束后一个月内,应将募捐情形呈报社会局备查,并登报或用印刷品公布"[167]。另外,还有些管理募集善款方面的细节规定,如,"捐募开支在实募十万元以内者,以百分之五为限,超过十万元者,其超过数以百分之二为限,并不得支经募报酬"[168]。这就很好地规范了每个慈善团体所募得善款与用来支付募捐所需的直接与间接成本花费的比例,既维护了捐赠人、受助人等社会民众的利益,也便于慈善团体减低行政成本或控制过高的募捐成本,以维护其社会形象与声誉,树立良好的口碑,赢得捐赠人的信任与支持,募得更多的善款。

　　总括而言,在完善慈善立法的基础上,民国政府制定了专门规范慈善募捐的法规、行政规章,详细规定了有关募捐发起组织者的主体资格及募捐申请、审核的各项条件与程序,确立起慈善募捐的申报许可制定以及监督制约机制,规范募捐人、应募人、主管机关三者直接的权利义务关系,以此建立起一套相对完备的慈善募捐法律制度。尽管民国时期有关慈善募捐的法律位阶并不高,但相关法律条文或法规章程的出台与施行,在社会实践中还是发挥了一些积极作用。其一,在一定程度上抑制了多头募捐的弊端,避免了募捐名目繁多、随意混乱而被不法分子利用;其二,确立认捐自由的募捐原则,有利于规避强迫募捐所造成的"募捐疲态"及其给慈善劝募带来的负面影响,使善款不至于变成搜刮性的集资。其三,对募捐款物的管理和使用也产生了有效的监督与制约,督促募捐人或募捐发起人做到廉洁无私,遏止挪用、贪污、诈骗等违法行为的发生。这样,从整体上有利于全社会形成良好的慈善募捐氛围,推动民国慈善事业的向前发展。

五、财务监督

社会公信力是慈善组织生存的社会基础,也是慈善组织发展的活水源头。慈善组织公信力的获得,不仅取决于慈善组织内部的监督机制,而且源于外部的社会监督与环境约束以及法律规制。按照现代社会学理论,前者属于慈善组织的自律机制,后两者构成慈善组织的他律机制,它们之间相互结合、相互作用,形成互为关联制约的公共责任制度。[169]从清朝中期开始,中国传统的善堂善会在构筑自律机制,赢得社会公信力方面一个重大的举措,就是每届年终均刊印征信录,公之于众,或发给捐户,以取信于民,获得人们的支持。入民国以后,许多慈善团体依然延续刊刻征信录的做法,同时也融入一些时代特色,逐渐演变成财务年度报告书。随着民国慈善立法活动的展开,法律规制与社会监督等外部因素的他律机制也逐渐建立起来,并且成为慈善组织所担当的公共责任中最为重要的一部分。慈善资金管理是整个慈善工作的重要组成部分,由此,财务监督也就成了他律机制的应有之义,并构成民国慈善立法的核心内容之一。

1928 年 5 月,南京国民政府内政部公布了《各地方救济院规则》,其附则即有规定:"救济院各所收支款项及办事实况,均由院长、副院长按月公布,并分别造具计算书及事实清册,呈报主管机关查核。"[170]同年 10 月公布的《管理各地方私立慈善机关规则》也有多个条文关涉慈善团体的财务问题。如第 3 条:"各地方私立慈善机关每届月终应将一月内收支款目及办理实况逐一公开,并分别造具计算书及事实清册呈报主管机关查核。"第 4 条还规定,如果系因临时救济事件组织慈善机关者,除应将机关名称、所定地址、所办事业、财产状况、现任职员姓名、履历详细造册呈报主管机

关查核外,还须在事毕日查照前条规定办理。第 6 条则明确了主
管机关的监督管理职权,"主管机关对于各地方私立慈善机关各
项册报认为有检查之必要时,得随时派员检查之"[171]。1929 年国
民政府颁行的《监督慈善团体法》第 9—11 条规定:"慈善团体所
收支之款项、物品,应逐日登入账簿,所有单据应一律保存";"主
管官署得随时检查慈善团体办理之情形及其财产状况";慈善团
体如果拒绝主管官署检查,主管官署得撤销其许可或解散之。[172]随
后公布的该法施行规则的第 8—10 条也有进一步补充:"慈善团
体每届月终应将一月内收支款目及办事实况公开宣布";每年 6
月及 12 月,慈善团体应将"财产之总额及收支之状况"、"办理之
经过情形"等项内容呈报主管官署查核;"主管官署因考核上之必
要,得令慈善团体造送预算书及计算书"。[173]此后,民国立法基本
上继承了前述内容。如 1943 年公布实施的《社会救济法》相关规
定为:"救济经费不得移作别用"(第 48 条);"救济设施应由主办
人将收支款项及办理实况,按月公布,并分别造具计算书及事实清
册,呈报主管官署查核"(第 49 条)。[174]随后颁布的《社会救济法施
行细则》第 7 条则进一步明确了呈报主管官署查核的具体时间,
即由慈善团体每年分两次于 6 月及 12 月呈报。1944 年 9 月 5 日,
国民政府又公布《管理私立救济设施规则》,其第 9 条同样规定了
私立救济设施对于财产状况款项、收支工作进度等,得依《社会救
济法施行细则》第 7 条办理。[175]应该说,这些慈善法规的相关条款,
既强化了慈善事业主管机关的监管职能,也在一定程度上规范了
慈善组织的财务管理,一方面由慈善组织自行刊印征信录或财务
报告,定期向社会公布,接受政府审计和社会监督,以确保善款善
用,建立公开透明的财务申报制度;另一方面由主管机关进行定期
或不定期的检查,抓好慈善团体的资金核算并跟踪其财务状况,以

督促其廉洁理财,进而构筑起明晰、有效的财务监管机制。

民国时期灾荒极为严重,由此,灾荒慈善救济在民国慈善事业领域中显得有些特别。为规范各省振务会及县市分会的赈款收支事项,国民政府还出台了专门的财务监督法规——《各省振务会及县市分会会计规程》。它由振务委员会拟订,经呈准由国民政府于 1930 年 7 月 18 日公布,共 13 条。该规程规定,记账单位以国币银元为准;各省振务会应备有会计现金簿、现金月结表、拨款报销簿、经收捐款清单、工赈清单、采购赈粮清单、现金赈济清单及放赈清单,县市分会也酌用各表单;"凡遇赈款收支,应随时按照科目分别记账";"各项账单发票存根及复写副本等,须由各经手人按日整理,交由会计负责保管";"各项支出应有正当之收款人,或其代理人之收据发票等为凭;但事实上不能取得收据者,得由经收人声叙事实,开单证明。"县市振务分会、省振务会还应按月呈报上级审核,并附送本省政府备查。[176]

慈善事业的财务问题不仅得到中央政府的重视,进行了相关的立法活动,在地方上也引起有关政府部门的关注。一些省市政府结合本地慈善事业发展情况,因地制宜,相继颁行了一些规章,加以规范与管理。举例言之,广州市社会局公布的《私立慈善团体注册及取缔暂行章程》,第 8 条为"慈善团体每届一月,应将一月内收支数目造具计算书及工作报告书,呈报本局查核,并于年终汇印征信录,昭示公众。本局对于上项表册如有疑义时,得令查复。本局于必要时,得派员调查或监督之"[177]。1929 年,上海特别市社会局"以改善慈善团体会计事项"为由,拟就《上海特别市公益慈善团体会计通则及组织》,经呈请市长核准,并于同年 10 月 1 日起开始实行。该通则第 14 条规定,"收支会计每月末日应将各种账目簿结算一次,编制收支月计表三份,一份存查,一份榜示门首,一份送局备核。"[178]又如,1930 年的《青岛市监督私立公益慈善机关暂行规则》也有类似规定:"各私立慈善机关每届月终应将一月内收支款目办事实况呈报社会局查核,年终汇编报告昭示大众"(第 6 条);"私立慈善机关有假借名义招摇敛财等情,经社会局查实,除将主动人及关系人依法惩办外,并得吊销执照及图记,勒令停办"(第 11 条)。[179]此外,1932 年 5 月和 7 月,山东济南市市政会议先后通过了《济南市检查公益慈善团体财产委员会办事细则》、《济南市公益慈善团体会计通则》和《济南市公益慈善团体会计组织》三部地方性行政法规。[180]这些规定,有利于慈善团体自觉接受社会的监督,对善款善物进行严格管理,使日常的财务管理工作实现规范化、制度化;有利于慈善团体将捐赠款物切实用于最需要帮助的地方和最需要救助的群体,增加工作透明度,提高社会诚信度。

在全国各地出台的慈善财务管理制度中,以《上海市慈善团体会计规程》(前述《上海市公益慈善团体会计通则及组织》的修正案)最为完备、全面。下面,就以这项地方性法规为例来进行详细分析。

1.《上海市慈善团体会计规程》的制定

民国前期,全国各地"公益慈善团体会计事项,因无明文规定,任由各该团体依照向例办理,簿记定式简陋,记载详略失当,既当以审核过去事业之成绩,复无从决定将来应取之方针"。上海市社会局成立后,以监督慈善团体为职责所在,"爰根据学理并参酌各团体实际情形,厘订本市《公益慈善团体会计通则及组织》",呈请市长核示。上海市政府经审核,认为此项通则及组织"寓指导于监督,用意至善,条文亦复缜密周详",略予修改后,于 1929 年10 月 1 日公布施行。上海市社会局随即通知在沪的各慈善团体依照该通则及组织各项规定，"先事筹备，并饬司计人员悉心研究。如有疑难，呈候本局定期召集各该员到局解释，可于此时提出质询。事关改善各团体会计事务，须切实遵行，勿得轻忽"。[181] 11月，局长潘公展再令各慈善团体今后务须按月具报候核。[182]实施一年多后，上海市政府吸收了立法经验与各界意见进行了修正，于1931年9月正式公布施行了《上海市慈善团体会计规程》。

2.《上海市慈善团体会计规程》的内容[183]

《上海市慈善团体会计规程》包括正文和附件两部分，正文共8章50条，附件为各种账簿表单程式及说明。

（1）总则

首条就开宗明义地界定了法律适用范围，凡上海市区内"各慈善团体关于会计上一切事宜均应遵照本规程办理"。第2条明确了各慈善团体的会计年度，定为每年1月1日开始，12月31日终止。

第3条进一步规定："各慈善团体之会计应分为收支会计与财产会计两类。凡关于捐款收益及各种经费之收支等应编入收支会计；凡关于产业、证券及存该款项之往来等应编入财产会计。"总则其他各条还规定，慈善团体的会计记账以国币一元为单位，有他币种照市价折合成国币入账。"各慈善团体应于每年一月编制上年度之收支决算书、资产负债表、财产目录及本年度之收支预算书提交该团体之总会或董事会议决后呈报社会局备案"（第6条）；"各慈善团体每年度之收支决算书、资产负债表、财产目录及捐款者之户名与银数，有请会计师查核者，其报告书或证明书应一并刊印征信录分送各界，以资凭信"（第7条）。

另外，对于各慈善团体分支机关的会计事务，该规程也考虑到客观实际，适当作了变通规定，如"事实上不便合并办理者，得分别办理之,但应按月报告总机关汇总入账"。

(2)收款付款

该规程详细规定了收付款项的具体程序及须遵守的事项。在收入款项方面,慈善团体"应出具二联式收据,由董事或主任签印后,以一联存查,一联交付款人收执。收据应编字号,自第一号起继续填写,非至年度终了不得更易";"凡经收之捐款、租息及其他收入等,均应随时解交管理现款出纳者点收,尽数存入银行或银庄,不得留存备抵付款"。在付出款项方面,均"须取得正当领款人或其他代理人之收据为凭,但事实上不能取得收据者,得由经手人声叙事由、开具证明。如遇有不识文字者,得由经手人开具清单,由收款人画押或盖印证明";支付经费亦"须根据预算并事前请得董事或主任核准者方得付款,但例行或小额支款得事后并案请求核准";"支用款项时,其支票应由董事及主任会同签字为凭"。该规程还规定,慈善团体将款项存放于哪家金融机构,应有董事会议决。慈善团体可留存少许现款,以备零星付款之用,但至多不得超过 100 元。如遇大宗付款,应签发支票供用。

(3)基本财产

规程关于慈善团体基本财产的规定共有 6 条,涉及基本财产的登记、保管、使用、增值、变更等方面。具体内容分别为:"各慈善团体所收之捐助财产及募集之基金捐款,应全数编入基本财产。每年之收支剩余金至少应以半数编入基本财产";"基本财产由总会或董事会推选二人以上之基金监,共同保管之,其中现款应以该团体印章及基金监签印为印鉴,存储于殷实之银行或钱庄。遇有收入应随时存储,不得遗留";"各慈善团体对于存款证券、田地、房屋、器具用品等应有详细之记录,并应将契据、图样及证券、折据等妥善保管";"基本财产所生之息金得充作各项经费之用,其本金除存储生息外,得投资于可靠证券,购置房地产、设备、建筑物及其附属物等之用";"基本财产之运用及变更,须经该团体总会或董事会之决议并呈报社会具备案"。为保障慈善团体所有房屋、器具等财产的安全,该规程还要求各团体"应照实价向殷实保险公司投保火险,并按期将保费付清"。

(4)会计科目

根据该规程规定,慈善团体的会计科目分为两类,即收支类科目和财产类科目。收支类科目又分作收入项与支出项两种。在甲种收入项下,慈善团体应区别事由或视其性质,详细、如实地登载捐款收入、租金收入、息金收入、借款收入、补助费收入、事业收入、变卖收入、其他收入以及本年度收支不敷数、本年度收支移转额等项内容。其中,捐款收入又视其捐助的性质,按常年捐款、临时捐款、基金捐款、特别捐款分别细目记入之。关于不动产的收益——租金收入,得区别事由分田租、地租、房租纳入各目中,其租金并得视其产业地段分列细目记入之。凡收入的息金,也得视其性质分为存款利息、证券利息登入账目。凡向外界借用之款项,均属借款收入,并应区别借入的户名,分列细目。凡政府拨付的补助费,列入补助费收入,并按区别拨付机关,分列细目。凡因举办事业而获得之收益,均归入事业收入,并应依照事业性质,分列细目。凡因变卖田地、房屋、器具用品及有价证券、买卖还本等收入,均为变卖收入,并应依其种类,分列细目。凡本年度收支相抵后的不敷数,归属为本年度收支不敷数。凡收入款项属于减少资产或增加负债性质者,应用本年度收支移转额科目分别转入。凡不属于上列各科目的其他收入,均属其他收入,并得视其收入的性质,分列细目。在乙种支出项下,慈善团体应详细、如实地登入事务经费、事业经费、置产经费、补助经费、偿还借款、利息支出、产业维持费以及本年度收支剩余金、本年度收支移转额等项目。事务经费应分列办事员的薪俸、工役的工资、杂给、文具费、印刷费、邮电费、膳费、房租、修缮费、保险费、广告费、交际费、旅费以及水电等日常消耗费用、各项杂给、杂费等细目。其他各项支出经费也要视事业性质，或区别偿还之户名，或区分购置种类等，分列细目。凡支出款项属于增加资产或建设负债性质者，应用本年度收支转移额科目分别转入财产会计。

依照规程条款，财产会计科目也分为甲、乙两种。在甲种负债项下，慈善团体应按存入款项、借用款项、往来透支、未付款项、暂收款项、折旧设备、基金、历年积余金、本年度结余数等科目逐项处理之，做到名实相符；在乙种资产项下，对田产、地产、房屋、器具用品、有价证券等动产和不动产，慈善团体应分别处所、种类登记其面积、间数、票面金额及价值。凡拨付定额款项充作附属工场的金额，应列附属工场基金科目处理之。凡与附属工场或附属机关有日常往来收付的款项，也须专列一科目。此外，还应列有押租押柜、基金存款、定期存款、往来存款、未收款项、暂付款项、现金、历年积亏数及本年度结亏数等科目。

（5）账簿表单

该会计规程还规定，各慈善团体应备置主要簿和辅助簿等两类账簿，主要簿包括银钱日记簿、收支分类簿、财产分类簿，辅助簿包括田地房屋明细簿、器具用品明细簿。这5种账簿在规模较小、收支简单的慈善团体已足适用，但在规模较大、收支频繁的慈善团体还应酌设下列各种补助簿，以便收支更明晰。这些补助簿包括捐款收入簿、租金收入簿、事业收入簿、事务经费簿、事业经费簿、往来存款簿、定期存款簿、存该分户簿、暂记存欠簿、有价证券明细簿、消耗品购入簿、消耗品支给簿等12种。同时，各慈善团体还应备置下列 16 种表单:收款凭单、付款凭单、科目余额表、收支月计表、财产月计表、收支预算表、收支决算书、资产负债表、财产目录、捐款收据、租金收据、通用收据、津贴收据、工资清单、采办凭单和备用凭单等。这些账簿、表单的置备,便于主管机关对慈善团体的财务监管,也便于接受审计机关的财务审计以及社会监督、舆论监督。

(6)登账规则

该会计规程对慈善团体收支款项制定了详尽、严明的登账规则。"凡一切收付不论其为现款或转账,均应详细事由分别性质缮制收入或付出凭单由关系人员签印证明后方可根据登记"。凡与收付有关系之收据、发票等,均须附于凭单之后,并于凭单内注明附单据若干张;已经记账的凭单及附属单据,应按照日期顺次整理装订成册,由主管人员慎重保管。账簿内记载的科目、金额及其他事实,应与凭单内之记载相符。如遇凭单有遗漏或不明了之处,应由原制单员补注清楚后记账;账簿、表单内的字迹,须缮写清楚,如有误时,应于误写处注销另书,并由登记员盖章证明,不得涂改或擦去。规程还规定:"凡已经使用完结之账簿、表单,均须分年编号,妥慎保存十年并制目录备查。"账簿面页或脊上,均须标明该账簿名称、团体名称及年份、册数,各种账簿均须顺次编列。各种账簿的首页,均应刊印启用账簿表和经管本帐人员表。当启用账簿时,分别填写、署名、盖章;经管该账时,也须署名盖章,注明接管日期;移交时注明移交日期;记账员更调时,"应将经管之账簿盖印于记载最末一笔之月日、新任者盖章于经管最初一笔之月日栏,以明责任之始末"。账簿每一年更换一次,更换新簿如旧簿中尚有空白页时,应于空白之第一页上书明"自此以下各页作废"字样,并签印证明。各种账簿记载完毕后,均须换人覆核。此外,规程还不厌其详地规定了各账簿、表单的登记方法及具体要求,兹不赘述。

(7)决算手续

该规程对于慈善团体财务决算方面也有详细的规定:"各慈善团体应于每月末日将各种账簿结算一次,并编制收支月计表及财产月计表,每届年终举行总决算一次,并编制收支决算书及资产负债表、财产目录";每届总决算时,"如有应收未收及应付各账款,均应查明实数。一方转入收支科目,一方转入财产科目";"如有预收款项及预付款项,应由各盖收支科目内转出列入财产科目";同时,还"应将房屋建筑及器具用品等依照估计使用之年限规定比率计算折旧,一方列入支出项下,一方列入负债项下,以处理之"。每月末日,慈善团体还须就收支会计中择其关于资产负债的收支,用收支移转额科目分别过入财产会计;并将消耗品清查一次,对照簿据编制消耗品月计表。每届总决算期,应清查器具用品及消耗品一次,对照簿据编制器具用品查存表及消耗品查存表。

在规程的附则及附件中,它定有上海市慈善团体账簿、表单程式计30种,并附有相应的文字说明。这些账簿、表单分为中式和西式两类,"西式者,系横式,用中国文字及亚拉伯数字记载之;中式者,系直式,用中国文字及中国数字记载之,但均须适用复式簿记原理"[184]。各慈善团体可酌量情形,自由采用中式或西式账簿表单。

3.《上海市慈善团体会计规程》的特点

通过分析《上海市慈善团体会计规程》正文及附件,我们将其归纳出如下特点。

首先,内容丰富,体例完备。作为近代中国第一部地方性慈善会计法规,《上海市慈善团体会计规程》对慈善团体的收付款项、基本财产、会计科目、账簿表单、登账规则以及决算手续都有详尽的规定。尤其是在会计科目的规定方面，该规程划定了收支类科目和财产类科目的范围，并细分了哪些款物属于不同项别的收入，哪些款物属于不同项别的支出，哪些款物属于不同项别的负债，哪些款物属于不同项别的资产。为使慈善团体有效地管理和使用好善款，立法者大多使用了具有明确导向的、应然性的规范，规定了慈善团体该如何置备账簿、表单以及登账应遵守的规则、决算应遵照的手续等。这些条款已涉及慈善团体财务管理的方方面面，内容十分全面和丰富，不仅有利于慈善团体开展内部自律，也便于社会各界进行外部的监督，进行财务审计。附件的账簿表单程式与法律正文一同颁布施行，在体例上，与各章的条款形成一个整体，便于慈善团体能够及时依法办事，有章可循，这也是值得称道的。尽管《上海市慈善团体会计规程》是一部地方性立法，但仍可说它为民国时期慈善会计法整体框架、体例的构建树立了一个典范，是民国会计制度在慈善事业领域专门立法的一个成功尝试，也成为民国年间慈善法律体系得以完备的不可缺少的组成部分。

其次，用语准确，操作性强。《上海市慈善团体会计规程》的条款，法律用语明了、准确，没有模棱两可的弹性词句，从而使法律的可操作性强，适用空间大。并且，该规程对会计科目、账簿表单、登帐规定、决算手续等列明具体而周详，使其体现出一定程度的立法透明，慈善团体皆可按部就班进行财务管理工作。1929 年前后，虽然中央政府已颁布《监督慈善团体法》及其施行规则，规定各慈善团体每半年应将所办事业编制报告，呈候主管官署查核，但是可操作性不强，程序不明。及至 1930 年该规程施行后，上海许多慈善团体均能遵照有关法令，在严格执行财务预算、决算的同时，亦曾聘请会计事务所的专业会计师进行外部审计。1934 年，上海元济善堂就聘任吴勤昌为会计员,将上年所办事业详细填报,制成年度决算报告册呈缴社会局,以凭审核。[185] 从 1941 年至 1947 年,仁济善堂先后聘请了陈銮清、潘恒敏两位会计师,查核该善堂及附属仁济育婴堂其间各年上、下半年度的会计账目,经逐一查核完竣,所列数字均属相符,并出具会计报告书。如陈銮清出具的 1941 年下半年会计报告证明:"本会计师已将贵堂下半年(自民国三十年七月一日至十二月三十一日)之各项账目暨各种收支凭单均经逐一详细审查查竣。除将查核所得代为编制收支报告表、资产负债表、暂记欠款明细表外,兹将证明各该表中所列各款与账册上之记载均属相符。"[186] 这表明,由于民国慈善会计立法符合实际,可操作性强,该项法律制度在上海等慈善事业较发达的地区已基本得到实施,并有了明显效果。

从上项规程内容而知,慈善事业会计与一般商业会计迥然不同,前者为收支会计,而后者为损益会计。此外,慈善事业会计中资产来源为各项捐款,其预算以量出为入。这是因为,"慈善机关因谋社会公共福利而设,其收入之来源,系本于有力者之捐助,其支出之用途,为救济遭受灾难之国民。是以其款项用途之来踪去迹,应须有良好之会计以驾御之,使其捐募款项,涓滴归公;支出费项,细微皆为必要之支出"[187]。这就在客观上要求慈善团体"于每届会计年度终了之时,由会计师查账报告,俾得取信于社会,而使慈善机关成为一种廉洁从公之机关,则社会有资力之善士,自当源源不断供给其募捐之资助"[188]。由此,也使得这项特殊会计精益求精,"成为慈善事业进展不衰之原动力"[189]。鉴于上述慈善会计规程仅有上海、济南等个别地方出台并实施,属于地方性法规章程,而全国阙如,不利于慈善业会计制度的倡导与改进。抗战期间,有识之士发出呼吁:"所望政府能制定单行法规,对于全国慈善事业加以严密之统制，是则对于慈善事业会计之裨益，更可计日而待矣。"[190]

最后，还需指出的是，民国时期颁布的一些财经方面的法律，如《会计法》、《审计法》、《预算法》等，也为慈善事业的财务监管提供了宏观的法律依据，便于慈善组织内部的财务管理和社会各界外部的监督、制约。

第三节　慈善税收优惠立法

慈善事业从本质上说是一项由民间社会力量主动、自愿参与的爱心事业，但这并不意味着国家可以完全置之度外，袖手旁观。近代以来，西方资本主义国家普遍运用经济、法律方式而非强制性的行政命令手段来调节、促进慈善事业发展。具体言之，就是由国家通过相应的税收立法，给予慈善组织及慈善事业一定优惠，以实现慈善资源的不断集增。20 世纪上半叶，"由于外国资本、官僚资本、民族资本的不断扩展，新的生产关系推动旧有上层建筑的变革，中国的税收制度也由封建性税制向资本主义税制方向演进"[191]。在税制演变、税收立法的过程中，民国政府也借鉴了西方国家的做法，注重采取国家税收制度对慈善事业的扶持政策。这种慈善税收优惠立法主要体现在两个方面：一是针对慈善组织的，即慈善组织本身享受的税收优惠规定；二是针对捐助者的，即公司、商号等社会组织以及个人的捐赠所享受的税收减免优惠。

一、慈善组织享受的税收优惠

民国时期，各项税费名目繁多，税制体系也复杂多变。北京政府、南京国民政府陆续制定颁行了一系列的单行税收法律法规，至

20 世纪 40 年代末期,"始逐步建起资本主义近代税制框架"[192]。综览民国年间颁行的各种税法,涉及慈善组织并予以税收优惠的税种主要有收益税、消费税、所得税和行为税四大类。具体言之,收益税方面的税法主要有《土地法》、《土地赋税减免规程》、《房捐征收通则》和《营业税法》等,消费税方面有《管理进出口贸易办法》,所得税方面有《所得税法》、《财产租赁出卖所得税法》,行为税方面则有《印花税法》、《筵席及娱乐税》、《铁路运输赈济物品条例》等。

(一)收益税方面

收益税是国家向各种经济组织、社会组织以及个人所拥有的土地、房产等各项资产从事市场经营活动获益而征收的税种。民国时期的收益税有多种多样,如矿产税、土地税、营业税、银行税、交易所税等。为举办各项慈善活动和支付日常开支,一些慈善团体也常利用所拥有的资产从事市场经营活动,获得收益,因此也涉及收益税问题。从民国颁行的各种税法来看,慈善组织作为非营利性质的法人,可以免除征缴的收益税有土地税、房捐和营业税。

1. 土地税

平均地权,由国家核定地价是孙中山三民主义的重要内容。早在民国肇建之初,孙中山在南京临时政府就职后即饬令内务部着手整理全国地政,解决全国民众的民生问题,惜政局迅即更替而未果。1915 年初,北京政府成立全国经界局,开始清理全国地亩,"并审酌吾国旧制,参照外国成规,期尽中外之宜,而完成一有系统之土地制度,编定《经界法规草案》"[193]。该草案条文繁密,内容丰富,主要有测量地亩、厘正经界、整理田赋等方面的规定。同时,它还确定了各地地税以地价 2% 为年率,并分为有税地和免税地两种,国家或地方公共团体公用地属于免税地。[194]然而,该草案并未正式颁行。及至 1915 年 9 月,参政院代行立法院开会,旋议决《土地收用法》,10 月 22 日,北京政府予以公布施行。该法规定,地方自治团体或人民为谋公益事业之需要,经国家认许,可收用宅地、山林、荒地等公有或民有土地,而"关于教育、学术、慈善所应设之事业"即合于其需要之一项。1927 年国民政府定都南京后,军事行动暂告一段落,各省市大兴建设,用地日益增多,国民政府法制局爱参照三民主义及国民党政纲,拟订新的土地收用草案,经中央政治会议审查通过,更名《土地征收法》,国民政府于 1928 年 7 月 28 日公布施行。与前法相比,地方自治团体和人民也列为土地征收的主体,其征收土地无须得到国家的认许,同样也规定了教育、学术和慈善事业属于公共事业的范围,可依法征收土地。[195]由上观之,民国时期两个不同政权都从法律上为发展慈善公益事业出台了优惠、鼓励政策,保障土地征收的顺利进行。

然而,《土地征收法》内容仅限于土地征收事项,"较之《国民党政纲》所规定,不完备之处甚多,实有编纂完整土地法典之必要"。为此,胡汉民、林森等根据孙中山平均地权之旨,参酌中外立法经验,提请立法院尽早起草土地法案,并拟订土地法原则,以期地尽其用,遏制私人垄断土地谋不当利得的企图。1930 年,立法院迭次开会研讨、修正和审查各条款,经三读通过草案,7 月,国民政府正式颁布了《土地法》。[196]该法第四编"土地税"专门设有"土地税之减免"一章,即第九章。该章第 327 条列举了"得由中央地政机关呈准国民政府免税或减税"的六类用地,这包括"学校及其他学术机关用地"、"公园、公共体育场用地"、"公共医院用地"以及"慈善机关用地"等。[197]学校、公共医院及慈善机关都具有社会公益性质,因而列为免税的公共事业。此外,第五编"土地征收"则继承、吸收了此前同类法律的内容。第335条规定:"国家因公共事业之需要,得依本法之规定,征收私有土地。"在随后的第336条以列举的方式界定了公共事业的范围,第五款"公共卫生"、第十一款"教育、学术及慈善事业"及第十二款"其他以公共利益为目的之事业"均属于公共事业。第342、343条则明确了土地征收的方式,对于教育、卫生、慈善事业之征收土地,"于必要时,得为附带征收",也即"因兴办之事业所需土地范围外之连接土地为一并征收";[198]而对于其他公益事业的土地征收,"于必要时,得为附带征收及区段征收",也即"于一定区内之土地,须从新分段整理,为全区土地之征收"。[199]《土地法》公布后,立法院乃着手制定《土地法施行法》,然因牵涉面广,历时三年才完竣,1935年4月5日始由国民政府公布。

根据《土地法》第327、328条规定,为了顺畅有序地办理土地赋税减免事宜,1936年4月17日,行政院以第16号令公布施行《土地赋税减免规程》。该规程共4章22条,在第二章减免赋税标准规定:"业经立案之私立学校及其有学校性质之私立学术机关,办理具有成绩者,其用地如不以营利为目的,得呈请免税"(第5条);"业经立案之公共医院,办理五年以上,对于公共福利具有成绩者,其用地如不以营利为目的,得呈请酌予减税,但所减税额不得超过原税额之半"(第8条);"业经立案之私设慈善机关,办理社会救济事业五年以上,具有成绩者,其用地如不以营利为目的,得呈请免税"(第9条);"人民或团体办理其他公益事业,如不以营利为目的,其用地得呈请酌予减免赋税"(第12条)。由上而知,除公有土地外,凡已立案的私立慈善组织、公益团体以及学校、公共医院,如其办理事业颇有成绩,或用地属于非营利性质的,均可申请减免赋税。另外,已立案的私立公共坟场,如义冢、义园等,以及完全对外开放的私立公园及体育场,如果不以营利为目的,其用地也可呈请酌予减免税。同时,该规程还规定了减免赋税程序,即"请求减免赋税者,应由主管机关或兴办事业人呈请县市政府核明税额,一面准予缓征,一面造具减免赋税表简明表六份,呈转内政、财政两部及有关部会会核,转呈予以减免"。[200]附则中还补充说明,土地增值税及市改良物税,应比照地价税减免成数一律减免;未依法改征土地税地方,田赋附加应随同正税减免成数一律减免。这就是说,城乡的慈善组织,除享受地价税、田赋的优惠政策外,还可减免土地增值税、改良物税、田赋附加税等。[201]这些税赋的减免优惠,增加了慈善组织的收益,减轻了经费支出的压力。《土地法》及《土地赋税减免规程》兼有实体法与程序法两种内容规范,在土地登记、土地征收、地价估计及土地赋税减免等方面,大量借鉴了国外的立法经验,并结合中国实际情形付诸实践,丰富和完善了中国土地法律制度,同时有关土地赋税的减免规定也是一种制度创新,符合国际趋势,具有前瞻性。实施数年后,1939年2月16日,国民政府公布了《修正土地赋税减免规程》。此次修正,享受减免赋税的主体及标准基本未变,主要是修正了减免赋税的程序。修订后,慈善组织如果要请求减免赋税,"应由主管机关或兴办事业人造具清册,送请县市政府核明税额,先行准予停征,一面呈报省政府核定,另由省政府于当年十二月底汇案填造减免赋税表,转送内政、财政两部及关系部会会核转呈备案。前项清册应造两份,分存省政府及县市政府,简明表应造五份,一份送内政部,一份送存有关系部会,三份送财政部分别存转"[202]。简言之,减免赋税须造具清册,分存省、县市政府,先行准予停征,再填造减免赋税表格,报中央备案。

2. 房捐

房捐一般以城镇房屋为课征对象,按房租或房价向房产所有人或典权人征收的一种税。民国前期,各地对其捐税名称不统一,征收也不普遍。1927年7月,南京国民政府财政部公布了《各省征收房租临时简章》8条,通令苏、皖、浙、闽、赣、桂六省执行。当月,江苏省政府制订《江苏省征收房租条例办法》15条,其中规定公署及地方团体、庙宇寺院的房屋免征。所称"地方团体",也包括各地的善堂、善会等慈善公益组织。"一·二八"事变后,江苏省为应军警急需,再次制订简章,临时开征房捐,地方公益慈善团体仍属免征之列。[203]以上所述,都属于临时性房捐的征收。在此前后,部分省市参照本地情形及传统惯习,先后制订地方性房捐章程,至30年代,房捐逐渐在全国推行,成为一项主要的地方税种。这期间,对于慈善团体的房产,一些地方的征收办法亦规定可酌情减免房捐。如所周知,上海自开埠以来,经过大半个世纪的发展,到民国时期已成为中国工商业最繁华的大城市。市区及近郊人口众多,屋宇稠密,房地产价与日俱增,房捐为地方税收之大宗。1929年8月,上海修正公布了《上海特别市征收房捐规则》,其减免规定为:"慈善机关及其他法定团体,经中央或本市主管部门注册立案者,酌量减免";"地方公产,除所收利益系完全作教育慈善或其他公益之用的,得免房主捐款外,余照五成征收。"[204]除上海之外,南昌、北平、四川等省市也有类似优惠措施。1928年南昌市制定的《征收铺捐章程》和《征收房捐章程》,即准以公益为目的之团体免征房铺捐。1932年9月《北平市房捐征收章程》也规定,除学校、会馆、庙宇、慈善团体及其他公产外,所有房屋出租有收益者,均应征收房捐。1935年5月,四川省政府颁布的《四川省征收各县市房捐暂行简章》亦明定:"曾经立案之公益慈善团体免捐"。

1936 年,福建开始在福州、厦门及各县城区重要商镇范围内,对居住用或营业用之房屋开征房捐,然公益场所可经政府特许免捐。[205]综合各地情形,除上述有收益之房产可酌减免外,许多地方都规定慈善团体的房屋自用部分免征,或"善产经证实无收益者免捐"[206]。由于各地所订房捐征收章制繁简不一,稽征甚为混乱,1941 年 5 月,国民政府财政部遂统一制订颁布《房捐征收通则》21条。《通则》首先统一名称及征收范围,规定对房主(包括房产典权人在内)征收房捐之税款者,一律改称房捐征收之;征收范围仅限于各县城镇房屋,而乡村房屋不征捐。其次,免捐规定为不以营利为目的之房屋,"业经立案之私立学校或慈善团体"即属之。[207]1943 年 3 月公布修正《房捐条例》,缩小了免捐范围,取消了免征慈善团体税收条款。[208]不过,各地方执行时仍有变通,如 1946 年11 月施行的《重庆市房捐补充办法》规定免税范围有二,其中之一款:"为奖励提倡学术及慈善事业,经主管官署许可立案之纯学术、慈善团体所有自用之房屋,得以补助费名义,酌予减免房捐"。是年 7 月,《贵州省各县市房捐征收细则》也增列"红十字医院所有专供医药治疗及办公用之房屋免捐"[209]。此后,国民政府又两次公布和修正《房捐条例》,使征免范围、捐率、罚则及税收负担人基本趋于统一。

除上述中央和地方性法规外,抗战胜利后,由社会部与财政部会商制定、经国府核准颁行的《私立救济设施减免赋税考核办法》也有免征房产税的优惠待遇。该办法第 5 条规定,凡呈准立案之私立救济设施成立在 5 年以上,对于社会救济事业著有成绩者,经核准后,得享受甲、乙两项减免税待遇。其中,甲项为善团"自身用地准予依法免税",乙项是"有收益之土地或房屋、股票、债券、现金、孳息及生产劳动收益等,其直接使用于救济事业者,分别情形,准予减税或免税"。[210]但慈善组织出租的房产以及非自身业务用的生产、营业用房产不属于免税范围。该办法还规定,"私立救济设施之一切财产应将全部书状或契据呈送主管官署验印"[211]。

事实上,在经济发达的大都市,如上海、北平、天津,房地产租金在抗战前已成为许多慈善组织收入中的大宗。这在档案中有确切的载录:"窃查上海各慈善团体所有房地产业,纯由地方贤达捐输,历办养生、送死各项慈善事业,全赖房地产收益为之支配"[212],这使得各慈善团体在抗战前大体上可维持收支平衡。日本学者小浜正子的研究亦指出:"支持民国时期上海慈善事业发展的,主要是以慈善团体所拥有的房地产的租金收入和捐款为中心的民间资金,慈善团体拥有房屋等多项房地产,上海城市社会以这种形式积累了社会公共资本。"[213]而在这些公共资本积累过程中,政府的财政税收政策发挥了重要的调节作用,也就是通过税法对慈善组织予以适度倾斜,减免了部分房捐。

3. 营业税

北京政府时期的营业税主要沿袭旧时的牙税、当税,后又开办交易所税,有些地方则开征了钱业捐、茶馆捐、旅馆捐、游艺捐等诸多名色,但都不含减免慈善组织税收的优惠措施。国民政府定都南京后,因军费浩繁,乃积极筹划整理、统一财政,酝酿开办营业税。至1931年1月,财政部拟订《各省征收营业税大纲》及其补充办法,10日由行政院核准后公布施行。《大纲》及其补充办法颁行后,苏浙皖鄂湘五省先期推行,随后晋冀鲁豫及北平、青岛等省市也拟订营业税条例及其施行细则,陆续送财政部审核后,开征营业税。中央及地方性相关法规、条例,大体涵括了课税范围、免税规定、课税标准与税率等内容。[214]至于免税规定,有的省份还酌情作了一些补充规定,如浙江、河北规定"不以营利为目的之事业,如合作社、习艺所、慈善所等所经营的事业免税"[215]。因该大纲及其补充办法未经立法程序，后由行政院转呈中央政治会议决定立法原则，再交立法院审议并草拟法案。经立法院将草案逐条审议通过后，1931 年 6 月 13 日，国民政府公布了《营业税法》。该法案全文 13 条，规定营业税为地方收入，按年、按半年或按季征收，由纳税者向征收机关直接缴纳；税率由各省市酌定。[216]它也保留、吸收了原大纲的若干内容，给予慈善机构税收优惠，即规定"不以营利为目的的合作社、贫民工厂等，得免征营业税"[217]。财政部鉴于抗战爆发后经济与财政形势发生很大变化，该税法实施将近十年，地方税制亟需改进，遂提出修正草案。1941 年 9 月 26 日，国民政府公布修正《营业税法》。由于各省的征收章程在适用税率、罚则等方面不尽统一，财政部又再次修订法案，并于 1942 年 7 月 2 日公布。[218]这两次修正都对免征条款作了进一步的规定，如第 5 条："依法经营业务及经所在地主管机关登记，并呈请征收机关查明属实之合作社及贫民工厂，得免征营业税。"[219]从法律条文来看，营业税的优惠条款更为严格具体，其免税范围有所缩小，仅限于贫民工厂等个别含慈善性质的经济实体，而对其他慈善组织的一般性营业则要征收税款。抗战胜利后，《营业税法》又进行了修正，但仍保留着上述有关慈善组织的税费减免规定。

（二）消费税方面

民国时期，关税属于消费税之一种。慈善组织享受关税方面的优惠，是近代以来西方国家普遍采取的一个税收激励措施。然而，自 1842 年中英《南京条约》签订后，辟五口通商，确定关税税则及关税协定原则，中国从此丧失了关税自主权。将近百年，中国海关一直操纵在洋人手中，成为列强对华经济侵略的工具。关税由中外协定,也就无法自由、自主地确定各种应征、应免、应减货物的税额,这种情形到了清末民初仍延续着。南京国民政府成立后,展开了收回关税运动。1928 年 12 月 7 日,国民政府颁布《中华民国海关进口税则》,"改用差等税率,按照货品性质,分别增高",达 5%—27.5%。不久,又与英、法等西方多国签订关税条约或友好通商条约,约定关税及其关系事项,"应适应完全自主之原则,以各本国国内法规定之"。[220] 1930 年 7 月,财政部"以我国关税主权完全恢复,税则实有彻底改订之必要,即饬由国定税则委员会缜密研究,拟具海关进口税率增减概要"[221],交立法院审议,完成立法程序。1930 年 12 月国民政府公布了《海关进口税税则》。

民国前期,中国境内有众多外国教会主持的慈善组织,其慈善经费及救济物资中的绝大部分由国外捐赠。而此时海关仍由外人把持,关税亦尚未自主,对于其减免税收情形,笔者所了解、掌握的资料十分有限,尚不足以展开讨论分析,这将有待于以后文献的发掘。及至南京国民政府建立,虽制定了一些进口税税则,但实际上,从国际社会输入中国的慈善救济物资并不多。这些入境的国外捐赠物资,其受赠主体基本上是基督教教会及其附属教会慈善机构,而此时教会慈善组织还没完全归中国政府管理,因此尚未具体规定关税的豁免范围及对象。太平洋战争爆发后,中、英、美结成世界反法西斯同盟,英美等国先后宣布放弃在华的各项特权,中国接管了上海等地的租界。至此,关税主权得以完全收回,民国政府制定的各项海关税收法律才开始有效地实施。由于治外法权的废除,外国教会慈善团体始接受各省市民政厅、社会局管理与监督。从 1942 年开始,国民政府着手修订、制定了一些关税和进口税法律,对慈善组织接收国外捐赠的款物予以减免的优惠待遇。

1945 年抗战胜利后,联合国善后救济总署向中国提供大量援助,以便恢复战争创伤,尽快重建家园。国民政府成立了行政院善后救济总署,并在上海、湖南、台湾等地设立 15 个分署,负责接收联合国善后救济总署各种援华物资,实施救济。如果对这些慈善救济物资征收关税,显然会使运作成本大大增加,有违人道主义救助的宗旨。在这种情形下,国民政府制定了公益慈善及救济性物资免征进口税收的行政规章。规章规定,公益慈善及救济性物资是指:图书馆、博物馆、学校的教学仪器、教材、图书资料和学习用品;直接用于赈灾济贫用的慈善救济物资等。1947 年 6 月,因国际儿童急救金会援助一批慈善急救物资,上海市社会局依法向社会部、财政部函电提出免征关税申请,经行政院核准后,即知照社会部福利司、财政部、交通部等相关部门验放。[222] 为规范统一对进口物资关税的征稽,行政院于 1948 年 12 月公布施行《管理进出口贸易办法》,其中规定:"慈善宗教团体及教育机关接收外国捐赠之物品,或为本身使用、不需洽购外汇之物品,得迳由输出入管理委员会核发输入许可证,但各该团体机关内个人使用之物品不在此限。"[223] 进口的捐赠物资,由受赠的慈善、教育等机关向输出入管理委员会申请输入许可证,据此再向海关提出免税申请,而海关凭证验收放行。

随着西方资本主义经济的迅猛发展及其向全球扩展,至 20 世纪初,世界各国已形成一个紧密联系的整体。每当遭遇重大自然灾害与战争时,慈善事业也跨越了国界,成为人类共同应对、相互支持的国际人道主义行动。国际红十字运动的发展以及红十字组织在欧美及亚洲各国的创设就说明了这点,同时也表明:慈善无国界。受天灾人祸因素所致,慈善组织亟需接收国外捐赠,或是救济物资需要从国外进口,政府豁免关税就显得尤为迫切和必要。民国后期,中国政府参酌了世界各国通例,在进口关税的法律制度上,给予慈善组织接收国际慈善救济物资的免征待遇,扩大了救济区域和救济对象,有利于战后中国社会的恢复与重建。

(三)所得税方面

所得税起源于工业化最早的英国。至 20 世纪初,西方发达国家大都陆续仿行。民国时期,所得税为直接税之一,实行统一税率征缴,凡公司、商号等社会组织及公民个人在其生产经营过程中获得的各种收益,均应所缴纳税收,而不区分企业所得税和个人所得税。按照一般规定,慈善组织作为民法上规定的法人之一,它所获得的收入也需缴纳所得税,但国家为扶持慈善事业的发展,在所得税方面给予了慈善组织一定的税收优惠。

清末宣统年间,为解决财政困难,开始从西方引入所得税制,曾拟具《所得税章程》,但无果而终。民国成立后,北京政府因军费开支浩繁,亦决定倡办所得税。1914 年 1 月,《所得税条例》公布,其主要内容涵括了课税范围、税率、所得额之计算、免税事项及申报程序等,其中,不以营利为目的之法人所得即为六项免税事项之一。[224]但后因政局混乱,未能在全国推行。

国民政府成立后,继续筹办所得税。1928 年 7 月,财政部以1914 年公布之条例为蓝本拟就所得税条例、施行条例等草案,后在审议过程中鉴于时过境迁,不成熟之处尚多,宜缓议。1934 年 5月第二次全国财政会议提出,为适应战时财政需要,再议开征所得税。经过一年多的准备,财政部拟订了创办所得税原则及所得税条例草案,呈请行政院审核。后经修正,再呈行政院转立法院审议。1936 年 7 月初,立法院财政委员会迭开审查会,9 日,提经立法院第 68 次会议最终通过《所得税暂行条例》,共 6 章 22 条,7 月21 日由国民政府明令公布。8 月 18 日,行政院第 275 次会议复通过《所得税暂行条例施行细则》49 条,随后以院令公布。不久,国民政府颁布命令,该法定自同年 10 月 1 日起施行。条例规定了课税范围、免税规定、税率、所得税之计算、纳税申报、罚则等内容。根据该条例规定,所得税法系采取分类征收制,在第一章中即按所得性质分为三类进行征收:第一类营利事业所得;第二类薪给报酬所得;第三类证券存款所得,包括公债、公司债、股票及存款利息之所得。在免税方面,以列举方式作了规定。各类免税范围均涉及慈善事业,具体言之,"第一类营利事业所得之减免,仅限于不以营利为目的之法人所得。此项所谓法人,以合于《民法总则》中规定的公益社团及财团之组织,经向主管官署登记成立者为限。惟非营利事业之法人或团体而兼营营利事业者,视为营利事业,仍应课税。"[225] 第二类薪给报酬所得之减免,卯款"残废者、劳工及无力生活者之抚恤金、养老金及赡养费"亦属之。第三类证券存款所得之免税规定有寅款"教育慈善机关或团体之基金存款",而后的施行细则有更清晰的立法解释,其"系指具有长期固定性质、用利不动本之定期存款或有特定用途经主管机关核准得动用本金及作为活期存款存储者"[226]。抗战爆发后,随着大片国土沦陷,战时财政支出日益浩繁。为增辟税源,财政部于 1942 年 11 月拟具修正所得税暂行条例草案,依立法程序转立法院审议。立法院以条例系临时性质,所得税已成定制,宜改称税法。1943 年 2 月 17 日,国民政府公布《所得税法》,同时废止《所得税暂行条例》,不久财政部拟订施行细则,定于同年 7 月 9 日公布。此次制定《所得税法》是在原暂行条例基础上进行的,共 22 条。其修正内容主要是调整税率、提高罚则、缩短申报期限,而对第一、第二、第三类所得的免税条款仍保持不变,不以营利为目的之法人所得,以及教育慈善机关或团体之基金存款等,依然可免纳所得税。[227]

因抗战爆发,社会经济亦颇受战时环境影响,一些人以土地、房屋、机器、舟车等财产辗转倒卖或出租所得,较之战前获利倍增,甚至高达数百倍。为抑制非法暴利,稳定物价,也为平衡国民负担,便利将来推行综合所得税,财政部决定开办财产租赁出卖所得税。1942 年 11 月,拟具出草案呈报行政院转呈立法院审议,1943 年 1 月 28 日,国民政府公布实施《财产租赁出卖所得税法》。这部法律以土地、房屋、堆栈、码头、森林、矿场、舟车机械之租赁所得或出卖所得为课税范围,但也明确规定了免税事项:一是"财产租赁所得未超过三千元者,财产出卖所得未超过五千元者,农业用地之出卖所得未超过一万元者",二是"教育文化、公益事业之租赁所得或出卖所得全部用于各该事业者"。[228] 至于应税所得额的计算,财产租赁以每年租赁总收入减除改良费用必要损耗及公课后之余为所得额;改良费用及必要损耗的减除额,以租赁总收入额20% 为标准;租赁收入以出产物计算者,应按各年该出产物出产后三个月平均市价换算,其换算的平均市价,由当地主管征收机关调查核定公告之;财产出卖所得的计算,以其出卖价格减除原价的余额为所得额。

随着抗战胜利后复员工作的展开,战时财政逐步转为平时财政,原所得税法已不尽符合战后社会经济及物价变动情况,修订势在必行。1946 年 1 月,财政部拟具所得税法修正草案,经立法院完成立法程序后,于 4 月 16 日颁行了新的《所得税法》。此次修正,合并了战时国民政府颁行的两项所得税法的内容,提高了应税的额度,并开始兼采分类所得税与综合所得税。[229] 前述免税规定在新《所得税法》中得到基本保留,仅在 7 月 3 日公布的《所得税法施行细则》(共 52 条)略有变动。具体地说,细则涉及慈善团体免税的条款有 4 条,如第 10 条规定:"本法称教育文化公益慈善事业之免税者,以合于《民法总则》公益社团及财团之组织,经向主管官署登记成立者为限;前项事业,其营业所得或财产之租赁所得非全部用于本事业者,其非用于本事业之部分,仍应征税。"[230]此处将第一类可免征者限定为"教育、文化、公益、慈善事业之所得",比较原规定"不以营利为目的之法人所得"一语,更为严格具体。第50至52条则对可免税的基金存款的含义作了界定,并规范了减免程序:"本法称教育文化公益慈善机关或团体之基金存款者,谓具有长期固定性质、用利不动本之定期存款,或有特定用途经主管机关核准得动用本金,或作为活期存款存储者。前项机关或团体者,以依关系法令,经向主管官署立案者为限";"非教育之机关团体或个人,提存专款作为奖学金,并定有保管办法,经报明主管官署者,视为教育文化公益慈善机关或团体之基金存款";[231]"凡合于前四条及本细则第十条第一项之规定者,先将证明及关系文件报明当地主管征税机关审查,认为相符,均得免税"。[232]同时也规定,证券所生的利息所得,难合于前述各条规定,不再免税。《所得税法》经以上修正,进一步明确了免征的范围,并"实行分类征课与综合征课并行的制度,使所得税制趋于完善,开创了民国税制史上新的一页"[233]。

上述税法规定,为慈善组织的发展创造了一个有利的法制环境,有利于慈善组织增源节流,在一定程度上减轻了其经济负担。民国年间,吴县同业分会为救济中下级会员不幸亡故后遗族的生活,成立了员司遗族恤金基金,将基金分别存储于各银行,收起息利分给遗族。1936年《所得税暂行条例》颁行后,1937年3月,吴县同业分会依照该条例第二条第三项寅类所载:"教育慈善机关或团体之基金存款,均准免纳所得税",向金城银行苏州办事处去函,声请将其所存储于该银行的员司遗族恤金基金迅行转报办事处核准免税。后经银行方面与税务机关查照,所存的员司遗族恤金基金与上项免税条例情形相符,同意核免。[234]前颁条例修正为《所得税法》实施后,1947 年 3 月,吴县银行业员司遗族恤金会申请在中国银行、中国实业银行、交通银行、国华银行等 4 处金融机构的存款 600 元所得利息予以免税,将之拨付贫苦同业遗族之用。[235]云锦公所是清代苏州纱缎业同人建立的行会组织,起初主要救济同业贫寒者,民国时期又创办私立纱缎小学,经费多依赖于其在观前街一处房屋的租赁金。1946 年新修正《所得税法》,将1943 年颁行的《财产租赁出卖所得税法》有关内容吸收进来。1947 年 4 月,直接税吴县分局依照该法向云锦公所催缴该处房产1945 年 11 月至 1946 年 4 月财产租赁所得税。云锦公所以为“本公所系属公益慈善机构,所收房租全部充作私立纱缎小学暨赒恤纱缎业孤苦经费之用,似可依据《所得税法》第四条第四款寅项规定申请免税”,于是,函请吴县丝织业同业公会转呈吴县商会,予以证明。后经查核,确系全部充作善款,税局准予免征。[236]由于税法规定所得税方面予以减免优惠,慈善组织将一些经营所得充作慈善经费,也便于它更积极、更有效地利用善款,开展更多慈善公益活动,以收博施济众之效。

(四)行为税方面

民国时期的行为税有多种,与慈善事业有关联的税种有印花税、筵席及娱乐税、使用牌照税等。

1. 印花税

1912 年 10 月,参议院议决《印花税法》,咨请临时大总统于同月 21 日公布。该法尚无针对慈善组织的优惠规定。1914 年,参政院代行立法院将印花税法加以修正,规定凡财务成交各种契约、簿据可用为凭证者,均须贴用印花,但其价值在 10 元以下者准予免贴。[237]此时,由于税法尚属草创,有关印花税的减免,主要由税务部门在稽征税款时依据实际情形变通执行。对于慈善组织提出的印花税减免申请事宜,多采取一事一议的办法。如在苏州,自清初以来,"各商各帮会馆公所,均由同业分任集捐,向办公益学堂及恤嫠丧葬各善举……多取给于此,以收众擎易举之效。此项担任月捐,由会馆、公所机关掣据征信。孤寡月给恤费,亦均有折票,凭执向会馆、公所项下支领"[238]。1916 年 12 月底,各业商董向苏州总商会反映,苏州税务稽征所即拟向此项月捐、折票等收据征收印花税。为此,苏州总商会致函苏州警察厅,希周知各税务稽征所免征各项慈善义举的印花税。函称:"本会按苏城各业商帮均有会馆、公所,同业之人捐月费,此项收据票以及孤寡恤折事属慈善义举,与营业性质不同,本在印花税法规定各款之外,当然无贴用印花之必要。"[239]1917 年 1 月 1 日,苏州警察厅复函解释:"会馆、公所向办各项公益善举及恤嫠等项捐款,既有折票凭执,亦应依法照第二条第十三、四种贴用印花";"然印花一税,不仅行之于有营业性质者,即社会上以财务成交之契约、簿据均适用之。但恤嫠折据,既属慈善性质,姑准暂予免贴。"[240]由此而见,民国初年的印花税法存在不够完善之处,尚无对慈善公益组织予以免税的明确规定,不过有些地方在执行税法中也较为灵活,一般会根据实际情况,或依照民间惯习,出于善与人同、共襄善举等方面的考虑,对相关慈善票据准予免贴印花。在这个苏州印花税免征案中,诚如梁治平先生所指出的,民间法或说习惯法作为"不同于国家法的另一种知识传统","被用来分配乡民之间的权利、义务,调整和解决了他们之间的利益冲突,并且主要在一套关系网络中被予以实施"。[241]虽然,"这部分法律往往与国家法不尽一致,乃至互相抵牾,但这并不妨碍他们成为一个社会法律制度中真实和重要的一部分,甚至,它们是比较国家法更真实而且在某些方面也更重要的那一部分"[242]。在这个场合中,苏州商会作为"民间"的代言人,在清末民初江南地区民间社会网络中有着广泛的影响力,作为"国家"代表的税务机关也"仍然乐于和常常依赖于民间的解决方法,民间法与国家法遂获得一种重要的'对话'和'互动'的渠道"[243]。这样,自然生成又相沿成习的民间法、习惯法,与国家法之间彼此抵触、冲突,又互相渗透、配合。在民国中后期,民间法关于印花税免征之惯习俗例也被融入到国家法当中。

南京国民政府成立后,各省多沿用旧制征收印花税。为适应形势发展需要,财政部决定重新修订印花税法规,以统一印花税制。经中央政治会议议决,1927 年 11 月 23 日,由财政部出台了《印花税暂行条例》。然该条例"仓卒草拟,条文简单,脱略挂漏之处甚多"[244],及至南北统一后,各地风俗互有差异,颁行新法尤为必要。经过三四年的酝酿与调查,财政部拟订《印花税》草案,经立法院审议通过,1934 年 12 月 8 日由国民政府公布。1935 年 7 月 23 日,财政部公布《印花税施行细则》,规定该法暨施行细则定于 1935 年 9 月 1 日起全国一律施行。该法确定了以凭证为课税对象;对于应征、应免印花税之凭证,均分别列举,并明定税率,凡不营业、不营利性质的票据(如慈善机构的账簿)即属于免征之列。[245]这时期,立法院在起草印花税法草案过程中,参酌各省情形、各方意见以及各国税法,并依据现行法律,进行了仔细研讨,增列了一些免税条款,因而其条文较缜密,内容也较合理,开始允准财团或社团法人组织之教育、文化、公益或慈善团体所用的账簿及其接收捐赠的凭据、票证免纳印花税,让其享受到税收优惠待遇,在一定程度上减少了经费支出,减轻了经济负担。抗战期间及战后复员时期,国民政府还数次修订《印花税法》,修正内容主要是调整税率、扩大课税范围及加重罚则等,仍允准公益慈善团体的账簿、票据等免贴印花。[246]

2. 筵席及娱乐税

筵席及娱乐税源于清末的饭馆捐、戏艺捐或戏捐等,入民国后仍为沿用,成为各繁华大都市一项重要的财政税源。民国前期,筵席及娱乐税捐章则捐率各异,各地征收混乱,南京国民政府建立后,统归为行为取缔税。1942年初,财政部拟订《行为取缔税征收通则》11条,送经行政院转立法院审议,后改名为《筵席及娱乐税法》,并于同年4月由国民政府公布,在全国统一执行。至此,结束了地方征收筵席捐、娱乐捐各自为政的混乱局面。根据该法规定,筵席税率为10%,娱乐税率为30%,由馆商、场商代征;日常饮食不满40元者,以及学校、公共团体举行游艺募捐,收入作公益之用,或为赈灾筹款者,经核准可以免税;征收细则及相关免征事宜,由各省市政府依法分别订之,送财政部核准后施行。[247] 1943年、1946年,该税法两次修改筵席税征收税额,以及娱乐税征收范围。不过,公益慈善机构所举办的各种娱乐,如其全部收入用于慈善救济事业,仍属免征娱乐税之列。[248] 1947年12月1日,国民政府颁布新的《筵席及娱乐税法》,再次修订了筵席起征额及税额,并规定娱乐业分等级课征。筵席及娱乐税由业主代征,向当地财政局或稽征处报缴。其第5条也规定了免税条款:"凡以营业为目的之电影、戏剧、书场、歌场、球房、溜冰场及其他娱乐场所均征娱乐税。但一切音乐及不以营业为目的之娱乐,均免征娱乐税。"[249]

《筵席及娱乐税法》公布后,四川、云南、重庆、广东、上海等地都制定了征收细则及免征条款。1943年,中国崇德善会因冀豫两省"频仍连年,水旱失时,盖藏俱无",发起筹募救济,拟定于4月上旬"在皇后大戏院排演日戏两天,票价收入充作救济灾民之需",申请对该演戏收入之捐税免予征收。[250]同年,"华北灾情奇重,人民荡析流离,转辗沟壑,惨不忍睹",上海"各界热心人士,纷纷自动举行义演义卖","各游艺场、舞厅、戏院等自动响应义务表演",上海各界华北急赈会以此次义演"与纯粹之娱乐性质不同",亦拟请豁免三成娱乐捐,以惠灾黎。工部局依例同意豁免。[251]中国道德会、联义善会先后具文向上海工部局申请免征娱乐捐,均得允准。1946年5月,天主教慈善事业协助会法人代表朱志尧向社会局呈文开展募捐义演,得到财政局同意免征娱乐税。[252]

3. 使用牌照税

慈善组织因开展救灾济贫等慈善活动之需而使用交通工具,民国政府也制定颁行了若干法规,如《铁路运输赈济物品条例》及《减价凭单持用办法》、《铁路运输灾区商运粗粮减价条例》,按照惯习允许减免一定税费。虽然这种税收优惠仅限于铁路,其税费也与民国时期针对使用车船而征收的使用牌照税、营业牌照税不尽相同,但其实质相类似,故亦纳入其中。

民国时期,各地灾荒频仍,赈济孔亟,而政府财力有限,灾民的赈恤就不得不有赖于民间慈善组织了。为赈济灾区,国民政府奠都南京之后,乃设立赈灾委员会和赈务处两机关,由许世英、赵戴文掌其事。由于灾情重、灾区广,赈济物品的运输极为迫切,交通部订定了《铁路运输赈济物品条例》,经呈奉国民政府令准公布施行。该条例在便利官方赈务机关运输赈品的同时,也鼓励民间慈善团体积极参与赈灾,以补政府财力之不逮。不久,交通部改组,新设铁道部。铁道部亦继续遵照办理,1928年11月对条例略作修正,同时出台了《铁路运输赈济物品减价凭单持用办法》,以便具体操作。《铁路运输赈济物品条例》及《减价凭单持用办法》经行政院转呈国民政府核准后,于1928年12月7日公布,并令内政、财政两部知照遵行。条例共10条,主要内容有:(1)凡由各铁路运输赈济物品,均应遵照本条例办理;(2)赈济物品以粗粮、赈济衣物、棚帐、药品以及赈款为限;(3)运送赈济物品经行铁路至灾区,依照各该路局运价减半收费;(4)地方最高行政长官,或中央政府及省政府设立之专办赈务机关均可请运赈济物品,其请运程序如下:先期具备印函署名盖章,将种类、数量及上下车站点、押运人员姓名逐项列明,送交铁道部核准,由铁道部填发减价凭单起运;如运送赈粮,还须将散放粮票的确实数目出具正式证明文件;如系紧急赈济,不及将散放粮票确实数目查明者,应先声明理由,并于事后补具证明文件,以备稽考。"凡慈善机关施放赈品,应由散放区域地方最高行政长官按照前项规定办法,转请本部核办"。(5)装运赈济物品时,应由请运就按持用铁道部发减价凭单,缴收半价运费及其他杂费。[253]为避免一些不法分子假借慈善赈灾的名义,骗取某些货品的减价待遇,条例同时还规定:如装车时发现种类、数量与减价凭单不符,以及"不按下车站点或半途私卸者,仍照各路定章处罚";"凡运送赈济物品,如有夹带商品及违禁物、危险物等情事,一经查出,即照路章究办"。[254]根据条例有关规定,铁道部还制定了《铁路运输赈济物品减价凭单持用办法》6条,以便让赈济物品减价运输有章可循,更具可操作性。办法规定,减价凭单系三联式,第一联由铁道部填发给请运机关,"持赴起运站缴交半价现款,换票起运,此联凭单即由该站收缴路局,呈部核销";第二联由铁道部下发路局,转发起运站,与第一联核对是否相符,用毕缴局存查;第三联存根留部备查。请运机关持用第一联凭单至起运站报运,经该站核与第二联凭单所载各项相符,即照章核收半价款,换票起运。"如有不符,或填注、涂改及持用人违背《铁路运输赈济物品条例》等情事,应将凭单扣留作废"。即便第一联凭单填写有误,持有人亦不得自行填注涂改,而由请运机关送交铁道部更正。凭单有效期为一个月,在此期限内慈善组织等请运机关应迅赴起运站报运,逾期作废。[255]这样,切实保障了赈济物品能及时运送至灾区,真正解灾黎于倒悬之危,救饥民于饿殍之急。

《铁路运输赈济物品条例》及《减价凭单持用办法》于1928年底公布施行前后,全国灾情继续扩大。1929年,国民党广州党部的机关报《广州民国日报》一篇来源于南京通讯社的报道就坦承:"最近数年来各省所受之天灾人祸,疫疠盛行,民无噍类",据国民政府赈务处公布的1928—1929年全国灾情的调查结果更加骇人听闻——"无家可归者达七千万人之多,灾区几遍于全国二十二省"![256]面对日益严峻的灾情,1929年初,赈务处和赈灾委员会遂联合呈文行政院,希望国民政府在铁道部原颁行条例的基础上,实施更便利、更优惠的举措,以救济更多的灾民。呈文称:"窃查近年来被灾各省据报有二十二省之多,灾情重大,灾民众多,为近今所未有,匪应联络中外人士广募赈款,购备粮品,运往灾区,〔无〕以图救济。惟灾民输运各地或由国外进口粮食,例须完纳各项税捐;经过铁路亦须缴过运费,耗费甚巨,殊与赈务进行不免窒碍。且此项捐耗费用,以之施赈灾黎,又可救多数之生命。如蒙政府特予免税,并可鼓励中外各善团募集粮品运输灾区。"[257]经行政院第13次会议议决,同意赈务处、赈灾委员会两机关所请,并拟订赈品免纳捐税临时办法,令铁道部、交通部、财政部及建设委员会查照办理,各省市遵照执行。临时办法的主要内容为:中外赈品实行救济灾黎者,如系官运赈,由赈务处、赈灾委员会函知各部,免纳各项捐税及运费;如系各善团自行办赈运输赈品者,由赈务处、赈灾委员会查明属实,函请各部免纳捐税及运输费;赈务处下属各机关及各善团有关赈灾的电报亦准免费。[258]这就进一步扩大了税收的优惠范围，方便了各慈善组织救济灾区的活动，以期博施济众。不久，因灾区极广，灾情极重，为普救灾民，赈灾委员会熊希龄等人又电请国民政府，提出"对于灾区内商运粗粮厘税并定有加赈加捐一律免税，此外细粮减免一般，以三个月为限，俾利商运"一案，经行政院议决，灾区内商运粮食所有交通税费酌予减轻，并呈奉国民政府照准。据此，铁道部斟酌各路情形，按照运输成本，订定了《铁路运输灾区商运粗粮减价条例》7条，作为前颁《铁路运输赈济物品条例》及《减价凭单持用办法》的补充。该条例经行政院批准后于1929年6月开始实施，并会同赈灾委员会确定了灾区车站。条例规定：商运粗粮应整车运输，其种类以小米、高粱、玉米、玉米面、山芋、麦麸、荞麦、荞麦面为限；商运粗粮应以确系运赴灾区为限，并确定了平汉路、津浦路、陇海路、正太路、平绥路等5条铁路18个车站；各种粗粮经行铁路一律按照各路现行普通运价减收五成现款运费，并一概免除所用铁路附加费，但仍需收装卸费及杂费；请运粗粮应先期请求铁道部发给减价凭单，注明请运商号、起讫站点、粗粮种类、数量等项，由商号持单至车站缴付运费，换取货票起运；所有商运粗粮须直达运到灾区指定车站卸车，中途不得私卸，并不得夹带其他货品、违禁品、危险品，违者照章究办。条例自公布日施行，以三个月为限。[259]虽然商运粗粮并不是无偿的赈灾物资，法规也是临时性的，但是，值重灾大荒频发之际，灾区户鲜盖藏、灾民待哺嗷嗷，对商运粗粮给以减半价的优惠政策，鼓励商家购粮运济，有利于供给充裕，平抑物价，解决民食。对于赈灾物资，国民政府采用经赈灾委员会和财政部共同核准，给予免税护照的办法。1930年，财政部重申该令："所发赈灾物品免税护照，原以备该项物品自采办时起到达日止，经过各关卡免税验放之用。如在给护照之前,业经免税之赈灾物品,仍持照向原纳税机关退还原税,用作免税之护照。一若变为退税之凭单,似于法理手续均有未合。嗣后赈灾物品领用免税护照,只对于未纳税款发生效力。"[260]从某种意义上而言,这种利用现代税收杠杆调节的税法,也承继了中国古代"移粟就民"、平粜等临灾救荒举措之遗意,同样不失救灾恤民的慈善之义。只不过,民国时期运粮赈灾已充分运用了轮船、火车、汽车等先进的近代运输工具,而不再像古代那样肩挑马驮,这就增大了运量,加快了运速,有效地发挥慈善救济的作用。

由上而知,民国前期政府对慈善组织的税收优惠,主要体现在不同税法中相关的免征条款中,如《土地法》、《土地赋税减免规程》、《所得税法》、《财产租赁出卖所得税法》以及《铁路运输赈济物品条例》等。及至后期,社会部职掌全国福利救济事业,才颁布《私立救济设施减免赋税考核办法》,统一规定了慈善救济组织准予减免税的对象和范围,进一步明确了慈善组织所能享受的优惠待遇,这对慈善事业的发展是十分有利的。同时也表明国家在税收立法方面对于慈善事业的扶持、鼓励态度。

二、捐赠人享受的税收优惠

公司、商号等社会组织和个人向慈善公益机构捐赠,在民国的税法体系中,所得税法没有相关规定,其税法调整主要体现在遗产税方面。具体言之,个人以遗产向慈善公益组织捐赠一定数额的财产,可免征遗产税,但企业或个人的一般慈善公益性捐赠,所得税法并未允许企业或个人在年度应纳的所得税额中扣除,民国政府主要通过制定相关的褒奖条例给予相应的名誉奖励。这将是本书第三章第四节详细探讨的内容,暂且不述。接下来,先分析民国政府有关遗产捐赠的税收优惠措施。

遗产税是以财产所有人死亡后遗留的财产为课税对象,向遗产继承人及受遗赠人征收的一种税。中国倡办遗产税,始于民国初年。1912 年至 1914 年间,外国顾问铎尔孟向北京政府提出《遗产税说帖及略例》8 条,财政次长章宗元亦随之拟出《遗产税征收条例草案》,建议开征遗产税。1915 年夏,总统府财政会议讨论倡办遗产税问题,并参照章氏草案,拟订《遗产税条例草案》11 条,其主要内容为:以嗣子为课税对象;免税点定为 1000 元;税率采比例制;订定缴纳办法。该草案对慈善捐赠也给予一定优惠,"凡捐赠其财产于公益慈善或合族义庄在 1000 元以下者",准予免纳遗产税。[261] 然而,旋以军阀割据,混战不休,政令不出都门,该条例草案便悬置未议了。

1927 年南京国民政府财政部甫成立,为整顿财政、更新税制,一面整理旧税,一面筹划开征新税。8 月,财政部即以北京政府《遗产税条例草案》为蓝本,重新拟具《遗产税暂行条例草案》13 条及《遗产税施行细则草案》16 条,于 1928 年 7 月提交给第一次全国财政会议讨论,经议决举办。然而此时,民法典之继承编尚在草拟中,户籍法及财产登记法也有待颁行,终因条件不成熟而搁置。九一八事变后,财政部考虑到战时财政问题,又重行筹划举办遗产税。1934 年 5 月,财政部草拟《遗产税法草案》12 条,提请第二次全国财政会议议决。1936 年 2 月,财政部根据会议决议拟具《遗产税原则》9 条及《遗产税条例草案》30 条,经行政院通过,转国民党中央政治会议于年底议决修正通过《遗产税原则》10 条。其中,第 3 条为免纳遗产税各款,"捐赠教育文化或慈善公益事业之财产未超过五十万元者"即属其一。随后,该 10 条原则暨条例草案一并送国民政府交立法院审议,但不久因中日战争爆发,立法院停会,未能完成立法程序。[262] 战事骤发,沿海富庶地区相继沦陷,国民政府税源损失大半，而支出倍增。由此，遗产税再次提上议事日程，以期丰裕国库，支援抗战。1938 年 7 月，第一届国民参政会在汉口召开，会议促请政府从速完成遗产税立法。财政部乃依上述 10 条原则，重拟《遗产税条例草案》18 条，交立法院审议。9 月30 日，立法院第 193 次院会审议修正《遗产税暂行条例》24 条，由国民政府于 10 月 6 日明令公布。因此条例仅系原则规定，对于征课细则有待补充，后由财政部初拟并经立法院审议修正《遗产税暂行条例施行条例》，于 1939 年 12 月 30 日公布，确定于 1940 年 7月 1 日在全国实施。这两个条例明确了遗产税的立法原则和立法精神：一是课税原则采属地主义兼采属人主义，"凡人于死亡时在中华民国领域内遗有财产者，均应依法征收遗产税；中华民国人民在本国领域内有住所而在国外有遗产者亦应征税"[263]。在这一条款中，前半段采属地主义，而后半段采属人主义。二是采遗产总课制——"遗产税按遗产额计算征收"，"对于不在同一区域的遗产，应合并计算其总额"。[264] 此外，该条例还规定了课税财产、减免税范围、税率、征收程序等内容。如，依《暂行条例》第 2 条规定："遗产为被继承人之动产、不动产及其他一切有财产价值之权利。"第7 条则是有关免纳遗产税的五种情形，其中第五款规定："捐赠教育文化或慈善公益事业之财产未超过五十万元者。"[265] 实施数年之后，财政部根据办理经验及当时社会经济情况，将前颁两个条例部分条文进行了修正，而对慈善捐赠的优惠待遇未变，报经国民政府于 1945 年 2 月 17 日公布。1946 年初，根据遗产税推行五年来的实践经验以及物价上涨情况，在战时修正案的基础上，立法院审议通过了《遗产税法》，由国民政府于 1946 年 4 月 16 日公布施行。该法分六章共 27 条，较之前颁条例，有较大改进，其表现为调整免税额、扩大免税和扣除范围、提高税率、改进征收程序等方面。其

第4条第一项第五款关于捐赠教育文化或慈善公益事业之财产的免税额，也由原来的未超过五十万元调整为未超过二百万元。[266] 7月12日，行政院又公布《遗产税法施行细则》，对遗产税法中存在的若干细节予以进一步完善和补充。该细则第五条规定："依本法第四条第一项第四款、第五款免税者，应将捐赠之财产额，报明遗产税稽征机关。依本法第四条第一项第五款捐赠之财产额，超过二百万元时，应按其超过部分之价额，与其他应纳遗产税部分之价额，合并计算征收。"[267]

除上述税法之外，国民政府颁行的其他法律也含有对慈善组织的优待条款。像1935年7月24日颁布的《财政收支系统法》明确划分了中央税、地方税的不同税种类别，其中第十二章"补助金与协助金"亦规定了各级政府对于慈善救济事业在必要时予以补助扶持。第41条："各上级政府为求所管辖各区域间教育、文化、经济、建设、卫生、治疗、保育救济等事业之平均发展，得对下级政府给予补助金，并得由其他下级政府取得协助金。补助金、协助金之用途，除法律另有规定外，以前项之事业为限。"[268]此外，1937年7月12日公布的《军事征用法》规定：陆海空军于战事发生或将发生时，为军事上紧急之需要，得依法征用军需物及劳力；军事征用应视征用标的性质、人民之便利及地方之供给力，适宜划分区域行之。但在征用标的上，第9条也规定了免征条款："养老院、盲哑院、慈幼院、贫儿院、孤儿院、栖流所、战时救护组织及其他慈善机关使用之必要场所建筑物及设备，不得征用之。"[269]

三、民国慈善税收优惠立法的作用及缺陷

由于灾荒救济的客观需要，慈善组织在数量与规模上均呈发展之势，民国税收法律法规对关涉慈善事业的条款也在不断修订、

调整。从总体上看,民国政府通过财税立法给予了慈善事业一定的优惠政策,在促进慈善事业发展、缓和社会矛盾、维护社会安定秩序方面都具有重要作用。详而论之,一方面,优惠的税收政策有利于慈善组织的发展,以便更好地服务于社会、经济、文化、教育、卫生各领域。民国年间,正处于近代中国社会的剧烈转型期,各种社会矛盾纷呈,百废待兴,而慈善组织所从事各项公益慈善活动或救济活动,"上体政府之德意,下维地方之善举"[270],补政府之缺,于整个社会甚有裨益。此外,慈善组织本身的非营利性质也需要国家从政策层面上予以扶持,而税收政策的适度倾斜将推助慈善组织的发展壮大。另一方面,优惠的税收政策有利于鼓励社会捐赠,实现社会财富的再次分配,避免贫富极度悬殊和进一步分化。按照现代经济学理论,慈善事业属于第三次分配,是在完成财富的第一次分配和第二次分配后,社会公众通过自发、自愿的捐献行为来调节社会资源的过程。民国时期,政府通过税收立法鼓励社会捐赠,不仅有助于培养民众乐善好施、共襄善举的慈善意识,加大救助脆弱群体的力度与范围,而且对缓和贫富对立、维持社会稳定、实现社会公平公正也有一定影响。诚然,囿于当时的社会环境及其立法技术水平,民国时期的慈善税收立法也还存在一些缺陷。

一是慈善税收立法的层次不高,规范不尽合理。民国税法采取不同税种分别立法的"分税立法"模式,并分别制定不同的税率,一些税法也含有对慈善组织优惠的条款。后来,又于1945年出台了《私立救济设施减免赋税考核办法》,集中规范了民间慈善救济团体的一些税收优惠问题,以示国家鼓励慈善事业的发展。但由于《私立救济设施减免赋税考核办法》并不是一部税收法律,它不能直接规定有关慈善组织的税率、税收优惠等课税要素;而且,它仅是一部法律位阶与效力都较低的部门行政规章,只能转而适用有关税收法律、法规。在整个税法规范性文件体系中,虽然有《土地法》、《所得税法》和《遗产税法》等高位阶的税收法律,但税收法规、行政规章也占有相当比重,而有关慈善组织的税收减免及扣除税率等规定主要集中于此。依据税收法定原则的要求[271],这是很不合适的。这样,在实际操作层面上,对于慈善组织、慈善活动的减免税费的优待,便只能转而与法律层次及效力较低的法规、行政规章发生关联,依照已公布的条例、规程、办法的相关规定减征或免征税款,这无法满足民国慈善事业蓬勃发展的需要。

二是慈善组织的税收主体地位不够突出。慈善组织不同于公司、商号等营利性机构,由于慈善活动的非营利性、公益性,使得慈善组织与一般营利机构存有很大差别。民国时期,民法对此进行了区分:财团法人与公益社团法人、营利社团法人。慈善组织或为财团法人,或为公益社团法人,而公司商号均属于营利社团法人。相应地,税收立法也应针对各种税收主体有不尽相同之处,从制度设计上考虑慈善组织的特殊性,有必要在税法中作专门规定。然而,民国税收立法尽管采取了"分税立法"的模式,但各个具体的税法或税收条例却规定得不够细致,在有关税收优惠方面的规定中往往将各类主体并置一处,没有将慈善组织的公益性以及政策取向充分体现出来。另外,税法虽对慈善组织有一些税收优惠的规定,但在总体上还存在权利与义务不对称、不均衡的问题,一些税种仍将慈善组织按照营利性组织来定性征缴税款,没能突出慈善组织归属为免税机构的独特地位。

三是慈善组织税收优惠资格的非制度化。按照民国法律规定,凡从事济贫、救灾等慈善公益活动的组织,均可依法享受税收优惠待遇。但在实际上,有些税务稽征机关对慈善组织的税收减免采取一事一议的办法。同时,对于慈善组织的认定,也存在地区差异性。此外,由于需要对慈善组织的营利活动征税,对其营利和非营利活动的甄别也使得税收优惠资格变得非制度化了。在慈善组织税收法规制定和操作层面,国民政府有关部门,如内政部、社会部、财政部和海关等部门都有一定权限,有时各自为政,协调不足,慈善税收法规因之而趋于模糊和分散,可操作性差,慈善组织也无所适从。

四是对捐赠者的税制鼓励不足。民国时期的法律,对捐赠人的鼓励主要体现在各项褒奖条例中,注重精神层面上的褒扬,而在物质层面上的税收优惠却明显不足。虽然《遗产税法》等少数法律对捐赠问题的税收减免有一些规定,但还仅是一些原则性规定,有待具体落实与细化。而且,优惠的力度也不够大,免税的捐赠额仅为 50 万元(后因物价上涨调整为 200 万元),超过定额仍需依税率缴纳较高的税款。即便如此,类似的鼓励性条款在《所得税法》中也阙如。这样,对于资产富有的捐赠人,税制性的鼓励显然不足,不利于激起其捐赠的积极性。

第四节　慈善捐赠及其褒奖立法

慈善捐赠法律制度是指调整公民或社会组织在进行以慈善为目的的捐赠行为的各种法律规范的总称。民国时期,慈善捐赠法律制度所调整的范围主要包括公益性慈善捐赠和救灾性慈善捐赠。对于捐赠者捐助公益慈善和灾荒救济,除遗产捐赠外,个人和组织均不能享有各税法规定税收减免待遇,而民国政府在这方面的激励政策是颁行一系列的慈善捐赠褒奖法律,即从名誉上予以褒扬,授予奖章、奖状或匾额。有关遗产捐赠的税收优惠立法,前已论述,本节主要分析各项慈善捐赠及其褒奖的法律制度。

一、公益性慈善捐赠

民国时期,政府颁布的有关公益性慈善捐赠及褒奖法律法规共十余件,包括《捐资兴学褒奖条例》、《捐资兴办卫生事业褒奖条例》、《捐资举办救济事业褒奖条例》、《捐资兴办福利事业褒奖条例》以及《兴办水利防御水灾奖励办法》、《兴办水利奖励条例》,这些条例制定颁布后,曾多次修订,内容逐步完善。

(一)《捐资兴学褒奖条例》

1.立法背景及修订经过

千余年来,受儒释道劝善行善思想的浸濡,乐善好施、扶危济困早已融为民间社会的良善风俗与慈善文化传统。各地民众慷慨解囊,捐资兴学或助赈之类的善举,史不绝书。明代,朝廷对捐赠者已定有奖给匾额、官职及特准建坊之例。有清一朝,更是相沿循用而终朝未改。光绪三十一年(1905年),安徽霍邱县监生刘瑞沄、庐江县民妇孙章氏捐助学堂经费,经具文详奏,分别奖给匾额、准予建坊;同年,涡阳绅士马玉昆捐助湘平银一万两,充学堂开办费,由藩司转详具奏,朝廷恩准马氏之孙由俊秀奖给监生。[272]随着清末新政的推展和科举制度的废除,各地纷纷建立新学堂。光绪三十二年四月,为推广学务,学部颁布《奏定劝学所章程》,责成各地劝学员于辖区内调查筹款兴学事项,"遇绅商之家,劝其捐助兴学裨益地方",并规定"绅富出资建学",由劝学所总董"禀请地方官奖励",[273]重申了捐助褒奖之例。章程颁布后,安徽又有奖励捐资兴学案多起,如寿州龙殿扬捐助学堂巨款银一万两,桐城廉吴氏捐办鞠隐小学堂、怀宁陈树涵捐办三桥私立小学堂等。[274]

辛亥革命后,各省仍有为捐资兴学事而屡向中央呈请援例旌奖。1912 年 6 月,署直隶都督张锡銮就为平泉州绅士门缙荣、建平县绅士杨荫棠等人捐资兴学褒奖事先后两次上呈大总统,呈请援例准予建坊或奖给匾额。呈文称:"此慨捐巨资襄办地方公益者,无不享社会荣名、受国家特典,诚世界之通例也……查捐助学费银两,向准援照乐善好施建坊例奏请建坊,亦准案照捐助新章核奖衔封"。而今民国成立,大总统通令从前施行法律除与民国抵触各条失其效力外,其余仍准援用。因国体已改,衔封等奖励当然失其效力。"前项奖章既不适用,新章未奉颁发,而捐款兴学关系学务进行,未便漫无奖励",更不便遽然中止。"况当民国初步,学款支绌,全赖地方有力绅商踊跃捐助,借资振兴,且此项兴学建坊事宜系属名誉奖励,核与民国政体并无抵触,似可暂行援用,以资遵守"。[275]教育部在核办过程中,也以为"民国更新,旧章不尽适用",对于近来各省以捐资兴学咨部核办者,如请开复原官,或请援例建坊,均分别驳覆,只暂准给予匾额。此时,北京政府及教育部都意识到"惟是表彰虽不容缓,而办法不宜两歧",于是由教育部拟订此项褒奖章程,"一俟订妥,即当公布实行。其在章程未经公布之前,各省遇有人民捐资兴学之案,应由本省教育司先予纪录,俟章程公布后再行查案核办,以归划一"。[276]

经过一年多的讨论酝酿,教育部拟定《捐资兴学褒奖条例》,送由国务会议议决修正,1913 年 7 月 17 日以部令 32 号予以公布。该条例含附则共 9 条,并附褒章及执照图式说明。这是民国政府第一次以法律形式明确了捐资者的捐赠行为,激发了人们捐资兴学的积极性。"本条例之设,原以奖劝人民捐私财襄公益,借补国家财力之不逮。公布以来,各省报部援例请奖之案,历有多起。"[277]据第一次中国教育年鉴统计,1912 年和 1913 年,全国各省捐资兴学获金质褒章者分别为 488 人、250 人,其捐资数额分别为 2253712 元、784622元。[278]实施一年多,教育部发现"前项条例不无窒碍漏略之处",归结起来，主要有五点："一、现行勋章令无金质之规定，部定奖章不应特异；二、团体捐资兴学，例应给奖，不能专限个人；三、华侨捐资兴学，应一律由部给奖，以示优异；四、遗命捐资兴学或捐资者未得褒奖而身故时，应予特定奖法；五、捐资请奖期限应改由民国元年起，以示限制。"于是，教育部又将前颁条例"酌按现办情形逐条修订，俾臻完善而便推行"，并呈请国务卿及大总统核准。[279] 1914 年 10 月 31 日，《修正捐资兴学褒奖条例》公布实施，该条例共 13 条，补充规定了华侨、团体、遗嘱捐资或捐资者未得褒奖者亦可依法褒扬，并将请奖调整为民国元年起。[280]自公布以后，各省援例请奖之案，历年都有数百起，"足征人民捐助私财襄办公益之热诚日有增益"[281]。不过，该此项修正条例施行三年后，也逐渐暴露出了内容不尽周全、条款不尽完善。1918 年，教育部经查核原条例，提出"所有应行修订之处，约有数端：一、查内务部《修正褒扬条例》并《施行细则》之规定，凡因办理公益事业捐助财产满二千元以上者，内务部审核后据其事实呈请题给匾额，并声明创办教育、实业亦属于公益范围各等语，自宜修正捐资条例以归一律；二、私人团体及遗嘱捐资按照原条例之规定，其数逾一千元者始分别奖给褒状，其捐款在一千元以下者未免向隅，似应量予给奖；三、捐资在二千元以上者，既呈请给予匾额，原条例第二条第七项之规定，应即废止"[282]。于是，教育部将上列各端相抵牾之处应行修正事项，酌拟条文，经国务会议议决通过。7 月 3 日，教育总长傅增湘为《重修捐资兴学褒奖条例》呈请大总统鉴核，同日，大总统应准如拟修正，予以公布。此次修订，统一和规范了对捐资兴学者的褒奖范围、等级及方式，是对慈善捐赠法律法规的进一步完善和补充。而后，各省捐资善举更为活跃与频繁，不绝如缕，"颁布以来，于振兴教育颇多效力"[283]。如前已述，此项条例的立法初衷就在于"奖劝人民捐私财襄公益，借补国家财力之不逮"[284]，不过,随着时代的变迁、社会经济的发展以及法律制度的建设,条例似乎也有待臻于美善之处。如,"第一条规定捐立学校与图书馆、博物馆、美术馆、宣讲所并举,盖专以学校教育与社会教育同时发达为旨。其第二、三、四、五条分定等级,凡万余元以内者,由部分别酌给褒章、褒状、匾额;二万元以上者,呈请特定。计历年呈请特奖之案,计廿余起。大约五万元以内者,均经给予四等勋章;十万元以内者,均经给予三等勋章。"[285]而对于捐资十万元以上者,条例却无明文规定,由此导致法律缺失、无以适从的问题。1925年,教育部鉴于"现时风气渐开,捐输固已日见发达,教育尤宜日谋扩展,亟请酌定特别优奖办法,以昭激劝",提出拟定特奖巨资兴学办法案。提案建议:"凡个人捐资兴学在十万元以上者,酌给一、二等勋章;二十万元以上者,酌给勋位。似此捐助巨资,有功教育,核与《勋章勋位令》第一条有勋劳于国家或社会之规定资格相符,当无冒滥之弊。"[286]由此,教育部对该条例进行了再次修订,经国务会议核准后,1925年7月18日,以部令公布了《捐资兴学褒奖条例》,共18条。

1927年初,随着北伐战争的捷报频传,北洋军阀已陷入穷途末路。4月18日,中国国民党在南京组建国民政府。在南京国民政府统治的22年间,也多次颁布和修订《捐资兴学褒奖条例》。1929年1月29日,南京国民政府首次公布《捐资兴学褒奖条例》[287],其内容基本上是对北京政府1925年所颁同名条例的承袭,但删除了受领褒章、褒状、匾额及褒辞者需预缴公费的条款。上项条例公布后,4月24日,教育部第577号训令通令各省市,对于捐资兴学在五百元以下者之褒奖,由各大学区大学或教育厅或特别市教育局酌量地方情形,自定单行规程报部备案。之后,国立中央大学区、湖南、绥远、广东、甘肃、河北、安徽、浙江、江西、青海、上海、青岛等大学区及省市都制定了褒奖捐资兴学的地方性法规,其名称多为规程、暂行条例等。[288]为统一规范捐资兴学呈报事宜，1929 年 5 月 24 日教育部又通令各省，规定了捐资兴学事实表格式，表格内容包括团体名称或姓名、所在地或籍贯、捐资事实、应得褒奖及备考等五项。[289]条例实施后，教育部"以捐资兴学案件仅附表开具事实，无捐资实证，难免冒滥"，又"以私立学校未经主管机关核准，例不能与公立学校受同等待遇"，于 1933 年 11 月 15 日、12 月 1 日迭下通令，规定："呈请捐资兴学，须由受捐之学校出具收据附呈。倘系田地屋产，须绘具详图暨契据摄影。如系书籍、器具，须分别开具目录清册"；"捐资兴学之褒奖应以公立或已立案之私立学校为限，必须先核明该私立学校确已立案，方得予以呈转"。[290]这样，教育部接连以行政法令进一步规范了各省市捐资兴学褒奖的程序，严格了褒奖对象，具有较强的操作性。

由于历史原因和环境地理因素的影响，长期以来，我国西部民族地区经济、文化都比较落后。南京国民政府成立后，为加快该地区社会经济各项事业的建设，设立了蒙藏委员会，主管民族事务。在蒙藏委员会的协调、推动下，1934 年 7 月 31 日，教育部颁布《捐资兴学褒奖条例补充办法》，对蒙古、西藏、新疆、西康、宁夏、青海、甘肃等西部民族省份捐资兴学的褒奖情形作了补充规定，以促进民族地区的教育文化的发展。该补充办法考虑到边疆民族地区的社会经济与文化教育现状，在褒奖捐资标准上略有调低，褒奖事宜则由蒙藏委员会、教育部共同负责。[291]

1937 年日本帝国主义发动全面侵华战争，这给中国带来了极大的灾难，不仅造成了人员的重大伤亡，而且严重破坏了国民经济发展。及至战争后期，全国各地经济全面陷入凋敝，通货膨胀，物价翔腾，货币急剧贬值。因之，原颁条例的褒奖标准已经大大降低，褒奖等级也不尽合理了。这样，慈善捐赠的激励作用自然无法得到发挥,显然有违当初的立法宗旨,法律适用亦失去其可能性。1944 年 2 月 10 日,国民政府遂重行制定公布了《捐资兴学褒奖条例》12 条,新修条例在内容上综合了 1929 年条例和 1934 年补充办法的相关条款,所附的捐资兴学奖状图样及捐资兴学事实格式,也同于以前颁布者,惟事实表将个人姓名改列团体名称之上。[292] 至此,原颁条例及补充办法也于同时废止。然随后通货膨胀又进一步恶化,物价日趋腾贵,米珠薪桂。教育部"以物价益较前高涨,捐资数额宜酌予提高"[293],呈请再次修订,经立法院审议通过,国民政府嗣于 1945 年 5 月 10 日公布修正案,将第 2、第 6、第 7 条等相关条文予以修正。[294] 虽然该条例修正后不久抗战即告胜利,但"社会经济动荡益烈,物价腾涨益速,教育部以修正条例所订捐资一万元即予褒奖,似嫌太滥,为重国家名器起见,于三十五年十一月呈请行政院将捐资数额再予调整,照十八年所定起奖数字标准,加四千倍计算,改自二百万元起授与奖状。其余各等捐资数额,一律递增"[295]。案经行政院修正后转送立法院审议通过,1947 年 6 月 26 日由国民政府公布,共 14 条。[296] 此次修正条例,其体制与前北京政府教育部所颁者相似,规定由教育部、内政部会同核办,并规定匾额、奖状、褒章之款式,由内政部定之。这也是民国时期颁布的最后一部《捐资兴学褒奖条例》。

2. 主要内容

(1)适用范围

所谓法律的适用范围,是指哪些主体的何种行为应当适用本法的规范,接受本法的调整。在适用主体上,民国历次颁布的《捐资兴学褒奖条例》对于捐赠人没有设定限制,任何自然人、法人或其他组织出于自愿都可以将自己的财产捐赠出来用于教育文化事业;而对于受赠人的范围则作了规定,只限于学校和其他社会教育机关、文化机构。当然,由于社会状况的变迁和立法技术的提高,各条例之间还是存在着细微的差别,对捐赠主体和受赠对象的规定也有所异同,它反映了民国在慈善捐赠立法方面不断发展并渐臻完善的历史进程。以下详细分析之。

有关法律适用范围,北京政府于1913年7月17日第一次颁行的《捐资兴学褒奖条例》就已有明确规定,如其第1条:"人民以私财创立学校或捐入学校,准由地方长官开列事实,呈请褒奖。其以私财创办或捐助图书馆、博物馆、美术馆、宣讲所诸有关教育事业者,准照前项办理。"[297] 由条文而知,捐赠主体为国民,学校、图书馆、博物馆、美术馆、宣讲所等相关教育机构均属于受赠对象。然而,条例将捐赠主体只定于自然人,且没考虑到闽粤侨乡社会的实际以及遗嘱捐赠等问题,多有窒碍、漏缺之处。实施一年后,教育部乃呈请修正条例,并提出若干修订建议:"团体捐资兴学例应给奖,不能专限个人"、"华侨捐资兴学应一律由部给奖,以示优异"、"遗命捐资兴学或捐资者未得褒奖而身故时,应予特定奖法",以期"臻完善而便推行"。[298] 1914年10月公布的初次修正条例,即吸收了上述意见。在第1条中增补一款:"华侨在国外以私财创办学校或捐入学校,培育本国子弟,准由各驻在领事开列事实表册,详请褒奖。"第3、4条则规定私人结合之团体、遗嘱捐资或捐资者未得褒奖而身故时,"其款逾千元者,分别奖给一、二、三等褒状;至一万元以上者,得奖给匾额。"[299] 这样,捐赠主体的内涵与外延更为完备、周全,其不仅包括定居国内的人民也包括旅居国外的华侨,并由自然人扩大为法人。而后,1918年和1925年两次修订的《捐资兴学褒奖条例》都沿用以上界定,仅在褒奖等次方面对捐资款额有所调整。至于受赠对象,北京政府四次颁布的条例都是相同的,无论学校教育机关还是图书馆、博物馆、美术馆、宣讲所等社会教育机构,都可以接受捐赠款物,或由捐赠人以私财创办。

南京国民政府时期,《捐资兴学褒奖条例》的适用范围大体沿袭了北京政府的相关规定,不过,各条例在表述上仍略有差异。1929 年 1 月国民政府公布的《捐资兴学褒奖条例》第 1 条规定:"凡以私有财产处置创立或捐助学校、图书馆、博物馆、美术馆及其他教育机关者,得依照本条例请给褒奖。"第 2 条:"凡捐资者,无论用个人名义或用私人团体名义,一律按照其捐资多寡,……分别授予各等褒状。"这两条规定,显然继承了北京政府时期关于捐赠主体、受赠对象的适用范围。条例实施过程中,因未经主管机关核准的私立学校缺乏监督,有冒滥之嫌,1933 年,教育部下令,"捐资兴学之褒奖应以公立或已立案之私立学校为限,必须先核明该私立学校确已立案,方得予以呈转"。[300] 1944年修正公布的《捐资兴学褒奖条例》的受赠对象即调整为公立或已立案的私立学校、图书馆、博物馆、美术馆、体育场、民众教育馆或其他教育机构。[301] 相较言之,它已吸收了教育部前述通令内容,并增列体育场、民众教育馆等文教体育机构亦为受赠者。1945 年和 1947 年的修正案亦均与此相同。慈善捐赠作为国家鼓励、倡导并给予褒奖的行为,南京国民政府对于捐赠主体也没特别规定,自然人、法人以及其他组织都可以捐赠其资产。捐赠主体既可以是中华民国公民,也可以是旅居海外的侨民,还可以是外国人。同样地,法人和其他组织,既可以是依法在中国设立的公司、商号、社团等法人,也可以是宗祠、会馆、公所等民间组织,还可以是外国企业、教会。这里需要注意的是,有关外国人捐资褒奖的条款是在 1947 年条例中才明确规定的。这既表明国民政府立法院的立法活动趋于缜密,同时也反映出抗战后期中国收回治外法权的一个侧面。

（2）捐资数额与给奖方式

在民国存续的 38 年间，北京政府、南京国民政府先后共 8 次颁行《捐资兴学褒奖条例》。由于立法及修订的次数较频，有关捐资数额及其褒奖标准、等次也颇多变更。

其一，关于捐资数额。

在北京政府统治时期，1913 年《捐资兴学褒奖条例》对捐资数额分为七等，分别予以不同的褒奖。具体为："一、捐资至一百元者，奖给银质三等褒章；二、捐资至三百元者，奖给银质二等褒章；三、捐资至五百元者，奖给银质一等褒章；四、捐资至一千元者，奖给金质三等褒章；五、捐资至三千元者，奖给金质二等褒章；六、捐资至五千元者，奖给金质一等褒章；七、捐资至一万元者，奖给匾额并金质一等褒章。"[302] 这条规定在 1914 年条例循用未改，但 1918年条例取消了第七款，此后又为 1925 年条例所沿袭。

及至南京国民政府时期，1929 年颁布的《捐资兴学褒奖条例》按捐赠者捐资多寡分为五等，同时，将由省市褒奖的最低捐资标准调整为 500 元。不久，教育部又下令，"捐资兴学在五百元以下者之褒奖，得酌量地方情形自定单行规程"[303]。抗战爆发后，因物价上扬，1944 年重修条例将捐资兴学的褒奖标准调高到了 1000 元，依次递增，共有七个等第。随即，通货膨胀恶化，货币急剧贬值，1945 年条例遂修正捐资给奖标准最低为 1 万元，两年后再修订为30 万元，亦分七等。而 1947 年此次条例修订，对捐资数额的调整及其相对应的褒奖等第，也与《捐资兴办卫生事业褒奖条例》、《捐资兴办福利事业褒奖条例》的相关规定趋于同一，避免了以往同样数额的捐款向教育、卫生、福利事业等不同领域捐赠而所受褒奖不一的情况，有利于保护捐资者的权益，激发捐赠热情，提高其捐助慈善公益事业的积极性。

为进一步明晰民国历次条例所订捐资数额及褒奖等第情形及其变化，兹将制成表3—1，以资比较。

表3—1　民国历次条例所订的捐资数额及褒奖等第

数额 年份 等第	1913年	1914年	1918年	1925年	1929年	1944年	1945年	1947年
七	100	100				1 000	10 000	300 000
六	300	300	100	100	500	3 000	30 000	500 000
五	500	500	300	300	1 000	50 00	50 000	1 000 000
四	1 000	1 000	500	500	3 000	10 000	100 000	2 000 000
三	3 000	3 000	1 000	1 000	5 000	30 000	300 000	5 000 000
二	5 000	5 000	3 000	3 000	10 000	50 000	500 000	10 000 000
一	10 000	10 000	5 000	5 000		100 000	1 000 000	50 000 000

　　资料来源：1. 教育部教育年鉴编纂委员会编：《第二次中国教育年鉴》，商务印书馆1948年版，第1595页。

　　2. 北京政府历次颁布的《捐资兴学褒奖条例》，见《教育部制定〈捐资兴学褒奖条例〉及拟定特奖巨资兴学办法》，中国第二历史档案馆藏，北京政府教育部档案，档号：1057—96。

由上表可见，北京政府时期，《捐资兴学褒奖条例》所规定褒奖等第及其相应的捐资数额标准相对稳定，十余年几乎没什么变化；而南京国民政府时期，除等第有较大变更外，捐资数额的标准也多变，且差距悬殊。如，1945年条例所订同一褒奖等第的捐资数额是1944年的十倍，而1947年又是1945年的数十倍。这也反映出抗战胜利前后物价指数急剧上扬，经济日趋崩溃，法律实施已缺乏稳定的社会环境，不仅给立法带来极大影响，也导致法律适用困难。另需说明的是，上表中捐资额的货币单位在北京政府和南京国民政府时期并不完全一致，前者以银元为准，后者在1935年币制改革前也以银元计算，之后改作法币。另外，捐资形式不限于现金捐赠，也可以动产或不动产捐助。如北京政府时期的条例规定,"以动产或不动产捐助者,准折合银元计算"[304]。南京国民政府亦如此,币制改革后,废银改元,捐助动产或不动产即折合国币(法币)计算。1948年,捐资数额又改作金圆券为货币单位,动产或不动产皆按捐资时价折成金圆券。

其二,关于给奖方式。

北京政府时期,条例规定,对于捐资者的褒奖分为三种:褒章、褒状和匾额,而私人结合之团体以及遗嘱捐资或捐资者未得褒奖而身故者,则只授予褒状、匾额。褒章又分为金质、银质(1914年改为金色、银色,以符合《褒扬条例》的规定)两种,各三等,按捐资多寡分别授予。大致说来,"应给银色褒章者,由各道、县行政长官详情省行政长官授与;应给金色褒章或匾额者,由省行政长官咨陈教育总长授与。华侨应得之褒奖,由各驻在领事报部核定授与"[305]。不过,历次修订还有些差别,概括而言有一般褒奖、特别褒奖、团体捐资与遗嘱捐资等数方面。由于捐赠主体的差异、捐资数额的多寡以及应受褒奖等第的不同,历次条例规定的褒奖办法在程序上也有所不同,见表3—2。

除了具体的给奖办法外,北京政府历次颁布的《捐资兴学褒奖条例》还附有捐资兴学褒章及执照图式说明。如1913年条例附则规定了褒章名称:"褒章中列篆文羊字,周环嘉禾,名曰嘉祥章";其寓意是"兴学固国之祥也,故取羊。又,羊为慈爱之动物,故凡善、义、美、养等字,皆从羊。兹取之以喻兴学之士。周环嘉禾,标国徽也。"[306]另规定章绶用红白两色相间,共五列,并标示了一、二、三等不同褒章的尺寸大小。褒章样式,见下图。其佩用仪式,应佩带于上衣左襟之上。另还附有褒章、匾额执照和褒状格式,执照或褒状内填写捐资者姓名,其下空行处详记其捐资之事实。[307]

表 3—2　北京政府时期历次《捐资兴学褒奖条例》所订给奖办法

办法 时期 项目	民国二年 （1913 年）	民国三年 （1914 年）	民国七年 （1918 年）	民国十四年 （1925 年）
一般褒奖	五等以下为银质一、二、三等褒章，二等以下为金质一、二、三等褒章，一等为金质褒章加匾额。银质由省行政长官授与，一等由大总统授与。	分等同左。惟金质改为金色，银色改为银色。一至四等内由教育总长授与。	褒章分等同左。另规定一至六等褒状。银色褒章及四等以下褒状由省行政长官授与，金色褒章及三等以上褒状，由教育总长授与。	同左
特予褒奖	捐资逾 1 万元者，其褒奖由大总统特定。	捐资逾 2 万元者，其褒奖由教育总长呈请大总统特定。	同左。另捐资 2000 元以上者，汇案呈明给予匾额。给予金色三等以上褒章及三等以上褒状者，汇案查明备案。捐资 1 万元以上者，再由教育总长呈明加给褒辞。	捐资至 1 万元以上者，除分别奖给褒章、褒状、匾额外，由教育总长呈明加给褒辞；捐资至 2 万元以上 10 万元未满者，除奖褒章、褒状、褒辞外，并于年终由教育总长汇案呈请明令嘉奖；捐资至 10 万元以上者，除奖给褒章、褒状、褒辞外，由教育总长专案呈请明令嘉奖。
团体捐资	——	捐资逾 1000 元，分别给一、二、三等褒状，1 万元以上奖给匾额。	在 100 元以上者，给一至六等褒状。	同左

续表

办法　时期 项目	民国二年 （1913 年）	民国三年 （1914 年）	民国七年 （1918 年）	民国十四年 （1925 年）
遗嘱捐资（或捐资者身故）	——	捐资逾 1000 元，分别给一、二、三等褒状，1 万元以上奖给匾额。	在 100 元以上者，给一至六等褒状。	同左
华侨捐资	——	华侨捐资由各驻在领事报部请奖。	同左	同左
其他	捐资在条例公布前三年者亦适用之。	捐资请奖自民国元年起适用之。	同左	同左

　　资料来源：1.教育部年鉴编纂委员会编：《第二次中国教育年鉴》，商务印书馆 1948 年版，第 1595—1597 页。

　　2.1925 年《教育部修正捐资兴学褒奖条例》，见《教育部制定〈捐资兴学褒奖条例〉及拟定特奖巨资兴学办法案》，中国第二历史档案馆藏，北京政府教育部档案，档号：1057—96。

一等金色嘉祥章　　　　二等银质嘉祥章（正、反面）

　　南京国民政府于 1929 年第一次颁布的《捐资兴学褒奖条例》规定，"凡捐资者，无论用个人名义或用私人团体名义，一律按照其捐资多寡"，分别授予一至五等褒状。如果捐资数目较巨，款额至 3 万元以上或 10 万元以上者，除给与一等奖状外，则还可由教育部汇案或专案呈请国民政府明令嘉奖。[308]该条例对捐资者的褒奖方式仅有褒状一种，而废止了北京政府时期所订的褒章和匾额等褒奖方式。同时，也没有规定遗嘱捐资或捐资后而身故者的褒奖。究其因，乃是此时南京国民政府拟仿效英美等西方国家草拟《遗产税法》，正在酝酿开征遗产税。[309]有关遗赠方面的规定，主要体现在后来制订的《民法》的继承篇以及《遗产税法》中，尤其在《遗产税法》从法律上规定给予遗赠一定的税收减免待遇。不过，南京国民政府新颁的条例，较之以往也有些创新、完善之处，一是经募捐资达一定数额亦可比照给奖；二是多处捐资兴学可合并受奖；三是已受奖者续捐资，可并计先后数目晋奖。

1934 年 7 月，教育部呈准国民政府公布了《捐资兴学褒奖条例补充办法》四条，规定："凡在蒙古、西藏及新疆、西康、宁夏、青海、甘肃等地方捐资兴学之褒奖，除依照条例第一、二、六、七、八各条办理外，其余适用本办法之规定。"其给奖办法与程序为："应授与四等以下奖状者，由各该地方教育行政机关或监督教育机关核明授与，仍于年终汇案分报教育部、蒙藏委员会备案。应授与三等以上奖状者，由各该地方教育行政机关或监督教育机关开列事实表册及捐资实证，呈蒙藏委员会核明，咨请教育部查酌授与；蒙藏委员会查有上项应授与三等以上奖状者，亦得自行咨请教育部授与"；"捐资三千元以上者，除授与三等奖状外，并由教育部、蒙藏委员会会同呈请行政院，颁令嘉奖；捐资五千元以上者，除授与二等奖状外，并由教育部、蒙藏委员会会同呈请行政院，题给匾额；捐资一万元以上者，除授与一等奖状外，并由教育部、蒙藏委员会会同呈请行政院、转呈国民政府明令嘉奖，并题给匾额"。[310]由此而知,在西部民族地区捐资兴学,其褒奖由教育部、蒙藏委员会共同负责。

　　1944年,国民政府修正了《捐资兴学褒奖条例》,在给奖方式上基本延续了前颁条例,同时也融入了1934年补充办法的一些内容。即,一般褒奖授予褒状,巨额捐资则予以特别褒奖,于褒状之外另由政府明令嘉奖;而"捐资在蒙古、西藏或其他语言文化具有特殊性质之地方"[311],款额在3万元以上者,还可由不同政府机关题给匾额并明令嘉奖。及至1947年重修条例,褒奖方法又发生了一些变化,有奖状、奖章和匾额三种。"一、奖状分为四等,由省政府或直辖市政府给予之;二、奖章分金质、银质两种,由教育部给予之;三、匾额由国民政府给予之。"[312]在以往各种褒奖方式的基础上,新添了"给予外国人之褒奖,由教育部会同内政部、外交部核办"的规定。[313]这样,南京国民政府通过四次修订,条文内容渐臻完善,给奖方式也渐趋完备。同样地,南京国民政府各次条例在褒奖方式、程序也存有差别,这主要体现于一般褒奖、特别褒奖、团体捐资、华侨捐资、外国人捐资、经募捐资与合计捐资等方面,详见表3—3。

　　比较下面两个表格,我们不难发现北京政府和南京国民政府所颁布的《捐资兴学褒奖条例》在给奖办法上的异同。两个政府在制定条例时都有一般褒奖、特予褒奖、团体捐资褒奖以及华侨捐资褒奖等方面的规定,但其褒奖的具体办法与程序是不同的,即便同一政府不同时期也不尽一致。北京政府时期的条例均规定有对遗嘱捐资或捐资身故者的褒奖,而南京国民政府却取消之,后来在《遗产税法》中规定了税收减免条款;南京国民政府制定《捐资兴学褒奖条例》,又渐次增添了北京政府不曾有的关于经募捐资、在蒙藏地区捐资以及外国人捐资、捐资合计等方面褒奖办法的规定,并在各修正条例中逐步完善。

表3—3　南京国民政府历次《捐资兴学褒奖条例》所订给奖办法

办法　时期 项目	民国十八年 （1929年）	民国三十三年 （1944年）	民国三十四年(1945年)	民国三十六年 （1947年）
一般褒奖	四等以下奖状，由省市政府授与；三等以上，由教育部授与。	同左		奖状分四等由省市政府给予之，奖章分金质、银质两种，由教育部给予之，匾额由国府给予之，均由教育、内政两部备案或两部转呈。
特予褒奖	捐资3万元以上者，另汇案呈请国民政府明令嘉奖，10万元以上者，专案呈请国民政府明令嘉奖。	同左，惟3万元改为20万元。10万元改为100万元。	同左，数额加至10倍。	
团体捐资	与个人捐资给奖办法相同。	同左		
经募捐资	经募捐资按个人捐资给奖标准十倍计算。	同左	同左	同左，但募捐为职务上应有之工作者不适用。

办法　时期　项目	民国十八年（1929 年）	民国三十三年（1944 年）	民国三十四年（1945 年）	民国三十六年（1947 年）
在蒙藏等地方捐资	补充办法规定由地方分报蒙藏委员会或由会咨部办理，另捐资在 3000 元以上者，会呈行政院嘉奖；5000 元以上者，由院题给匾额；1 万元以上者，由国府嘉奖并题颁匾额。*	同左，数额加至 10 倍。	同左，数额再加至 10 倍。	由各盟旗官署、西藏地方官署授奖，汇报教育、内政两部及蒙藏委员会备案。
华侨捐资	报由侨务委员会咨部，特奖由部会同办理			报请侨务委员会同教育、内政两部核办。
外国人捐资	——	——	——	由教育部会同内政、外交两部核办。
捐资合计	已受有奖状者续行捐资，得并计先后数目，按等或超等晋授奖状。	同左。并规定一人于两处以上捐资兴学者，得声请分别或合计受奖。		同左。合计捐资数目晋奖以一次为限，一人不得同时给予两种奖状、奖章。

办法 时期 项目	民国十八年（1929 年）	民国三十三年（1944 年）	民国三十四年（1945 年）	民国三十六年（1947 年）
其他	凡以私财创立或捐助学校者,均得请奖。1933 年始规定,以捐助公立或已立案之私立学校为限。	同左		

　　*注:该栏系 1934 年《捐资兴学褒奖条例补充办法》内容,1929 年条例无相关规定。

　　资料来源:教育部教育年鉴编纂委员会编:《第二次中国教育年鉴》,商务印书馆 1948 年版,第 1595—1597 页。

(二)《捐资兴办卫生事业褒奖条例》

1. 条例的制定与修订

　　1928 年 10 月,国民政府改组,设立卫生部,掌管全国卫生行政,薛笃弼为首任部长。为推动全国医疗卫生事业的发展,增进民众健康,卫生部极希望借重民间资财,拓宽经费来源渠道,以改善医疗卫生设施。1929 年 2 月 4 日,部长薛笃弼呈文行政院,称:"本部成立伊始,建设孔多,专恃国家、地方之财力举办措施,仍恐难周,必赖私人团体及各处慈善机关合力赞助,方可日臻完备。"[314]又言:"嘉树必誉,以异凡材;为善则旌,以励庸众。故于慷慨好义之人,宜有特别推崇之典",而对于"有以私财捐助办理公共卫生及医疗救济事业而不以营业为目的者,在本人乐善好施,原不希冀报酬;而在国家崇功报德,似应予以特别表扬"。[315]鉴于此,卫生部特拟具《捐资兴办卫生事业褒奖条例》,"按捐数之多寡,订褒奖之等差,列为褒章、褒状、加给匾额"[316],呈请行政院转呈国民政府公布。2月8日,国民政府正式颁行《捐资兴办卫生事业褒奖条例》。[317]至1930年11月,国民党三届四中全会议决卫生部并入内政部,改设为卫生署。1931年4月以后,褒奖捐资者事宜也随之改由卫生署负责。抗战期间,国民政府颁布实施的捐资褒奖法规已有多项,但给奖程序及方法等方面各有分歧。受战时经济因素影响,1944年2月国民政府首先修订了《捐资兴学褒奖条例》,调整了捐资褒奖的标准、等第,规范了给奖程序。不久,在参照其内容的基础上,立法院也修正了《捐资兴办卫生事业褒奖条例》。3月15日,立法院第四届第257次会议审议通过,4月1日由国民政府公布。[318]新修订条例在捐资褒奖标准、给奖程序方面已趋划一。之后,同样由于国统区经济衰退、通货急剧膨胀的冲击,1947年6月26日,国民政府再次修正公布《捐资兴办卫生事业褒奖条例》。这是南京国民政府第三部也是最后一部规范卫生领域中公益捐赠行为的条例。

2. 主要内容

(1)适用范围

同前面的《捐资兴学褒奖条例》一样,国民政府在1929年制定《捐资兴办卫生实业褒奖条例》时,也没有针对捐赠主体、受赠对象做出特别规定,个人、私人组合之团体都可以捐助私财办理非营利性质的公共卫生及医疗救济事业。不过,值得注意的是,作为政府部门的卫生部(署)也可成为直接的受赠主体,接受社会各界的慈善公益捐赠,这是该条例与其他捐资褒奖条例不同之处。其立法理由,或许正如薛笃弼部长在呈文中所揭示的那样,卫生事业建设孔亟,国家财力有限,"必赖私人团体及各处慈善机关合力赞助,方可日臻完备"[319]。由此,华侨捐资、遗嘱捐资、动产或不动产捐助均有相关规定。1944 年的修正案开始明确规定,外国人捐赠也适用于该条例。这是南京国民政府颁布的各项捐资褒奖条例中较早明确外国人亦属于捐赠主体和褒奖对象的。个中缘由,也许与民国时期西医地位的提升、西式医院的普遍设立的社会大背景有关,而这种情势又是近代以来外国人在华广泛开展的医疗卫生活动影响所致,二者息息相关,密不可分。1947 年修正条例又增添了经募捐资、续行捐资两条,具体是:凡经募捐资款项为所列各款捐资数额的十倍以上者,可比照给奖,但募捐为本职工作并不适用;"凡已领有奖状或奖章者,继续或于两处以上捐资者,得合计捐资数目晋奖,但以一次为限,一人不得同时给予两种奖状或奖章"。[320]

(2)捐资数额与给奖办法

1929 年《捐资兴办卫生事业褒奖条例》规定,褒奖分五等,其给奖方式主要依捐资数额的多寡分别授予一至三等金质褒章,或加奖匾额。至于私人团体捐资、遗嘱捐资或已捐资而身故者,达一千元以上者,亦分别给奖,但褒章改为一、二、三等奖状。条例还规定了褒章、褒状、匾额应填明执照及其样式。1944 年修正案对捐资数额和褒奖方式都作了较大改动。新条例规定,无论个人、团体或用合捐名义,捐资数额自 1000 元起受奖,共八等,褒奖方式分奖状(五等)、奖章(金、银质两种)、匾额。"奖章给予个人,并附发证书,奖状、匾额给予个人或团体"[321]。及至 1947 年,条例修订的重点在于大幅度调整捐资数额,提高了褒奖的门槛,以便消除货币贬值给法律适用带来的不利影响,而在褒奖方式变更不大,只把奖状等级减少一等。具体为:"奖状分为四等,由省政府成直辖市政府给予之。奖章分金质、银质两种由卫生部给之。匾额由国民政府给之"。兹将南京国民政府时期历次颁布《捐资兴办卫生事业条例》所订的捐资数额及相应的褒奖等级列表比较，以便更直观地展现其间的变化。如表3—4所示。

在给奖程序上，1929年《捐资兴办卫生事业褒奖条例》对于捐赠者的褒奖规定较为简略。一般捐资者，应由主管卫生行政机关开列事实表册呈请卫生部给奖；直接向卫生部捐资者，则由卫生部酌核办理。如捐赠者为华侨，由各驻在领事馆报部核办。奖给金质二、三等褒章，卫生部还应汇案呈由国民政府备案；奖给金质一等褒章或加奖匾额，应专案呈明。1944年修正条例的规定更为明晰：凡给予奖状者，"由主管卫生官署开具事实及受奖人履历，呈请省或院辖市政府核明授与，仍于年终汇报卫生署备案"；凡给予奖章者，"由主管卫生官署开具事实及受奖人履历，呈经省或院辖市政府，送由卫生署核呈行政院批准后，由卫生署给予之"；凡给予匾额者，"由主管卫生官署开具事实及受奖人履历，呈经省或院辖市政府，送由卫生署核呈行政院转请国民政府给予之"。侨居外国的中华民国公民，"由当地领事馆开具事实及受奖人履历，报请卫生署核办"；"奖状、奖章之给予外国人者，卫生署应咨请外交部备案"。[322] 同时保留了向卫生署直接捐资者的褒奖条款。1947年，重新修订的《捐资兴办卫生事业褒奖条例》对于给奖办法继承了前述各条款，同时多年的法律实施也为立法、修订提供了丰富经验，因此，这次修正案在给奖程序上需检附捐资证件，避免冒滥，规定更为完善。另外，对于华侨捐资受褒奖者，规定"由当地领事馆开具事实，检附捐资证件及受奖人履历，报请侨务委员会会同卫生部、内政部核办"[323]。给予外国人的褒奖，也改为由卫生部会同内政部、外交部核办。

表3—4　民国历次《捐资兴办卫生事业褒奖条例》捐资数额及褒奖等级比较表(单位:万元)

民国十八 (1929年)		民国三十三年 (1944年)		民国三十八年 (1947年)	
捐资数额	褒奖等级	捐资数额	褒奖等级	捐资数额	褒奖等级
0.1—0.5	金质三等褒章	0.1—0.3	五等奖状		
0.5—1	金质二等褒章	0.3—0.5	四等奖状	30—50	四等奖状
1—3	金质一等褒章	0.5—1	三等奖状	50—100	三等奖状
3—5	金质一等褒章, 并加奖匾额	1—2	二等奖状	100—200	二等奖状
5万元以上	国民政府 特别褒奖	2—3	一等奖状	200—500	一等奖状
捐资数额	褒奖等级	捐资数额	褒奖等级	捐资数额	褒奖等级
		3—5	银质奖章	500—1000	银质奖章
		5—10	金质奖章	1000—5000	金质奖章
		10万元 以上	匾额	5000万元 以上	匾额

　　资料来源:1.《捐资兴办卫生事业褒奖条例》第2条,《国民政府公报》第91号,1929年2月4日,影印本第8册,第44页。2.《捐资兴办卫生事业褒奖条例》第2条,《国民政府公报》渝字第663号,1944年4月5日;影印本第89册,第4页。3.《捐资兴办卫生事业褒奖条例》第3条,南京国民政府立法院档案,中国第二历史档案馆藏,档号:10—1044。

　　1929 年《捐资兴办卫生事业褒奖条例》颁布后,在一定程度上激起了社会各界的捐赠热情,实施效果良好。不少慈心好善人士、团体慨然向医疗卫生机构捐赠,襄助公益,国民政府也依法对捐赠者予以褒奖。限于篇幅,这里仅枚举数例。1931 年,杜月笙、金廷荪各捐资一万余元创办宁波市时疫医院、仁济医院,浙江省政府依例向内政部呈请褒奖。经内政部核准,以其与《捐资兴办卫生事业褒奖条例》第二条第三款相符,转呈国民政府褒奖。8 月 7 日,国民政府第 2300 号指令,准予各奖给金质一等奖章。[324] 1932 年,上海市天原电化厂捐资兴办卫生事业,内政部授给三等褒状。[325] 1933 年,朱桂生在上海捐资兴办卫生事业,内政部授予金质三等褒章。第二年,巨商叶子衡、外国人坎大利·沙逊在沪上向医院捐资经费,充作慈善医疗经费,也受国府明令褒扬。[326] 1936 年,财政部全体人员捐资万元兴建首都国医院。[327] 在边陲地区,也有捐资兴办卫生事业的善举。如,云南省政府主席龙云之妻李培莲慨捐巨资,为云南省立医院经费,由内政部核准转呈,1934 年 7 月 30 日,国民政府以其“懿德仁风,殊堪嘉尚,除题颁匾额外,应予明令褒扬,以资激劝”[328]。1939 年,云南省卫生实验处呈请褒奖建水县绅马云章捐资兴办卫生事业一案,经卫生署转呈行政院,1940 年 1 月 9 日,国民政府准给马云章金质一等褒章,并依规定缮具褒章执照,一并发给。[329]

　　抗战胜利后,上海市还制定了褒奖捐资卫生事业的地方性法规,对兴办慈善医院、开展医疗救济者予以奖励。1946 年,上海市民顾乾麟、荣鸿元等 9 人,“以本市贫民急症无力就医或临时不及筹款,延时致死者,时有所闻,乃创设上海市民急病医药贷金社,与医院切实合作,拯病者于垂危”,特约本市公私医院 35 所,为慈善公益医院。凡市民遇有急病,可先行送院治疗,再向该社申请贷金。病家偿还时概不计息,自 1946 年 10 月开办至 1947 年 5 月上旬止,申请贷金者774人,治愈出院者568人,总计贷出金额29499万元,收还金额仅300万元。[330]如此义举,热心公益,慷慨捐输,嘉惠贫病,实堪钦佩。此外,王叔英等人主持的普善山庄,黄涵之等人负责的仁济育婴堂以及真心时疫医院,历年掩埋无主尸体、抚育社会弃婴、预防与救治疫病,"成绩昭彰,裨益公益卫生","于市政公共卫生有助非浅"。[331]1947年,上海市政府对急病贷金社、真心时疫医院、普善山庄等各该团体颁给匾额暨明令嘉奖,各主持人授予奖状,并依规定呈请转呈中央褒奖。[332]

(三)奖励捐助水利事业的条例

中国是一个灾荒多发的国家,又以水旱两灾尤为严重。民国时期,水灾更是频频发生,危害较深者有1917年顺直水灾、1931年江淮全流域的洪灾。为防御水灾,政府也比较重视水利建设,兴办水利设施,并出台了一系列的水利法规。这些水利法规虽然着眼于水利事业,然而,其中也包括了若干慈善捐赠的条款,对捐资兴办水利事业者予以鼓励与褒奖。

1929年1月24日,南京国民政府首先公布施行了《兴办水利防御水灾奖励办法》。该办法共9条,第1、2条规定,对于"建造及修缮堤埝或疏导淤塞以防水患事项"、"开辟水道以利灌溉或排水事项"卓著劳绩者,由主管官厅呈请奖励;奖励分三种:补助工程费金额、贷与工程费金额和出力人员之奖励。其中,第三种应奖励的出力人员即包括了各项水利工程的捐资者。这在第7条有明确规定,凡捐资或募集巨款补助工费者,均可给予以下相应之奖励:一、"捐资在一千元以上,或经募在三千元以上者,工程完竣后,得由主管官厅咨明内政部转请政府特予褒奖,并得于冲要地方建立纪念碑碣";二、"捐资在五百元以上,或经募在二千元以上者,得由主管官厅转请内政部核奖,并得于本工程事务所或于利害关系地方之公共处所张挂纪念照片";三、"捐资在一百元或经募在二百元以上者,工程完竣后,得制赠纪念章"。[333]

南京国民政府成立之初,中央政府涉及水利事务的管理部门比较分散,水利事项划归不同的部门管理。其中水灾防御属内政部,水利建设属建设委员会,农田水利属实业部,河道疏浚属交通部。1933年,水利建设又从建设委员会改归内政部主管。然内政部无专司水利署司之设,由此将全国水利行政归在该部土地司内一科执掌。[334]由于职权的扩充,内政部为加快水利建设,1933年10月重拟了《兴办水利奖励条例》9条,并订有兴办水利给奖章程及奖章图说、执照式样、请奖表式。[335]该条例经行政院转呈国民政府核准后,同年10月14日由国民政府公布施行,同时《兴办水利防御水灾奖励条例》亦废止。1933年新颁《兴办水利奖励条例》规定,凡兴办水利确有成绩或于水利上有重大贡献者,得依本条例奖励之;奖励分褒扬、奖章二种。办理水利,"捐助款项一万元以上者"或"经募款项三万元以上者",特予褒扬。而一般的捐助或经募款项者,则酌给奖章。[336]修订后,内政部仍为褒奖捐资者的中央主管机关。凡依例请奖者,由主管机关叙列事实,开具履历,由各该省市政府咨报内政部核办。"凡应予褒扬者,由内政部审核,专案呈请行政院转报国民政府行之;颁给奖章者,由内政部核办,汇案呈国民政府备案。"[337]如前所述,由于国民政府水利行政多头管理,九龙治水,存在诸多弊端。在各界呼吁下,1934年,国民政府开始统一水利行政,规定全国经济委员会为全国水利总机关,各部、会所执掌的有关水利事项,统归全国经济委员会办理。之后,该会下设水利委员会。1935年3月,在查核褒奖鹤山叶绍溶案及定海刘寄亭案时,内政部以"水利行政之职掌既已移归全国经济委员会,此条例及章程所规定已与实事不符,似难再行援用"[338],遂致函国民政府文官处,文官处亦认为,水利事业已归全国经济委员会办理,"而兴办水利奖励条例仍旧运用,致感困难。究应如何办理,拟先交内政部并请全经会在院会商后再行决定"[339]。经会商讨论,1935 年 4 月 4 日,国民政府公布《修正兴办水利奖励条例》。这次修正主要是将主管机关由内政部改为全国经济委员会,以归事权统一,便于法律适用,而对于奖励捐资者的内容、奖励方式、程序均没变。[340]抗战期间,国民政府设水利委员会接管全国水利。1943 年 7 月 29 日,重行颁布《兴办水利事业奖励条例》,对兴办水利事业有显著成绩者,以及"于公共水利事业捐助款项在五万元以上或劝募在十万元以上者",予以奖励。奖励分褒扬和给予水利奖章两种,而褒扬方法又分为明令褒扬、立碑和给予匾额,水利奖章也分宝光、金色、银色三种,每种各分三等。负责褒奖的主管官署为水利委员会定之。给予水利奖章或匾额者,均附给相应的奖励证书。[341]

三等银色水利奖章(奖章中央为大禹像)

1947 年 12 月 20 日,国民政府再次修正《兴办水利事业奖励条例》,共 15 条。条例规定,应予奖励各款中,捐资兴办水利事业者亦为其中之一。第 3 条为奖励方法:"一、奖状,分为四等,由省政府或院辖市政府给予之;二、奖章,分二等,由水利部给予之;三、匾额,由国民政府给予之。"第 4 条为捐资给奖的具体标准:"一、捐资三十万以上不满五十万元者,给予四等奖状;二、捐资五十万以上不满一百万元者,给予三等奖状;三、捐资一百万以上不满二百万元者,给予二等奖状;四、捐资二百万以上不满五百万元者,给予一等奖状;五、捐资五百万以上不满一千万元者,给予二等奖章;六、捐资一千万以上不满五千万元者,给予一等奖章;七、捐资五千万元以上者,给予匾额。"[342] 凡应给奖者,均由主管官署开具事实,检附捐资证件及受奖人履历,方可授予。同样,该条例还规定了华侨捐资、经募、合计捐资、外国人捐资、不动产捐资的奖励办法,其内容与《捐资兴学褒奖条例》完全相同,兹不赘述。

上述条例颁行后,各地在兴办水利事业的过程中,捐助款项历有多起,捐资者既有个人,也有工厂、商号等经济组织。兹就笔者所收集到的史料,制成表 3—5,以管窥民国时期捐资兴办水利事业,襄助公益及其受褒奖的情形。

(四)《捐资举办救济事业褒奖条例》

民国年间,在教育、卫生、水利等公益事业领域进行慈善捐赠有专门的褒奖条例之外,国民政府还制定了针对救济、社会福利事业的捐赠立法。主要有 1929 年的《捐资举办救济事业褒奖条例》、1942 年《捐资兴办社会福利事业褒奖条例》及其 1947 年修正案。

1929 年 4 月 22 日,国民政府公布《捐资举办救济事业褒奖条例》9 条。该条例第 1 条规定了其适用范围:"凡以私有财产创办或捐助救济事业之褒奖,除另有法令规定者外,悉依本条例办理之。"[343]然而,何谓救济事业或者说救济事业包含哪些事项,条例并没有明确界定,概念略显模糊。或许,立法者已认可社会上的

表 3—5　民国年间捐资兴办水利事业褒奖表

捐资者	籍贯及履历	捐资或经募款项兴办水利事业事实	奖励情形
凌志斌	东华大学土木工程科毕业，曾任宝山建设局技术科长。	1928—1930 年，为便航运，利灌溉，主持疏浚获泾河约 9000 丈（分属江苏宝山、上海市），疏浚沉金河 4000 余丈，并多方筹款，共募款计：获泾河方面洋 6200 余元；沉金河方面洋 2800 元。并会同宝山县负责人筹措 4 万元。	按照《兴办水利防御水灾奖励条例》第七条第一项规定，1931 年，国民政府题颁"存心利济"匾额。
周念祖	江苏省立高等商业中学毕业，时任宝山水利水利工程科长。		按照《兴办水利防御水灾奖励条例》第七条第一项规定，1931 年，国民政府题颁"实心公益"匾额
上海恒隆、安大、云霞、大胜等丝厂 4 家		慨捐开浚沉金河经费各 500 元以上。	按照《兴办水利防御水灾奖励条例》第七条第二项规定，由内政部核奖。
上海丰泰等 3 家丝厂		慨捐疏浚获泾河经费各 500 元以上。	按照《兴办水利防御水灾奖励条例》第七条第二项规定，由内政部核奖。
上海胜定丝厂等 11 家		捐助疏浚获泾河经费各 100 元以上。	按照《水利防御奖励条例》第七条第三项规定，由市工务局核奖，给纪念章。

捐资者	籍贯及履历	捐资或经募款项兴办水利事业事实	奖励情形
黄文植	江西南昌人，现充汉口总商会主席。	每年春涨，各圩抢险受其补助，不可胜数。1928年12月至1929年5月，又慨捐巨资3000元修复南昌县张牙圩堤决口工程。	按《兴办水利防御水灾奖励条例》第七条暨给奖章程第二条，国民政府颁给匾额。
潘墨卿	安徽阜阳人，历年办理慈善事业。	1930年4—9月，为防止沙河倒灌，在阜阳县第五区阜康乡老茨口修筑永安闸一座，捐洋12556.86元，不用地方分文，洵为特别义举。	按《兴办水利防御水灾奖励条例》第七条，1932年1月，国民政府颁给"捍患卫民"匾额。
时尚义	河北灵寿县人，河北甲种工业学校毕业。	筹划在灵寿县南部借滹沱河之水开渠灌田，并捐献月薪，以兴水利。自1931年8月至1933年6月止，共捐洋500元，裨助公益。	按《兴办水利给奖章程》第四条之规定，颁给一等银色水利奖章。
李德筌	河北大城人	1932年3月至6月，募款24700余元，修缮子牙河西堤，保障文安、大城、任、雄、霸等县民生。	颁给三等银色水利奖章。
孙殿斌	河北文安人		颁给一等银色水利奖章。
叶绍溶	广东鹤山人，长期主持当地堤渠围务。	1913—1934年办理古劳围围务，既尽瘁其事，复捐巨款。1934年修上师庙筑基，先后捐输1000元，垫支9000元，经募1万余元。历年计捐输5000元，募集20余万元。	按《兴办水利奖励条例》第三条第一、三、四款及第四条第六款，请照兴办水利给奖章程第二条给予匾额。

续表

捐资者	籍贯及履历	捐资或经募款项兴办水利事业事实	奖励情形
刘汉亭	定海县商会执行委员、定海中国农工银行经理	自 1933 年 11 月迄 1934 年 8 月,定海沈家门镇大岑地方建筑积水渠三座,又修筑道路三、四里,需费 4 万金以上。刘汉亭、刘寄亭各捐资 1.1 万元以上,亲自督工办理,于地方水利交通两有裨益,劳绩甚著。	按《兴修水利奖励条例》第三条第一款及兴办水利给奖章程第二、四条规定,授予匾额。
刘寄亭	定海县商会主席、定海中国银行经理		
缪明渠	浙江定海人	捐募巨资修筑定海沈家门积水渠	颁给奖章。

资料来源:1.《褒奖粤省鹤山耆民叶绍溶及浙江定海刘寄亭等捐募水利巨款事绩表》(1935 年 2—4 月),中国第二历史档案馆藏,南京国民政府行政院档案,档号:2—534,缩微胶片号:16J—1117。

2.《呈为江西省政府请奖捐资修堤黄文植、上海市政府请奖疏浚获泾河及沉金港在事出力人员周念祖、凌志斌各案转呈国府题给匾额由》,中国第二历史档案馆藏,南京国民政府行政院档案,档号:2—536,缩微胶片号:16J—1117。

3.《为据港务局呈请将开浚获泾河捐资商民出力人员分别给奖请查照办理由》,《上海市政府公报》1930 年第 61 期。

4.《为据港务局呈请将彭浦区捐资开浚沉金港商民照例给奖一案除指令外请查照办理由》,《上海市政府公报》1931 年第 91 期。

5.《为据呈报对于疏浚获泾河捐资百元以上商民给奖情形并检呈奖章图样准予备案由》,《上海市政府公报》1931 年第 92 期。

通常所指的范围,如救助灾害、济贫助困、扶助残疾等社会群体和个人的活动。但从后来法规实施的情况来看,实际上,传统的恤孤、育婴、恤寡、施医给药、赠衣施粥、施棺收殓等善举均属之。正如内政部编纂年鉴时在"救济行政"一节所言："查慈善团体与救济机关之性质，极相近似，根据各地所报告之材料，有时似难区别何者为救济机关、何者为慈善团体。"[344] 由此，我们似可认为，条例所称"救济事业"也包括各种慈善团体、组织与设施及其开展的各种慈善活动，如愿向其捐赠款物，就属于该条例调整的范畴。事实上，同年稍后颁布的《监督慈善团体法》暨施行规则的第 12 条就规定，褒奖慈善业绩卓著的慈善团体即依照该条例办理。至于捐赠主体，从其他条款可以看出，同其他捐赠褒奖条例一样，无论是个人（包括华侨）还是团体，只要有自愿捐资的行为，都属于之。

在捐资数额上，条例规定的给奖标准的门槛相对较低，捐资百元以上就有资格受奖；捐助不限于动产，不动产也可，但应折合银元计算。褒奖方式也较简单，只有题给匾额一种。如第 2 条规定，不同捐资额对应的褒奖有四等：一是捐资至 100 元以上者，其奖匾由普通市政府或县政府题给；二是捐资至 500 元以上者，奖匾由各省民政厅题给；三是捐资至 1000 元以上者，奖匾由省政府或特别市政府题给；四是捐资至 5000 元以上者，奖匾由国民政府题给。如果经募捐资，其所募款项在第 2 条所列各数 5 倍以上者，也可比照给奖。褒奖的具体程序为："由国民政府题给之奖匾，须经地方主管最高长官开列事实报由内政部核转；其由省政府、特别市政府暨民政厅题给之奖匾，应于年终汇报内政部备案"；"华侨在国外以私财创办或捐助救济事业以救济本国人民者，经各驻在地公使或领事馆之申请，由内政部临时核办之"。[345] 条例还有受奖匾者如续行捐资的规定，准许合计先后数月褒奖。另外，凡经办慈善救济事业在 5 年以上、确有成绩者，经地方最高长官申请，也可由内政部临时核办。

扶危济困，救灾恤贫，向为中国传统慈善事业的重要内容。及至近代,此类善举依然绵绵不绝。民国时期,《捐资举办救济事业褒奖条例》的颁布,在法律层面上鼓励了这种慈善行为。民间社会以私财捐助或创办慈善救济设施,也不乏其例。如,浙江绍兴救济院自1929年成立以来,"各所常年经费皆藉田租之收益以为支出,近感岁时荒歉,收入锐减",而支出渐增无已,经费严重不敷,急需募款维持而资进展。"孙水占奉其嫡母孙王氏之命慨捐洋一万元,又奉其继母孙张氏之命慷慨助洋一万元"。孙王氏、孙张氏乐善好施、襄助救济之举,经地方呈报,1930年4月,国民政府就依据条例规定题给"慈善可风"匾额。[346]辽宁盘山县女士杨陆成真,自清末以来,四十余年持家克俭,"积存资财,悉数移送善举",后又于辽、冀、鲁、豫等处巨灾以及北平市安设粥厂、散放衣粮、救济各处难民,"暨筹办育幼院、补助育婴堂、设立民众学校、平民女工厂、平民医院,种种善行,不胜枚举,综计历年经募款已达三十万之谱"。每逢冬令,杨陆氏又个人捐资举办五台山普济佛教会第一粥厂,每年冬十月中旬开厂至来年二月中旬止,每日来厂领粥赖以存活、得免冻饿者不下2000余人。计开办以来,业经三载。此项捐款已达10400余元,概由平日节俭余资,独力担任。杨陆成真乐善好施垂数十年,创捐巨款,救济民众,裨益民生,尤为难能可贵。鉴于此,北平市政府经朱庆澜呈请后核明,与《捐资举办救济事业褒奖条例》所载第2条、第5条相符,转呈国民政府褒奖。1931年5月国民政府亦题给匾额。[347] 1930年,湖南孤儿院因孤儿名额逐年增加而原有房屋无多,正愁难于容纳。长沙绅士陈佩珩闻知,慨将南城外甘棠坡私有的晚香别墅一所,连同屋宇地基、楼台、池塘、花木、器具及契据一并捐归孤儿院,共估价约值3万余元。事后,湖南孤儿院院长曹季国具文呈报,请依《捐资举办救济事业褒奖条例》第2条第四款予以褒奖,1930年3月11日,国民政府题给"见义勇为"匾额。[348]民国时期,此种仗义轻财、乐施好善之举还有不少。浙江临安,胡汝嘉见县救济院筹设多时却因公谷竭蹶而尚未实现,"老幼残废失其养护,贫病孤寡失其救济,社会呈杌陧之象,民生现憔悴之色,蒿目时艰,恧焉忧之",又"念先君在日,凡地方慈善事业无不躬与其役"。汝嘉备受庭训,时怀忧墙,自愿将遗田产215亩,悉数捐作临安县救济院基金,每年所得产息即为该院经费。照民间现价计算,此项不动产值银15100余元。1929年12月,国民政府准题颁奖匾。[349]江苏高淳,汪国栋亦捐田110余亩充作救济院基金,并捐入洋1500元,总计价值5000元以上。[350]省政府依此呈请国民政府鉴核,1931年3月14日,准予题给"急公好义"匾额。由上看来,民国时期的捐赠者当中不乏巨商富绅。其实,乐善好施的也有农民。如在辽宁兴城,农民邓韡棠就于1931年捐助田地房屋,约值大洋11万元,中有9.9万元归办学专款,1.1万元作难民赈济之举,地方政府核与《捐资兴学褒奖条例》及《捐资举办救济事业褒奖条例》第2、第4条相符,由此分别请奖。[351]这些都是捐资数额较巨、呈请国民政府褒奖题给匾额的事例,而由各省市政府、民政厅、县政府褒奖者必然更多,兹不再胪列。从上述捐资个案来看,符合《捐资举办救济事业褒奖条例》规定,以不动产捐助者颇有不少,如陈佩珩案、胡汝嘉案、汪国栋案、邓韡棠案。同时,胡汝嘉、汪国栋捐助田产作救济院基金,也符合了《救济院规则》第54条:"凡捐助救济院款项或不动产者,由主管机关核给奖励。其捐额值国币五千元以上者具报内政部核奖。"而杨陆成真案可算是经募捐资、多处捐资并计的典型。

及至1931年7月底,国民政府公布《褒扬条例》。内政部以该条例已包括慈善救济事业之褒扬,遂呈请国民政府废止《捐资举办救济事业褒奖条例》。经审核,该捐赠褒奖法规在施行两年余后即行废止。

(五)《捐资兴办社会福利事业褒奖条例》

抗战军兴后,由于寇灾、水旱诸灾交相迭乘,灾民、难民、灾童、难童以及失业、失学之青年妇女、文化人士暨归国侨胞,人数骤增,慈善救济事业十分繁重。原主管慈善救济及褒扬事项的内政部已不堪重负,于是,国民政府又先后设有非常时期难民救济委员会、振济委员会等机构,但由此也造成事权不专等弊端。1940年,在原国民党中央社会部的基础上,国民政府再次进行机构改组,成立社会部,统筹社会行政事务,归并了上述三机构中所辖的救济业务。在此期间,国民政府的社会施政理念也发生一些变化。"盖以现代之社会救济,与往昔之慈善事业异趣,不仅图谋事后之补救,更当着重事前之预防,不仅解除受救济人之疾苦,更当扶助受救济人能使独立生活。故其观念并非慈善而为政府对人民应尽之责任,其方针不重消极,而当趋于积极,此实现代救济事业之新精神。本部施政,一本此新精神,以建立新制度,并以新方法新技术,切实推进,期树立今后救济事业之新基础。"[352]又称:"社会福利事业关系民生至巨,亟待推进。政府职责所在,自当积极倡导,树立楷模,资所取利,尤当注重奖助并督促人民捐资兴办,以期普遍推行,恢宏实效。"[353]由此而见,国民政府进一步将社会救济扩大为社会福利,慈善事业也涵盖于其中,为社会福利之一部分。于是,在各种官方文件中,原来所称的社会救济事业亦改称社会福利事业,各种救济设施也一律称为福利设施。鉴于上述背景,并为鼓励私人或私人团体创办或捐助各种福利设施起见,社会部于1942年拟具《捐资兴办社会福利事业褒奖条例草案》,呈由行政院转立法机关审议,经于8月20日立法院第224次会议三读通过,呈请国民政府公布施行。[354] 1942 年 8 月 29 日,国民政府正式颁行《捐资兴办社会福利事业褒奖条例》,共 13 条。[355]

《捐资兴办社会福利事业褒奖条例》规定了法律适用范围,捐赠主体仍然为私人或团体,既包括外国人,也包括侨居外国之人民,凡创办或补助社会福利事业,皆可给予褒奖;并用列举式界定了社会福利事业的范畴,即涵括四大类:社会救济事业、工农福利事业、儿童福利事业及其他社会福利事业。褒奖方法也有三种:奖状、奖章和匾额。奖状分为五等,由省及院辖市政府给予之;奖章分金质、银质两种,由社会部给予之;匾额由国民政府给予之。奖章给予个人,并附发证书,奖状、匾额给予个人或团体。捐资给奖标准分为八等,捐资 1000 元以上方可给奖,各等依次递增。各等次的褒奖程序,与前述的 1944 年《捐资兴办卫生事业褒奖条例》完全一致,兹不缕述。同时也有已领奖继续捐资者、经募捐资者的褒奖规定。

1947 年 6 月 26 日,国民政府修正公布了《捐资兴办社会福利事业褒奖条例》。[356]此次修订,褒奖方法仍为奖状、奖章和匾额,但将奖状分为四等,总共七等。捐资给奖标准也有较大调整,各等级的捐资额与同日颁布的《捐资兴办卫生事业褒奖条例》、《捐资兴学褒奖条例》相同,褒奖程序也完全一样,首先都要由主管官署开具事实,检附捐资证件及受奖人履历,呈请省、市政府核明给予并于年终汇报内政部、社会部备案,或送由社会部会同内政部核呈行政院核准后,由社会部给予之,或由社会部会同内政部核呈行政院转呈国民政府给予之。这表明,在经过近二十年相关法律的实施,国民政府立法机关已积累了相当的立法经验,各种捐资褒奖法规在捐赠主体、捐资数额、给奖标准及其褒奖方式、程序等方面都已趋于划一,显然有利于维护法律的尊严,便于法律的适用,同时也可以很好地保护捐赠者的合法权益,激发其捐赠动机。但是,民国时期这些捐资褒奖法规都是以单行条例的形式分别颁布,而没把在教育、卫生、水利、救济或福利等领域的捐赠行为统一、整合为一部适用范围更广、法律效力更大、内容更全面的《慈善捐赠法》,这也就在一定程度上限制了其法律作用的充分发挥。

尽管如此,《捐资兴办社会福利事业褒奖条例》也曾在全国范围内施行,乐善捐助者亦复不少,兹举两例。1948 年,贾云山、贾策轩、王迪斋等 10 人各捐资法币 2500 万元,柏一青、武成等 6 人各捐 1000 万元,赠给山西太原市私立博爱救济院作儿童救济费。同时,德顺亨商号也为博爱救济院捐助救济金 5000 万元。核与该条例第 1 条暨第 3、第 6、第 7 条之规定相符,12 月,由内政部分别给予金质褒章、匾额。[357] 1948 年 4 月,陕西《春秋报》社长胡玉璋在办理母亲丧事后,追忆育抚,将亲友所馈部分赙仪及个人修志酬劳等项,合计 760 万元,捐赠给南郑县育幼所,用作留养各孤苦幼儿本年度添购夏服之需。经县救济院育幼所呈报,依该条例相关条款,开具捐资事实并检附捐资证件及受奖人履历表各一份,呈请鉴核。年底,鉴于胡玉璋慨捐义囊,捐资济孤,由内政部砖呈社会部核奖。1949 年 1 月照准给奖。[358]

二、赈灾性慈善捐赠

1913 年 2 月 2 日,北京政府内务部公布了《灾赈奖章条例》。嗣后,1914 年 3 月 11 日又奉教令公布《褒扬条例》。"所有前项奖章条例所举事项,大致赅括于《褒扬条例》第一条所定范围以内。惟该第六款特限于千元以上者,其不满此数者未免向隅,且与《灾赈奖章条例》第二条所列捐款数逾巨万不免互有抵触。查义赈捐输事属救济行政,其乐输巨款者,自应特予褒扬。即使捐额在千元以下者,集腋成裘,足资赈助,亦未便没其急公好义之忱。现本部现将前项《灾赈奖章条例》分别修正,酌改名称为《义赈奖劝章程》,计八条。兹将通咨布行俾克与《褒扬条例》相为辅助,藉资征录。……其旧有灾赈章程即行废止。"[359] 1914 年 8 月,内务部正式颁行《义赈奖劝章程》。章程规定,凡捐助义赈款银 1000 元以上者,依《褒扬条例》第一条规定由内务部呈请大总统褒扬之;未满 1000 元者,由各地方行政长官依下列各款给奖:500—1000 元、300—500元、200—300 元、100—200 元、50—100 元,分别给予一至五等奖章。"经募义赈款银为捐款数五倍者,得准照前条规定分别给与奖章。义赈奖章质用银,绶用蓝色。其章式由各地行政长官自定,镌刻某年某地及某义赈字样,并呈报内务部。给与时,应附给证书叙明理由。各地方长官应将受奖之人姓名、籍贯及其捐募事由款额汇报内务部备核。义赈奖章无论内国人或外国人均得受之,但只许受奖人终身佩带。"[360]为慎重赈灾奖案起见,内务部不久制定《赈务奖案注册暂行条例》,向捐助赈款而授实职者收取一定注册费。[361]

《义赈奖劝章程》颁行后,各地请奖案接连不断,进一步彰显了中国乐善好施的传统美德。1914 年,江北一带先患蝗旱,继遭水灾。此次被灾区域多达二十余县,灾情之重实属数十年来所未有。然而赈款支绌,"幸赖各员绅同心协理,迅赴事机",盛宣怀等创议官义合办之举,由当地绅士查户放赈。诸绅情系桑梓,举凡筹募义捐、救济灾黎,莫不竭尽心力。至1915 年 5 月底,赈务始告竣,苏省"灾民得庆更生,地方幸获安谧"。按照《义赈奖劝章程》规定,江苏省拟订义赈奖章式样上报内务部备案,并由巡按使齐耀琳呈文为办赈出力人员请奖励,准议。[362] 1914 年,湖南各县也水灾并发。民众慨解仁囊、赈恤饥溺者亦复不少。如颜曹秀英等 8 人、余金声等 33 人和魏敏修等 14 人,捐款均在 50 元以上,分别捐助湖南常赈、长沙县急赈以及衡阳县急赈。在这次赈灾中,长沙县水灾救济团干事黄式廓、杨知临等 12 名,募款为 5 倍于所定捐款。以上捐资及经募行为,与《义赈奖劝条例》相关规定均属相符。由此,1914 年 11 月,湖南巡按使沈金鉴乃制备奖章五等,分别给与,并附给证书。同时,相应将受奖人姓名、籍贯及捐募事由、款额列表,并拟定奖章式咨呈内务部查照备案。11 月 27 日,内务部咨复称,所拟义赈奖章式样与定章相符,准予备案。[363] 1914—1915 年间,遵化州商会总理吴毓庚、协理李盛唐等经募留养贫民局捐款至东钱一万余吊,"由当商捐备棉衣,分别酌放","俾一般饥民实惠均沾,幸免冰馁"。[364] 1915 年 6 月,直隶巡按使遂咨内务部援照经募赈款银 5 倍捐款之规定查照给奖,得内务部应准。1916 年,湘省醴陵、衡山等县水灾,办理义赈捐助赈款有数达 50 元以上及经募赈捐为数甚巨者。经湖南省长公署查实,醴陵义赈捐户卢鸿仓等 35 名,衡山义赈捐户柳顺等 61 名捐款均在 50 元以上,核与第 2 条现定之捐数相符。衡山李子荣等 8 名经募捐款在第 2 条规定捐款 5 倍以上,核与第 3 条给奖之例亦属相符。1917 年 5 月,湖南省长谭延闿也依例奖励捐赠者。[365]

1922 年,绍兴"飓风淫雨,四次成灾,地方辽阔,户口众多,人民荡析离居,为数百年所未有",史称浙江壬戌水灾。灾情奇重,筹办冬春赈务孔亟,需款尤殷。瓯海关监督胡惟贤因熟悉南洋情形,遂前往新加坡、槟榔屿、吉隆坡等埠劝募浙赈,奔走两月有余,计募到叻洋 20 635 元,除开支 2635 元,实解叻洋 18 000 元,合龙洋 18 416 元。在此次募捐中,简英甫等华侨"或系独立捐助,或系效法筹募,热心祖国,救济灾黎"。1923 年 5 月 14 日,浙江省长张载阳据胡惟贤函,咨内务部给奖。10 月,内务部覆准,简英甫、戴培元分别捐洋 5000 元、4000 元,并各代募 20000 元,核与《修正义赈奖励章程》给奖标准相符,因已领三等嘉禾章而晋颁二等嘉禾章。而戴澍霖捐洋 1000 元,又代募 1000 元,按标准给七等嘉禾章。此外,鲍元庆、胡寿震等 9 户也捐助 1000 元以上(其中鲍、胡为遗命捐资),也符合章程规定,遂各奖匾额一方。[366] 1922 年,江皖浙鄂湘黔六省水旱重灾,熊希龄、汪士珍等"爰本协济旨纠集士绅,创设斯会","所有发给各省赈款,均赖各慈善家暨在会同人捐募有成数,先后公同支配"。赈务结束后,对独自慨助巨款暨担任经募者,也请照章程核奖。[367]

1920 年,北京政府还制定了《办赈奖励条例》,与《义赈给奖章程》相辅相行。这年,"晋省灾区既广,需用孔多,地瘠民贫,筹款不易,全赖地方绅耆倡捐巨款"。五台县绅士、阎锡山之父阎书堂,平时乐善好施,"于此次晋灾尤为异常慷慨"。[368]他首捐助巨款,继复一再捐助,捐助数额合计达 11 万元以上,并经募 10 万以上,"创建忻县、定襄、五台三县汽车枝路,并于忻台两邑间之滹沱河建造桥梁,以工代赈,计成路二百里,兴工四阅月,灾民赖以就食者数千人";又复在原籍捐银币一万元倡建丰备义仓,"他县人士闻风兴起,其裨益荒政均非浅鲜"。由于阎书堂"办工赈建设河桥,倡办义仓,均著有特殊劳绩,且为地方永久利赖者甚大",[369] 1921 年 8—9 月,山西赈务会办田应璜、内务部核与《办赈奖励条例》第 11 条之规定实例相符,即具文呈请,特予嘉奖,授给勋章。

南京国民政府成立之初,即设有赈务处。1929年2月27日,国民政府撤销赈务处,设立赈灾委员会,以统一全国赈灾事宜,许世英任主席。该会"成立以来,业经数月,各处直接捐助者甚多,而热心经募赈款者有成绩之个人或团体亦尚不少"[370]。5月4日,许世英呈函行政院:"窃属令职司振务,自成立以来,时有好善之士捐助振款,均经掣给印收专函答谢,并汇案登报,以资征信。但各捐款任乐善好施,若不酌予奖励,似不足以昭激劝。查捐振给奖,前振款委员会曾经拟具章程,呈奉核准通过在案。兹为奖劝捐款起见,将前振款委员会拟定章程,酌加修正,提交第六次常务会议逐条讨论通过,理合缮呈《振灾委员会捐款给奖章程》十一条,具文恭呈。"[371]赈灾委员会公函的主旨,显然希冀行政院转呈国民政府备案公布。行政院收文后,也以章程大致尚妥,可据情转呈国府鉴核。1929年5月11日,国民政府发布第1621号训令,准予备案。于是,《赈灾委员会捐助赈款给奖章程》从即日起开始施行。其主要内容为,凡捐助振之奖励,均依本章程之规定。捐款给奖分匾额、褒章两种,根据捐赠数额,国民政府、赈灾委员会均可题给匾额或给予金质褒章。在捐资数额标准方面,章程规定:凡捐款5万元以上者,专案呈请国民政府特予优加奖励,并题给匾额,给予特等金质褒章;凡捐款1万元以上者,呈请国民政府题给匾额并给予特等金质褒章;捐款5000元以上者,国民政府题给匾额并给予本会一等金质褒章。由赈灾委员会给予的褒章或题给匾额的捐资数额分别为:捐款3000元以上,由赈灾委员会给予一等金质褒章,并题给匾额;1000元以上,给予二等金质褒章,并题给匾额;500元以上,给三等金质褒章,100—500元,由赈灾委员会给予四等至一等银质褒章,每百元递增一等。由各团体名义捐助振款,得按各条规定奖励之。经募振款著有成绩者，得酌呈国民政府给奖或由赈灾委员会迳予给奖。凡呈请给奖及由会给赠予者，均将受奖人姓名、籍贯或团体名称连同事迹分报内政部备案。

《章程》公布实施后，赈灾委员会遂着手将各地捐输赈款之个人或团体按照章程汇案分别呈请，或迳予给奖。后来发现章程第8条关于经募赈款著有成绩者之个人或团体的给奖条款，原文较为含混，"似应明定标准，以便核办"。赈灾委员会第12次常委会议决规定："经募振款之个人或团体，依《捐款给奖章程》比照捐款人之款数加两倍为给奖标准"。1929年9月26日，又分行各省政府赈务委员会及各慈善团体知照，并呈国民政府备案。[372]

1930年1月25日，国民政府明令改赈灾委员会为赈务委员会，办理各灾区赈务事宜。为加大救灾赈济的力度，提高办赈效率，1931年10月27日，国民政府同时公布了由立法院审议通过的《办赈团体及在事人员奖励条例》、《办理赈务公务员奖励条例》、《办赈人员惩罚条例》等三项法规，并自公布日起施行。[373]其中，《办赈团体及在事人员奖励条例》也有关于灾赈捐募方面的规定，如第五条甲款："热心赈济、声誉素著，所办灾赈范围普遍全国各灾区或捐助赈款在十万元以上、募捐五十万元以上者，由赈务委员会会同内政部开具事实案呈请行政院转呈国民政府明令褒奖，并得于所赈济各地方建立纪念碑碣"；丙款："热心公益，所办灾赈范围及于数省或一省市，或捐款在一万元以上、募捐五万以上者，由所在地方官厅或所属法团开具事实，送由赈务委员会及内政部，呈由行政院转呈国民政府给予褒章，并得刊名所赈济地方之纪念碑碣"；丁款："海外华侨以私资创办国内赈灾团体或募集巨款助赈者，应由驻在使馆开具事实，送由外交部呈请行政院转呈国民政府颁予匾额并给予褒章"。[374]如此一来，振务委员会原订《捐助给奖章程》部分条款与该条例相关内容相冲突，存有矛盾之处。《办赈团体及在事人员奖励条例》是由立法院审议通过、国民政府公布的法规，而《捐助给奖章程》是赈灾委员会拟订、呈准国民政府备案、行政院公布的部门规章。依照法理，前者属于上位法，效力较高，后者为下位法，效力较低，下位法须服从上位法。如二者有发生冲突，应废止或修正下位法。《办赈团体及在事人员奖励条例》颁布后不久，振务委员会也意识到这个法律适用的问题，"查国民政府颁布条例，凡捐助在一万元以下者，奖励办法均未规定，本会前订给奖章程似未便遽行废止，惟其中不无抵触之处，实有修正之必要"[375]。内政部也以为"赈灾委员会原订《捐助给奖章程》难再行援用。惟上述条例于捐助赈款在一万元以下者，并未规定奖励办法，如不设法救济，则少数捐款之人势难无从请奖，亦非国家重赈劝捐之道"，而由振务委员会"拟就原《捐助给奖章程》酌加修正，俾捐助款在一百元者，亦得照章请奖，于法尚无不合"。[376] 1932 年 4 月 12 日，振务委员会主席许世英将《修正助赈给奖章程》草稿上呈内政部，内政部略作文字改动，6 月 30 日由行政院核准公布。《修正助赈给奖章程》规定，凡捐助赈款赈品者，除《办赈团体及在事人员奖励条例》别有规定外，依本章程分别奖励之。奖励分三种：匾额、褒状和褒章。奖励办法及捐赠额标准也有些调整，捐款 5000 元、3000 元、1000 元以上，分别由振务委员会授予一至三等金质褒章，1000 元以上另予褒状，3000 元以上加题给匾额；800 元、600 元、300 元、100 元以上，分授一至四等银质褒章。捐助赈济品，按照时值估价数目，比照捐助赈款之规定给奖。对于经募赈款赈品著有成绩之私人或团体，也可比照捐款数加四倍为给奖标准。振务委员会在给奖时，还将受奖人姓名、籍贯或团体名称，连同捐募款品事实，汇报内政部备案。[377]

振务委员会二等金质褒章　二等银质奖章(1935 年赈济黄河水灾,
山东省振务委员会制)

1932 年,《修正助赈给奖章程》公布施行后,振务委员会又拟定补充办法草案 6 条,呈行政院备案。在审核时,行政院以为该章程第 3 条及第 4 条各条条文中,"对于捐助振款振品暨经募振款振品著有劳绩者之给奖,均已明文规定为私人或团体,各级政府及办振机关并不包括在内,无另行补充之必要。该项补充办法第五项应予删去"。由此,补充办法更定为 5 条,其要点为:团体捐助赈款、赈品,由本会题给匾额但不给褒状及褒章;凡捐助赈款、赈品不愿宣示姓名者,尊重原捐助人意旨,免予奖励;公司捐助赈款赈品,除依照章程第 3 条之规定题给匾额外,其褒章、褒状应由原捐助公司、商号推举固定代表人受奖。[378]

南京国民政府颁行的各项关于赈灾慈善捐赠法规,在很大程度上得到了有效实施。如《办赈团体及在事人员奖励条例》颁布后,1932 年 3 月,据内政部、赈务委员会会呈,山东省赈务会已故委员何宗莲"办理赈务,经募赈款一百数拾万元","嘉惠群黎",核与该条例第 5 条甲款之规定相符,经国民政府鉴核,即"著由行政院转饬山东省政府于所赈济地方建立纪念碑碣,用昭激劝而示来兹"。[379]在江苏,"江宁县陈睡支捐产助赈,价值在十万元以上",赈恤灾黎,1933 年 2 月,经内政部、赈务委员会会核查,也符合该条例第 5 条甲款,遂专案呈请,国民政府依例予以明令褒奖。[380]

三、综合性慈善褒奖

除公益性慈善捐赠和赈灾性慈善捐赠两类褒奖法规之外,民国时期颁布的一些综合性褒扬或褒奖法律法规也有若干涉及到慈善公益事业的条款,对事迹卓著者授予匾额、奖章或勋章,以资鼓励。这些法规主要是《慈惠章给予令》、《褒扬条例》、《颁给勋章条例》及其施行细则。

(一)《慈惠章给予令》及其施行细则

1921 年 2 月 27 日,北京政府以教令第 6 号公布了《慈惠章给予令》,共 8 条。法令第 1 条就明确规定了法律适用范围:"凡妇女合于左列各项事实之一者,依本令之规定,给予慈惠章。(一)捐募赈款者;(二)办理公益事业者;(三)办理慈善事业者。"由此可知,《慈惠章给予令》所针对的行为主体只限于妇女,如有捐募赈款,或办理公益、慈善事业等行为,均可给予慈惠章。慈惠章分为宝光、金色、银色三种,各五等级。应受宝光慈惠章者,由内务部呈请大总统以明令给予之;应受金色慈惠章者,由内务部呈明大总统给予之;应受银色慈惠章者,由主管官署报部核准给予之。授予慈惠章之时,附发执照。[381]为便于法令的实施,内政部还拟订了《慈惠章给予令施行细则》,经呈准于同年 3 月 31 日公布。《施行细则》对《慈惠章给予令》有关条款作了进一步的补充规定,使之更加细化、具体与明确,因此可操作性大大增强。如,该细则前三条就分别明确界定了《慈惠章给予令》第 1 条所规定各款的含义:"第一款所称捐募赈款,凡捐助赈款及经募赈款者皆属之"；"第二款所称公益事业，凡办理教育实业及其他足为公共利益之事业均属之"；"第三款所称慈善事业，凡收养贫民或设立慈善工厂、医院及其他有益于社会贫民各项慈善事业皆属之"。[382] 同时，细则对慈惠章的给予标准还有详明、细致的规定。如合于捐募赈款规定，其捐助银 1 万元以上或经募 3 万元以上者，应报由内务部呈请明令给予宝光慈惠章；捐助银 1000 元以上或经募 3000 元以上者，应报由内务部呈请给予金色慈惠章；捐助银 300 元以上或经募银 800 元以上者，由各主管部暨外省地方长官或特设主管机关，给予银色慈惠章。[383] 各等次的给章依捐募资金多寡而定，具体情形见表 3—6。

凡与办理公益事业、慈善事业条款相符，应核明所办事业之情形及其成绩，分别报由内务部呈请或由地方行政长官给予之。其捐募款项者，并得比照前面的规定办理。此外，还规定："凡已受有慈惠章者，如续行捐募赈款，得并计先后数目，按等或越等晋给。其办理公益慈善事业续有功绩时，亦得晋给之。"[384] 条例还对三种慈惠章不同等别的章式、绶带有十分详细的规定，各慈惠章正面都"上作慈竹蕙花，衔以半圆形"（宝光章还环饰嘉禾），中间分别饰以凤、鸳、鹤，"下作五瓣，如国旗色"，[385] 所区别处在于各慈惠章等别不同，其缀饰物及其数目皆不同。背面则相对统一，按不同等次、种类分别镌刻"某等某种慈惠章"字样。

施行细则规定，给予慈惠章时，应由核发官署注册，填照发给，而受领者需缴章费。依照该细则第十条，内务部于 1914 年 4 月 18 日公布了《慈惠章收费规则》7 条，规定宝光慈惠章、金色慈惠章由内务部酌收一定数额的章费，银色慈惠章费数额由核发官署自定。[386]

表 3—6 慈惠章给予标准一览表

等次	慈惠章种类及其相应的捐募款额		
	宝光慈惠章	金色慈惠章	银色慈惠章
一等	捐助 5 万元以上或经募 15 万元以上，授一等五级宝光慈惠章。※	捐助 8000 元以上或经募 24000 元以上	捐助 800 元以上或经募 2400 元以上
二等	捐助 4 万元以上或经募 12 万元以上	捐助 6000 元以上或经募 18000 元以上	捐助 600 元以上或经募 2000 元以上
三等	捐助 3 万元以上或经募 9 万元以上	捐助 4000 元以上或经募 12000 千元以上	捐助 500 元以上或经募 1600 百元以上
四等	捐助 2 万元以上或经募 6 万元以上	捐助 2000 元以上或经募 6000 元以上	捐助 400 元以上或经募 1200 元以上
五等	捐助 1 万元以上或经募 3 万元以上	捐助 1000 元以上或经募 3000 元以上	捐助 300 元以上或经募 800 元以上
备注	※已捐助 5 万元以上再加 1 万元，或经募 15 万以上再加 3 万元者，晋升一级；累至晋为一等一级宝光慈惠章。如捐助 10 万元以上，或经募 30 万以上者，并得随时呈请于章缓另加花饰。		

注：本表所列以合于《慈惠章给予令》第一条第一款之规定给章者为限，其余条款未列入。

资料来源：《最新编订民国法令大全》，商务印书馆 1924 年版，第 1565—1566 页。

民国年间，侨居沪上的英商欧司爱·哈同及夫人罗迦陵，对我国慈善事业多有赞助。1920 年春夏间，台州等浙东地区水患成灾，哈同捐 1 万元助赈。经浙江巡按使沈金鉴转呈，内务部授予哈同"与人为善"匾额。1921 年，哈同又慨捐巨资 2 万元助皖省水旱各灾，是年冬获二等大绶宝光嘉禾章。其夫人罗迦陵氏"热心教育，劝导工商，历年在沪捐助各省水灾暨办理公益慈善事业"，于1922 年 3 月奉给一等二级宝光慈惠章。1922 年 5 月，哈同夫妇为皖灾续捐 2 万元，加奖匾额。[387]

(二)《褒扬条例》及其施行细则

1914 年 3 月 11 日，大总统袁世凯公布《褒扬条例》13 条，至1917 年 11 月 20 日，北京政府又加以修正并以教令第 24 号公布，但均未经立法程序。[388]此条例主要内容为：孝行纯笃、特著义行、尽心公益等八类德行可由内政部呈请褒扬，并规定了褒奖的方式及其程序。[389]在该条例中，尽心公益慈善即属于受奖褒扬之列。条例颁布后，内务部拟订了《褒扬条例施行细则》，并于 1914 年 6 月 17日以部令第 111 号公布。1917 年 11 月 13 日，内务部进行了修正，1921 年 5 月 30 日内务部令第 77 号再次修正公布。该施行细则第3 条对《褒扬条例》第 1 条第 3 款"尽心公益"进行解释，界定其范围为："凡创办教育、慈善事业及其他为公众利益事项或办理上列各事确有成效、特著勤劳者，皆属之。其因办理上列各事，捐助财产满二千元以上者，同。"[390]这表明国家对于各种慈善行为给予鼓励、倡导与褒奖。在施行细则中，对褒扬的方式作了更详尽的规定，分金色、银色褒章及匾额，由县知事征考行实，出具证明书，呈由该管最高级行政长官，咨部请予褒扬。并规定了罚则，如受褒扬人事状虚伪，嗣经发觉查明为实者，撤销原案，并追缴褒扬物品；县知事呈请褒扬事状有不实,也交由高等文官惩戒委员会惩戒之。[391]

　　1929 年 3 月,南京国民政府内政部"以彰善旌能,国之大典,移风易俗,政有常规,值此邪说横行、纲维渐弛之时,尤应振兴礼教,提倡道德之举"[392],爰拟具《褒扬条例》及其施行细则,呈请国民政府核定,然经国民政府第 89 次会议决议缓议,事遂停顿。及至 1931 年 2 月,内政部以各省呈请褒扬之案,积有多起,核办无所依据,于是在全国内政会议上复议呈请政府颁行褒扬法。随后,再次缮具《褒扬条例草案》,呈由行政院提出第 13 次国务会议决议送立法院。[393]立法院随即将草案提交第 133 次会议议决付法制委员会审查。该会经多次会议讨论,认为大致尚妥,略将原草案修正通过。立法院复于第 149 次会议,将该审查修正案提出逐条讨论,并省略三读通过《褒扬条例》全案,1931 年 7 月 31 日由国民政府公布施行。[394]

　　国民政府新颁的《褒扬条例》共 16 条,规定德行优异、热心公益,均得褒扬。其所称"热心公益",第 2 条规定:"凡创办教育、慈善及其他公益之事业,或因办理此等事业而捐助款项者,属之"[395]。褒扬的程序和方法,与北京政府时期所颁条例大体相同,即:受褒扬人之事实,县市政府、省政府、内政部,均由确实调查之责,其乡邻亲属呈请者,应详叙事实,依式填列清册五份,并取具当地公正人民两名以上之证明书,褒扬方法为匾额和褒章,并附给褒扬证书,均由内政部拟定,呈转国民政府行之;送致褒扬品,由该管县市政府行之。[396]至 1932 年 6 月 4 日,内政部还公布了《褒扬条例施行细则》,并转饬各省市遵照实施。该细则对条例作了进一步的解释、限定,使之更具体、明确,有较强的可操作性。如第 3—5条规定:"《褒扬条例》第二条所称创办教育、慈善及其他公益之事业,以能福利社会昭垂久远,或救灾恤邻嘉惠民生者为标准";

"《褒扬条例》第二条所称捐助款项,以私资独自捐助满五千元以上者为限;在五千元以下者,得由省政府或直隶于行政院之市政府颁给匾额,并于年终汇编内政部备案。关于捐助款项之褒奖,另有法令规定者,从其规定";"凡经募捐款在前条所定私资捐额五倍以上者,得依前条办理;以不动产捐助者,准照时价折合银元计算;历年继续捐资者,得将数目先后并计"。[397] 江苏宿迁善人施慕均,自清末光绪年间起就在地方办赈救济,宣统元年(1909)又捐资倡设同仁小学于复善堂,充学董及复善堂堂董。民国后,他又被选为复善堂主任督办善事,二十余年如一日。自倡办慈善以来,除捐出积蓄 12000 余文,办保甲、建桥、设善堂、办平粜外,施慕均还卖田产 3 顷余,得款 19000 多文,补助教育诸善举,合计出资 3 万多文。1932 年他亡故时,私产所存无几。地方人士都以施慕均一生裨益于地方社会,1935 年,世界红卍字会宿迁分会、宿迁县复善堂、县民报社、县商会、积善堂等七团体公呈江苏省政府,请转呈核奖,9 月 28 日,国民政府题给"福利桑梓"匾额。[398] 施慕均之褒奖案,就属于捐资身故时未得褒奖的情形,在呈请褒扬时即将历年捐资数目合并计算。

此外,国民政府于 1935 年公布的《颁给勋章条例》及其施行细则也有若干条款涉及慈善行为褒奖的。如 1935 年 2 月 22 日公布的《颁给勋章条例施行细则》第二章"叙勋标准"第 4、第 5 条规定,对有勋劳的非公务人员,得依照本条例第 4 条第 2 项之规定,颁给采玉勋章。所列四款,"创办慈善事业规模宏大、福利社会昭垂久远者"即为其一;对于有勋劳友邦人民,得依照本条例第五条第之规定,颁给采玉勋章,这也包括了"创办教育或慈善事业,有功于我国家社会者"[399]。同时,还规定了呈请颁给勋章手续及颁发手续。相关程序为:颁给非公务人员勋章应由原呈请机关、颁给友邦人民勋章应由驻外使馆、领馆分别填具勋绩事实表三份，各粘附受勋人相片，并另附具印结考语，呈请上级机于每年国庆日两个月前递转内政部依次审核，或呈转外交部加以审核，汇案呈请。受勋人如侨居中国者，上项手续由外交部直接办理。凡颁给勋章，受勋人员经国民政府核准发布颁勋命令后，应分别饬知考试、行政两院，分转铨叙、内政、外交三部知照，并由主管机关随时定授勋典礼日期。[400]

左图：宝光嘉禾章（北京政府时期） 右图：采玉勋章（南京国民政府时期）

注　释

1　2　3　4　7　14　16　19　28　216　220　221　237　245　388　谢振民编著：《中华民国立法史》上册，中国政法大学出版社 2000 年版，第 340、340、359、360、360、360、360、464、415—416、576、563、564、570—571、574—575、520 页。

5　《中国大事记·八月初八日》，《东方杂志》第 9 卷第 3 号，1912 年，第 13 页。

6　《中国大事记·十二月二十二日》，《东方杂志》第 10 卷第 8 号，第 5—6 页，1914 年 2 月印行；又见谢振民编著：《中华民国立法史》上册，中国政法大学出版社 2000 年版，第 360 页。

8　43　55　62　381　382　383　384　385　386　389　390　391　商务印书馆编译处编：《最新编订民国法令大全》，商务印书馆 1924 年版，第 245—246、1、480—481、655—658、1565、1565、1565—1566、1566、1566、1566—1567、1568、1569、1569—1570 页。

9　《政府公报》第 1648 号，1920 年 9 月 15 日。

10　《政府公报》第 2040 号，1921 年 10 月 30 日；谢振民编著：《中华民国立法史》上册，中国政法大学出版社 2000 年版，第 414 页。

11　参见蔡勤禹：《国家、社会与弱势群体》，天津人民出版社 2003 年版，第 87 页。

12　《国民政府公报》第 50 期，1928 年 3 月 31 日，影印本第 8 册，第 149 页

13　徐百齐编：《中华民国法令大全》第一册，商务印书馆 1937 年版，第 506 页。

15　《国民政府公报》第 40 号，1928 年 12 月 21 日，影印本第 7 册，第 33—34 页

17　《国民政府公报》第 740 号，1931 年 4 月 7 日，影印本第 20 册，第 110 页。

18　《国民政府公报》第 2100 号，1936 年 7 月 16 日，影印本第 51 册，第 80—81 页。

20　21　《国民政府公报》第 72 期，1928 年 7 月，影印本第 5 册，第 3、4—5 页。

22　《国民政府公报》第 516 号，1930 年 7 月 10 日，影印本第 16 册，第 119 页。

23　《国民政府公报》第 758 号，1931 年 4 月 28 日，影印本第 20 册，第 179 页。

24　《国民政府公报》第 45 期，1928 年 3 月 30 日，影印本第 3 册，第 153 页；《国民政府公报》第 46 期，影印本第 3 册，第 162 页。

25　《国民政府公报》第 79 期，1928 年 7 月，影印本第 5 册，第 82 页；谢振民编著：《中华民国立法史》上册，中国政法大学出版社 2000 年版，第 414—415 页。

26　《国民政府公报》第 158 号，1929 年 1 月 5 日，影印本第 7 册，第 104 页。

27　谢振民编著：《中华民国立法史》上册，中国政法大学出版社 2000 年版，第 415 页。自此起至 40 年代末，国民政府在行政公文及相关印刷品中，有关赈济活动、赈济机关的用语，其"赈"字均以"振"字代替，寓振奋、救济之意。本书在行文中，涉及机构名称仍沿用"振"字，以符合历史原貌，其余则用"赈"字。

29　92　秦孝仪主编：《革命文献》第 96 辑（《抗战建国史料：社会建设》第一册），台北，裕台公司 1983 年刊印，第 456、213—214 页。

30　《国民政府公报》渝字第 26 号，1938 年 2 月 26 日，影印本第 61 册，第 149 页。

31　《国民政府公报》渝字第 711 号，1944 年 9 月 20 日，影印本第 90 册，第 127 页。

32　荣孟源主编：《中国国民党历次代表大会及中央全会资料》下册，光明日报出版社 1985 年版，第 480 页。

33　《中央社会部改隶行政院之经过》，秦孝仪主编：《革命文献》第 97 辑（《抗战建国史料：社会建设》第二册），台北，裕台公司 1983 年刊印，第 1 页。

34　《社会部组织法》，《国民政府公报》渝字第 300 号，1940 年 10 月 12 日，影印本第 73 册，第 91 页。

35　《社会部各司分科规则》，秦孝仪主编：《革命文献》第 97 辑（《抗战建国史料：社会建设》第二册），台北，裕台公司 1983 年刊印，第 25—27 页。

36 《国民政府公报》渝字第 22 号,1938 年 2 月 12 日,影印本第 61 册,第 133—134 页。

37 《国民政府公报》渝字第 747 号,1945 年 1 月 24 日,影印本第 92 册,第 24 页。

38 《国民政府公报》渝字第 854 号,1945 年 9 月 12 日,影印本第 94 册,第 110 页。

39 参见陈宝良:《中国的社与会》,浙江人民出版社 1996 年版。

40 42 王建芹等著:《从自愿到自由:近现代社团组织的发展演进》,群言出版社 2007 年版,第 5、1、6—7、6 页。

41 参见王建芹等著:《从自愿到自由:近现代社团组织的发展演进》,群言出版社 2007 年版,第 1、6—7 页。

44 《国民政府公报》第 786 号,1931 年 6 月 1 日,影印本第 21 册,第 88 页。

45 董钧编纂:《法库》第一册,上海,法学研究所 1925 年刊印,第 21 页。

46 王奇生:《党员、党权与党争:1924—1949 年中国国民党的组织形态》,上海书店 2003 年版,第 103 页。

47 参见中国第二历史档案馆:《中华民国史档案资料汇编》第五辑第一编,政治 (三),江苏古籍出版社 1994 年版,第 42 页。

48 《立法院公报》第 11 期,1929 年,第 116 页。

49 上海市社会局编:《公益慈善法规汇编》,1932 年刊印,第 1—2 页;又见《国民政府公报》第 532 号,1930 年 7 月 29 日,影印本第 16 册,第 178 页。

50 上海市社会局编:《公益慈善法规汇编》,1932 年刊印,第 2 页;又见《国民政府公报》第 532 号,1930 年 7 月 29 日,影印本第 16 册,第 178 页。引文中所谓的"依此标的",是指国民党第三次全国代表大会关于民众运动之标的,其有四端:"(一)民众运动须以人民在社会生存上之需要为出发点而造成其有组织之人民;(二)全国农工已得有相当之组织者,今后必须由本党协助之,使增进智识与技能,提高其社会道德之标准,促进其生产力与生产额,而达到改善人民生计之目的;(三)农业经济占中国国民经济之主要部分,今后之民众运动必须以扶植农村教育、农村组织合作运动及灌输农业新生产方法为主;(四)本党对于男女青年之今后,应竭力作成学校以内之自治生活,实行男女普遍的体育训练,提倡科学与文艺之集会、结社与出版,奖励实用科学的研究与发明"(引文出处同前)。

51 52 64 70 100 101 102 104 105 106 107 108 109 110 111 112 113 114 115 120 121 122 126 130 131 132 134 136 137 138 147 148 170 171 172 173 373 374 395 上海市社会局编:《公益慈

善法规汇编》，1932 年刊印，第 3、3、20—21、16—17、16—17、18、16、28—29、30—31、31、32、32、32—33、33—34、17、34、17、18、28—29、29—30、34、34、17、19—20、17、19、30、17、19、30、19、18、25、19、17、18—19、94—98、94—95、165 页。

53　魏文享：《中间组织：近代工商同业公会研究（1918—1949）》，华中师范大学出版社 2007 年版，第 95—96 页。

54　参见田涛、郭成伟整理：《清末北京城市管理法规》，北京燕山出版社 1996 年版。

56　《红十字会医船免税条约》，见上海商务印书馆编译所编：《大清光绪新法令》第 2 卷，商务印书馆 2011 年点校本，第 529—532 页。关于清末年间中国加入《日内瓦公约》的情形，可参见张建俅《中国红十字会初期发展之研究》，中华书局 2007 年版，第 29—32 页。

57　《大总统申令》（1914 年 9 月 24 日），《政府公报》1914 年 9 月 25 日。

58　129　《中国红十字会条例》，《政府公报》1914 年 9 月 25 日；又见《申报》1914 年 9 月 29 日。

59　《中国红十字会施行细则》，《政府公报》1915 年 10 月 8 日。

60　《大总统令》（1919 年 4 月 29 日），《政府公报》1919 年 4 月 30 日。

61　《内务总长田文烈、陆军总长靳云鹏、海军总长萨镇冰呈》，《政府公报》1920 年 6 月 3 日。

65　《内政部颁布管理私立慈善机关规则》，《申报》1928 年 6 月 13 日。

66　上海市社会局编：《公益慈善法规汇编》，1932 年刊印，第 19 页；又见《内政部颁布管理私立慈善机关规则》，《申报》1928 年 6 月 13 日。

67　《内政部近讯·解释私立慈善机关管理权》，《申报》1928 年 9 月 7 日。

68　《拟定监督慈善团体法草案报告》，《立法院公报》第 6 期，1929 年 6 月，第 46 页。

69　《立法院公报》第 7 期，1929 年 7 月，第 10、91 页。又见谢振民编著：《中华民国立法史》上册，中国政法大学出版社 2000 年版，第 521 页。

71　《立法院公报》第 13 期，1930 年 1 月，"公牍"第 1 页；谢振民编著：《中华民国立法史》上册，中国政法大学出版社 2000 年版，第 523 页。

72　73　《准内政部咨送〈佛教寺庙兴办慈善公益事业规则〉通知知照》，《江苏省政府公报》第 1880 期，1935 年 1 月 9 日，第 8、8—9 页。

74　75　《修正监督慈善团体法施行规则草案》，南京国民政府内政部档案，中国第二历史档案馆藏，档号：12—18815。引文中的下划线部分，即因主管官署变更而修订之处。

76　《慈善团体立案办法施行细则》，南京国民政府社会部档案，中国第二历史档案馆藏，档号：11—3606。

77　117　119　127　128　133　175　《管理私立救济设施规则》，国民政府立法院档案，中国第二历史档案馆藏，档号：10—1152。

78　《救济院规程》，见社会部社会福利司编：《社会救济法规汇编》，1946 年刊印，第12—18 页。

79　84　85　86《国民政府训令·第 710 号》（1930 年 12 月 19 日），立法院秘书处编《立法院公报》第 25 期，首都京华印书馆 1930 年 12 月刊印，"命令"第 12、12、12—13、13 页。

80　《行政院收青岛市政府呈文》（1930 年 9 月 30 日），《中国红十字会月刊》第 1 卷第 1 期，1931 年，第 28 页。

81　《红会各项章则呈送国民政府备案》，《申报》1930 年 10 月 16 日。

82　张建俅：《中国红十字会初期发展之研究》，中华书局 2007 年版，第 129 页。

83　按照中国红十字会原章程第 71 条规定，非经常议会五分之四以上议员之提议、会员大会五分之三以上出席会员之可决，不得变更之；而此次该会修改会章，系由临时会员大会公决，并未经过常议会五分之四以上议员之提议及会员大会五分之三以上出席会员之可决，属程序不合。参阅《国民政府训令·第 710 号》（1930 年 12 月 19 日），载立法院秘书处编《立法院公报》第 25 期，首都京华印书馆 1930 年 12 月刊印，"命令"第 12 页。

87　《红十字会特定条例之批准，由立法院制定章则》，《申报》1930 年 12 月 28 日。

88　《制定管理红十字会法规案审查报告》，载立法院秘书处编《立法院公报》第 44 期，京华印书馆 1932 年 12 月刊印，"审查报告"第 34—36 页；《国民政府指令·京字第 105 号》（1932 年 12 月 16 日），《立法院公报》第 45 期，1933 年 1 月，"命令"第 4 页。

89　《中华民国红十字会管理条例》（1935 年 7 月 27 日修正公布），《国民政府公报》第 1805 号，影印本第 44 册，第 30 页。

90　《中华民国红十字会管理条例》（1936 年 7 月 23 日修正公布），《国民政府公报》第 2108 号，影印本第 51 册，第 130 页。

91　《复员期间管理红十字会办法》，《国民政府公报》第 2705 号，1946 年 12 月 22 日，影印本第 99 册，第 90 页。

93 《第一次全国社会行政会议总决议议案》,见秦孝仪主编:《革命文献》第 97 辑
（《抗战建国史料·社会建设》第二册）,台北,裕台公司 1983 年刊印,第 203 页。

94 95 96 《社会救济法案》,中国第二历史档案馆藏,南京国民政府社会部档案,档
号:11—0981。

97 《本院法制委员会会同经济委员会重行审查〈社会救济法草案〉案报告》,《立法院
公报》第 128 期,"审查报告",1943 年 11 月,第 22 页。由于《社会救济法》在最后
审议中还增列了一项由卫生署主管的卫生事项为第 29 条,故公布的正式法律文本
中,第 49 条变更为第 50 条,其条款内容为:"本法称主管官署,在中央为社会部,在
省为省政府,在市为市政府,在县为县政府;但第二十六条至二十九条所定事项之
中央主管官署,为卫生署;关于临时及紧急之救济,由振济委员会主管。"（参见《国
民政府公报》渝字第 610 号,1943 年 10 月 2 日,影印本第 87 册,第 3 页）

98 预防制指的是成立社会团体必须到登记管理机关登记后才能开展活动;追惩制指
的是成立社会团体不必到登记管理机关登记就可组建并开展活动,如果在活动中
违反了法律,就要受到相应的制裁。采取预防管理体制的国家,对社团的登记也
有注册登记和审批登记两种形式。所谓注册登记制,是指社会团体到登记机关登
记注册时,登记管理机关只对其进行形式的审查,不需要其他部门的批准,只要社
会团体符合法律规定的要件,就予以注册登记。所谓审批登记制,是指社会团体
在向登记管理机关登记注册之前,先要得到有关部门的批准,登记管理机关在审
查有关部门的批件和社会团体自身的条件之后,才能决定是否给予登记注册的一
种管理制度。参见王思斌主编:《社团的管理与能力建设》,中国社会出版社 2003
年版,第 338 页。

99 民国年间,由于行政层级不同,慈善团体的主管官署也有所不同。按照 1929 年
《监督慈善团体法施行规则》第四条规定,各地方行政层级的主管官署分别是:"省
会为民政厅,特别市为特别市政府社会局,各县市为县市政府;民政厅得指定省会
警务处或县政府为主管官署;特别市除社会局外,得指定其他各局为主管官署。"
（《公益慈善法规汇编》,上海市社会局编印,1932 年,第 18 页。）1941 年,该细则本
条款进行了修订,社会部为慈善团体的主管官署,其所称地方主管官署是指:"一、
各县市为县市政府;二、院辖市为社会局,院辖市如未设社会局时,得指定其他各
局为主管官署;三、具有国际性之慈善团体,其事业范围及于全国者,得经社会部
之特许为其主管官署,但其分事务所仍应受所在地方官署之指导监督。"参见

《修正监督慈善团体法施行规则草案》，中国第二历史档案馆藏，南京国民政府内政部档案，档号：12—18815。以下所述主管官署，即分指如上各级机构，不再详列。

103 中国第二历史档案馆编：《中华民国档案史料汇编》第五辑第一编：政治（一），江苏古籍出版社1994年版，第321、323页。

116 《各地方慈善团体立案办法》，见湖南省民政厅编：《现行行政法规汇编》，1936年7月印行，第626—627页。

118 湖南省民政厅编：《现行行政法规汇编》，1936年7月印行，第627页。

123 《中华民国民法》第一编《总则》，第37、38、40、42—44条，见中国第二历史档案馆编：《中华民国档案史料汇编》第五辑第一编：政治（一），江苏古籍出版社1994年版，第320页。

124 135 《湖南省慈善机关组织法规》，中国第二历史档案馆藏，南京国民政府社会部档案，档号：11—3195。

125 对于慈善团体的日常行政管理的概念界定，此处参考、借鉴了社团日常行政管理的定义，参见王思斌主编：《社团的管理与能力建设》，中国社会出版社2003年版，第360页。

139 王思斌主编：《社团的管理与能力建设》，中国社会出版社2003年版，第360页。

140 张礼恒：《民国时期上海的慈善团体统计》，《民国档案》1996年第3期。

141 许晚成主编：《上海的慈善机关概况》，上海社会局刊印，1940年。

142 152 《为禁止团体私自募捐由》，《上海特别市市政府公报》第13期，1928年8月，第159页。

143 153 《为遵私擅募捐应否布告禁请示由（附原呈）》，《上海特别市市政公报》第25期，1929年，第27、6—27页。

144 145 159 《社会局防禁市民假冒慈善名义募捐》，《广州民国日报》1929年10月29日。

146 《国民政府公报》第96期，1928年9月，影印本第6册，第70页。

149 《国民政府公报》渝字第170号，1939年7月15日，影印本第66册，第156页。

150 江苏省社会处：《社会法规汇编》第一辑，镇江华美印书社1947年版，第75页。

151 164 《社会救济法》，见《国民政府公报》渝字第610号，1943年10月2日，影印本第87册，第2—3页。

154 《令知禁私擅募捐》（上海市社会局训令），上海市档案局藏，善堂善会档案，档号：Q115—25—7。

155　《为据公安、社会两局呈复取缔各团体擅自募捐早经禁止有案具以转复由》,《上海特别市政府公报》第 55 期,1930 年 5 月 30 日,第 70 页。

156　167　《上海市私立救济设施统一募捐办法》,上海市档案馆藏,上海市社会局档案,档号:Q6—9—674。

157　《本市民众慈善团体之调查》,《广州民国日报》1929 年 12 月 22 日。

158　177　《社会局公布私立慈善团体注册及取缔章程》,《广州民国日报》1929 年 9 月 21 日。

160　《社会局十六次局务会议记(附各项慈善法规)》,《广州民国日报》1929 年 12 月 19 日。

161　166《青岛市公益慈善教育团体募款限制规则》,《青岛市市政法规汇编》,青岛市档案局藏,档案类别:政务总类,下载自青岛档案信息网(http://www. qdda. gov. cn/archives_files/ziliao/0986/00000078. gif)。

162　165　179　《青岛市监督私立公益慈善机关暂行规则》,见《青岛市市政法规汇编》,青岛市档案局藏,档案类别:政务总类,下载自青岛档案信息网(http://www. qdda. gov. cn/archives_ files/ziliao/0987/00000078. gif)。

163　值得注意的是,国民政府慈善募捐监管制度的演变发展,到 1937 年抗战爆发是一个很重要的关节点。在此前后,其立法意图是略有变化的。究其因,抗战的爆发及其持续带来了严重的社会问题,亟需慈善救济。因而,政府对慈善募捐的态度,也由战前的严格控制变为战时的鼓励与管制并举,相应的在法条内容上,也发生了一些明显的变化。至于这种变迁的具体过程及其深层次的细节内容,则有待于发掘更多文献史料才能进一步展开论述。

168　江苏省社会处编:《社会法规汇编》第一辑,镇江华美印书社 1947 年版,第 75 页;《上海市私立救济设施统一募捐办法》,上海市档案馆藏,上海市社会局档案,档号:Q6—9—674。

169　关于非营利组织公共责任机制的系统构成的理论阐述,参见蔡磊:《非营利组织基本法律制度研究》,厦门大学出版社 2005 年版,第 80—84 页。

174　《国民政府公报》渝字第 610 号,1943 年 10 月 2 日,影印本第 87 册,第 3 页。

176　《各省振务会及县市分会会计规程》,《江苏省政府公报》第 516 期,1930 年 8 月 14 日,第 13—14 页。

178　182　《上海市社会局、卫生局、国民党市党部的各种训令、通知、批令》,上海市档案馆藏,善堂善会档案,档号:Q115—21—6。

180　《济南市市政月刊》第 5 卷第 3 期,1932 年。

181　《为公布慈善团体会计通则及组织并定施行日期给湖社的训令》,上海市档案馆藏,档号:Q 165—1—111—1。

183　《上海市慈善团体会计规程》,见上海市社会局编:《公益慈善法规汇编》,1932 年刊印,第 37—62 页。本目所引文献,凡未标明出处者,均引自该规程正文的各条款,第 37—47 页;附件为各账簿表单程式,第 47—62 页。该项法规又见《上海市政府公报》第 101—104 期,1931 年。

184　上海市社会局编:《公益慈善法规汇编》,1932 年刊印,第 47 页;又见《上海市政府公报》第 101 期,1931 年,第 51 页。

185　《上海市社会局有关元济善堂决算》,上海市档案馆藏,上海市社会局档案,档号:Q6—18—350。

186　《上海仁济善堂关于聘请会计顾问的函和会计查账报告》,上海市档案馆藏,善堂善会档案,档号:Q115—16—47。

187　188　189　190　龚懋德:《慈善事业会计之检讨》,《公信会计月刊》第 3 卷第 3 期,1940 年,第 92、92、93、93 页。

191　国家税务总局主编:《中华民国工商税收史纲》,中国财政经济出版社 2001 年版,"前言"第 1 页。

192　国家税务总局主编:《中华民国工商税收史纲》,中国财政经济出版社 2001 年版,"前言"第 1 页。关于民国时期税制结构与税种配置的变化,先后经历了北京政府的税制体系、国民政府前期的税制体系、国民政府战时税制体系、国民政府后期的税制体系四个时期,其税制结构也由直接税(含收益税、行为税)和间接税(含消费税、关税)两大类逐渐演变为国家税和地方税两大类,而国家税、地方税之下再细分消费税、收益税、行为税和直接税等税种,民国政府各时期的税种配置在税收大类中变化较大,其具体图表可阅该书第 128、271、397、474—475 页。下文对各税种的分类,即以国民政府战时与后期的税制体系为参照,略有调整。

193　194　195　196　谢振民编著:《中华民国立法史》下册,中国政法大学出版社 2000 年版,第 1148、1148—1150、1151—1153、1154—1158 页。

197　198《国民政府公报》第 515 号,1930 年 7 月 8 日,影印本第 16 册,第 114 页。

199　《国民政府公报》第 516 号,1930 年 7 月 9 日,影印本第 16 册,第 117 页。

200　以上各条款，均见《国民政府公报》第 2026 号，1936 年 4 月 20 日，影印本第 49 册，第 75 页。

201　按《土地法》规定，先在部分城镇开征地价税和土地增值税，其未实施的地区，仍按原办法继续征收各税，农村土地仍征田赋，以及契税、附加税等。

202　《国民政府公报》渝字第 128 号，1939 年 2 月 18 日，影印本第 65 册，第 71 页。

203　204　205　206　207　208　209　214　215　217　218　247　248 国家税务总局主编：《中华民国工商税收史：地方税卷》，中国财政经济出版社 1999 年版，第172、175、179—181、181、195、201、203、18—22、21、29、53—61、316—318、323 页。

210　211　社会部社会福利司编：《社会救济法规辑要》，1946 年刊印，第 37、37—38 页。

212　《为请将上海各慈善团体房地产不论自用、收益，一切捐税特准概行蠲免，以维地方救济事业事》，上海慈善团体联合会档案，上海市档案馆藏，档号：Q114—1—52。

213　[日]小浜正子：《近代上海的公共性与国家》，葛涛译，上海古籍出版社 2003 年版，第 103 页。

219　《国民政府公报》渝字第 480 号，1942 年 7 月 4 日，影印本第 81 册，第 73 页。

222　《关于国际儿童急救物资免税进口训令》，上海市档案馆藏，上海市社会局档案，档号：Q6—9—303。

223　《江苏省政府公报》第 4 卷第 1 期，1949 年 1 月 7 日，第 2 页。

224　225　226　229　233　244　261　262　266　309　国家税务总局主编：《中华民国工商税收史：直接税卷》，中国财政经济出版社 1999 年版，第 7—8、24、24、100—102、112、314、213—216、216—219、232—233、216—217 页。

227　《国民政府公报》渝字第 545 号，1943 年 2 月 17 日，影印本第 84 册，第 25 页。

228　《国民政府公报》渝字第 540 号，1943 年 1 月 30 日，影印本第 83 册，第 140 页。

230　231　232　《国民政府公报》第 2564 号，1946 年 7 月 5 日，影印本第 97 册，第81—82、82、83 页。

234　《函为声请教育慈善机关及团体基金存款均准免纳所得税由》，苏州市档案馆藏，苏州商会档案，档号：I14002—0676—031。

235　《教育慈善机关及团体基金存款免税申请单》，苏州市档案馆藏，苏州商会档案，档号：I14—034—0038。

236　吴县丝织业同业公会：《本会纱缎组云锦公所系公益慈善经费之用》（1947 年），

苏州市档案馆藏,苏州商会档案,档号:I14—005—0078—43。

238　239　240　《为凡属慈善义举无需贴用印花函苏州警察厅(附复函)》,苏州市档案馆藏,苏州商会档案,档号:I14—001—0758。

241　242　243　梁治平:《清代习惯法:社会与国家》,中国政法大学出版社1996年版,第1、35、16页。

246　参见国家税务总局主编:《中华民国工商税收史:直接税卷》第四编"印花税",中国财政经济出版社1996年版,第344—355、368—384页。

249　《国民政府公报》第2993号,1947年12月1日,影印本第104册,第32页。

250　《中国崇德善会致上海工部局要求免税函》,上海市档案馆藏,上海工部局档案,档号:U1—4—2408。

251　《上海各界华北急赈会向上海公共租界工部局要求免娱乐税函》,上海市档案馆藏,上海工部局档案,档号:U1—4—2409。

252　《上海市关于天主教慈善协会募捐义演》,上海市档案馆藏,上海市社会局档案,档号:Q6—9—674。

253　254　《铁路运输赈济物品条例》,《江苏省政府公报》第65期,1928年12月24日,第25页。

255　《令知铁道部赈济物品减价凭单持用办法》,《江苏省政府公报》第65期,1928年12月24日,第25—26页。

256　《骇人听闻之全国灾情》,《广州民国日报》1929年10月3日。

257　258　《运输赈品准免纳捐税》,《广州民国日报》1929年3月31日。

259　《铁路运输灾区商运粗粮条例》,《江苏省政府公报》第165期,1929年6月21日,第7—8页。

260　《苏州市政府公函·字第1376号》(1930年),苏州市档案馆藏,苏州商会档案,档号:I14—005—0078—45。

263　264　《遗产税暂行条例》,见《国民政府公报》渝字第90号,1938年10月8日,影印本第64册,第18页。

265　《国民政府公报》渝字第90号,1938年10月8日,影印本第64册,第18—19页。

267　《国民政府公报》第2573号,1946年7月15日,影印本第97册,第103页。

268　《国民政府公报》第1802号,1935年7月25日,影印本第44册,第7页。

269　《国民政府公报》第2404号,1937年7月13日,影印本第59册,第104页。

270　上海慈善团体联合会:《呈为各善团请求主持蠲免房地产赋税据情转呈鉴核由》，
　　　上海市档案馆藏,上海慈善团体联合会档案,档号:Q114—1—11。

271　税收法定原则，又称税收法律主义、税收法定主义等,是税法中一项十分重要的
　　　原则。关于税收法定原则的内涵,学者们的表述不尽相同,但其基本精神是一致
　　　的,即指纳税主体、征税对象、税目、税率、税收的减免退补及稽征程序等课税要
　　　素,都应由立法机关来确定。参见徐孟洲主编:《税法原理》,中国人民大学出版
　　　社2008年版,第72—73页。

272　274　(清)冯煦主修,陈师礼总纂:《皖政辑要》,黄山书社2005年校点本,第
　　　548—549、549—550页。

273　上海商务印书馆编译馆编纂:《大清新法令》第3卷,商务印书馆2011年点校本,
　　　第519、520页。

275　《政府公报分类汇编:教育》(上),上海扫叶山房北号1915年刊印,第21—22页。

276　《教育部通咨各省都督凡人民捐资兴学应由本省教育司先予纪录文》,《政府公报
　　　分类汇编:教育》(上),上海扫叶山房北号1915年刊印,第20页。

277　279　284　298　《教育部复修正〈捐资兴学褒奖条例〉期臻完备而便推行文并批
　　　令》,《政府公报分类汇编:教育》(下),上海扫叶山房北号1915年刊印,第157—
　　　158、158、157、158页。

278　教育部编:《第一次中国教育年鉴》,开明书店1934年版,戊编"教育杂录",第
　　　358—360页。该书所列"各省市历年捐资兴学人数统计表"及"各省市历年捐资
　　　兴学经费数统计表"两表中,对于捐资千元以下者均不计,即略去由省行政长官
　　　授予的一等至三等银质褒章者及其捐资数额,只统计了教育总长与大总统授予
　　　匾额、金质褒章者及其捐资额。

280　305　《教育部呈准修正捐资兴学褒奖条例》(1914年10月31日修止),《政府公
　　　报分类汇编:教育》(下),上海扫叶山房北号1915年刊印,第158—159、159页。

281　282　《教育部呈送重修捐资兴学褒奖条例请鉴核呈》,中国第二历史档案馆藏,
　　　北京政府教育部档案,档号:1057—96。

283　285　286《教育部制定〈捐资兴学褒奖条例〉及拟定特奖巨资兴学办法》,中国第
　　　二历史档案馆藏,北京政府教育部档案,档号:1057—96。

287　《国民政府公报》第80号,1929年1月31日,影印本第7册,第182页。

288　分见《国立中央大学教育行政周刊》第105期,1929年;大学院编:《大学院公报》

第三册,沈云龙主编《近代中国史料丛刊续编》第 66 辑,台北,文海出版社 1979
年版,第 100—101 页;教育部编:《第一次中国教育年鉴》,开明书店 1934 年版,
乙编"教育法规",第 150—158 页;《安徽教育行政周刊》第 4 卷第 4 期,1931 年;
上海《民国日报》1929 年 9 月 24 日;《青岛教育》1931 年第 1 期。

289　290　293　295　300　教育部教育年鉴编纂委员会编:《第二次中国教育年鉴》,
商务印书馆 1948 年版,第 1592、1592、1594、1594、1592 页。

291　《中华教育界》第 22 卷第 3 期,1934 年 9 月,第 95 页;又见教育部教育年鉴编纂
委员会编:《第二次中国教育年鉴》,商务印书馆 1948 年版,第 1592 页。

292　301　《国民政府公报》渝字第 648 号,1944 年 2 月 12 日,影印本第 88 册,第 58 页。

294　《国民政府公报》渝字第 778 号,1945 年 5 月 12 日,影印本第 93 册,第 74 页。

296　《国民政府公报》第 2861 号,1944 年 6 月 26 日,影印本第 101 册,第 95 页。

297　《政府公报分类汇编:教育》(上),上海扫叶山房北号 1915 年刊印,第 167 页;亦
见《教育部制定〈捐资兴学褒奖条例〉及拟定特奖巨资兴学办法案》,中国第二历
史档案馆藏,北京政府教育部档案,档号:1057—96。

299　《政府公报分类汇编:教育》(下),上海扫叶山房北号 1915 年刊印,第 158—159
页;又见《最新编订民国法令大全》,商务印书馆 1924 年版,第 1585—1586 页;又
见《教育部制定〈捐资兴学褒奖条例〉及拟定特奖巨资兴学办法》,中国第二历史
档案馆藏,北京政府教育部档案,档号:1057—96。

302　《政府公报分类汇编:教育》(上),上海扫叶山房北号 1915 年刊印,第 168 页;又
见《教育部制定〈捐资兴学褒奖条例〉及拟定特奖巨资兴学办法案》,中国第二历
史档案馆藏,北京政府教育部档案,档号:1057—96。

303　上海《民国日报》1929 年 9 月 24 日。

304　306　307　《教育部制定捐资兴学褒奖条例》(1913 年),《政府公报分类汇编》
(上)上海扫叶山房北号 1915 年刊印,第 168 页。

308　《国民政府公报》第 80 号,1929 年 1 月 31 日,影印本第 7 册,第 182 页;又见中国
第二历史档案馆编:《中华民国史档案资料汇编》第五辑第一编:教育(一),江苏
古籍出版社 1994 年版,第 98 页。

310　《中华教育界》第 22 卷第 3 期,1934 年 9 月,第 95 页。

311　《捐资兴学褒奖条例》,《国民政府公报》渝字第 648 号,1944 年 2 月 12 日,影印本
第 88 册,页 58。

312 313 《捐资兴学褒奖条例》(1947 年修正案),中国第二历史档案馆藏,南京国民政府教育部档案,档号:5—359。

314 315 316 319 《国民政府指令第 265 号(附原呈)》,《国民政府公报》第 91 号,1929 年 2 月 13 日,影印本第 8 册,第 44 页。

317 《捐资兴办卫生事业褒奖条例》,《国民政府公报》第 91 号,1929 年 2 月 13 日,影印本第 8 册,第 44 页。

318 《立法专刊》第 23 期,1945 年。

320 323 《捐资兴办卫生事业褒奖条例》(1947 年 6 月 26 日),中国第二历史档案馆藏,南京国民政府立法院档案,档号:10—1044。

321 322 《国民政府公报》渝字第 663 号,1944 年 4 月 5 日,影印本第 89 册,第 4 页。

324 《国民政府公报》第 844 号,1931 年 8 月 10 日,影印本第 37 册,第 123 页。

325 《上海市政府公报》第 139 期,1934 年。

326 《上海市政府公报》第 126 期,1933 年;《上海市政府公报》第 150 期,1934 年。

327 《光华医药杂志》第 3 卷第 8 期,1936 年。

328 《褒奖龙李培莲捐资兴办卫生事业令》,《国民政府公报》第 1501 号,1934 年 7 月 31 日,影印本第 37 册,第 102 页。

329 《为马云章捐资兴办卫生事业呈奉府令准给金质一等褒章缮具执照请发总务司加盖部印交署封签由》,中国第二历史档案馆藏,南京国民政府内政部档案,档号:12—1418。

330 331 332 《上海市褒奖私人兴办慈善事业案》(1946—1947),上海市档案馆藏,上海市社会局档案,档号:Q109—1—254。

333 《国民政府公报》第 76 号,1928 年 1 月 26 日,影印本第 7 册,第 166—167 页。

334 郭成伟、薛显林主编:《民国时期水利法制研究》,中国方正出版社 2005 年版,第 90—91 页。

335 《国民政府公报》第 1262 号,1933 年 10 月 17 日,影印本第 32 册,第 146 页。

336 337 《国民政府公报》第 1261 号,1933 年 10 月 16 日,影印本第 32 册,第 140、141 页。

338 339 《褒奖粤省鹤山耆民叶绍溶及浙江定海刘寄亭等捐募水利巨款事绩表》(1935 年 2—4 月),中国第二历史档案馆藏,南京国民政府行政院档案,档号:2—534,缩微号:16J—1117。

340 《国民政府公报》第 1707 号,1935 年 4 月 5 日,影印本第 42 册,第 20 页。

341 《国民政府公报》渝字第 592 号,1943 年 7 月 31 日,影印本第 86 册,第 20 页。

342 《兴办水利事业奖励条例》(1947 年 12 月),中国第二历史档案馆藏,南京国民政府立法院档案,档号:10—1042。

343 国民政府文官处印铸局编:《国民政府法规汇编》第一编,1929 年刊印,第 295 页。

344 内政部编:《内政年鉴》第一册,商务印书馆 1936 年版,第(B)357 页。

345 国民政府文官处印铸局编:《国民政府法规汇编》第一编,1929 年刊印,第 295—296 页。

346 《孙王氏、孙张氏捐资五千元以上办救济呈请褒奖案》,见《关于捐助慈善救济款项褒奖(1929—1930 年)》,中国第二历史档案馆藏,南京国民政府行政院档案,档号:2—255,缩微号:16J—1688。

347 《为准北平市政府咨据朱庆澜等呈为辽宁盘山县女士杨陆成真捐资暨经募捐款举办救济事业请予褒奖一案请鉴核由》,见《关于捐助慈善救济款项褒奖(1931—1935)》,中国第二历史档案馆藏,南京国民政府行政院档案,档号:2—254,缩微号:16J—1688。

348 《湖南长沙陈佩珩捐资五千元以上举办救济用,核准转呈题给匾额由》,见《关于捐助慈善救济款项褒奖(1931—1935)》,中国第二历史档案馆藏,南京国民政府行政院档案,档号:2—254,缩微号:16J—1688。

349 《准浙江省政府咨据临安县长呈报胡汝嘉将遗田产捐作救济院基金,请援例给奖,检同原表核办一案祈转国民政府核示由》,见《关于捐助慈善救济款项褒奖(1931—1935)》,中国第二历史档案馆藏,南京国民政府行政院档案,档号:2—254,缩微号:16J—1688。

350 《呈准为江苏省政府据高淳县呈为汪国栋捐资举办救济事业请核奖转呈示核由》(1931 年 2 月 19 日),见《关于捐助慈善救济款项褒奖(1931—1935)》,中国第二历史档案馆藏,南京国民政府行政院档案,档号:2—254,缩微号:16J—1688。

351 《辽宁兴城邓鞞棠捐资举办救济给奖案》(1931 年 7 月 8 日),见《关于捐助慈善救济款项褒奖(1931—1935)》,中国第二历史档案馆藏,南京国民政府行政院档案,档号:2—254,缩微号:16J—1688。

352 353 354 秦孝仪主编:《革命文献》第 98 辑(《抗战建国史料:社会建设》第三册),台北:裕台公司 1984 年刊印,第 411、409、410 页。

355　《国民政府公报》渝字第 496 号,1942 年 8 月 29 日,影印本第 82 册,第 22 页。

356　《捐资兴办社会福利事业褒奖条例》(1947 年 6 月 26 日),中国第二历史档案馆藏,南京国民政府立法院档案,档号:10—1040。

357 358　《褒扬山西省贾云山、陕西省胡玉璋捐资办理救济事业及福建等省涝旱捐献情况》,中国第二历史档案馆藏,南京国民政府内政部档案,档号:12—19187。

359　《内务部改订灾赈奖条例为义赈奖劝章程及有关文件》,中国第二历史档案馆藏,北京政府内务部档案,档号:1001—1448。

360　《义赈奖劝章程》,中国第二历史档案馆藏,北京政府内务部档案,档号:1001—1448。

361　《振务奖案注册暂行条例》,中国第二历史档案馆藏,北京政府内务部档案,档号:1001—1449。

362　《江苏省拟订义赈奖章式样及请奖 1914 年蝗、旱、水灾办赈出力人员有关文件》,中国第二历史档案馆藏,北京政府内务部档案,档号:1001—1454。

363 365　《湖南拟订义赈奖章式样及请奖 1914—1915 年水灾办赈出力人员有关文件》,中国第二历史档案馆藏,北京政府内务部档案,档号:1001—1455。

364　《直隶巡按使咨陈遵化州商会总、协理吴毓庚经募该州留养局贫民局捐款已照章分别给以四、五等奖章检同履历请备案》(1915 年),见《关于捐募地方慈善事业出力人员请奖有关文件》,中国第二历史档案馆藏,北京政府内务部档案,档号:1001—1492。

366　《1922 年浙江水灾暨为浙江及南洋华侨捐助赈款出力人员请奖有关文件》,中国第二历史档案馆藏,北京政府内务部档案,档号:1001—1482。

367　《江皖浙鄂湘黔灾赈协会为办赈及捐募灾赈人员请奖有关文件》,中国第二历史档案馆藏,北京政府内务部档案,档号:1001—1484。

368　田应璜:《呈为义绅阁书堂捐款助赈恳乞特奖授与勋位由》(1921 年 8 月),见《1921 年山西省灾赈暨捐助出力人员请奖有关文件》,中国第二历史档案馆藏,北京政府内务部档案,档号:1001—1473。

369　《内务部呈山西义绅阁书堂于赈务著有特殊功绩恳给勋位由》(1921 年 9 月),见《1921 年山西省灾赈捐助出力人员请奖有关文件》,中国第二历史档案馆藏,北京政府内务部档案,档号:1001—1473。

370 371《关于捐助慈善救济款项褒奖(1929—1930 年)》,中国第二历史档案馆藏,南京国民政府行政院档案,档号:2—255,缩微号:16J—1688。

372　《赈灾委员会会呈》(1929 年 9 月 26 日),见《关于捐助慈善救济款项褒奖 (1929—1930 年)》,中国第二历史档案馆藏,南京国民政府行政院档案,档号: 2—255,缩微号:16J—1688。

375　振济委员会:《呈为本会〈捐助给奖章程〉请鉴核并乞转呈国民政府备案 由》,中国第二历史档案馆藏,南京国民政府行政院档案,档号:2—255,缩微 号:16J—1688。

376　《内政部签呈》(1932 年 4 月 15 日),见《关于捐助慈善救济款项褒奖(1929— 1930 年)》,中国第二历史档案馆藏,南京国民政府行政院档案,档号:2—255,缩 微号:16J—1688。

377　《修正振务委员会助振给奖章程》(1932 年),中国第二历史档案馆藏,南京国民 政府行政院档案,档号:2—255,缩微号:16J—1688。

378　《振务委员会助振给奖章程补充办法草案(附行政院批复)》,中国第二历史档案 馆藏,南京国民政府行政院档案,档号:2—255,缩微号:16J—1688。

379　《国民政府公报》洛字第 3 号,1932 年 3 月 31 日,影印本第 25 册,第 120 页。

380　《国民政府公报》第 1050 号,1933 年 2 月 9 日,影印本第 28 册,第 117 页。

387　《上海英商哈同夫妇对 1920—1922 年浙皖水灾捐助赈款请奖文件》,中国第二历 史档案馆藏,北京政府内务部档案,档号:1001—1467。

392　393　《呈国民政府缮具〈褒扬条例〉呈请鉴核由》(1931 年 7 月 8 日),《立法院公 报》第 32 期,南京尚文印刷所 1931 年 8 月刊印,"公牍"第 2 页。

394　《制订褒扬法案审查报告》,《立法院公报》第 32 期,"立法院各委员审查报告"第 1—3 页,1931 年 8 月。

396　上海市社会局:《公益慈善法规汇编》,1932 年刊印,第 165 页;国民政府文官处 印铸局编:《国民政府法规汇编》第三编,1932 年印,第 142 页。

397　《褒扬条例施行细则》,《北平市市政公报》第 155 期,1932 年,第 1 页。

398　《江苏省政府咨请褒扬宿迁施慕均一案》(1935 年),见《关于捐助慈善救济款项 褒奖(1931—1935)》,中国第二历史档案馆藏,南京国民政府行政院档案,档号: 2—254,缩微号:16J—1688。

399　400　《国民政府公报》第 1673 号,1935 年 2 月 23 日,影印本第 41 册,第 64、64— 65 页。

第 四 章

慈善组织与民国的慈善立法

法律是以国家强制力保证实施的,并具有利导性,从这个意义上说,慈善法律法规既是政府实施慈善政策的权威体现,又是协调与引导慈善事业发展的重要保障。作为一定形式的社会组织,慈善组织将不可避免地带有一定的法律规制性,故而它在运作过程中不独是受到法律的保障与规范,也要接受其监督和制约。由此,慈善组织及慈善界人士作为慈善活动的当事人,是否参与慈善立法,如何参与慈善立法,不仅关系到慈善法规的科学性和可行性,而且关系到慈善事业的发展前途。本章拟选取民国时期不同层次的一些典型慈善法规,围绕其详细的立法过程,探讨民间慈善组织对于政府慈善立法的态度与反应,从而展开对民国慈善立法制度运作的整体考察,以期进一步了解实际中的慈善立法全貌。

第一节　中国红十字会与民国政府的红十字会立法

中国红十字会是近代中国影响最广、规模最大的慈善团体之一。它是国际红十字运动传播到中国的产物,于 1904 年成立后不久就加入国际红十字联合会,所以,自其产生到后来发展均有别于国内一般的慈善团体,而具有一定的国际背景与因素。目前,海内外学术界有关中国红十字会的研究已取得十分丰硕的成果,广泛讨论了中国红十字会的起源与发展演变、慈善救护与赈济活动、经费筹措以及国际交往等多个方面[1],但似乎对红十字会的立法问题却关注不够,仅张建俅有所论及,然亦有语焉不详之处。[2] 其实,民国时期的慈善立法首先始于红十字会立法,民初红十字会条例的制定与颁行揭开了民国慈善法制建设的序幕。此外,中国红十字会作为一个全国性社团,这在近代中国是一个前所未有的事,对于民国政府及其立法者来说,如何管理与规范也将是全新的经验。因此,作为民间社会力量的中国红十字会与代表国家权力的立法机构,双方之间究竟如何进行互动,就民国立法史而言,无疑具有独特的意义。

从立法学的角度而言,红十字会法属于专门法的范畴,即由国家立法机关制定专门的红十字会法律法规,以确认红十字会在国家社会生活中的法律地位及活动原则,同时对红十字会的组织和职责进行规范。民国时期,红十字立法先后经历了初创和渐趋完善的两个阶段。初创阶段为北京政府期间(1912—1927 年),相关的法律法规主要是 1914 年 9 月 24 日袁世凯以大总统令颁布的《中国红十字会条例》和 1915 年 10 月 5 日公布的《中国红十字会施行细则》;1920 年,北京政府又予以修正公布。后一阶段是南京国民政府期间(1927—1949 年)。这期间,取得的立法成果主要有《中华民国红十字会管理条例》(1933 年)及随后的两次修正案、《中华民国红十字会战时组织条例》(1943 年)以及 40 年代末已拟定但未颁行的《中华民国红十字会法》。

一、《中国红十字会条例》及其施行细则公布前后的行为抵制

1904 年日俄战争爆发，东三省红十字普济善会和上海万国红十字会在上海先后创设，这成为中国红十字会之先声。随后，在日俄战争、辛亥战事救护期间，中国红十字会获得了一定发展。不过，中国红十字会与各地分会的建立及其早期开展的各项慈善救护活动，仅可视为近代西方救济理念的引入与中国善堂善会传统的承袭以及二者相互交融的结果，尚无法律可依。光宣之际，清政府虽然签署了《红十字会医船免税条约》和《日内瓦公约》等国际性法律文件，完成了入会手续，但在国内法方面，清廷并没有针对中国红十字会进行专门立法，甚至在红十字会的募捐与救护活动方面也没有制定一般性的管理规定。

在辛亥革命中，中国红十字会"救伤葬亡，厥功尤伟"，因而很快就得到新成立的南京临时政府的承认并准予立案。[3] 中国红十字会由此声名远播，踊跃入会者甚多，出现了一个有利的发展契机，然而它的现状也还有不尽如意之处。比如，中国红十字会虽已成为国际红十字联合会的一员，但其机构设置、人员组成、会务开展等方面尚未完全符合国际通例；同时，国内还存在不少以红十字会为旗号的团体，这也严重地损害了其声誉。有鉴于此，中国红十字会决定积极酝酿筹备全国会议，以期规范红会的组织行为，协调关系，图谋发展大计。1912 年 9—10 月，中国红十字会第一次全国会员大会和统一大会相继召开，通过了《中国红十字会章程》和《中国红十字会分会章程》，创立了北京总会、上海总办事处和常议会等领导机构，开始实行三权分立的管理运作机制。

此时，民国北京政府已取南京临时政府而代之，对于中国红十字会通过的总会及分会章程颇为不满，于是有意直接制定法律对

红十字会加以规范。1912 年 11 月 20 日,大总统袁世凯向参议院提交中国红十字会条例草案,顺利通过一读。随即进行的二读,由政府委员对法案作了立法说明:"红十字会,欧美各国早已成立,人人知之。中国虽已创办,尚未完美,因此事关系极为紧要,所以规定条例。关于战时者,由海军部、陆军部管理;关于慈善事业者,由内务部管理,其余均详于条例之中。中国红十字会办事细则由该会自定之。"[4] 因无质问,举手表决通过,准予立法并交付法制委员会审查。然而,随后政局纷争不断,使得该条例的法律审查程序一再延宕,最终没能进行三读。1914 年 9 月 24 日,袁世凯乃径行使大总统的权力,以第 130 号教令形式公布《中国红十字会条例》,并于公布日施行。[5] 该条例共 11 条,这是民国时期中国第一部关于红十字会的法规。其主要内容有:一是明确了政府对中国红十字会的监督、管理权。条例规定,中国红十字会接受陆军部、海军部和内务部的指定办理相应事务,三部各就所管事项可随时派员检查中国红十字会的资产及账簿;同时,中国红十字会还须于每年一月将上年收支计算、事业之成绩造具清册,报告陆、海、内三部。二是规定了中国红十字会的职责与任务:"辅助陆海军战时后方卫生勤务",并"分任赈灾、施疗及其他救护事宜";平时"得募捐设立医院,造就救护人材,并储备救护材料"。三是确定了中国红十字会的组织结构与人事任免。红会设总会于北京,设分会于各省,各分会均隶属于总会;总会设会长、副会长各一人,均由大总统派充,任期三年;分会长任期二年,由分会推举并须经会长之认可,同时报明内务、陆军、海军各部。四是规定了中国红十字会战时随军救护人员的待遇、救护材料的供给。该会战时随军救护人员之待遇,与军属同;其战地应用房屋、粮食、船车、马匹,得由会长分别陈请陆海军部转饬支给;随军救护人员及救护材料需用国有轮舶、铁道时,依陆海军人员及军用品例办理。[6]总体言之,这个条例的特点在于强调政府对红十字会的监管,同时又完全忽视上海总办事处、常议会的存在,决意以行政法令否认总会章程所赋予总办事处和常议会的合理性。

为切实贯彻施行,1915年10月5日,北京政府又公布了由内务、陆军、海军三部会同拟定的《中国红十字会条例施行细则》。在施行细则中,对红十字会的各项事业、会员、议会、职员、资产、奖励及惩罚均作了详细规定。[7]综观各条文,北京政府的立法意图显然欲将红十字会的所有行为进一步纳入到政府陆军部、海军部、内务部督理之下;红会正、副会长不经会议选举而直接由政府任命;裁撤上海总办事处,削弱常议会的权力。此举自然招致了上海总办事处、常议会及其负责人沈敦和的不满,乃特派代表与北京方面磋商,提出"条例有窒碍之处,借施行规则妥订变通办法",然"会议数次,阅时甚久",[8]终无结果,只好消极应付之。而北京政府也因政局动荡一时无从严格执行法令。

1919年,中国红十字会总会在人事上发生重大变动。4月29日,北京政府突然下令免去沈敦和中国红十字会副会长之职,由蔡廷干接任。[9]蔡廷干继任之后,秉承北京政府旨意,开始向中国红十字会原有组织结构施加影响,试图进行变革。然而,上海作为中国红十字运动的发源地,其基石深厚,各方博弈的结果是总办事处与常议会仍然留沪。北京政府对此结局甚不满意,再度着手从法律上加强对红十字会的管理。1920年5月,内务、陆军、海军三部会同对1914年、1915年公布的中国红十字会条例及其施行细则进行了修订,6月3日,该项修正条例及施行规则公布。[10]其修正内容主要有:完全取消了中国红十字会总会驻沪办事处(即总办事处);规定会长、副会长任期为三年,增加常议员名额为48名;增列基金为总会资产之一,存储于银行,并明定非经内务、陆军、海军三部核准不得动用。[11]

北洋政府修正的红十字会法令一经颁布,立即引起上海方面的激烈反对。1920 年 8 月 28 日,常议会在上海举行会议,常议员钱省之在会上提出要检视政府颁行的法令,盛竹书也以为政府法令诸多不适应,主张由常议会加以修改。[12]不难看出,常议会希图继续保持相对独立于北京总会方面的权力。为解决会内争端及其与北京政府间的分歧,常议会提议筹备会员大会。1922 年 6 月 25 日,中国红十字会召开第二次全国代表大会。然而,北京方面的代表汪大燮对此次大会却竭力反对,他事先通电各地方分会,阻扰派员与会。由此,常议会于大会开幕前一日复电汪大燮:"尊处之通电,固借条例规则以为词,查此项所谓条例规则,系于民国九年发现〔布〕,未经本议会常会通过,即不为本会同人所承认"[13]。这通电实际上也是向北京政府明确表态:强烈反对新修正的法令,坚持维护常议会的权力并力保留在上海。同时,常议会议长杨晟发表开幕演说,指出中国红十字会成立之初原本就是"公共组织之慈善团体",而非"国家组织之慈善团体",自然无需政府介入干预。"民国三、四两年,政府不经国会议决,突然颁布一种条例及施行细则,剥夺红十字会会员对于会长、副会长之选举权,常议会以为此种不合法律手续之命令,并无服从之义务"[14]。并称,1920 年修正法案时,虽已成立新国会,但并未提交审议通过。因此,常议会认为政府此前两次所颁布的红十字会条例"则不成为法律,更绝无效力之可言"[15]。此外,演说词还表达了对法规取消总办事处的极为不满,"常议会以为北京只可作为政治之策源地,而万不可作为慈善之总机关"[16]。这次大会通过了修正章程,并由常议会选出正副会长呈请北京政府备案与任命。

　　会后，由常议会议长王一亭、副议长盛竹书联衔上呈政府，再次陈述了中国红十字会保留上海总办事处、常议会并请政府修改法律的理由。呈文称："两次颁布之条例及施行细则，未将上海之总办事处列入。查中国红十字会托始甲辰，即为上海士绅酿金所成立，辛亥冬初始定设总会于北京，设总办事处于上海……自甲辰至今，十九年来，天灾人祸，几于无岁不有，上海总办事处亦无役不从，早为中外所具瞻。"由此希望保留原章程所定，"以北京总会专任外交及对于政府交接事宜，以上海总办事处专任一切会务……诚以权限若不分明，办事即多窒碍"。同时申述，"按照施行细则，常议会当置于北京，然常议会与总办事处同时成立，如骖有靳，未可相离。且上海总办事处既为执行会务之机关，常议会对于总办事处即立于监督之地位，自当同居一地。而且慈善机关如红十字会者，超然于政治之外，含有中立性质，则慈善机关之议会即不当援政治上之议会为例，必与总会俱集于北京。"因而，仍主张设常议会于上海。"至民国九年，内、陆、海三部修正之《中国红十字会条例》及施行细则，并请俯顺舆情，饬下各该管部量加修改，以利进行"。[17]然而，后来北京政府并未将此法律修改，而常议会也最终得以保留在上海，并成为中国红十字会实际的权力核心。因此，虽有内务部等制定的条例及其施行细则"加以监督，然实际该会一切会务悉出自自由主裁，政府未尝加以过问也"[18]。诚然，在此交涉与抵制的过程中，中国红十字会也知悉自身创设目的"意在辅助国家权力所不逮，而非故与政府相违异"[19]。故而，为换取政府的支持与保护，中国红十字会对于某些条款"虽明知有扞格难行之处，徒以屡遭顿挫"[20]，后来亦在一定程度上遵循之。

　　由上而知，北洋政府制定的《中国红十字会条例》及其施行细则，从一公布就遭到了中国红十字会积极或消极的抵制，并未有切实、全面地实施过。但是，相关法律法规的颁行，毕竟开启了中国红十字会立法乃至慈善组织立法的先河。同时，也给中国红十字会营造了一种法制环境，对于中国红十字会的发展有一定程度的规范与推动。在前无先例可资借鉴的情况下，民国北京政府进行红十字会立法的尝试，应当说这是可贵的探索，它大体奠定了南京国民政府红十字会立法的雏形，并为之积累了一些有益经验。

二、《中华民国红十字会管理条例》制定中的舆论表达

南京国民政府成立后，1928 年 7 月，内政部"以红十字会组织状况及办理情形均属无案可稽"，致函该会要求检送修正会章、分会通则、常议会议员表、现任职员表等件，"以为实施管理之查考"。[21] 8 月，又以依中国红十字会会章之规定，会长任期早已届满，总会应移设首都，经函嘱该会照章改选并迅将总会移京，并订定详密的会计制度。[22] 9 月 21 日，中国红十字会总会常议会举行选举，票选结果由颜惠庆任会长，王正廷为驻京副会长，虞洽卿为驻沪副会长。[23]随后，中国红十字会按惯例向内政部函报改选正副会长结果，乞转国府予以任命，并送修正章程请予鉴核。然而，南京国民政府却没发布任命令，仅同意将章程核准备案。[24]这显然表露出新政府对中国红十字会的不信任。同时，中国红十字会总会内部也因此次人事改选而出现争执，以致长期纷扰达两年之久。在这场改组争议过程中，中国红十字会面临南京国民政府的行政压力逐渐增大。1929 年 6 月，国民政府公布实施《监督慈善团体法》。次年，湖北民政厅向内政部呈请解释中国红十字会能否依照《监督慈善团体法》予以节制。内政部乃据情咨请司法院进行司法解释，其答复称："《监督慈善团体法》所谓慈善团体，原包括一切以救助事业为目的之团体而言，中国红十字会既以办理救护、

协振施疗等事业,自系慈善团体之一种,所办各事虽有时不以国境为限,但不得谓系国际法团。在未另定关于红十字会法规以前,应依《监督慈善团体法》及其施行细则受主管官署监督;其设立在《监督慈善团体法》施行前者,并应施行规则第十三条办理。"[25]不久,青岛市政府又呈请国民政府解释中国红十字各地分会是否属于地方慈善团体,应否受当地政府监督。国民政府批复称,"依照《监督慈善团体法》之规定及司法院之解释,自应与普通地方慈善团体一并受地方官署之监督"[26]。这时,有报章刊载消息亦指称红十字会为地方慈善团体之一,应按《监督慈善团体法》受地方政府监督。而总会一再坚持红十字会独立的地位,认为"中国红十字会为国际慈善法团,与世界五十三国联盟,完全独立,不受地方行政官厅之管辖,无备案之必要"[27]。在国民政府的行政干预与外界舆论压力之下,中国红十字会总会感到此事攸关红会定位及前途,只好暂时搁置内部纠葛,遵令着手重新修改章程。经过近三个月时间完成修订章程后,1930年11月16日由中国红十字会常议会议长王一亭将修订章程暨选举法、分会通则等件呈送国民政府请予核准备案。[28]然而,"国民政府并不准备仅以核准备案的方式来处理此次红十字会改组事宜,而是打算更进一步的借此机会制订法律,使政府力量积极介入红十字会"[29]。这样,最终导致了红十字会管理条例的出台。

行政院接到中国红十字会请予核准一案后,饬内政部召集外交部共同会商审议,因该会一切事项与陆、海军及卫生均有关系,复于11月21日咨经军政、海军及卫生三部派员出席,会同审核。在审议中,各代表都认为,此次章程修改不符合原章程所定程序,"自不能认为手续完备"[30],且"该会会章定为国民政府特许之国际慈善法团,亦与《监督慈善团体法》之规定不符,若迳准予备案,殊无法律根据"[31]。同时,外交部亦提出"该会之设立在条约上有根据,在国际间有地位,所办主要事业又为救护各交战国受伤疾病士兵等特殊之事,未便与普通慈善团体一例待遇",主张仿照日本等国,由政府"特定条例,以资管理,实系妥善办法"。[32]此观点获得与会各部认可,并由此达成共识,如今后制定此项法规,须于条文内明订红十字会设立时应呈由内政、外交、军政、海军、卫生等部会核备案。[33]而内政部也认为现在各地方政府对于红十字会的监督问题,既常有疑义发生,如由国民政府饬令立法院制定管理红十字会法规,既可昭慎重也便于适用。这一审议结果与建议,很快得到国民政府的采纳。1930 年底,国民政府向新闻界透露了上述立法意向。[34]

然而,这个条例的制订在立法院拖延两年仍未完成立法程序。期间,内政部多次呈请行政院转呈国民政府转饬立法院迅予制定管理红十字会法规,俾便适用。缘于上级行政机关的催促与压力,1932 年 4—6 月,立法院外交、军事委员会连续两次召集联席会议,提出讨论,决定以内政部为红十字会的主管机关,并推立法委员刘师舜征集参考资料,赵乃传、楼桐苏草拟法规草案。在草拟法规过程中,刘、赵、楼等立法委员翻译了《日本赤十字社条例》,并参酌吸收了有关条款。其后,草案复经两次联席会议修正通过,凡14 条,缮具核交立法院审查。[35] 1932 年 11 月 25 日,经立法院第213 次会议三读通过《中国红十字会管理条例》,[36] 12 月 16 日由国民政府公布施行。[37]依据该条例第 13 条之规定,内政部拟具《中华民国红十字会管理条例施行细则》43 条,召集外交、军政、海军三部会商,呈奉行政院核准,转奉国民政府令予以备案,1933 年 6 月3 日正式公布实施。

南京国民政府此次制定的《中华民国红十字会管理条例》,共

14 条。首先值得注意的是,新法规已将中国红十字会正式改称为
"中华民国红十字会"。其主要内容有:(一)关于组织架构。条例
规定"中华民国红十字会设总会及分会。总会以内政部为主管官
署,并受外交、军政、海军三部之监督;分会隶于总会,以所在地地
方行政官署为主管官署"。这是此次立法最为关键之处,即明确
红十字会总会、分会都必须接受政府的监督,并在内政部的主导之
下,其希望地方分会不受地方政府监管的想法最终落空。此外,内
政部可随时派员单独或会同其他各部进行检查总会的资产账簿。
(二)关于人事选任。规定了总会置理事、监事各若干人,由全国
会员大会就会员代表中选举,理事互选常务理事 5 人,监事互选常
务监事 2 人,呈由内政部转呈行政院呈国民政府聘任之。分会置
理事、监事各若干人,由分会会员大会选举,俟分别呈报地方主管
官署及总会核准认可后就任。(三)关于工作业务的监督。总会
应于每年 1 月、7 月,将过去半年之收支计算,事业成绩及将来工
作进行计划,报告内政、外交、军政、海军各部;分会则报告地方主
管官署及总会。其余各条内容,大致与北京政府颁布的《中国红
十字会条例》相同。次年公布的施行细则分为总则、会员、资产、
大会等章,与北京政府所颁的细则也有若干相同之处。从立法技
术层面上看,该条例继承了北京政府红十字会立法经验,同时又移
植、借鉴了日本法的部分内容。

在国民政府法令公布之后,内政部便命令中国红十字会筹备
举行第一次全国会员大会,依法进行各项改组事宜。正当这次大
会紧锣密鼓地筹备并即将召开之际,一个严重的法律问题被发现:
《中华民国红十字会管理条例》第 4 条规定,理事、监事应由全国
会员大会就会员代表中选举之;而《施行细则》第 24、26 条则规定
由会员中选举之。这样,"前列各条条文内容,对于理监事之当选

资格范围广狭,规定两歧,于适用上不无疑义"[38]。从立法学角度而言,管理条例由立法院通过、国民政府颁布,属于上位法,而施行细则由内政部拟订呈行政院公布,属于下位法;在法律位阶与效力上,前者高于后者,实施当以管理条例为准。换言之,该施行细则原系根据条例而来,自不得有与条例相抵触之规定。于此,内政部自难辞其咎。由于中国红十字会全体会员代表大会召开在即,作为主管官署的内政部将错就错,一面"以该会理监事职责繁重,人选一项,允宜广征通才,借裨会务,似未便仅以会员代表为限,而剥夺多数会员之被选举权"[39]为辞,坚持本届理监事之被选资格仍依施行细则之规定办理;一面拟请将该条例酌加修改,即呈由行政院提经第177次会议决议通过,咨立法院审议修正。在法案讨论与审查当中,立法院虽然埋怨行政院公布该细则之前自应咨请将原条例修正,竟于该细则公布一年后才请求修正,系"手续错误,显然以命令变更法律",但随后举行的第71次院会仍将管理条例第4条条文进行了修改。[40]

1934年9月24—28日,中国红十字会第一次全国会员大会在上海召开。根据南京国民政府新颁的管理条例及施行细则,大会修改通过了总分会章程,以监、理事会取代了原有的常议会,并取消了原设的理事长。同时,也针对该管理条例及其施行细则提出了一份法律修改意见书。其内容集中在两个方面:一是名称问题。国民政府公布的各项法律将红十字会会名由"中国红十字会"一律改作"中华民国红十字会",意见书则提出恢复原有名称。二是隶属与监督问题。已颁法律主张红十字会应隶属于国民政府,总会以内政部为主管官署,并受各相关部、会的监督;而各地分会则隶属于总会,以所在地的行政机关为主管官署。意见书则主张修改为总会隶属于国民政府,并受各相关部会监督,分会隶属于总会,但删除所有有关总、分会主管官署的规定。[41]这份法律修改意见书充分表达了众多会员希冀维持红十字会独立地位的愿望,不过,也在隶属、监督问题上作了一些妥协,以期能达成法律的修正。这次全国会员大会以决议案形式通过了此意见书,然而中国红十字会终无力扭转乾坤,随即进行的全面改组及人事选任就表明国民政府的力量已顺利介入。对于这份法律修改意见书,南京国民政府一直漠然视之,未予理会,而后红十字会相关法律也从未采纳其意见进行修改。[42]

　　就在彻底改组、整顿中国红十字会总会之际,国民政府内政部鉴于相关条例及施行细则早经先后奉令公布通行,而"关于该会各地分会立案事项,亟应厘订统一办法,以资管理",于是在1934年7月间制定公布了《中华民国红十字会各地分会立案办法》13条,并咨请各省政府"限于文到三个月内将所有分会一律查明,督饬立案,汇转本部备案"。[43]不久,在国民政府的强势介入下,中国红十字会各地分会纷纷遵令向当地主管官署立案。然而,国民政府至此犹觉不足。1935年7月27日和1936年7月23日,国民政府两度修正公布《中华民国红十字会管理条例》,增修为18条。这两次修订条例,最大的变更即为"理事、监事于必要时,得迳由国民政府遴选相当人员聘任之。但不得超过全体理事、监事人数三分之一"[44];其次,就是将红十字会的主管机关由内政部改为卫生署[45],其各项业务均以卫生署为主导。经过修改红十字会条例,南京国民政府已经可以直接遴选理事、监事,也就大大增强了对中国红十字会会务的控制力度,是其继废除常议会之后强化监管的又一重要举措。此时,中国红十字会虽有所反应与抗拒,却显得苍白无力了。

　　另外,还需一说的是抗战时期的红十字立法。1937年全面抗战爆发后,战地救护工作成为中国红十字会的当务之急。然而,中国红十字会总会机关却因战争形势所迫分立于三地,形成了鼎足的局面。[46]这样,在红十字会组织分立的情况下,为增强救护工作,1937 年 12 月 6 日,卫生署与港、汉等方协商后公布了《调整中国红十字会总会救护事业办法》,决定调整红十字会的办事机构,成立临时救护委员会,并重新确定红会的救护方针。[47]随着战局的扩大与延续,战地救护日趋繁重,国民政府遂有意将中国红十字会纳入战事军事管理体系,但开始并未能如愿。太平洋战争爆发后,香港沦陷,原留在"孤岛"上海的红十字会部分理事、监事的诸多活动也受掣肘,行动十分不便,势必无法参与总会的决策。同时,受战争形势的影响,港、沪、渝三方联络并不够及时、通畅,时有中断,各项监事、理事会议常也因监事、理事缺席太多而无法达到法定人数。缘于此,国民政府的介入与干预更为积极、直接。1943 年初,国防最高委员会以 1936 年红十字会管理条例为底本,拟订了《中华民国红十字会战时组织大纲草案》,2 月 3 日报经行政院第 598 次会议通过令准实施,并交立法院完成立法程序。不久,立法院即饬法制委员会进行法案审查,最终由胡宣明、彭养光、蔡谊、张凤九、王培仁 5 人组成审查委员会。23 日,提出初步审查意见三点:即"管理集中,由署主管"、"会长、副会长、理监事改为派任"、"救护队改变战区司令指挥,由司令派人员"。[48]3 月 5 日,立法院再议并请卫生署署长金宝善列席说明,讨论结果将标题中的"大纲"改为"条例",并删去了原条例的第 2、8—11、13、16、17 条,增补与修正了其余各条文,最终形成决案 14 条,经三读会正式通过。[49]4 月1 日,国民政府明令公布《中华民国红十字会战时组织条例》。较之旧条例,新颁法规迥然不同处即在于:一是所有会长、副会长以及理事、监事均由军事委员会委员长派任,而卫生署署长与军政部军医署署长为当然理事。这样,总会监事、理事原由会员选举产生,继改为部分由政府遴选后,再而三地变为全部由军委会指派。二是派赴战区的救护队受各战区司令长官指挥。[50]由此可见,法案已全部吸纳了前述的三点审查意见。从此,中国红十字会就完全地被纳入了国民政府的战时军事管理体系。而同时完成的改组,总会高层人事如会长、秘书长及大部分理事、监事也被全部更换,中国红十字会自清末以来作为民间社团的传统与地位由此丧失,官办官营的色彩十分浓郁。在这次法律修正案中,由于处于战争时期,红十字会组织分散三地,联络不便,对于政府的立法已不如以前那般有强烈反应,基本上只是被动地接受出台的相关法律法规,并遵循改组之。

三、《中华民国红十字会法》草拟中的参酌意见

《中华民国十字会战时组织条例》的出台,原本适用于战争期间,迨至抗战胜利,兵戈暂息,它自应失去法律效力。有鉴于此,行政院一边呈请立法院议决此条例废止案,一边着手草拟战后复员时期对红十字会的管理办法。1945 年 11 月 20 日,国民政府核准公布了《复员期间管理中华民国红十字会办法》,将红十字会的主管机关由军事委员会改为行政院,并依其业务性质,分别受社会部、卫生署和善后救济总署的监督指挥。[51]在这项行政法令中,保留总会会长、副会长的设置,并设理事会,为最高权力机关,由15—21 人组成,其中指定 7 人为常务理事,其余人选皆由行政院指派;同时取消监事会。根据上述办法,1946 年 1 月 1 日,红十字会再度改组,行政院指派理事 19 人,均为行政院、善后救济总署、社会部和卫生署官员。改组结果,蒋梦麟出任会长。不久,他在中国红十字会会刊上发表专文,阐述红会与政府关系以及此次改隶

的意义,以便推行会务裨益于政府开展复员工作。[52]同时主张由总会设置会章起草委员会,参酌中外法律,制定红十字会基本法,以改变过去红十字会相关法规时有修正而致主管官署也不断变更之弊。[53]恰巧此时,经立法院议决,国民政府于 2 月 15 日正式明令废止《中华民国红十字会战时组织条例》。而后,红十字会总会设立会章起草委员会开始为制定红会根本大法准备,但终因忙碌于复员工作而搁置。

至 1947 年秋,复员时期已告结束。而作为红十字会主管官署的行政院,尚未提出任何有关红十字会地位、待遇问题的法令规章。于是,10 月 14 日,红十字会向行政院呈请制定相关法律,以资遵循。此时,行政院亦仓卒无措,遂令卫生部、社会部依据 1936 年公布的管理条例,重拟修正草案。对此,中国红十字会似乎不愿再被动接受,而希冀颁布红十字会的基本法。为了推动政府及早进行红十字会立法活动,中国红十字会总会为此特召开了第四次理事会议,会长蒋梦麟在会上提交了《为确立本会地位,保障并发展事业,应请政府颁布红十字会法以崇体制》的议案,提出应遵循或涵括的五项立法原则:即关于红十字会组织、职权、优惠权利、会员和红十字标识等。[54]蒋梦麟提案的总构想是确立红十字会长久的组织体制,并明确全国会员代表大会为其最高权力机构,希望回归抗战前红十字会的管理机制与组织传统,重新恢复红十字会作为民间团体的地位。该提案经理事会讨论通过后,即转交给会章起草委员会作为拟订红十字会法草案之参考原则。不久,红十字会致卫生部的电文也称:"本会成立四十余年,虽政府颁行管理条例数易,惟根本大法至今阙如。目前本会组织系根据行政院前年颁布《复员时期管理红十字会办法》之规定施行,现值复员终了、国家动员戡乱,该项办法自无继续存在之必要,但本会体制似应策及久远,谋与各国一致,以符日内瓦红十字公约之精神,未便因平战时之分而屡有变更。盖工作实施可因平战时而异,而根本体制似应确立,未可常变。"[55]

1948 年初,会章起草委员会将红十字会法草案拟订完毕,2 月 26 日提交总会第 3 次常务理事会通过后,即由卫生部转呈行政院核准。然此时国共战争日趋激烈,国民政府因其节节败退的军事行动而打乱了原来的行政节奏,该案移文至立法院正式进入立法审查程序已是这年秋冬。11 月 27 日,立法院卫生委员会召开会议初步审议《中华民国红十字会法草案》,由邹树文、杨宗瑞、俞松筠、伍智梅等委员负责,并邀卫生部、社会部、国防部、中国红十字会及立法院国防、法制两委员会代表列席。[56]在初审会上,红十字会代表陈述了对于草案条文的具体意见。主要有以下三点:(一)有关红十字会的地位及性质。草案第一条即关乎红十字会的定位,红会代表提出,"参照各国红十字会法成例,似以明白指述为'中华民国红十字会依照政府签订之国际红十字会公约及所参加之国际红十字协会章程,以发展博爱、服务事业为宗旨'较妥"[57]。其理由称红十字之产生及其主要任务本为协助政府实施国际红十字公约,而国际红十字公约所载之志愿救济协会,即系红十字会。"如照行政院修正草案,删去公约及协会章程等字样,不但红十字会之工作失去法律依据,且因博爱服务人道事业含义过广,与宗教团体等无所区别,红十字会之特性将掩灭不彰。"[58](二)关于红十字标识,须遵守国际红十字公约,其他个人或协会不得使用及仿冒。(三)关于管理机构及领导层的产生办法。

中国红十字会代表对各国红十字会法综合研究后,认为各国规定虽有参差,但总顾及到如下原则:第一,红十字会管理机构须会员为大多数构成,"俾红十字会得以自行管理其事务"[59];第二,政府有关各部代表应参与管理,以便红会与政府间维持联系。会上还指出,"各国红会之理事会均为红会之政策决定机构,故包括社会人士、社会团体及政府有关部会之领袖或首长。美国红会理事会包括会员代表、政府首长及社团领袖,用意尤善"[60];因此,"建议采用会员代表、政府代表及社会人士三方面组织理事会,意欲综合红十字会章程特征,使其战时、平时诸种工作更能有坚强之基础"[61]。很显然,在理事名额的产生及分配方面,中国红十字会希借鉴美国经验与国际通例,兼顾政府代表、社团领袖与会员代表三方面,以保持三方力量的均衡,这相对于以往全由政府指派人员别具意义,对红十字会自身的长远发展也十分有利。立法院及其他与会人员讨论也认为,中国红十字会代表所述的在本国领土内享用红十字标识,除依据国际红十字公约有规定外,其他公私机关及社团概不得使用,尚无不合。而有关各部首长参加红十字会理事会,各项工作由各部予以联系,"行政院综负监督之意,似无不可"[62],予以采纳。尔后,12月1日,立法院卫生委员会重邀相关部会进行再次审查,从立法技术层面作了细微修改,均同意该草案似尚可行,遂提交立法院院会讨论。1949年1月以后,立法院又数次开会议决此案。此际,国共内战胜败即见分晓,南京已如危城,国民政府岌岌不保,立法院被迫于3月底迁往广州。4月23日,南京国民政府覆亡,红十字会法始终未能在国民党统治大陆期间出台。

总括而言,民国时期的红十字会立法以1914年北京政府颁布《中国红十字会条例》为开端,而后南京国民政府又数次公布和修订了红十字会管理条例及其施行细则,到40年代末制订《中国红十字会法草案》,逐步建立起较为严密的红十字会法规体系,在规范红十字会组织、增强慈善救护能力等方面发挥了一定作用。但是,这个法规体系也显然存有不完善与缺陷之处,如历次所颁红十字会法规大都忽略保障红十字会合法权利的规定,而行政监管色彩过于浓厚。或许,这与民国历届政府立法处置及其根本意图有关,因而偏重对社团组织的控制。在立法技术层面上,有些条款也不够精准,内容模糊含混。再就法律实施效果而言,由于社会时局动荡,北京政府所颁的红十字会管理条例并未能切实施行,而在南京国民政府时期则以强力的行政干预得以实施,但其法规也缺乏稳定性,屡有修订。在实施过程中,作为立法客体对象的中国红十字会也有相应行为,或主动抵制,或被动接受,与政府的立法活动构成互动关系。由此而言,红十字会立法,为我们观照民国政府与社团的关系、研究近代中国国家与社会问题提供一个新的视角、一个很好的案例。

第二节　上海慈善团体联合会与慈善立法

上海是民国时期慈善事业最为发达之地,慈善团体的种类、数量以及募集善款均居全国之冠。上海慈善团体联合会自1927年4月成立后,上海南北两市各善堂善会纷纷加入,团体会员数多达四五十个,成为民国后期上海慈善事业最具广泛影响的社团组织,无疑可视为上海慈善界的利益代表。因此,探讨民国慈善法规的出台背景、制定和实施对上海慈善事业的影响,以及上海慈善界的相应态度,其意义是不言而喻的。

一、上海慈善团体联合会的成立

为改变善源不稳、经费不足的状况,1912年,上海旧城区的同仁辅元、普育、清节、果育等善堂进行合并,成立起上海慈善团,置文牍、会计、庶务等科。凡各善堂基金、基产、款项收支均归慈善团管理,由其协调分配善款,"酌盈剂虚",统一办理慈善事业。[63]同时,上海慈善团也就财力所及适度地资助其他慈善机构。由此,上海慈善团影响日渐扩大,成为民国早期上海慈善事业发展的一个中心。"从民国初年上海慈善团体成立后对主要善堂进行财政统合、业务整理开始,直至资金充裕的团体向其他团体提供财政补助,上海慈善界的网络逐渐变得紧密起来。"[64]这种紧密的网络基本上是在城市社会内部自发产生的,并涵盖了业务和资金两个方面。就业务而言,上海各慈善团体的善举不尽相同,具有互补性,在一定地域分布各有分工,并形成相应的业务联络。就资金而言,上海各慈善团体拥有房屋等多项房地产,并接受个人和工商企业的捐赠,这成为其慈善事业得以活跃展开的重要源泉。但是,仅依赖于社会各界自发的捐赠,难免有资金不济之虞,为摆脱此窘境,上海慈善界由此形成了资金网络。随着社会发展的需要,上海慈善界的这种网络自发地向高度组织化方向发展,其结果就是1927年上海慈善团体联合会的成立。[65]

　　1927年4月5日,上海各慈善团体"以共谋改善起见",在沪上慈善界领袖人物王一亭的召集下,举行筹备会,决定组织联合会,定名为上海慈善团体联合会。出席会议者有上海南北两市二十多名善团代表,讨论了会章及一切进行事宜,并推王一亭、王晓籁、黄涵之、顾馨一等四人为临时常务委员。[66]根据会章,上海慈善团体联合会"依据民生主义,以互助精神改良及维护慈善事业为宗旨"[67],并暂设事务所于公共租界云南路的仁济善堂内。7日,上海慈善团体联合会在云南路会所举行会议,到会三十余团体。会议讨论了联合会的机构设置,议决下设会计、文牍、调查、庶务、交际五股,并推举李寿山、陆维镛、席云生、叶鸿英任会计,伊钧斋任庶务,陈良玉、翁寅初、陆伯鸿等任交际。[68]联合会一成立,随即踊跃、积极地投入于上海各项慈善事业中,很快就成为上海慈善界的网络中枢,直至 1951 年底解散。[69]

上海慈善团体联合会成立于"四·一二"政变前夕的这个非常时期,其负责人王一亭、王晓籁等人均为上海商业联合会常务委员,大都属于资产阶级阵营。由此,上海慈善团体联合会的设立及其活动"表明了地方精英人士希望通过缓和社会阶级矛盾,从而在都市社会继续保持指导权的意图",因而,在南京国民政府建立之后,"上海的民间慈善事业与地方行政机构的关系变得十分紧密"。[70]上海慈善团体联合会于时局中发挥了相当重要的作用,并在一定程度上参与或影响了民国政府及上海地方政府的慈善立法。下面,我们拟选取《监督慈善团体法》及其施行细则、《上海市慈善团体财产整理章程》等有关慈善管理的法规,从这些特定的个案出发,对民国后期上海慈善团体联合会参与慈善立法的历程略作考察,并借以透视慈善界与政府之间错综复杂的关系。

二、围绕《监督慈善团体法》及相关法规的交涉

南京国民政府成立后不久即颁布《建国大纲》,其第 11 条规定:"关于育幼养老、济贫、救灾医病等慈善事业,均属地方政府所应经营之要务。"据此,1928 年 5—6 月间,国民政府内政部先以部令公布了《各地方救济院规则》,后又颁行《管理各地方私立慈善机关规则》,通令各省民政厅转饬各类慈善救济机构一律遵守。根据前项法规,各省区、县、市(特别市)应设立救济院,院内分设养老、孤儿、育婴、残废、施医、贷款各所,皆由各地现有的官立、公立慈善机构改组而成,并分别缓急次第筹办。而后者则规定,私立慈善机构必须接受主管官署的监督、检查,每届月终应逐一公开其

收支款目及办理实况,并呈交计算书(即会计报告)及事实清册。[71]
紧接着,上海《新闻报》、《申报》等各大报刊相继登载了上述慈善
法规[72],由此形成了加强慈善事业监督的社会舆论,要求进一步规
范慈善事业的发展,这无形中也对上海各慈善团体产生了一股
压力。

鉴于此,1928 年 6 月 15 日,在上海慈善团体联合会第 21 次会
议上,主席王一亭提议商讨如何应对政府的法律规制,最后议决,
"凡我慈善团体似应将现在所办各项慈善事业悉心规划,适合乎
部办之管理规则,使之不相违背,庶足以继善举"[73]。而在上海慈
善界将要采取进一步举措之时,6 月 27 日,内政部部长薛笃弼又
函令各省市严格执行已颁布的慈善法规,重申加强对慈善团体监
督之必要。其公函称:"查此项公立或私立之慈善机关,各省地方
旧日已经办理者,所在多有,虽原来名称及办法未必即尽与颁定之
规则相符,考其用意,大致亦不相远。惟以管理经营向无一定办
法,或徒具名目无裨实际,或主办非人发生流弊。甚焉者,此项固
有之款资由他项机关任意挪用侵占,以致事业废弛,尤非维护公益
之道",为此,饬令"各省地方关于公私立慈善机关,自应由民政厅
恪照颁定规则,分别整顿。其办理毫无实效者,必予以切实指正,
督饬限期改良,并随时加以考查,勿令发生任何流弊;至于办理确
著成绩者,对于其固有之款产,无论何项用途一概不许借词挪支;
至其所有之房屋,亦不得假借名义自由占有,务使借公肥己者得以
取缔,切实办理者得所保障"[74]为进一步寻求应付之策,7 月 6 日,
上海慈善团体联合会举行第 22 次会议,会上向各代表印发《各地
方救济院规则》、《管理各地方私立慈善机关规则》等法规进行讨
论。黄涵之在主持会议时指出,《管理各地方私立慈善机关规则》
各条款中,以第 3 条每月应造计算书及事实清册最为重要,而"各

团体向无此种手续,办理不免困难,似应先行拟定一种格式,以备造报而归一律",因而希望各团体各拟订计算书等格式一份,供下次开会时采择。[75]一周后,联合会再次召集会议,报告计算书格式的征集情况,计十余份,并由黄涵之、沈步瀛、孙一善会同审查,以决定何种较为合用。鉴于内政部颁布的各项慈善法规即将督促进行,会议还有人提议:"凡我慈善团体此时亟应自动改良,一切兴革事宜尤当参酌救济院规则办理,以图久远。"[76]这得到各慈善团体代表的认可和赞同。8月2日,联合会举行例会,黄涵之通报计算书格式审查结果,以上海慈善团拟定的表册"较为明晰,可备采择"。此时,上海特别市社会局已正式成立,上海慈善团体联合会遂决定先将此项格式呈请社会局审定,俾合造报之用。[77]不久,上海市内的各慈善团体着手编造表册,准备呈报主管官署查核,履行注册登记手续。

细绎1928年颁布的两规则,国民政府虽然已表明对慈善事业加强监管的意向,"惟是项规则对于慈善机关之管理,规定尚欠完备"[78],监管的力度不大,整顿范围亦有限,且暂时还没有要求各慈善团体普遍实行注册登记。因而,以上海慈善团体联合会为核心的上海慈善界还没有公开表示反对,而是持合作态度,较为温顺地遵照所颁法令,并主动提倡"自动改良"、"悉心规划"各项善举,以图久远。

然而,1929年6月12日南京国民政府公布的《监督慈善团体法》,却在上海慈善界骤然激起轩然大波,引起极大争议。《监督慈善团体法》共14条,是南京国民政府成立后颁布的第一个慈善法,此前有关慈善机构的法规都是以规则、章程等形式公布。《监督慈善团体法》把济贫、救灾、养老、恤孤及其他以救助事业为目的之组织均视为慈善团体,并规定"不得利用其事业为宗教上之宣传",或"兼营为私人谋利之事业";另分别明确规定了慈善团体发起人的资格和不得为发起人和会员的各种限制;对于慈善团体的会务办理情形以及主管官署对其派员检查、褒奖,也作出了原则性的规定。[79]显然,在南京国民政府当局看来,慈善团体从发起设立到各项业务,均需遵循相应的规则,受中央或地方主管官署的严格监督、控制,逐渐改良其眼中"多有流弊"、"殊欠妥善"的慈善事业,使之趋向有序发展。

《监督慈善团体法》第14条即最后一条规定:"本法施行日期及施行规则由行政院定之",亦即表明该法的公布并不等于其各项条款的立即施行。不过,它却意味着南京国民政府将对慈善团体作出多方面的管理与规范。为了使政府在法规实施前对相关条款进行修正,上海慈善团体联合会以各种方式表达了对《监督慈善团体法》的意见,如专门召集会议商讨办法并通过相关决议;其负责人呈文国民政府主席建言辩驳;向报界刊发文告获得舆论支持。这充分显示出上海慈善界对该项法律的密切关注。

上海慈善界对《监督慈善团体法》中关涉宗教的条款颇为不满。该法第2条规定:"凡慈善团体不得利用其事业为宗教上之宣传"。民国政府立法的初衷,显然是欲将慈善与宗教分离开来,剥去披裹于慈善事业身上的宗教外衣,消除宗教迷信对慈善事业的不利影响。然而,自魏晋以降,中国慈善事业的兴盛就与宗教有着千丝万缕的联系。更何况,近代时期慈善事业的发展与发达,也和宗教界人士牵连紧密,须臾难分,不仅财力、物力多赖其襄助,更有人员直接参与,这在上海尤甚。如上海慈善界的头面人物王一亭、黄涵之皆笃信佛教,且自20世纪20年代初期以来王一亭就长期为上海佛教居士林的主持人,同时又是中国佛教会的负责人。其余各慈善团体的创办者及会董,信仰佛教、道家、基督教者也所在多有。由此,该条款招致不满与反对也就不难想见了。在上海慈善界看来,这一规定或是与宗教信仰自由相冲突,或是没有考虑中国慈善事业发展的现实情形,一旦实施将易生误会,纠纷必多,应予以修正。

法律颁布后,上海慈善团体联合会作为上海乃至全国最具影响力的慈善事业联合组织机构,立即召集各善团进行讨论。会上,普济善会代表沈键侯即指出:"凡中外各国能自成一家言,数百年后使人信仰崇奉无流弊者,多因劝善劝忠,宗旨纯正,有利于国,有益于民",孙中山总理"故有信教自由之训"。同时举例言明:"慈善团体集合多数之人行其劝善之事,必须声应气求,方能团结有益,如发起者为文学家,入会之人皆以孔孟之说为依归;发起者如救世家,其团体皆以耶稣之主旨为准绳。或则慈善家,或则道德家,其举动行止以其所信仰者集合而成一团体,实则同归于劝善之一点耳。中国之大,人类不齐,非有宗教之拘束,如一盘散沙,无从改善。慈善团体类宗教之集合,非宗教之宣传也。"[80]最后,议决由联合会委员长王一亭、副委员长黄涵之出面向国民政府呈请交涉。

1929 年 6 月中旬,王一亭、黄涵之以上海慈善团体联合会的名义上呈国民政府主席蒋介石。呈文肯定了宗教历来对慈善事业发展之贡献,应允准举办慈善事业者有信教之自由,同时指出所颁慈善法规涉及宗教之条款内容不明,易生误会。该呈文称:"办理慈善为一事,宣传宗教为一事,诚不可并为一谈。惟宗教家所办慈善事业,本良心之主张,谋民生之幸福,对于跛聋残疾及贫苦小民,无不一律收容。而其收容之中,如为本有宗教者,各依其本教之规则,初不加以阻止;其来非奉教之人亦不勉强其信教,符合宗教自由之旨。但其收容之中,设有自生信心而愿从吾之教者,亦断不能拒而不受。盖宗教之办理慈善,固不当借为宣传之具,亦岂能以现办之慈善事业而自违其宗教以绝人信仰之心？实非利用而或竟指为利用，其将何辞以辩？是则慈善事业之前途，大可虑矣！"随即言明这样一事实——"近来兵荒岁灾，盗匪充斥，贫苦无依之民，触目皆是，正赖慈善事业以救济之。"而该条款一旦付诸实施，立法者、为政者将不得不虑及三方面的影响："宗教之限制太严，办事者不免灰心"，慈善事业"不但不能扩充，且恐日趋消极，此可虑者一也"；"宗教家宅心仁爱，办事认真，所办之慈善事业尤为完备"，近来首都等地慈善组织，多有"延请宗教家前往主持……'利用'二字之界说不明，办事者均将裹足，此可虑者二也"；"慈善机关之所收容者，其中往往有性质不良之辈，无法可治，惟宗教之观念足以感化之。果如第二条之规定，办事者尤有穷于应付之势，此可虑者三也。"呈文还特别指出，上海轮轨辐辏，交通便利，情形尤为特殊，四方穷民皆麇集于此，全赖热心人士不分畛域全力施救。慈善事业"一方面为贫民谋生活，一方面即为社会谋安宁；教与非教之间，一生界限，影响实巨"。有鉴及此，"本会博采众论，证诸经验，佥以第二条之规定易于误会，纠纷必多，设因此而慈善事业日见减少，在宗教家毫无损益，但为一般无告之民设身以想，呼吁无门，栖止无所，其所感之痛苦，必有不可胜言者，是岂政府立法之初心哉？"[81]言之有据，并权之利害，这使得国民政府当轴不得不有所虑及。7月8日，蒋氏批示："信教自由，对于慈善机关提倡道德者，应予保留"。随即，王一亭、黄涵之代表上海慈善界呈函行政院、内政部，请依照蒋氏批示修正该条款。[82]

　　但行政院、内政部的态度依然难以通融，并没有及时对上海慈善界的吁请做出回应。于是，上海慈善团体联合会又向沪上报界发表《慈善与宗教之关系》一文，以期获得社会舆论的支持和外埠同行的呼应，最终促成法案的修改。该文称："国民政府公布《监督慈善团体法》第二条内载'凡慈善团体不得利用其事业为宗教上之宣传'等语,上海慈善家以上海之慈善事业全赖热心人士,不分畛域,合力举办,于宗教家有深切之关系。此项规定易于误会,恐于慈善前途发生影响"。[83]同时,还向外界透露上海慈善团体联合会决议结果以及王一亭面呈蒋介石已获准批示等信息。但国民政府并没有重新审议《监督慈善团体法》的打算,或许,南京当局认为法案既已颁行,对慈善团体、慈善事业予以严格监控的政策既定不变,无可缓颊,也就没有修正的必要了。

就在上海慈善团体联合会与国民政府交涉的过程中,上海特别市社会局也有行动,于1929年6月底向市长张群呈交《对于监督公益慈善团体意见请核示由》,表达了对上海各慈善团体的不信任,并希望进一步加强监督力度。该呈文称,今中央制定之《监督慈善团体法》既已明令公布,本市前所订《监督公益慈善团体暂行规则》自将失其效力。"惟职局于奉令施行数月以来,深觉慈善团体之滋蔓复杂及其办事之因循腐败,有不能已于言者数事:(一)慈善团体及其附属机关无论新旧,必经主管官厅许可设立或核准注册以后方得成立;(二)慈善团体及其附属机关应每年至少分二次将款项收支及事业办理实况呈报主管官厅察核;(三)慈善团体如须募捐,应先造具预算及计划呈请主管官厅核准,并将捐册收据编号,送请主管官厅盖印。事竣之后,亦应造具预算书及事实清册呈报审核。至于财产之变更、事业之兴废,亦应先行呈请主管官厅核准之后方能办理;(四)慈善团体及其附属机关应绝对服从主管官厅之指导,督饬改良,如延不遵循,得勒令停办或改组其事业之全部或一部。凡此诸端,已规定于《监督公益慈善团体暂行规则》之中而未能一一施行。此后,应请行政院依据《监督慈善团体法》第十四条规定于《监督慈善团体法施行规则》之中,督饬施行,以免成为具文……以上各点,统祈鉴核,迅赐转呈审核施行,并请示该法施行日期,令饬知照,以便有所遵循。"[84] 7月1日,上海特别市将此件转呈行政院。半个月后,行政院公布了《监督慈善团体法施行规则》。从内容条款来看,上海社会局的意见已被完全接纳,并明定《监督慈善团体法》于10月15日开始施行,而上海慈善界方面所提出涉及宗教之条款,却未予修订,原封不动地保留了。

《监督慈善团体法》本已引起上海慈善界的强烈关注,现又未经慈善界人士与闻就公布了《监督慈善团体法施行规则》,"对于慈善团体之备案及募款,规定更为详严"[85],上海慈善团体联合会的态度可想而知。普济善会董事沈键侯迅即向上海慈善团体联合会执行委员会递交了一份修改各慈善法规的意见书,并附详尽的理由说明。具体言之,有以下三点:

第一,主张删除《监督慈善团体法施行规则》第7条。该条内容为:"慈善团体如须募捐时,应先得主管官署之许可。其收据、捐册并须编号送由主管官署盖印方为有效。"此处关于募捐之规定,善团以为其与现实不尽相符。如,"上海各善团所办善事,或以基金之利益收入而行其各种事业,或以慈善家自愿乐捐或认定而行其各项善举,捐而不募,无从先须主管官署之许可"。至于收据捐册须编号并送主管官署盖印生效一节,沈健候也提出,上海各慈善团体均经正式立案,主管官署也早发给局刊图记。"既刊发,即主管官署之印章遵盖,收据捐册自当有效"[86]。如果执行该项规定,将会不利于慈善组织进行募捐及救济活动,阻滞慈善事业的发展。

第二,请求修改或删去《施行细则》第10条中"得令慈善团体造送预算书及计算书"的内容。其理由是:"慈善团体所办之各种善举,多临时发生,如各省之急赈、施救疾病等,焉能预算? 即有可以预算者,十中亦仅一二;苟有预算,亦等于无。更有进者,设一预算,观望者托词限制,猛进者束手无资,无告穷黎铤而走险,影响社会安宁,尤非浅鲜。"[87]这说明,该法与慈善事业运作中形成的一些习惯做法未尽吻合,抑或有窒碍难行之处,各善团希望修改法律,以冀一旦实施可免扞格之弊。

第三,提出修改收支账目的呈报时间。《监督慈善团体法施行规则》第9条内载,慈善团体对于职员任免、财产总额及收支状况、办理经过情形等,应于每年六月及十二月呈报主管官署查核。然此前上海特别市政府社会局公布的《监督公益团体暂行规则》第10条却规定,各慈善团体及其附属机关收支账目每届月终呈报社会局。善团方面以为《施行细则》第9条既有六月及十二月呈报的规定,而市颁暂行规则又云每届月终呈报,"不特手续繁重,且前后抵触",遂提出将"月终"两字改为"六月及十二月"。[88]

上述意见有相当的代表性。不少慈善团体的负责人从自身办理情形考虑,认为《监督慈善团体法》及其施行细则之规定,于慈善募捐、业务开展多有窒碍,亦纷纷表示反对。上海慈善团体联合会经讨论,以为言之成理,遂呈文社会局,指出"因收支月计表式与各善团向办月报不同,表内分类科目亦与习用分清账簿颇有出入,一时更改手续,既感不及而练习未熟,或致转多错讹,拟请改为半年汇报一次"。上海市社会局收到呈文后,以"所陈商属实情,允予照准",后于12月间通告各慈善团体,修订本市监督公益团体暂行规则第10条及本市公益慈善团体会计通则第14条规定,有关收支报告切实遵照《监督慈善团体法施行规则》第八条及第9条第三项规定办理。同时,要求各团体所有本年7月至12月收支报告应于明年1月中旬汇报候核。[89]

虽然交涉的结果是国民政府最终未采纳上海慈善团体联合会的意见对《监督慈善团体法》及其施行细则进行修改，但从中亦表明，作为一个依据宪法规定、遵照结社自由原则发起创设起来的近代社会团体，上海慈善团体联合会也曾采取多项措施，通过多种途径争取更大限度地参与国家立法与行政决策，希望能够维护慈善团体的利益并获得决定自身事务的能力。而这点在围绕《上海市监督公益慈善团体暂行通则》及后面将要论及的《上海市慈善团体财产整理委员会章程》等地方性法规的交涉过程中体现得更清楚、明白。

三、针对《上海市慈善团体财产整理委员会章程》的抗争

善款是慈善团体开展慈善活动的经济基础。如前所述，近代上海各慈善团体的善款来源渠道颇广，既有社会各界的捐款，还拥有田土租谷、房产租金收入以及公司股票、存款等息金。在这些慈善团体中，热心任事者固不少见，而假借名义敛财肥私者也偶有发生。自上海特别市社会局成立之后，即宣布"本局对于市内各公益慈善团体负有监督责任，自当切实从事，共图改善成规"[90]，着手采取一系列措施来加强管理市区各慈善公益团体。一方面，社会局加紧督促各慈善团体注册登记及其核准工作，并拟订、颁布了一系列地方性慈善法规，增设庇寒所、改组淞沪教养院、取缔清节堂并改设为妇孺教养院等慈善组织，以符合上海都市社会发展的需要；另一方面，社会局则加快对慈善团体财产的监管，以免流弊潜滋，贻害社会。1929 年初，上海市内各慈善团体注册登记将近完毕，社会局却发现各善团"呈请注册时所属之财产调查表未尽详晰，无从查核"。而按相关法律规定，社团或财团所有财产均应向主管公署登记，其编造的财产目录有记载不正者，并得处以罚锾。

社会局鉴于慈善团体系为公益目的而设立之团体,"虽无经济上目的,政府不得不立法以监督之",3月4日乃通令各慈善团体,自本年起应编造其财产目录,分现金、不动产、动产三项,分门别类,尽快于本月内编造完竣;并遵照《上海市监督公益慈善团体暂行规则》第7条规定,补造1928年及1929年1—2月的收支账目报告,一并呈送候核。通令还规定:"嗣后关于行使不动产权利,除自己使用外,如有收益或处分行为,与法人本身利益关系较重者,如建筑、买卖、租赁等事,须先呈准本局备案,毋得擅自处置。"[91]至5月,各善团编造财产目录呈报事宜基本完竣。

与此同时,上海社会局于1929年初公布了《民国十八年度社会事业方针》,在给市政府的呈文中也表明欲由官府对慈善团体进行指导监督的强烈意向。呈文称:"上海为工商之总枢,社会问题之急待解决者甚多。而一般社会事业,自职局成立以来,尚渺无端绪,虽市库支绌,无可如何,而已设立之慈善团体大都墨守成规,各自为政,不失于思想陈腐,毫无改进,即因于经济艰窘,无力发展。而历来官厅复放弃其监督指导之责,致法定团体操纵于少数人之手,或竟视为私人权利,攘夺不已,良可浩叹!"[92]为此,社会局在该文件中提出,一要尽快核定公布慈善公益团体之组织及会计通则,二是拟设慈善团体财产整理委员会。关于后者,社会局的理由及其设想如下:

> 查本市公私各慈善团体所有财产当非少数,苟能善为经理,使之涓滴归公,通盘支配,则贫民所受实惠当不止此。乃寻绎各慈善团体之财产表件,收益不加整顿,支出不免浮滥,甚至年年告贷。若不速行清理,不但影响于原有事业之进行,且恐有破产之虞,或有匿报财产,更转瞬入于无何有之乡,尤有整理之必要。故拟设立整理慈善团体财产委员会,专以整

理为目的,无处分之权力,乃可以释善团之疑惧而收整理之实效。其委员即由职局聘请公正人士担任,并派员会同审核,促令整理,而为将来设立基金保管委员会之张本。所有各善团财产,苟能因此分别厘订明白,则于事业设计自可通盘筹划,不致漫无头绪。且经此一番整理,可决其财产收益,必有相当增加,裨益于本市救济事业者实非浅鲜。[93]

同时,这份文件提出,该项整理经费因系临时性质,未列入年度预算中,如蒙核准组织,拟于举办时请拨临时费用,以6个月为度,大概每月需费约500元左右,为供给各委员调查公费及酌聘会计师协调审核之用。很显然,上海市社会局主张设立慈善团体整理委员会,以期对各善团诸项财产"分别清厘,公归实际";同时亦希望避免少数操纵者仍将慈善团体之财产"蹈习故常,视同己有",于慈善事业毫无裨补。[94]而更深层的意思也为其不曾言明的是,即以善团财产整理为契机进而全面监督乃至控制各善团,使慈善事业按其既定方向发展,并逐步纳入到政府的救济事业中。不久,上海特别市政府批复社会局,以所陈"系为民众力谋福利起见,用意至善",同意核定设立慈善团体财产整理委员会,并令其拟具章程及6个月的临时经费预算书呈候核定,同时"责成于六个月内按期呈报整理情形,依限办竣"。[95]随后,社会局筹备成立上海市慈善团体财产整理委员会(以下简称财整会)。"鉴于各善团历来财产管理情形,及求办法之统一、劳力财费之经济起见,非有通力合作之机关主持一切,难期贯彻",财整会议决会内先设立慈善团体财产经营委员会,并通过所拟的章程草案。5月中旬,财整会致函上海慈善团体联合会,并检同该章程草案60份,向各善团征求意见,希尽快回复与反馈,以便并案呈请政府核示施行。[96]接到函件后,上海慈善团体联合会认为"是项问题关系至要",宜从长计议,遂通知各善团首先于 5 月 25 日开预备会,征集意见,并定于翌日下午再召集大会,详加讨论经营委员会章程草案,同时邀请社会局有关人员到会,以便申述。26 日,上海社会局冯柳堂复函,称适有多项公务待办,无法分身,而此项章程经过财整会几次讨论,又由王一亭、黄涵之等人修正,章程各条的用意已很清楚,"大抵本市慈善事业亦有待与政府合作之处";并表示"愿随贵会后,并冀容纳现代学理思想,出以大无畏、大决心,以求本市慈善事业发扬光大,为出资者、出力者广种福田而惠本市无告之人"。[97]同时告知,财整会将于明日开会,上海慈善团体联合会对于该章程如有意见,可备函交由王一亭、黄涵之等人在会上提出报告。当日会议结果,各代表普遍认为,慈善团体本自当在官厅监督之下,该章程用意也好,"惟考诸《民法》规定,凡慈善团体经主管官署许可设立后,即为财团法人,具有法人资格,则依法对于行为能力不应抛弃。盖设计建筑、经租等,均属行为能力范围之内也。假令经营委员会成立,则法人人格方面似已加以一种限制矣"[98]。由此,上海慈善团体联合会又于 6 月初复函财整会,陈述此项意见,并由王一亭、黄涵之代为面陈。

随后,财整会开会时将上海慈善团体联合会的答复函提出讨论,并经王一亭、黄涵之将该联合会各善团意见详细声明。最终,财整会同意取消此项章程草案,赞成"各善团之财产及所办事业,亦应自动加以整理"的主张。会后,王一亭鉴于上海慈善团体联合会"仅为各善团联合集议性质",主张改组,并修改章程,以便"对于各善团之财产事业负有督促改善之责"。上海慈善团体联合会随即召集临时会议一致议决修改会章,由黄涵之拟定改组标准后,吴妹田、吴树人负责起草。[99]

慈善团体经营委员会章程草案的动议虽然取消,然上海社会局并未放弃其监管之权,仍希望以法规形式督促进行对慈善团体各项款产的监理。1930 年初,未经上海慈善界人士与闻,上海市社会局又拟订了《上海市慈善团体财产整理委员会章程》,经上海市政府会议核准后于同年 4 月 2 日正式公布施行。该章程共 15条,第 1 条规定慈善团体财产整理委员会设置目的"为整理慈善团体产业、增加其收益起见",期限定为 6 个月。显然,这条款是为打消各慈善团体的疑虑、获得其合作而规定的。章程还规定了委员会附设于社会局内,其委员由社会、土地、工务、财政、公安五局各指派代表 1 人,慈善团体联合会指派代表 4 人,专家委员 2 人组成,专家委员由社会局就会计、律师中聘任之。同时明确了委员会在会期内应办竣的各事务:如关于各慈善团体产业实况之调查;关于各慈善团体产业市价之估计;关于各慈善团体产业使用方法之设计;关于各慈善团体产业管理之改善;关于各慈善团体产业整理后收益之预计,等等。规定委员会得调阅与整理财产有关之文书、簿据,遇有必要时并得令该慈善团负责人员到会陈述(第 4条);委员会每月须将工作情形呈报社会局存转市政府及有关各局备案,但事关重要者得随时请示办理(第 10 条)。[100]

　　《上海市慈善团体财产整理委员会章程》一经颁行,社会局即获得市政府为期 6 个月、每月 500 元的拨款为临时办公经费,遂果断地开始清理各慈善团体的财产。1930 年 4 月底,上海特别市社会局训令上海慈善团体联合会,通告该项章程业奉市政府核准公布在案,财整会亦即将正式成立,开展工作,各慈善团体财产如何整理,将依据未来出台的整理计划办理。"在整理委员会未成立前,所有各该团体财产除前已有呈请变更到局应候酌核办理外,一律暂行停止变更,听候整理"[101]。由此一来,上海慈善团体联合会不仅担心政府对民间慈善事业的监管与控制,更怀疑政府别有所图,遂函告会内各善团,要求对社会局的有关令文暂搁置不理,并勿单独与之接洽,待联合会有决议后一致行动。1930年6月初,上海特别市社会局致函上海慈善团体联合会,称慈善团体财产整理委员会克日成立,嘱依照该会章程第二条第二款之规定,迅速推派代表四人为委员,以便汇呈备案。然而,上海慈善团体联合会在6月14日的会议上仍置之不理,未有任何反应。7月4日,社会局再次致函上海慈善团体联合会,催报选派的四位代表名单。接函后,上海慈善联合会才于18日召集大会进行讨论,"佥以上海慈善团体现在加入本会者,已有四十余处之多,此外未加入者尚复不少。其所有财产,调查之手续既属甚烦,整理之情形亦极有斟酌,自非集思广益,不易收因事制宜之效",希望增加财整会中慈善团体的名额代表,以维护慈善界及慈善事业的利益,遂提出"原订该会章程第二条第二款'慈善团体联合会指派代表四人',拟加派二人为六人;第三款'专家委员二人',改由本委员会聘任之;第十条'每月工作情形',由社会局并转慈善团体联合会备查。以上三点,应先由联合会会函商社会局修正",并据此提交大会公决通过。7月22日,上海慈善团体联合会委员长王一亭、副委员长黄涵之遂将此情形复函社会局,提出修改章程的意见。[102] 25日,上海市社会局批复:"慈善团体财产整理委员会之组织,原为整理各项产业、增加收益、改善使用方法,以期发达善举。该章程既经市政会议通过,市政府公布施行,未便率准修改。所请各节不无过虑,应毋庸议",并希望尽快将代表照额推出,呈报到局。[103] 但上海慈善团体联合会仍不放弃,力求争取增添名额,7月30日再次召集临时大会专案讨论,"佥以是项委员会之组织为发达善举起见,各善团初无疑虑,惟上次本会决议情形,事实所在,自宜益加审慎,以期推行尽利"。于是,8月2日,上海慈善团体联合会再致函社会局,以同样的理由"请社会局转呈市政府提交市政会议,容纳本会意见,将原订章程以修正"。[104]同日,并迳函上海市市长张群,请市政府核办,恳准将该项章程交由市政会议修改,吸纳联合会意见。[105]9月2日,上海市政府回复称:

> 查该会会员之多寡,无关于代表名额之规定,良以委员会委员并不采用会员比例制,而以机关为单位;亦并非善团委员与政府委员处于对等地位,必求名额之相当。至整理之际,关于善团产业使用、管理、收益各事项,仍征询产业所有者善团之意见。又,委员会章程第五条末段规定,遇必要时得令该善团负责人员到会陈述意见,似该会会员关于切实事项,皆得有陈述意见。又,机会尽可不必以增加代表相要求。且该联合会不尽欲推广善团代表之名额,期超过政府委员之人数而已,更欲并专家委员二人亦由委员会聘任。果如所请,善团代表既占委员会过半人数,所提出之人选,自不难予以通过。所谓专家委员不啻为善团代表之变相,使委员会由政府主持其名而由善团操纵其实,以整理机关操纵于被整理者之手,则整理势必无甚结果,不特徒耗经费,且于善团加以一层保障,欲求再事整理,更感困难。该善团如行事正直,绝无不可告人之事,即不加入该委员会,一由政府派员整理亦无不可,何以断断相争,一至于斯,殊不可解。至调查事项,系属该委员会事务范围,另设有办事员、雇员若干人负责办理。……念清理产业既为扩充善举张本,该联合会所请各节于事理均有未合,尤恐滋生流弊,有违设立初衷,似应予以驳斥……该联合会所请修正章程三点,应毋庸议。[106]

经此番交涉之后,双方仍处于僵持状况。无可奈何之下,上海慈善团体财产整理委员会遂于 1930 年 9 月 10 日先开预备会议，至 9 月 16 日始正式成立。而上海慈善团体联合会也于 9 月 11 日召开会议，但由于各善团都不愿推选委员，不得已遂由会长王一亭、副会长黄涵之代表慈善界参与财整会，以便接洽联络。次日，王一亭以上海慈善团体联合会名义起草复函，向社会局通报委员推选情形，函中即表露出对政府的愤懑情绪和不信任的态度，谓：

> 各善团代表金以为各善团之董事或委员牺牲精神、经济办理善举，只有义务而无权利，惟其本于良心之主张，故绝无一事不可告人。近来生活日高，贫民日多，善举亦日益扩充，原有财产之收入不敷开支，于改善使用、增加收益等整理办法，早在计划之中，但执行之时往往发生障碍。如官厅能为诚意之辅助，免蹈仁济堂出租地产之覆辙，方将欣幸之不遑。弟鉴于本案敝会两次陈述意见，辄遭贵局严词驳斥，乃知人民之于官厅绝无置喙之余地而莫测高深，故于代表四人一再推迟，迄无应者。惟该委员会之设置为各善团切身之利害，未便放弃不问，致多隔膜而鲜实效。兹由敝会正副委员长参加与会，以便随时讨论一切。[107]

由于尚有委员 2 人未见呈报，上海社会局又屡次去函请推选，然上海慈善团体联合会方面屡屡延宕，迟至 11 月 7 日才决定推秦砚畦、翁寅初两人为财整会委员。[108] 此后，上海慈善团体联合会与社会局的关系由紧张渐趋缓和，并对财整会的工作变得合作起来。

上海慈善团体财产整理委员会成立后，分设调查、审核、设计三股，先向各善团分发财产调查表，随后派员赴各团体进行实地调查，并与之商谈资产管理可改善之处。由于 1930 年 9 月中旬后有王一亭、黄涵之等人参与，并在财整会上提交了各善团的意见书，

希望限定财产调查的范围，获得允准。由此，上海慈善团体联合会
也转变了态度，通知各团体尽早提交财产调查表，配合财产调查与
整理工作。"如其切实可行，得以增加收入，各善堂亦所乐从"，希
望"各个善团应将所有之财产目先自通盘筹划，彻底整理，俾该会
调查之时，不致茫无应付。而于各种设计之意见，亦得尽量陈述，
期无扞格之虞而收互助之益。"[109]有了上海慈善团体联合会会的
支持和协助，财整会的工作开始有所改观，渐趋顺畅，1930 年底和
1931 年初赴各慈善团体实地调查其财产都较为顺利。但因前期
延误，至 1931 年 3 月，原定为半年期而工作未能如期完竣，最后展
期三个月。在这份请求展期的文件中，也可窥探出上海慈善团体
联合会先初与财整会的微妙关系，"此次奉命整理本市各善团财
产，据各善团报告到会，计有房地产业四百八十六起，现已调查审
核完毕者二百八十四起，设计完成者五十六起，其余尚在调查审核
之中。屈指……已期满，而工作未能如限完成，实缘成立之始各善
团颇怀观望，延不造报，几经解释始得焕然。及既经造报，又以产
业众多未能迅速造送职会，进行不无因之阻滞；再则如各善团产业
地址星散，而职会办事未敢苟且，俱经实地调查，途程往返，费时已
多"[110]。至 1931 年 6 月 15 日，上海慈善团体财产整理委员会召开
第 22 次会议，宣告工作正式结束，会后即刊行了《上海市慈善团
体财产整理委员会报告册》，详细记载了各慈善团体不动产的现
状及经营改进办法。

　　上海慈善团体联合会与中央及地方政府围绕慈善立法进行的
交涉，一方面表明国家试图以"法"的形式来规范慈善事业的运作
与发展，另一方面也折射出政府欲谋求对慈善团体的监管与控制。
由于冒滥募捐的情事在社会上时有发生，并见诸报端，这在一定程
度上影响到慈善事业的形象与声誉。因此，上海慈善界也期望并

乐见政府对慈善事业进行立法管理,以有利于整个慈善事业的健康有序发展。然而,既然要立法,那么,就不可避免地对慈善团体进行某种约束或加强监管,并可能对慈善团体的某些权益进行限制,而国民政府又缺乏与慈善团体方面沟通的诚意,这势必会造成二者之间的隔阂、矛盾与冲突。面对矛盾和可能出现的冲突,慈善团体方面试图据以法理与情理,同政府进行交涉,多方面向政府施加压力,迫使政府做出有条件的让步,接受其意见,修改法律;而政府亦主要通过立法和司法等方式来消解慈善团体方面的疑虑与抵制,虽然这可能是形式上的,但也在一定程度上有效地调节了双方紧张的关系及其利益。由此,我们不单要看到,慈善法规是南京国民政府逐步实行社会控制的一个手段,乃至是维系其社会稳定、巩固政治统治的必要举措,同时还应注意到,国民政府已经开始以法制的手段(尽管有些徒具形式)来规范慈善团体的设立和慈善事业的运作、开展。这不仅是慈善事业近代化的客观要求,也是社会进步的体现。如果没有基本的慈善法制保障,上海作为民国时期全国慈善事业的中心地位及其所发挥的作用,也许都会受到很大的影响。当然,必须承认的是,国民政府在慈善立法过程中缺乏与慈善界人士沟通的诚意,没有认真倾听、采纳他们的意见和建议,没有充分发挥他们的咨询作用,二者之间的良性互动不足,封建社会旧时代“官立法、民守法”的模式犹存。进一步分析,如果我们跳出“官立法、民守法”的分析框架,从法制建设的标准和原则的角度来看,国民政府的慈善立法原则及其内容在当时的历史条件下虽有其先进性和合理性,这也是上海慈善团体联合会从总体上肯定政府慈善立法的重要原因,但是,法律的实施更有赖于人们的服从与接受,有赖于与本土资源、历史渊源相契合。而这与社会积淀下来的习惯、形成的风俗密切相关。因此,上海慈善团体联合会又认为政府的慈善立法未能考虑到慈善事业的现实情形,忽视了处于社会转型期近代中国慈善事业的特点,以致多次向政府呈请重新修订以便遵守。这从另一个种侧面反映了民间法、习惯法在民国时期仍或多或少地存在,并于现实社会生活中发挥作用,而国家法与民间法之间的矛盾和冲突,亦表明国家法与民间法尚存在深刻的"断裂",法律的表达与实践并不完全一致,法律与社会之间有着复杂的互动关系。

注　释

1　有关中国红十字会的研究,以 Reeves、周秋光、池子华和张建俅等人的系列论著最为引人注目,著作有:Reeves, Caroline Beth. The power of mercy: the Chinese Red Cross Society, 1900—1937 (Ph. D), Harvard University. Ann Arbor, Mich.: UMI, 1998;孙柏秋主编、池子华、杨国堂等著:《百年红十字》,安徽人民出版社 2003 年版;张玉法主编、周秋光、张建俅等撰:《中华民国红十字会百年会史(1904—2003)》,台北:红十字会总会刊印,2004 年;池子华:《红十字与近代中国》,安徽人民出版社 2004 年版;张建俅:《中国红十字会初期发展之研究(1912—1949)》,中华书局 2007 年版;周秋光:《红十字会在中国(1904—1927)》,人民出版社 2008 年版,等等。相关论文较为繁多,兹不赘述。

2　张建俅:《近代中国政府与社团关系的探讨——以中国红十字会为例(1912—1949)》,《中央研究院近代史研究所集刊》第 47 期,2005 年。

3　14　16　17　19　20　中国红十字会总会编:《中国红十字会历史资料选编(1904—1949)》,南京大学出版社 1993 年版,第 57、278、279、283—284、283、282 页。

4　《参议院议事日程(十二月二十四日)》,《政府公报·附录》1912 年 12 月份,第 237 号。

5　《大总统申令》(1914 年 9 月 24 日),《政府公报》1914 年 9 月 25 日。

6　《中国红十字会条例》,《申报》1914 年 9 月 29 日;又见《三部呈请训示并批令(附中国红十字会条例)》,《政府公报》1914 年 9 月 25 日。

7　《中国红十字会施行细则》,《政府公报》1915 年 10 月 8 日。

8　《中国红十字会二十年大事纲目》,"第十四年·丁巳",见中国红十字会总会编:

《中国红十字会历史资料选 编（1904—1949）》，南京大学出版社 1993 年版，第
466 页。

9　《大总统令》(1919 年 4 月 29 日)，《政府公报》1919 年 4 月 30 日。

10　《内务总长田文烈、陆军总长靳云鹏、海军总长萨镇冰呈》，《政府公报》1920 年 6
月 3 日。

11　《最新编订民国法令大全》，商务印书馆 1924 年版，第 655—658 页。

12　《红十字会开常议会纪》，《申报》1920 年 8 月 29 日。

13　《红十字会今日开全国大会》，《申报》1922 年 6 月 25 日。

15　《中国红十字会全国大会纪(续)》，《申报》1922 年 6 月 27 日。

18　21　22　24　78　85　内政部编：《内政年鉴》第一册，"民政篇"，商务印书馆 1936
年版，第(B)367、367、367、367、357、357 页。

23　《红十字会改选正副会长》，《申报》1928 年 9 月 22 日。

25　《准内政部咨中国红十字会应依照〈监督慈善团体法〉及其施行规则受地方官署监
督令仰知照由》，《上海市政府公报》第 69 期，1930 年 10 月，"训令"第 3 页。

26　31　32　33　《国民政府训令·第 710 号》(1930 年 12 月 19 日)，载立法院秘书处
编《立法院公报》第 25 期，首都京华印书馆 1930 年 12 月刊印，"命令"第 12、12、
12—13、13 页。

27　《行政院收青岛市政府呈文》(1930 年 9 月 30 日)，《中国红十字会月刊》第 1 卷第
1 期，1931 年，第 28 页。

28　《红会各项章则呈送国民政府备案》，《申报》1930 年 10 月 16 日。

29　42　张建俅：《中国红十字会初期发展之研究》，中华书局 2007 年版，第 129、134—
135 页。

30　按照中国红十字会原章程第 71 条规定，非经常议会五分之四以上议员之提议、会
员大会五分之三以上出席会员之可决，不得变更之；而此次该会修改会章，系由临
时会员大会公决，并未经过常议会五分之四以上议员之提议及会员大会五分之三
以上出席会员之可决，属程序不合。参阅《国民政府训令·第 710 号》(1930 年 12
月 19 日)，载立法院秘书处编《立法院公报》第 25 期，首都京华印书馆 1930 年 12
月刊印，"命令"第 12 页。

34　《红十字会特定条例之批准，由立法院制定章则》，《申报》1930 年 12 月 28 日。

35　《立法院外交、军事委员会第一次联席会议议事录》，《立法院公报》第 38 期，1932

年 6 月，"议事录"第 61 页；《呈国民政府缮具中华民国红十字会管理条例呈请鉴核由》，《立法院公报》第 44 期，1932 年 12 月，"公牍"第 18 页。

36 《制定管理红十字会法规案审查报告》，《立法院公报》第 44 期，1932 年 12 月，"审查报告"第 34—36 页。

37 《国民政府指令·京字第 105 号》(1932 年 12 月 16 日)，《立法院公报》第 45 期，1933 年 1 月，"命令"第 4 页。

38 39 《行政院咨请审议修正〈中华民国红十字会管理条例〉第四条条文由》(1934年 9 月 14 日)，立法院秘书处编：《立法院公报》第 62 期，仓颉印务有限公司 1934年 9 月刊印，"公牍"第 9 页。

40 《呈国民政府为本院第三届第 71 次会议议决〈中华民国红十字会管理条例〉第四条条文修正通过并请转饬行政院遵照，嗣后不得有命令抵触法律情事呈请鉴核由》(1934 年 10 月 23 日)，立法院秘书处编印：《立法院公报》第 63 期，仓颉印务有限公司 1934 年 10 月刊印，"公牍"第 2 页。

41 《中国红十字会第一次全国会员代表大会拟请修改〈中华民国红十字会管理条例〉及其施行细则意见书》，《中国红十字会月刊》，1 期，1934 年，第 23—40 页。

43 《令发〈中华民国红十字会各地分会立案办法〉仰遵照依限报候汇转》，《江苏省政府公报》第 1747 号，1934 年 8 月 20 日，第 10—11 页。

44 《中华民国红十字会管理条例》(1935 年 7 月 27 日修正公布)，《国民政府公报》第 1805 号，影印本第 44 册，第 30 页。

45 《中华民国红十字会管理条例》(1936 年 7 月 23 日修正公布)，《国民政府公报》第 2108 号，影印本第 51 册，第 130 页。

46 1937 年淞沪会战爆发后，中国红十字会总会副会长杜月笙与部分理事、监事转移至香港，成立总会驻香港办事处。总会核心人物向香港转移后，为开展和延续战区的医疗救济，9—10 月间，红会成立首都办事处及上海国际委员会。由此，红会组织形成三地分立之势。11 月，首都办事处由南京撤离至汉口，遂改称总会驻汉办事处。1938 年以后，又相继迁往长沙、祁阳、桂林、贵阳、重庆等地。参见张建俅《中国红十字会初期发展之研究》第三章，中华书局 2007 年版。

47 《救护总队档案》，贵阳市档案馆藏件，档号 40—3—26，转引自张建俅《中国红十字会初期发展之研究》，中华书局 2007 年版，第 176—177 页。

48 《国民政府立法院令》、《本案初步审查委员会及意见》，中国第二历史档案馆藏，南京国民政府立法院档案，档号：10—2486。

49　《〈中华民国红十字会战时组织大纲〉初步审查报告》及《〈中华民国红十字会管理条例〉与〈战时组织大纲〉内容比较表》，中国第二历史档案馆藏，南京国民政府立法院档案，档号：10—2486。

50　《中华民国红十字会战时组织条例》，《国民政府公报》渝字第 558 号，1943 年 4 月 3 日，影印本第 84 册，第 118 页。

51　《复员期间管理红十字会办法》，《国民政府公报》第 2705 号，1946 年 12 月 22 日，影印本第 99 册，第 90 页。

52　蒋梦麟：《中国红十字会改隶之意义》，《红十字月刊》第 5 期，1946 年，第 1 页。

53　《复员期间中国红十字会第一届理事会议事专页》，《红十字月刊》第 5 期，1946 年，第 8—11 页。

54　《复员期间中国红十字会总第 4 次理事会议事录》（1947 年 11 月 13 日），台北国史馆藏，《卫生署档案》，090—013。转引自张建俅《中国红十字会初期发展之研究》，中华书局 2007 年版，第 265 页。

55　《红十字会总会发卫生部代电》（1947 年 11 月 17 日），台北国史馆藏，《卫生署档案》，090—013。转引自张建俅《中国红十字会初期发展之研究》，中华书局 2007 年版，第 265 页。

56　《关于审查红十字会法同行政院秘书处的来往文书》，中国第二历史档案馆藏，南京国民政府卫生部（署）档案，档号：372—55。

57　59　60　《审查〈中华民国红十字会法草案〉参考资料（红会代表的说明）》（1948 年 11 月 27 日），中国第二历史档案馆藏，南京国民政府卫生部（署）档案，档号：372—55。

58　61　62　《关于中国红十字会法草案修正意见》，中国第二历史档案馆藏，南京国民政府卫生部（署）档案，档号：372—55。

63　《组织慈善团大纲》，《申报》1912 年 9 月 16 日；民国《上海县志》卷十，《慈善》。

64　70　［日］小浜正子：《近代上海的公共性与国家》，葛涛译，上海古籍出版社 2003 年版，第 103、106、104 页。

65　参见小浜正子：《近代上海的公共性与国家》，葛涛译，上海古籍出版社 2003 年版，第 102—104 页。

66　《各慈善团体组织联合会》，《申报》1927 年 4 月 6 日。

67 《上海慈善团体联合会章程》,上海市档案馆藏,上海慈善团体联合会档案,档号: Q114—1—1。

68 《上海慈善团体联合会分股办事》,《申报》1927 年 4 月 8 日。

69 《上海慈善团体联合会结束报告概况》(1951 年 10 月),上海市档案馆藏,上海慈善团体联合会档案,档号:Q114—1—1。

71 参见上海社会局编:《公益慈善法规汇编》,1932 年刊印,第 20—21、25 页。

72 《内政部将设救济院,〈救济院条例〉正在审查中》,《申报》1928 年 5 月 6 日;《内政部公布〈各地方救济院规则〉》,《新闻报》1928 年 5 月 27 日;《内政部颁布〈管理私立慈善机关规则〉》,《申报》1928 年 6 月 13 日。

73 《上海慈善团体联合会历年会议记录·第 21 次会议记录》,上海市档案馆藏,上海慈善团体联合档案,档号:Q114—1—2。

74 《各地慈善机关概由民厅整理(附内政部公函)》,《江苏省政府公报》第 41 期,1928 年 7 月 9 日,第 12 页;又见《国民政府内政部为颁布慈善事业机构管理规则事致函上海特别市政府》(1929 年 6 月 29 日),上海市档案馆藏,上海慈善团体联合会档案,档号:Q114—1—10—57。二者文字略有异,此依前者。

75 《第 22 次联合会会议记录》(1928 年 7 月 6 日),上海市档案馆藏,上海慈善团体联合会档案,档号:Q114—1—2。

76 《第 23 次联合会会议记录》(1928 年 7 月 13 日),上海市档案馆藏,上海慈善团体联合会档案,档号:Q114—1—2。

77 《第 24 次联合会会议记录》(1928 年 8 月 2 日),上海市档案馆藏,上海慈善团体联合会档案,档号:Q114—1—2。

79 100 上海市社会局编:《公益慈善法规汇编》,1932 年刊印,第 16、35—36 页。

80 86 87 88 《请求修改监督慈善团体各种法规意见书》(1929 年),上海市档案馆藏,上海慈善团体联合会档案,档号:Q114—1—10—34。

81 82 《呈为〈监督慈善团体法〉第二条宣传宗教一节业奉明白批示请行知行政院、内政部查照备案事》(1929 年 7 月),上海市档案馆藏,上海慈善团体联合会档案,档号:Q114—1—10—1。

83 《慈善与宗教之关系》(1929 年),上海市档案馆藏,上海慈善团体联合会档案,档号:Q114—1—10—7。

84 《呈行政院·为转呈社会局对于监督公益慈善团体意见请核示由》,《上海特别市市政公报》第 26 期,1929 年 8 月 10 日,第 53—54 页。

89　《通饬收支报告照〈监督慈善团体法施行规则〉第八、九条办理由》(1929 年 12 月
　　13 日),上海市档案馆藏,上海慈善团体联合会档案,档号:Q115—21—6。

90　91　《上海特别市社会局训令·第 801 号》,上海市档案馆藏,善堂善会档案,档
　　号:Q115—21—6;《上海特别市政府社会局业务报告》,《上海特别市市政公报副刊
　　(各局业务报告)》第 5 期,1929 年 4 月,第 35 页。

92　上海特别市社会局:《呈为拟具十八年度社会事业方针仰祈鉴核示遵事》,《上海特
　　别市市政公报》第 31 期,1929 年 9 月 20 日,第 38 页。小浜正子所著《近代上海的
　　公共性与国家》(上海古籍出版社 2003 年版,第 113 页)在征引上述文献时系转述
　　呈文意思,文字略有出人。

93　上海特别市社会局:《呈为拟具十八年度社会事业方针仰祈鉴核示遵事》,《上海特
　　别市市政公报》第 31 期,1929 年 9 月 20 日,第 38—39 页。

94　95　《上海特别市政府指令·第 2190 号(令社会局知已核定十八年度社会事业方
　　针由)》,《上海特别市市政公报》第 31 期,1929 年 9 月 20 日,第 36 页。

96　《致上海慈善团体联合会》(1929 年 5 月 16 日),上海市档案馆藏,上海慈善团体联
　　合会档案,档号:Q114—1—20。

97　《上海社会局函》(1929 年 5 月 26 日),上海市档案馆藏,上海慈善团体联合会档
　　案,档号:Q114—1—20。

98　《复上海市慈善团体财产整理委员会函》(约 1929 年 6 月初),上海市档案馆藏,上
　　海慈善团体联合会档案,档号:Q114—1—20。

99　王一亭:《函吴妹田、吴树人》(1929 年 6 月 10 日),上海市档案馆藏,上海慈善团体
　　联合会档案,档号:Q114—1—20。

101　上海特别市社会局:《令饬暂行停止变更财产听候整理由》(1930 年 4 月 30 日),
　　上海市档案馆藏,上海慈 善团体联合会档案,档号:Q114—1—20。

102　上海慈善团体联合会:《为复〈慈善团体财产整理委员会章程〉业已议决各点函社
　　会局请鉴核由》(1930 年 7 月 22 日),上海市档案馆藏,上海慈善团体联合会档
　　案,档号:Q114—1—20。

103　《上海市社会局批(字第 9223 号)》,上海市档案馆藏,上海慈善团体联合会档案,
　　档号:Q114—1—20。

104　《函上海市社会局》(1930 年 8 月 2 日),上海市档案馆藏,上海慈善团体联合会档

案,档号:Q114—1—20。

105　《呈为慈善团体财产整理委员会章程请予提交市政会议加以修正事》(1930 年 8
　　　月 2 日),上海市档案馆藏,上海慈善团体联合会档案,档号:Q114—1—20。

106　《上海市政府批·第 962 号(为呈请修改财产整委会章程据社会局核议报告市政
　　　会议在案批示知照由)》,《上海市政府公报》第 66 期,1930 年 9 月;又见上海市档
　　　案馆藏,上海慈善团体联合会档案,档号:Q114—1—20。

107　《上海慈善团体联合会常委执委会议记录》,上海市档案馆藏,上海慈善团体联合
　　　会档案,档号:Q114—1—4。

108　《致社会局函》(1930 年 11 月),上海市档案馆藏,上海慈善团体联合会档案,档
　　　号:Q114—1—20。

109　王一亭、黄涵之:《为财产整理事函各善团》(约 1930 年 9 月中旬),上海市档案馆
　　　藏,上海慈善团体联合会档案,档号:Q114—1—20。

110　上海市社会局:《为慈善团体财产整理委员会呈请展限三月结束转呈核示由》,
　　　《上海市政府公报》第 86 期,1931 年 3 月,第 23 页。

第 五 章

民国慈善法的实施:个案研究

　　法律实施是成文立法经颁布施行后发生法律效力,并依此调整社会关系的动态过程。法律实施包括守法和执法两部分,也即社会成员对于法律的普遍遵守和国家机关及其公职人员按照法定职权与程序贯彻、执行法律的活动。守法是法律实施最重要的基本要求,也是法律实施最普遍的基本方式;而执法是法律实施的重要组成部分和基本实现方式。[1] 国家制定法律,必然欲使其在社会生活中得到遵守和执行。辛亥以后,北京政府很快颁布了《捐资兴学褒奖条例》等法规,以激励个人和社会团体进行慈善捐赠,促进慈善事业的发展。南京国民政府建立后又在承继相关法规的基础上,颁布了以《监督慈善团体法》为核心的一系列慈善法律法规。这些法律法规的颁行,不仅直接影响着慈善组织的宏观管理与微观运作,而且影响了中国慈善事业在民国社会的发展进程。本章采取个案分析的方法,以《监督慈善团体法》和《捐资兴学褒奖条例》为考察对象,通过对法律运作过程、程序及其效果细致考察,从微观角度揭示出民国慈善法对各类慈善组织的监管、保障与约束作用,以及对慈善捐赠的激励、规范作用。

第一节　《监督慈善团体法》的实施

《监督慈善团体法》是南京国民政府颁布的一部调整慈善组织登记、运作、管理及其相关活动的法律，在民国慈善法律体系中居于核心地位。探究《监督慈善团体法》的实施情形及其效果，有助于深化民国慈善法律制度的认识。

一、实施准备：前期相关慈善法规的出台及核准注册工作

在《监督慈善团体法》实施前，国民政府内政部曾于1928年5月公布了《各地方救济院规则》，并通令各省民政厅一律遵办。不久，考虑到"公立或私立之慈善机关，各省地方旧日已经办理者，所在多有，虽原来名称及办法未必即尽与颁定之规则相符，考其用意，大致亦不相远"，国民政府亦同意继续维持之，并加以改进。"惟以管理经营向无一定办法，或徒具名目，无裨实际，或主办非人，发生流弊甚焉；此项固有之款产，由他项机关任意侵占，以致事业废弛，尤非维护公益之道。此后，各省地方关于公私立慈善机关，自应由民政厅恪照颁定规则，分别整顿。其办理毫无实效者，必予以切实指正，督饬限期改良，并随时加以考查，勿令发生任何流弊；至于办理确著成绩者，对于固有款产，无论何项用途，一概不许借词挪支，至其所有之房屋，亦不得假借名义，自由占用，务使借公肥己者失所保障。"[2] 为让各省对私立慈善团体的管理有法可依，执法有据，6月，内政部又公布了《管理各地方私立慈善机关规则》。

此后，根据中央政府有关法令精神，一些省市陆续出台了慈善团体注册登记及监督的地方性法规。如，在近代慈善事业最繁盛

发达之地上海,各种慈善团体林立,名目繁多,良莠不齐,"真能稀疏私利、为社会服务者固非少数,而借名招摇、敛财肥己者亦所在多有;至笃守陈法,办理未尽允当者,尤恐更仆难数"[3]。上海特别市社会局有鉴于此,便参酌内政部所订《管理各地方慈善机关规则》及《各地方救济院规则》,于 1928 年 8 月制定了《公益慈善团体注册暂行规则》、《监督公益慈善团体暂行规则》(11 月重新修正),呈奉市政府公布。同时,由市政府会同淞沪警备司令部暨公安局剀切布告,要求各公益慈善团体在 1929 年 1 月 31 日以前核准注册,以便稽考而资保护。但各慈善团体行动并不踊跃,甚至有些迟缓、延宕,两规则颁布数月,前来注册登记的寥寥无几。1928 年 12 月 1 日,社会局不得不为公益慈善团体限期注册事发布公告:

> 查本局办理公益慈善团体注册事宜,早经布告在案。须知公益事业不论因乡谊而组织之同乡会,或因业务关系而组织之公所会馆;慈善事业不论公共组织或为私人出资设立,均应依据本特别市《公益慈善团体暂行注册规则》一体注册。尤恐未尽了解,合再布告,仰本市公益慈善团体知照,务须于本年十二月三十一日以前来局领取表单,依式填明,连同呈请书,呈候核办。倘逾限期,本局当依本市《监督公益慈善团体暂行规则》办理。[4]

但是,主动注册的慈善团体仍旧不多。社会局只好呈准市政府,随后将注册截止日期延展至 3 月 31 日。然而,期限已逾,前来核准注册、续发执照者仅 16 家慈善团体,而"本市区内慈善团体尚有少数意存观望,未经呈请注册;至公益团体如公所、会馆、同乡会等,未遵奉办理尚居多数"[5]。又因市区范围广袤,华洋杂处,迫不得已,社会局经报市政府,允准未经呈请注册的团体再展期一个月,至4月底"如不遵办,即予一律取缔","仰各该团体一体凛遵,务各依限呈报社会局注册;倘再故违,应即作为非法团体严行取缔,并不准向各报登载广告及新闻,以免假借名义淆乱视听,勿谓言之不预也"。[6]这则限令遵章注册的通告发出后,上海市社会局开始对逾期后仍未注册备案团体采取了严行取缔措施。而以"联合各慈善团体讨论改革督促进行"为宗旨的上海慈善团体联合会,也是成立两年后在政府行政干预与监管日趋强硬的情形下,才于1929年5月由委员长王一亭、副委员长黄涵之等人遵照《公益慈善团体注册暂行规则》呈请上海特别市社会局申请注册,8月3日,经社会局核准予以注册给照。随后,上海慈善团体联合会中一些善堂善会也相继呈请注册登记。这样,在行政力量愈强、监管愈严的环境下,上海市各慈善团体陆续呈文,向社会局申请注册,寻求法律的保护,以获得组织的合法性,具有合法存在的空间。

上海慈善团体注册登记证书(上海市档案馆藏)

但是,在业务活动方面,各慈善团体对《监督公益慈善团体暂行规则》第十条关于各团体要按月造报收支账目等项的规定,自颁布后却从未遵行。由此,社会局认为"其有意违抗者固属多数,而亦因其簿记组织不良、记载不明,诚恐一加整理,舛误百出,遂致匿不上闻"。随即,社会局以监督慈善团体为职责所在,"不能任其长此因循,爰厘订各慈善团体会计通则及会计组织各一份,明示其会计组织系统及分目办法,俾一切收支记载悉有准绳可循,庶无凌乱之虞"。1929 年 3 月 4 日,社会局将此项通则及组织向市政府呈请鉴核,"若能准此办理,则按月造报,固属易易;即于各该团体事业进行捐款募集,亦易得民众之信任"。上海特别市政府审核后,也认为其"寓指导于监督,用意至善,条文亦复缜密周详",略予修改后于同年 10 月公布施行。[7]然而,此项会计通则及组织仍未获得上海市各慈善团体的普遍认可与积极配合,不久后因《监督慈善团体法》及其施行规则颁布实施,其与国家法律相冲突,只得再度修订完善,至 1930 年改为《上海市慈善团体会计规程》方得以施行。

这种情形在天津、北平、广州、宁波等地也普遍存在。对于地方政府出台的这些相关慈善团体注册登记与监督的地方性法规,也许缘于其法律位阶低,效力有限,许多慈善组织大都持观望态度,并不十分积极向主管官署呈请相关文件注册登记,行动迟缓,甚至有所抵制。

正是鉴于各地、各主管官署规定慈善团体的注册登记方式与办法的庞杂分歧、慈善团体处于自由散漫式的发展状态,南京国民政府于 1929 年 6 月 12 日公布了《监督慈善团体法》,随后于 7 月公布施行细则,准备于 1929 年 10 月 15 日起正式在全国范围内统一施行。从《监督慈善团体法》颁布到正式施行预留的四个多月时间内,南京国民政府内政部为其顺利实施做了大量的准备工作。其中,施行细则的拟定,就在很大程度上清除了与《监督慈善团体法》制度设计可能发生冲突的各种障碍,为该法的贯彻落实创造了有利的条件,这无疑是最有价值的举措。而此前颁布的《各地方救济院规则》、《管理各地私立慈善机关规则》,以及各地慈善行政部门督促慈善团体重新登记,注册立案,也为南京国民政府在《监督慈善团体法》新框架下整顿、规范慈善事业发展积累了十分宝贵的立法与行政经验,为《监督慈善团体法》实施准备工作有序进行、扎实推行创造了较好的社会环境。此后,内政部于1932年9月公布《各地方慈善团体立案方法》进一步完善了相关立案程序与方法,更利于《监督慈善团体法》的实施工作的开展。

二、《监督慈善团体法》的具体实施

就法的类型而言,《监督慈善团体法》属于行政法的范畴,它的实施乃以行政执法与法律适用为重点。同时,慈善团体是民法所规定的法人之一种,故而该法自然又可视为兼具私法性质的公法。[8] 由此,它的实施不仅具有一般法律实施的内容特征,还有其特殊之处,如慈善团体的立案、监督与褒奖等。

(一)慈善团体的立案

慈善团体的立案问题,实际上涉及到《监督慈善团体法》实施的两个方面:一是慈善团体的守法,二是主管官署的执法。

《监督慈善团体法》经南京国民政府于1929年6月12日颁行后,内政部着手该法施行的准备工作。首先,拟具《监督慈善团体法施行规则》呈奉行政院公布。根据该施行规则规定,凡组织慈善团体,应于设立时,先得主管官署之许可,再依民法社团或财团之规定,将应行登记之事项,造具清册,呈经主管官署核定;其财产在5000元以下者,汇报内政部备案;在5000元以上者,专报备案。

又凡在该项法规施行前,依旧日法规组织之慈善团体,亦应呈由主管官署重行核定,转报备案。除规定了主管官署及慈善团体立案的基本程序外,它还明定《监督慈善团体法》于 1929 年 10 月 15 日生效。随即,内政部督饬各省先将旧有私立慈善机关重行核定报部,并及时审核新设的慈善团体,以符法例。

鉴于此前施行《管理各地方私立慈善机关规则》,"各省所报筹办情形多不一致,殊于稽考上多所困难",1929 年 6 月 18 日,内政部分别咨令各省及民政厅,将附发慈善救济事业调查表式,"按照各项填明,汇齐报部",以便今后慈善团体立案管理与考核之需。[9] 至 1930 年夏,内政部在统计各省所送事业调查表时发现,"关于各慈善机关之组织及其名称,多未依法厘定"[10]。7 月 30 日,代理部长钮永建即训令各省民政厅并转饬所属遵照部颁规则,及时规范各慈善团体的组织及名称。"老人院、苦儿院及接婴局、育婴堂、保婴局等名目,如系官立或公立,应即依照《各地方救济院规则》第二条之规定,一律改称养老所、孤儿所、育婴所等,由救济院直接管理;其赙葬会、施棺所、抬埋会及不合现代潮流之保节局、清节堂、恤嫠社暨类似上项等机关,应即依照本部十七年十月间民字第 168 号之通令,分设施材掩埋局、妇女教养所,同隶属于救济院内,合并管理,以昭划一而便查考;如系私人或私人团体集资设立者,并应依照《监督慈善团体法施行规则》,由主管官署重行核定,报部审核。"[11] 这则咨文的发布,解决了《监督慈善团体法》实施后所产生的新旧法律适用的衔接问题,进一步明确该法规范与约束的范围,重申其立法精神。同时,这种以文告的方式再次"出示晓谕",以期引起下级行政机关和社会各界的重视,进而便于法律的实施。

广州是国民革命的策源地,也是华南地区慈善团体之渊薮。

然而，在《监督慈善团体法》颁行之前，市政府内并无专门机关掌理慈善行政事务，1929 年 9 月 11 日始成立社会局为主管官署。[12] 广州市社会局一成立，即着手依法监督与改良慈善团体的组织，10 月拟定《广州市慈善团体注册章程》，并制定广州市私立慈善团体经济状况、不动产概况等调查表及私立慈善团体注册登记簿式样，经呈市府核准公布施行。随后，社会局布告各善堂、善局、善院知照，饬令限期赴局注册。[13] 至 12 月底，"各团体之到局注册者，已有多起"[14]，并经局核准立案者有赞育医社、仁济医院、两广医院、爱育医院、惠门善院、崇正善堂、回春善院、庸常善社、博济医院、普善堂、最乐善堂等 11 所。[15] 另外，社会局还派员前往调查各慈善团体状况，"一俟注册完竣，即将各团体办理情形详加考核，分别饬令改良"[16]。

1929 年，天津市社会局经市政府核准公布《慈善机关注册章程》和《统一慈善机关名称办法》，要求市区内所有公立、私立慈善团体及时注册登记，并依情形酌改名称。1930 年初，天津市社会局再次申令，要求"凡本市内慈善团体均应呈请注册，并领图记，庶足以资考核而昭慎重"。同时，"为实施权责，并免除各团体观望起见"，又再次通令一律注册，限以日期。其办法是："（一）通令本市以前成立之慈善团体及外埠善团在津设立之分会，凡未经注册者，均须呈请注册并领图记，以资保护。自此次通令之日起，统限民国二十年一月一日为止，一律报齐。（二）各慈善团体，如过期不注册者，本局不负保护责任；如有假冒捐款或其他纠葛情事发生，本局得援照《监督慈善团体法》第十一条之规定，将该团体解散。"[17] 可见，作为慈善团体主管官署，天津市社会局"对于慈善团体负有监督保护之权责"，积极履行职责，推动慈善团体注册登记备案。4 月，又布告催促各慈善团体，"未经立案非法募捐者，亦应监督,若不悉数举行登记,殊无以执行保护监督"[18]。经此通令,天津各慈善团体呈请备案者逐渐增多。

在上海,对慈善团体立案之事,社会局推行尤力,迭次刊布告令,限期注册。1929 年 4 月,该市依据地方性法规注册的公益慈善团体已有 67 个。《监督慈善团体法》颁行后,又通令各慈善团体重行立案。至 1932 年 1 月,经社会局立案后转内政部备案者,已有上海济心会、存善堂储材善会等 21 个慈善团体。[19]

除穗、津、沪三市外,《监督慈善团体法》施行三年间,其他地方也有慈善团体陆续向主管官署呈请立案,并转内政部备案。然而,内政部随后发现,各省呈请立案备案文件并不一致,殊欠规范。由此,1932 年 9 月,内政部颁行了《各地方慈善团体立案办法》,并制订呈请立案书式、财产目录、社员名册、捐助人名册、职员名册及立案证书等书表格式,以资划一。[20]在这项行政法规中,关于立案手续、立案调查、立案的补正、立案证书的发给与缴销、立案文件的发还以及报部备案的限制,都有详细规定。[21]至此,以《监督慈善团体法》为核心的民国慈善法规在内容上更为详尽,在法理上也更趋完善。这不仅为慈善团体立案及其会务与善举的运作提供了指导、规范,而且使得慈善法律法规在贯彻执行中的可操作性得到加强。该办法颁行后,各地慈善团体呈请立案者较前期增多,各主管官署对立案文件的审核也趋于规范、统一。如:1934 年 1 月,广东省政府咨送梅县松口集益社及梅县松源广化医院登记清册,请予备案。经内政部查核,"大致尚无不合,惟尚有须补报各点,已复请转饬该两团体遵照具报"[22]。5 月,章程等件补送齐全后始得备案。1934 年 10 月,北平市社会局将五台山向善普化佛教总会、道教慈善联合会等 8 个团体转呈备案,内政部查核后,以五台山向善普化佛教总会、中国三教圣道总会所呈材料齐全,准予备案;而佛教救济会、道教慈善联合会、白卍字会均缺少财产目录，内政部除备案外，仍饬其补送一份，以备查考；而龙泉孤儿院等3个团体，内政部则指出其简章、登记清册中未合各点，须遵照修订再备案。[23] 1935年5月，北平龙泉孤儿院将其章程删正并缮送办事细则，备案手续才告完毕。[24] 同月，中国救济妇孺会吴兴分会呈送修正章程经浙江省政府转核，内政部"核与本部前咨指正各点，尚无不合"[25]，遂准备案。9月，崇德慈善会经江苏省政府转呈请备案，内政部查原附该会章程尚缺，转饬补送，再凭核办。10月，热奉吉江四省慈善联合会、明德慈善会分别向北平市、天津市社会局呈请立案时，也要求其"将财产目录注明现时经费来源"，或将章程"改正完竣"，内政部方准备案。[26] 又如，江苏省无锡慕记赈灾基金保管会于1937年呈请立案时，其章程第6条规定："以息金二分之一，用于弘扬佛法。"内政部批示道："不但涉及迷信，抑且虚糜款项"，令其将该条条文改为："慕记赈灾基金存储处所，须得董事会全体同意，以每年所生息金，用于赈济灾荒"，[27] 使得章程臻于完善，与《监督慈善团体法》没有抵触后才准其备案。

　　义庄是中国传统社会中的重要慈善组织，它始于宋而盛于明清。晚清之际，义庄在苏、浙、闽、湘、赣等全国十余省多有设置，尤以江南地区最为普遍。及至民国年间，一些地方仍留存或新设有义庄，开展宗亲慈善活动。鉴于此，内政部以为义庄"措置田产，周恤寒族……虽其救济范围限于一族之寒寡故旧，但对于整个社会福利之增进，裨益甚巨"[28]，1934年2月3日，乃通令各省民政厅及各市社会局，饬令各地义庄亦应一律依法立案。该令称："兹查义庄设立性质，系属财团法人，自应依照《监督慈善团体法》第三条暨第十三条之规定，暨部颁《各地方慈善团体立案办法》，饬其呈请立案，并转部备案，以便保护，而重善举。"[29] 而此前，已有义庄向地方主管官署呈请备案之先例。[30]内政部通令后,1934 年 10 月,浙江海盐有丰山徐氏义庄向县政府立案,后经省政府转呈内政部备案。[31] 1935 年 11 月,贝仁元将苏州贝氏承训义庄章程、清册等件,向吴县县长呈请立案,后由江苏省民政厅核转内政部备案。[32]

中国红十字会和中国华洋义赈救灾总会都是具有一定国际背景的慈善团体,且在全国各地设有分会。1930 年,湖北省民政厅为中国红十字会能否依照《监督慈善团体法》予以节制呈请内政部核示。经内政部据情咨请司法院解释,谓:"《监督慈善团体法》所谓'慈善团体',原包括一切以救助事业为目的之团体而言,中国红十字会即以办理救护、协助赈灾、施疗等为事业,自系慈善团体之一种,所办各事虽有时不以国境为限,但不得谓系国际法团。在未另定关于红十字会法规以前,应依《监督慈善团体法》及其施行规则受主管官署监督,其设立在《监督慈善团体法》施行前者并应依施行规则第十三条办理。"[33] 1932—1933 年间,由立法院制订颁行了《中华民国红十字会管理条例》及施行细则,规定红十字会总会归内政部直接管辖,然各地分会仍由地方主管官署管理。由此,内政部于 1934 年 8 月制定了《中华民国红十字会各地分会立案办法》,"限于文到三个月内,将所有分会一律查明,督饬立案"[34]。根据该办法,各地的红十字分会纷纷向当地主管官署申请立案。立案后的各分会,即依照《监督慈善团体法》视同普通慈善团体,须接受主管官署监督其各项业务。

中国华洋义赈救灾总会,系 1920 年北方五省大旱灾赈务结束之后,由参与赈灾的北京国际统一救灾总会率先发起并联合各地华洋义赈会而创立的永久性慈善组织,又简称华洋义赈会。自该会成立后,并未依法定规定呈请北京政府立案,接受监督,仅在河北省创办信用合作社时于 1923—1924 年间分别呈请财政部及农商部核准备案。[35]而后,其组织合法性也仍未获得。及至国民政府先后颁布《监督慈善团体法》暨施行规则,该会依然未依照法定程序补报立案。鉴于此,内政部经迭次督催,使确定其法人资格。1933 年 5 月 27 日,中国华洋义赈救灾总会经全国会员代表大会讨论,决定"以国际的救灾机关向国民政府进行立案"[36]。1934 年 1 月,该会将其成立经过暨办理情形呈由北平市政府转咨内政部请予立案。呈请书称,本会原"系联络中外人士共同组织"、"经办防灾事宜之国际受托团体,所办事业既繁,且不限于一省一地,而其组织亦复具有弹性","自与一般慈善团体性质不同",[37]请定为内政部直接监督的慈善团体。2 月,内政部转请行政院核示,"所请以本部为该总会直接监督机关一节,似可照准;至该会各地分会,自应仍依《监督慈善团体法施行规则》,以各地方主管官署为监督机关,以符法定"[38]。不久,行政院核准,同意如所拟办理,并饬据该会呈送章程、登记清册、资产,目录、印鉴单、全体会员名册、职员名册及会务一览等件到部,亦经详细审核,尚无不合,1934 年 4 月,内政部乃正式准予备案,发给慈善团体立案证书。不久,华洋义赈会各地分会作为地方慈善组织,也开始向当地主管官署呈请立案。

1935 年底,《监督慈善团体法》及其施行规则公布实施近七年,然而,各地方慈善团体立案并不十分普遍,经各省市政府转报到内政部备案者也只有数十个。详见表 5—1。

从下表而知,全国各省市中,慈善团体立案备案情况较好的是上海、北平两市,分别为 22 个和 20 个;其次,江苏省 5 个;又次,浙江省 3 个;江西、四川、河南等 6 省仅 1—2 个。而有些省则根本没将慈善团体立案情形上报内政部备案,即便上海、北平两市也存有慈善团体立案后而未报备案。这种情况与内政部 1929 年开展的全国慈善救济事业调查结果相距甚远。

表 5—1　各地依法呈请主管官署立案备案之慈善团体简表（1929—1935 年）

备案号	名称	性质	设立日期	原主管核定机关	核准备案日期
苏字第 1 号	闵行广慈苦儿院	财团	1917 年	上海县政府	1932 年 6 月
苏字第 2 号	南通张啬公创立慈善事业总管理处	财团	1930 年 6 月	南通县政府	1933 年 8 月
苏字第 3 号	常熟县崇善堂	社团	1932 年 1 月	常熟县政府	1933 年 6 月
苏字第 4 号	如皋县慈济会	社团	1934 年 1 月 10 日	如皋县政府	1934 年 6 月
苏字第 5 号	私立常州贫儿院	财团	1923 年 8 月 16 日	武进县政府	1934 年 2 月 5 日
赣字第 1 号	江西慈善总会	社团	1916 年	江西省民政厅	1933 年 12 月
川字第 1 号	全浙慈善事务所	财团	原浙江会馆，设于康熙时，1916 年始改组为事务所	成都市政府	1930 年 7 月
川字第 2 号	四川省会慈善救济会	社团	1931 年 6 月 13 日	四川省民政厅	1934 年 4 月
晋字第 1 号	河曲县慈善育婴社	社团	1923 年	河曲县政府	1933 年 5 月
豫字第 1 号	辉县贫儿院	社团	1929 年 2 月	辉县政府	1933 年 8 月
冀字第 1 号	天津市蓝卍字会	社团	1933 年 11 月	天津市政府	1935 年 6 月
冀字第 2 号	明德慈济会	社团	1933 年 12 月	天津市政府	1935 年 6 月

续表

备案号	名称	性质	设立日期	原主管核定机关	核准备案日期
浙字第 1 号	温岭县泽国同仁救济院	社团	1933 年 1 月 17 日	温岭县政府	1933 年 10 月
浙字第 2 号	中国救济妇孺会吴兴分会	社团	1926 年	吴兴县政府	1935 年 3 月 20 日
浙字第 3 号	硖石金华同善会	财团	光绪二十七年(1901)	海宁县政府	1936 年 5 月
粤字第 1 号	松口堡集益社	社团	1922 年 10 月 29 日	梅县县政府	1934 年 5 月
粤字第 2 号	广化医院	社团	1932 年 10 月 14 日	梅县县政府	1934 年 5 月
沪字第 1 号	上海劳工医院	财团	1929 年 12 月 15 日	上海市社会局	1930 年 10 月
沪字第 2 号	存善堂储材善会	社团	1930 年 7 月 24 日	上海市社会局	1931 年 1 月
沪字第 3 号	中华慈幼协济会	社团	1930 年 5 月	上海市社会局	1931 年 1 月
沪字第 4 号	蓝十字会谦益伤科专门医院	社团	1930 年 9 月 19 日	上海市社会局	1931 年 1 月
沪字第 5 号	上海惜字公所	财团	1930 年 11 月 6 日	上海市社会局	1931 年 1 月
沪字第 6 号	浦滨公益会	社团	1930 年 8 月 7 日	上海市社会局	1931 年 1 月
沪字第 7 号	上海孤儿院	社团	1930 年 12 月 4 日	上海市社会局	1931 年 1 月
沪字第 8 号	徽宁会馆	社团	1930 年 10 月 23 日	上海市社会局	1931 年 1 月
沪字第 9 号	中国公益医院	财团	1930 年 8 月 13 日	上海市社会局	1931 年 1 月

备案号	名称	性质	设立日期	原主管核定机关	核准备案日期
沪字第 10 号	上海市洪顺互助会	社团	1930 年9 月 5 日	上海市社会局	1931 年1 月
沪字第 11 号	广东医院	社团	1930 年9 月 19 日	上海市社会局	1931 年1 月
沪字第 12 号	广益中医院	财团	1931 年3 月 21 日	上海市社会局	1931 年1 月
沪字第 13 号	上海市济心会	社团	1930 年12 月 9 日	上海市社会局	1931 年1 月
沪字第 14 号	上海市成衣业施材会	社团	1931 年3 月 27 日	上海市社会局	1932 年1 月
沪字第 15 号	上海市元善善堂	社团	1930 年9 月 4 日	上海市社会局	1932 年1 月
沪字第 16 号	普善山庄	财团	1931 年4 月 24 日	上海市社会局	1932 年1 月
沪字第 17 号	广肇医院	社团	1930 年9 月 13 日	上海市社会局	1932 年1 月
沪字第 18 号	上海市栈业公义会	社团	1931 年5 月 6 日	上海市社会局	1932 年1 月
沪字第 19 号	中华麻风救济会	社团	1930 年10 月 14 日	上海市社会局	1932 年1 月
沪字第 20 号	上海市私立苏州集义公所	财团	1931 年5 月 11 日	上海市社会局	1932 年1 月
沪字第 21 号	上海市南均安水手联合会	社团	1931 年5 月 30 日	上海市社会局	1932 年1 月
沪字第 22 号	上海市闸北慈善团	财团	1931 年3 月 26 日	上海市社会局	1932 年1 月
平字第 1 号	北平育婴堂	财团	1929 年6 月 4 日	北平市社会局	1932 年1 月

备案号	名称	性质	设立日期	原主管核定机关	核准备案日期
平字第 2 号	北平市公善养济院	财团	清光绪四年（1879）九月	北平市社会局	1934 年10 月
平字第 3 号	北平市利仁养济院	财团	同治十二年（1873）十月	北平市社会局	1934 年10 月
平字第 4 号	北平五台山向善普化佛教总会	财团	1931 年1 月 17 日	北平市社会局	1934 年10 月
平字第 5 号	中国三教圣道总会	社团	1929 年8 月 10 日	北平市社会局	1934 年10 月
平字第 6 号	北平恩济慈善保骨会	社团	1920 年4 月 18 日	北平市社会局	1934 年10 月
平字第 7 号	北平市家庭福利协济会	财团	1934 年1 月 6 日	北平市社会局	1934 年12 月
平字第 8 号	北平公益联合会	社团	1922 年 4 月	北平市社会局	1934 年12 月
平字第 9 号	北平五台山普济佛教总会	社团	1928 年 4 月	北平市社会局	1934 年12 月
平字第 10 号	北平恒善总社	社团	宣统三年（1911）五月	北平市社会局	1934 年12 月
平字第 11 号	北平市南城贫民暖厂	财团	1924 年	北平市社会局	1934 年12 月
平字第 12 号	北平市普励礼教慈善会	财团	1922 年 9 月	北平市社会局	1934 年12 月
平字第 13 号	世界红卍字会中华总会	社团	1922 年	北平市社会局	1934 年12 月
平字第 14 号	东北难民救济院	财团	1934 年	北平市社会局	1934 年12 月
平字第 15 号	熊朱义助儿童幸福基金社	财团	1932 年 10 月	北平市社会局	1935 年1 月

备案号	名称	性质	设立日期	原主管核定机关	核准备案日期
平字第 16 号	北平佛教慈善救济会	财团	1932 年7 月 18 日	北平市社会局	1934 年10 月 20 日
平字第 17 号	北平市道教慈善联合会	财团	1932 年5 月 25 日	北平市社会局	1934 年10 月 20 日
平字第 18 号	北平白卍字会	社团	1934 年8 月 10 日	北平市社会局	1934 年10 月 20 日
平字第 19 号	北平市慈幼女工厂	财团	1924 年	北平市社会局	1935 年5 月
平字第 20 号	北平龙泉孤儿院	财团	光绪三十年（1905）	北平市社会局	1935 年5 月

注：按内政部的统计，该表尚未包括中国红十字会和华洋义赈会在全国各地的地方分会。

资料来源：《内政年鉴》第一册，商务印书馆 1936 年版，第（B）358—367 页。

为切实了解国内慈善事业及各种慈善团体现状，"以便统计，用资稽考"，1936 年 7 月 21 日，内政部再次咨请各省市政府及西康建省委员会，"查照本部前今各咨，转饬所属，限于文到两月内，将境内各慈善团体，一律依法办齐立案手续，呈转本部备案，以重功令……事关奉行法令，办理未便迁延"[39]。9 月，内政部发出措辞空前严厉的训令，再次限期各善团立案，并重申了相关程序与手续，即须先向党部申请核发组织健全证书，再检同章程、名单清册等件向主管官署登记备案。

在上海，市社会局向上海慈善团体联合会先后转发了内政部 7 月及 9 月的训令。此时，上海慈善团体联合会意识到慈善团体立案已成大势所趋，难以再拖延，就召集各善团代表开会商议。会上，王一亭主席说明了政府加强慈善团体监督的强烈意向，为维持慈善事业长久起见，主张各善团尽快登记立案。他说："盖以慈善团体处于法人地位，但非依法组织不能成立为法人，即不能得法律之保障，则善团本身势不稳固，各种善举亦将无从举办。各善团中已经党部发有组织健全证明书者，应即查案分别呈请市党部指导、社会局监督，照章考核后请求立案。其仅照初规定经得社会局执照者，依照部令赶办申请许可设立手续，俾确定法人之资格。"[40]会后，上海市慈善团体联合会会员中未立案的善团开始陆续办理相关立案手续。由此，在抗战前夕，上海市区内南市、闸北的华人慈善社团基本完成了注册立案。

而其他省市的慈善团体，也是在此严词督饬之下才陆续向当地主管官署申请立案，并转报内政部备案。1936 年 9—12 月，天津市公善抬埋善社、世界红卍字会新浦分会（江苏东海）、四川崇宁县明德善堂、天津市黄十字会、备济善社、世界红卍字会福建分会等慈善团体分别向各地方政府赍呈简章、登记清册、财产目录、印鉴单、会员名册、职员名册、证明文件等立案材料，转呈内政部核准备案。[41] 1937 年，四川金堂县集善公所、宣汉县南镇慈善分会、崇庆县积善公堂、天津市崇善东社、世界红卍字会江阴分会、世界红卍字会铜山分会亦呈请立案。[42]此外，上海华洋义赈会、福建漳浦县十全善会、察哈尔张家口普济聚善会、世界红卍字会宣化分会、江西慈善总会亦相继立案备案。[43]

抗战爆发后，由于战时特殊情形，慈善救济事业及监督慈善团体事项，从 1938 年 5 月起由内政部移归振济委员会接管，慈善团体之立案则属振济委员会第三处职权。1939 年，振济委员会颁布《修正各地方慈善团体立案办法》，地方的主管官署改为各级振济分会、支会。[44] 1939 年 4 月，皖、浙、鄂、粤、苏等八省旅桂同乡团体"为收容因抗战被灾儿童，施以适当之教养，使其成长能自谋生活起见"，在桂林四塘乡联合设立战时儿童保育院，经转呈振济委员会备案。振济委员会批示道："与保育会系统如无联系，拟改为儿童教养院。"[45] 1940 年初，浙江宁波佛教孤儿院、仙居县孤苦婴孩养育所亦先后向振济委员会备案。这年 11 月，社会部成立，随即接管了慈善团体立案及监督事项。1941 年 6 月，《监督慈善团体法施行规则》修正案颁布实施，各地慈善团体立案须向县市政府、社会处提出申请，已立案者仍要重行核准组织。截至 1942 年 9 月底止，经地方主管官署立案并报社会部核准组织的各省市慈善团体数达 242 个，会员 15792 人。[46] 各省市的具体分布情况，如表 5—2 所示。很明显，对于慈善团体的立案与核准备案，在江苏、河北、河南、山西等沦陷区，国民政府已无能为力，丧失了实际的行政管理。

在慈善团体立案过程中，面对出现的一些特殊情形，地方主管官署往往会呈省市政府转呈内政部等中央机构请求明确指示。例如，慈善团体能否成立联合会及其如何立案问题。早在 1927 年，同仁辅元堂等 39 家慈善团体联合组织而成上海慈善团体联合会，曾经依照《上海市公益慈善团体注册暂行规则》核准注册。而《监督慈善团体法》颁行后，王晓籁等人也依此先例组织会馆公所联合会请予备案。社会局以为该两团体性质相似，"一为办理一般慈善事业各团体之集团，一为办理一乡一业救济事业各团体之集团。其设立用意为联络同性质事业之团体，以图发展改良，固不无相当理由。但按照《监督慈善团体法》却无许设联合会之规定"[47]。由此，社会局呈请说，如准该两团体继续设立及登记，似乎于法无据，是否应依照中央二次全会人民团体组织方案的决议令，饬先向

表5—2 抗战期间业经核准组织的慈善团体与会员统计表(截至1942年9月)

省市	团体数	会员数	省市	团体数	会员数	省市	团体数	会员数
江苏	—	—	湖南	14	2021	甘肃	—	—
浙江	19	537	贵州	6	501	宁夏	2	65
安徽	—	—	云南	12	578	青海		
江西	1	51	福建	5	919	重庆	78	
山西	—	—	广东	1	80	南京		
河南	—	—	广西			上海		
河北	—	—	四川	12	702	西京		
陕西	7	3996	西康	—	—	汉口	64	280
湖北	2	89	绥远	—	—	广州	19	5933

资料来源:秦孝仪主编《抗战建国史料:社会建设》(五),《革命文献》丛书第100辑,裕台公司1984年版,第106—107页。

本市高级党部呈请许可,以符程序。经上海市呈内政部转呈行政院请示,内政部提出:"查慈善团体应否准其设立联合会,按照《监督慈善团体法》及其施行规则并无明文规定,倘系联络同性质事业之团体,以图发展改良,似属可行。惟应遵照十八年十二月二日国民政府公布之人民团体设立程序案,先行报告当地高级党部核定,再呈主管官署核办,以昭慎重。"[48]这也得到行政院应允,上海慈善团体联合会的合法性得到承认,立案问题得以最终解决。又如,1936年,江苏江都县政府在审核慈善团体立案时,发现有团体经费系来源于盐引附捐,亦呈请内政部解释其公私性质。内政部回复称:"公私法人之区别,应以其所由成立之目的为标准。本案各该慈善团体成立之时,系由当地盐商私人所组织,自系属于私法人之一种。至各团体经费之来源,虽系由于盐引附捐之捆注,仍与私人之捐施无异,自应认为私立团体",可依法维持其原状,"但须受主管机关监督之规定办理"。[49]内政部及司法院的这些法令解释,也有利于地方主管官署开展慈善团体的登记工作。

(二)慈善团体的监督

监督慈善团体,是内政部和地方主管官署及其公职人员依照法定职权和程序,为《监督慈善团体法》的实施而展开行政执法活动的一个重要方面。在一定程度上,它也涉及到了司法问题。依照《监督慈善团体法》暨施行规则,所有慈善团体不仅在设立时应得主管官署的许可,而且在设立后还得接受主管官署在业务、会务方面的指导、管理与考核。

在监督慈善团体过程中,募捐管理和财务监督是其中的两个重点。先看募捐许可的情况。1930年,中国红十字会万全分会以冬赈期间已过,察哈尔省灾黎仍然难免饥寒,拟向北平募款筹设平民工厂,授以失业者技艺。北平市社会局以该分会远在边陲,办理情形不易调查,且红十字总会向有定章,各省区不得越境向他省募集捐款为由,终不准其劝募。[50]1931年夏,江淮流域洪水泛滥,灾情奇重,劝募捐款、拯救灾黎成为各地慈善团体的急务。不料,上海却出现假借赈济名义骗取捐款情事。上海市政府饬令社会局、公安局严行查核,并刊发布告:"查关于本市临时救恤事项暨慈善团体之设立,应受社会局监督。凡未经呈报有案进行募捐,自应取缔,以防流弊而重善举";"凡在本市设立筹赈会等,务须先行呈报核准备案,以昭郑重;其未经核准擅自募捐款项者,应即一律严行取缔。"[51]为了进一步加强募捐管理,上海市社会局以备案的筹赈团体大都属于临时性质,故提出"其由同乡会所发起者,募捐范围即限于各该同乡;其由商业团体所发起者,募捐范围即限于各该工商业。办法虽有纷歧,而好善之心则同"[52]。由此,再订定审核各筹赈团体账目收支办法,以资考核,避免了流弊滋生。1936 年冬,中国红十字会丰台分会拟在北平举办游艺会筹募善款,经北平市社会局查核,"该会成立以来并无显著成绩,且越境筹款,亦属不合"[53],从而对其募捐请求未予批准。

在财务监督方面,慈善团体停办后,其财产处置是主管官署行政执法的内容之一。20 世纪 30 年代,随着各省市对慈善团体监管力度的加大,一些慈善团体办理不善,或自行停办,或遭取缔,财产问题日益凸显出来。1935 年 5 月,汉口市市长吴国桢向湖北省政府呈请为各慈善团体多不依法立案及曾经解散与自行停办之善堂房地财产究应如何处置一案,就颇具典型性和范例意义。该案后经转呈内政部、行政院至司法院,最终通过司法解释得以明确:

> 已解散之慈善团体,其剩余财产,如依《民法》第四十四条第二项规定,应属于其住所所在地之地方自治团体时,该地方若无合法地方自治团体,应由该地方之官署暂为保存,俟由合法地方自治团体时归属之。[54]

1936 年 2 月,南京市社会局以修善堂"办理不善,事业废弛,迭今〔令〕造报历年收支状况、财产总额及办事实况,迄未遵办",适用《监督慈善团体法》第 11 条之规定,拟予解散。在处理该堂解散后财产的过程中,内政部也如是批示:

> 查慈善团体依法解散后,其财政之处理,应依《民法》第四十四条第一款'法人解释后,除清偿债务外,其剩余财产之归属,应依其章程之规定,或总会之决议'及第二项'如无前项章程之规定或总会之决议时,其剩余财产属于法人住所所在地之地方自治团体'之规定办理。该修善堂所有财产总额

及办事实况,如未经社会局派员前往检查,尚与《监督慈善团体法》第十一条之规定情形不同,应即先行令饬停止活动,派员督同该堂负责人员,检查财产现状,指导依法组织。如有拒绝不遵情事,再予解散,以符法令。[55]

不久,南京市社会局依法解散了修善堂并处分了财产。

接下来,再以上海、广州、北平三地为考察点,借一斑而窥全豹,更深入地了解地方主管官署监督慈善团体的大致情形。

就全国范围而言,上海是执行《监督慈善团体法》最有力度、最有成就的地区。该法颁布后,上海社会局就着力推进监督慈善团体的各项活动。取缔高昌庙同善惜字会案就是其中一例。高昌庙同善惜字会创自 1921 年。1931 年 1 月,该会向上海市社会局呈请立案。社会局"以惜字在现时代中不能成为善举,虽有施茶施药等事,数甚细微";且其"劝募捐款起自百文,琐碎不堪","自无成立之必要"。然考虑到市党部已许可在先,姑且批饬试办 6 个月,仍将办理情形具报候核。截至 7 月初,试办期满,高昌同善惜字会呈报试办成绩并续请立案。社会局查核其收支报告表,6 个月总计支出银 150 余元,用于事业上只十分之一,此外俱为工食等费,毫无成绩。鉴于此,社会局决定限它于 7 月底以前自行解散。后该会派代表请愿并具呈,请求收回成命,准予继续办理,社会局又展缓 15 天,即在 8 月 15 日以前呈报解散。但逾期多日,该会仍未呈报。社会局遵照《监督慈善团体法施行规则》第 5 条规定,呈请市政府核定:"查该会虚有其名,毫无实际,会章规定纳费百文即可入会为会员,亦嫌太滥,深恐不良分子借此招摇,转为闾里之害,自以解散为宜。"8 月 29 日,上海市政府依法核准解散同善惜字会。[56]1930 年,社会局以上海慈善团将初期押款 10 万两有挪移嫌疑,依法检查其财产状况,审核借款合同及投标情形。[57]按照《监督慈善团体法》规定,各慈善团体每半年应将所办事业编制报告,呈候主管官署查核。1934年9月,上海还有部分慈善团体的1933年业务报告迄未造送,社会局以训令通告各团体"迅将上年所办事业详细填报,以凭审核"。至10—11月间,元济善堂等慈善团体方才陆续呈报1933年度决算报告册,分列资产负债、损益计算等项。[58]对于慈善团体的财产监督,上海市社会局曾在1929—1931年间组织慈善团体财产整理委员会,对各善团善堂的财产进行实地调查,并提出改进整理办法。抗战爆发后,连年市面不振,致地价顿形跌落。厚仁善堂的善款原主要依赖于房产租金也逐年减少,善源几近枯竭。1944年,呈请社会局拟变卖市东区的田产。社会局以为稍加注意仍有增加收益的可能,并提出"前善产整理委员会对于该堂财产,均拟有详细改善使用方案。现为力促实现起见,应由慈善团体联合会及本局各派代表一人,会同该堂代表一人,组织厚仁堂财产改善使用委员会,以督促实现财产整理委员会方案为主旨。所有该委员会拟具办法,仍须随时呈候本局核定,转饬该堂遵照办理,以资慎重"[59]。

　　广州市社会局从1929年9月初就积极推进《监督慈善团体法》的实施,局长伍伯良"于慈善事业之监督、整顿,尤刻不容缓"[60],一边调阅原慈善事业委员会卷宗,一边实地调查各慈善团体的办理情形。12月,崇本善堂因"办理殊欠妥善",社会局提出了整顿方案:"查该堂原设有学塾一所,收费奇昂,纯属营业性质,殊与慈善本旨大相背驰,自应改为义务学校,不收学费,以利便贫儿得求学之益。"同时指出,"近日科学昌明,治疗之术,西医亦足补中医之不及",要求该堂体察情形,在原来施赠中医中药之外,"添赠西医西药,以求美善",于贫病者更有相当之救济。并令其遵照以上各事,务须于翌年 1 月 15 日以前办妥。[61]同时,广州市社会局还对贫民教养院的经费进行审核,提出"该院经费多仗各界捐助及有商户月捐弥补,核计总有盈余,应留为改良其他建设之用"[62]。

在北平,社会局也对慈善团体的办理情形及时了解,予以指导与监督。1937 年 1 月,北平佛教慈善救济会向社会局报告,拟以各方募集物品抽签出售,赈济贫民,恳请指示。社会局以事关慈善,应准举行,同时要求将其办理情形具报。[63]

此外,以全国为范围的大慈善团体,如中华民国红十字会、中国华洋义赈救灾总会,则由内政部直接监督。所谓直接监督,系指各该会的总会而言,其在各地的分会,则仍须依照《监督慈善团体法》暨施行规则的规定,呈由主管官署办理。至于中华民国红十字会,前已有专节讨论红十字立法,并涉及内政部对其会务的监督。下面,仅略述内政部对于中国华洋义赈救灾总会直接监督的经过情形。

自华洋义赈会在北平市社会局呈请立案后,内政部为明了其内部组织及事业状况起见,派员前往调查,以为实施监督之初步。[64] 1934 年 9 月,该会呈请每月刊物出版,送内政部审查。后该会称,依照本会会计规则之规定,以每年 1—12 月为一年度,如须依《监督慈善团体法施行规则》第 9 条,则每 6 个月应即造报核送一次,在经济、人力两方俱感为难,当经内政部准予每年造报一次,并饬将出版刊物按期呈送。1935 年 2 月,华洋义赈会呈报上一年度报告清册,对于全年会务,如黄灾筹赈募捐、办理农赈、推行合作、修筑公路、协助水利工程以及当年高涨的收支状况、职员任免及考绩情形等项,均有详细叙述,经内政部详加审核,予以存查。[65] 8 月,华洋义赈会以本年冀鲁等省水灾惨重,拟募捐赈济,向内政部呈请核准。内政部钤印后将捐册发还,准予募捐,但对其"所请咨行各省市予以匡助一节,无例可援,未便照准"[66]。1936 年 4 月间,该会呈报定于 5 月 17—18 日在西安召集第七届常会,讨论会务,亦经内政部准予备案,并令陕西省民政厅厅长胡毓威代表出席指导。[67] 1937 年初,华洋义赈会南迁上海。不久,淞沪会战爆发,华洋义赈会因参与上海的难民救济工作,在日军占领上海及租界后招致取缔,事业受挫,执委会委员分别疏散至后方,该会无形中趋于解散。[68]受战事波及,内政部对华洋义赈会监督的影响力也在削弱。

(三) 慈善事业的褒扬

1929 年《监督慈善团体法》第 12 条规定:"办理慈善事业著有成绩者,主管官署得呈请国民政府或省政府褒奖之。"其施行规则第 12 条亦规定慈善事业之褒奖,依照《捐资举办救济事业褒奖条例》办理。该条例于 1929 年 4 月 22 日由国民政府公布施行。《监督慈善团体法》施行的当年,山西河曲数位士绅各捐资 100 元组创育婴堂,经呈报省政府核准,按该条例第 2 条第一款由河曲县政府奖给"慈善为怀"匾额各一方。[69]湖南长沙绅士陈佩珩亦因将别墅连同屋宇地基、池塘、花木、器具及契据等家产,估值约 3 万余元,全捐给孤儿院,襄助慈善事业,1930 年 3 月 11 日,国民政府颁给"见义勇为"匾额。[70]类似善举,各省在以后历年皆有,民国政府及各地方政府基本上都能依法定程序及时受理,予以褒扬。

1931 年 7 月间,国民政府公布《褒扬条例》16 条,凡合于"热心公益"之规定者,得依该条例之规定褒扬之。又依该条例第 2 条第 2 款之解释,"凡创办教育、慈善及其他公益之事业,或因办理此等事业而捐助款项者属之"。内政部以此项条例,已将慈善事业之褒扬并合在内,当经呈准国民政府废止 1929 年公布之《捐资举办救济事业褒奖条例》,并修正《监督慈善团体法施行规则》第 12 条,[71]"嗣后所有慈善事业请奖事项,悉依照新订《褒扬条例》办理"[72]。为此,内政部还设有礼俗司具体负责此类善举的褒扬事宜。具体言之,凡创办公益慈善事业成绩十分卓著,或捐资至 5000 元以上者,无论个人或私人团体,经省政府上报内政部,即由礼俗司呈行政院转呈国民政府题给匾额;而创办公益慈善事业成绩显著,或捐赠数额在 5000 元以下,由省、县政府斟酌情形办理。如:浙江吴兴人沈辉,自民初在句容县城内独自创办保婴局历 12 年之久,至 1926 年补助地方办理保婴,随后六年又继续慷慨捐输,为数颇丰。1932 年,江苏句容县长检同事实清册、证明书呈转内政部,内政部在鉴核时称许沈辉"仁心义行,式昭遐迩,洵乡党之善人,实社会之隐德",国民政府即令颁"仁心义举"匾额。[73]据笔者统计,1935 年 6—10 月间,国民政府先后为捐助或创办慈善事业著有成绩的 21 位仁人善士各颁发匾额一方暨褒扬证书一纸,其中浙江 9 人,江苏 3 人,湖南 2 人,安徽 2 人,贵州、福建、江西、河北、河南各 1 人,见表 5—3。

下表所列,都是创办慈善事业成绩卓著或捐资数额巨大而受国民政府褒奖者,而各地方政府褒奖慈善事业之案也屡见报章。在《监督慈善团体法》实施过程中,关于公益慈善事业的褒奖,还出现一件饶有意思的事。1936 年 7 月 13 日,江苏省政府以秘字第 253 号咨内政部,请示人民独捐小额钱款办理公益慈善事业可否依例呈请褒奖。该咨云:"以《褒扬条例施行细则》第四条下半段规定'捐款在五千元以下者,得由省政府或直隶行政院之市政府颁给匾额',设有人民独资捐助一元或数元办理公益慈善事业,呈请褒扬,于例并无不合,按照捐款数目,似嫌太微。倘有此类情事,究应如何办理,嘱为核复。"内政部于 7 月 25 日答复道:"查原

表 5—3 国民政府褒奖慈善事业成绩卓著者简表(1935 年 6—10 月)

姓名	籍贯	匾额题词	褒奖时间
邵义城	浙江杭州	功深保赤	1935.6.18
范顺通	浙江杭州	仁心义举	1935.6.18
邵仁友	浙江杭州	慈惠及人	1935.6.18
徐钰	浙江奉化	殚心公益	1935.6.18
杨世棠	浙江定海	心存利济	1935.6.18
杨圣波	浙江定海	继志为善	1935.6.18
华之鸿	贵州贵阳	殚心公益	1935.7.4
吴一峰	湖南平江	义举仁声	1935.7.4
胡振江	安徽亳县	乐善好施	1935.7.5
陈克著	湖南衡阳	见义勇为	1935.7.8
吴承瑜	福建建瓯	尚义敦仁	1935.7.9
杨世棠	河北通县	见义勇为	1935.7.9
祁苏修勤	江苏盐城	慈惠及人	1935.7.27
王好武	河南汤阴	尚义敦仁	1935.9.30
孙静斋	江苏泰县	乐善好施	1935.10.1
康桂标	江西吉安	慷慨仁义	1935.10.1
章荣初	浙江吴兴	见义勇为	1935.10.1
施慕均	江苏宿迁	福利桑梓	1935.10.4
柳贤祥	浙江鄞县	敦仁尚义	1935.10.4
杨仲兴	浙江鄞县	心存利济	1935.10.4
潘受祉	安徽怀宁	慈幼培材	1935.10.4

注:褒奖形式除各题颁匾额一方外,还各颁发证书一纸。

资料来源:《内政公报》第 8 卷,第 16—20 期,1935 年。

条文虽只有五千元以下之限制,而无若干元以上之规定,但所载'得'字,法文具有弹性。省市政府自得斟酌捐款数额之多寡及其他情形,如捐款人之财产身份等,核给匾额。"[74] 显然,内政部的法令解释兼顾了法理与情理,即便捐资数额甚微,也未便动摇民众好善之心,打消其捐资之热情,方符合鼓励、扶持慈善事业的立法精神。毕竟,慈善事业是以民间社会自愿捐赠为基础的爱心事业,集腋成裘,聚沙成塔,众擎共举,善款方能有不竭源泉。由此而见,普通民众也是民国年间民间慈善事业发展的一个经济来源。抗战爆发后,国民政府的慈善行政机构发生了一些变化。慈善团体立案事项先后归振济委员会、社会部执掌,但慈善事业之褒奖仍属内政部管理职权,具体由礼俗司负责。这时期,内政部礼俗司的行政执法亦还正常运作,按部就班地核准各省转呈来的慈善事业褒奖之案。浙江建德县富春医局医师程中和长期施医赠药,惠及贫病,由省政府转呈至内政部,依法定程序审核后,1939 年 7 月国民政府颁给其"心存利济"匾额一方。[75] 1940 年 1—2 月,经地方政府呈报核报,国民政府亦先后颁给江苏启东县曹锦文"心存利济"匾额、广东恩平县故绅郑季敦"泽被乡邦"匾额,[76] 以嘉奖他们行善乐施、裨益慈善之举。抗战胜利前夕,国民政府废止了《监督慈善团体法》。此后,内政部褒奖慈善机构及人员,仍以《褒扬条例》和《社会救济法》等相关法律为依据。

三、《监督慈善团体法》实施效果的检视

《监督慈善团体法》孕育于灾害频仍、战乱连绵且积贫积弱的民国社会,产生于国民党"三民主义"以及训政时期强化党治的政策环境中,从一定意义上讲,它自颁行之日起也担当起济贫助困、改善民生的社会责任。与民国其他法律的最终命运相似,《监督

慈善团体法》的效力因战争与时代变迁等多重因素而废止,然而,其兼采中西法律文化的立法理念与实施效果却给予后人以深刻的思考。

（一）《监督慈善团体法》的实施效果

1929 年《监督慈善团体法》的颁布和实施,使得民国前期蓬勃兴盛而又窦弊丛生的慈善事业逐渐步入规范发展的阶段。该法颁行后,在国民政府内政部的大力推动下,各省、市、县主管官署开始加强对慈善团体的监督管理,全国慈善团体注册登记立案的数量有所增长,募捐管理与组织运作也有所改进,并对一些乐善好施者予以褒扬。无论是慈善团体在量的增长或质的提升,还是乐善好施者及其捐赠款额的增多,都表明《监督慈善团体法》在推动民国慈善事业兴盛、规范慈善团体发展中发挥了积极作用。作为中国历史上第一部专门的慈善基本法,《监督慈善团体法》以法的权威确立了慈善团体的法人资格与组织效用,为社会弱势群体通过组织化的社会救助获得利益提供了合法依据,也为国民政府监督、规范慈善团体提供了依法行政的渠道,对减轻政府救济、安定社会局面、维系社会秩序也起到了积极的作用。尤其重要的是,《监督慈善团体法》所构建的系列制度,为后来《社会救济法》的出台以及为国民党在台湾地区继续推行慈善法律制度提供了丰厚的法律资源。从法的形式上看,《监督慈善团体法》以综合立法的形式固化了民国时期的慈善政策与理念,为慈善事业的兴盛发展提供了制度安排;从法的内容上看,《监督慈善团体法》基本遵循了结社自由、自愿、民主等原则,也确立了政府对社团的监管职责,反映了慈善团体及其活动的基本属性。因此,无论是形式还是内容,《监督慈善团体法》的理论价值和历史意义都是值得肯定的。

　　然而,《监督慈善团体法》的施行,并没有完全实现孙中山先生提出而为国民政府奉行的"养民济民"、"安老怀少"的民生主义政策目标。它所设计和监督的慈善团体并没有给弱势群体的生活带来根本性的改善,也没有使民国社会呈现显著的良性发展与进步。总的来说,《监督慈善团体法》实施效果未能尽如预期,在救济贫弱、改进组织监督等方面存在着一些不够理想之处,表现出明显的绩效不足。

　　首先,准入门槛的党治化倾向,过于严密的双重监管制以及繁琐的手续,使得一些慈善团体发起人意存观望,注册登记的积极性不高,核准立案率不高。

　　《监督慈善团体法》于 1929 年 10 月 15 日起施行后,1930 年 1 月,内政部下令行各省民政厅通饬所属遵照办理。然而,总体上讲,各地进展并不十分顺利。当时,各地慈善组织及其设施大都设立于晚清民初,存续的历史较久,建章立制及管理运作多半因袭成规,一般负责人或主持者的法观念不甚强,习性散漫,组织松散,难以接受新颁法律规定的诸多限制,亦不愿改弦更张而心存观望,不愿及时申请注册而拖延立案备案;又缘于地方慈善团体的负责人或主持者多属士绅耆老,对于《监督慈善团体法》的内容与实质精神缺乏正确认识,对于新法规定的一些改进办法,如账簿的登记与呈报、募捐的许可等事项,嫌烦各种簿册项目之复杂、记载之繁难,也不免阳奉阴违,故而有意无意拖延,迟迟没有立案;还有的慈善团体,则因该法的党化色彩浓厚,实行国民党党部和行政主管官署的双重注册核准,监督管理过于严密且手续繁琐,而自身不符合注册登记条件,或不愿受制于政府,发起人也从未办理登记。如在善堂善会林立、慈善事业向称发达的上海,在 1930 年 1 月期限已到之时,如期呈请备案者并不多。当时,上海市社会局发布的一份通告就称："查各团体遵行或补行呈请到局者，不为章程不合、表单错误，即为未经市高级党部许可设立及证明组织健全，以是办理不能顺利进行。辄经分别函召当事团体负责人来局解释，指正嘱令补正，未免多费手续，而有些团体竟致延不遵行。"于是，只好再次布告各慈善团体，催促其尽快办理登记立案手续，"所有未经立案之慈善社会团体，姑再展限期，于本年三月三十一日以前遵章办理，倘仍逾限不报，着即从严取缔"。[77]同时，还专门致函上海慈善界的代言人——上海慈善团体联合会，希望借重于其话语权并督促立案。1 月 22 日，上海慈善团体联合会分函属下各善团，转达社会局之意，而后，一些善堂才渐次申请立案。但直到这年 9 月，"未尝依式呈报者亦属不少"[78]。广州市社会局也在国家法律颁布后拟定《广州市私立慈善团体注册章程》等地方性法规，规定了相关的登记注册手续，并从 1929 年 10 月初就催令各私立慈善团体限期一月内注册登记。[79]但截至年底，经社会局立案者只有 23 个（不计救火会等公益团体）[80]，后核准 11 个[81]，与此前出席善团会议的 36 个慈善团体[82]尚有差距，未注册者亦复不少。天津的情况也大抵相仿。慈善法施行一年多，"惟各慈善机关照章呈请注册者，甚属寥寥。截至现在为止，先后呈请注册者仅有九处，其余多存观望"[83]。上海、广州、天津尚且如此，其他的省份更可想而知了。1936 年 7 月，内政部不得不承认，慈善团体立案事宜虽"迭经本部通行转饬遵办"，但效果并不理想，《监督慈善团体法》暨施行规则"公布迄今已有多年，各地方慈善团体经各省市政府转报到部备案者，尚属寥寥"[84]。话语间含有抱怨之声，这也透露出慈善事业最高主管机关对该法实施的些许失望。尽管在 1936 年 9 月内政部再次重申慈善团体立案办法并采取高压强制措施之后，各省慈善团体已陆续地呈请注册登记，但不去立案或不符合立案条件的草根慈善组织依然大量存在。抗战爆发后，华北、华东等沦陷区慈善团体的立案登记更成为遥不可及，最终不了了之。

其次，外国在华的慈善团体为外侨、基督教会创设与把持，《监督慈善团体法》暨施行规则在实体内容和形式方面都缺乏明确、具体规定，没有针对性，外侨、传教士及教会组织由此漠然视之，或肆意拖延立案，或直言拒绝登记，逍遥法外。

1929 年的《监督慈善团体法》暨施行规则，本应对设在中国境内的所有慈善团体进行规范。然而，西方列强自鸦片战争以后通过逼签一系列不平等条约，攫取了自由传教、领事裁判等种种特权，外国人在华可自行设教堂、办学校、建医院，外国人、基督教会慈善机构及其他社会组织长期不受中国慈善法律的约束、管制，逍遥法外。这种情形相沿已久，至南京国民政府建立初期仍未有多大改观，外国人、教会组织一旦有违法行为，政府部门也只能通过外交途径设法劝导，而不能强令其守法。虽然民国后期逐渐废除治外法权，国民政府开始要求外国在华慈善团体遵照《监督慈善团体法》相关规定向各级主管官署进行登记立案，但是，仍有些外国慈善团体置若罔闻，有时主管官署也还不能完全对其慈善活动实施有效的监督与管理，尤其是上海、天津等租界的慈善团体似乎仍处于法外之地。

上海自开埠以后，五洋杂处，很快成为外国教会慈善组织之渊薮。在《监督慈善团体法》出台前，上海特别市市政府曾颁行《公益慈善团体注册暂行规则》及《监督公益慈善团体暂行规则》两个地方性法规。但对于教堂公益慈善事业应否遵照《公益慈善团体注册规则》办理，市社会局内部也意见不一。鉴于此，1928 年 11 月，社会局向上海特别市政府呈文请示：

　　查各国教士向以不平等条约为护符，在华设立教堂，并由教堂内附办公益慈善事业,而尤以本市为策源地,由来已久。其中热心任事者固不少概见,而假借公益慈善之名借以募捐敛钱者亦难保其必无。若不与国内公益慈善团体一并监督,诚恐流弊潜滋,亦足贻害社会。惟外侨办理公益慈善事业是否适用本市《公益慈善团体注册暂行规则》及《监督公益慈善团体暂行规则》应请钧府鉴核示遵,或转呈行政院商承办法,以资南针。[85]

上海特别市市长张群对此甚感为难,12月6日,又将此呈文转呈行政院请求核示,并称:"核所陈系为监督教会所属公益慈善事业,防止流弊起见,惟此项事业固以属市为策源地,而内地各属亦所在多有,似应规定办法,以期一致。"[86]接到上海特别市市政府的呈文后,行政院以所陈各节与内政、外交、卫生、教育各部主管事务有关,令各部会同核议。1929年初,各部会同开会讨论后,向行政院汇报处理意见:

> 佥以原订上海特别市《公益慈善团体注册暂行规则》及《监督公益慈善团体暂行规则》系为管理内地一切公益慈善团体而设,以之施行于外侨在华所办公益慈善事业,似难适用。如必须规定办法,拟请由钧院令行上海特别市市政府转饬社会局察酌情形,另订规则具报查核等情前来,应如所议办理。[87]

3月,行政院发布第885号令,向上海特别市市政府转发了这一处理意见。

及至1929年6月国民政府颁布《监督慈善团体法》后,上海特别市社会局再次呈市政府,请示"教会所属慈善事业应如何监督之处",呈文称:"今中央既有《监督慈善团体法》制定公布,则外侨所办慈善事业应否再订监督规则，抑应适用该法，亦似应明白规定于施行规则之内，俾有遵循。"[88]并请告知该法施行日期。7 月间，《监督慈善团体法施行规则》公布，该细则规定该法于同年 10 月 15 日施行，但对教会慈善组织并无专门、明确的规定。由此，上海特别市市政府经转呈行政院后，于 8 月 12 日以第 2026 号指令答复社会局："《监督慈善团体法》既无明文规定，应即依据本府令转之行政院第 885 号察酌办理情形，另订规则呈请核转。"[89]于是，社会局便拟具了上海市慈善团体登记细则呈请鉴核。1929 年 11 月 19 日，上海特别市市政府又下发第 3157 号指令，称："至监督外侨慈善团体规则，现值废除治外法权之际，拟俟交涉确定后再为妥订。"[90]之后，为避免麻烦或纠纷的产生，上海再没有订定监督外国慈善组织的法规，对教会慈善组织也没予以取缔。而国民政府在制定《监督慈善团体法施行规则》中也一直没有具体条款加以专门管理。由此，外国人在上海、天津、青岛、北平、汉口等地创办的慈善组织并不向中国的主管官署呈请登记，而是直接向租界当局立案。如：1934 年 3 月间，俄罗斯人郭克亚在上海发起乔治亚慈善协会，救济乔治亚旅沪侨民中的疾病穷苦者，其订立会章后即呈请租界法国领事当局许可成立。[91]非独上海，其他省份的情形亦相类似。像在天津，同样也有些外国教会慈善组织无视国民政府《监督慈善团体法》的有关规定，或肆意抗辩，借词延宕，或竟直言拒绝登记立案。国民政府及其地方政府对此甚感无奈，使得民国法律的威信大失，国家的主权和利益得不到体现。

国民政府固然知道，按照国际法及国际惯例，外国人、外国教会在中国国境内所设的慈善组织，理应依法登记备案。或许，也深知此项问题欲求彻底解决，非俟将来收回治外法权时无从进行。因而，主张在收回法权问题未解决以前，对于外国慈善组织登记立案事宜,暂且听之任之,任凭其自由自愿备案,主管官署不予强求,以免引起纠纷。由此,中央政府虽然有监管外国慈善组织的意图,但因国力贫弱也不得不接受无奈的现实。直到1941年,国民政府修正《监督慈善团体法施行规则》时,才在第4条第三款增补了相关内容:"具有国际性之慈善团体,其事业范围及于全国者,得经社会部之特许为其主管官署,但其分事务所仍应受所在地地方官署之指导监督。"[92] 1944年9月,行政院公布《管理私立救济设施规则》,其第3条进一步完善了上述规定:"私立救济设施应设立董事会,由团体或创办人延聘七人至十五人为董事组织之,并以团体之负责人或创办人为董事长;……外国人或国际团体在国内创办救济设施之董事会,应有三分之一华籍董事"[93]。但此后,仍有些在华的外国慈善组织没有立案,脱离于中国慈善行政主管部门的监督之外,这种局面在抗战胜利后仍无多大改观。[94]

再次,抗日战争时期,《监督慈善团体法》在日伪占领区失去了法律约束力。

从抗战爆发到进入相持阶段,在一年多的时间里,东北、华北、华东、华南等大片国土相继沦陷,为日伪军所占领和控制。抗战期间,国民政府的实际统治区域仅局限在西南、西北大后方等十余省。由此,《监督慈善团体法》的实施范围由全国缩小至国统区,而在日伪占领区完全丧失了法律效力。在慈善事业较发达的地区,如上海、天津、北平、广州等城市,除少数慈善团体迁至内地外,大部分留驻原地未迁的,或毁于战火,或受日伪胁迫而停办,或被日伪接收。1937年"八一三事变"爆发,日寇疯狂轰炸上海,沪南公济善堂一部分房屋毁于炮火,同仁公济堂旧址则夷为平地,堂基被人侵占,业务停顿。[95]事变后,日伪政府又开始派员接管上海各慈善团体的产业及其救济事务。江湾崇善堂迫于凶焰,将产业移交伪员汪梧钧等人接收。[96]在华北地区,受日军侵华战争的影响,一些民间慈善团体已陷于瘫痪或消亡状态,或遭到日军镇压不复存在;还有些慈善团体如万国道德会、亲民至善会等,则为日军所接收、控制,成为其加强沦陷区殖民统治的御用工具。[97]

综上所述,1929 年《监督慈善团体法》颁布实施后,国民政府慈善行政主管部门采取了一些措施加以保障其施行,但缘于该法的党治、党化色彩,严密的双重监管,再加之慈善团体及其发起人或主持者的法律意识与观念淡薄,便一再拖延甚至逃避登记立案,或登记后也不严格受该法的约束和监督。而一些仍在华广泛存在的外国教会慈善组织及其分会,也以领事裁判权等特权相抗辩,无视或漠视中国法律,拒不遵守与履行注册登记立案事宜。抗战爆发后,国民政府于日伪控制区已是鞭长莫及,《监督慈善团体法》成为一纸空文,法律效力已完全丧失。

(二)《监督慈善团体法》绩效不足的制约因素

民国《监督慈善团体法》未能达到立法者最初所期望的理想实施效果,尤其在广大中西部省区的乡村社会,慈善事业并未在全国范围内出现欣欣向荣的景象,甚至因过于浓厚的党化色彩,慈善团体的宗旨、价值属性在一定程度上被扭曲,成为国民党加强社会控制的一个工具,该法所寄予慈善团体"济贫、救灾、养老、恤孤"等预期目标未能全面彰显出来。

《监督慈善团体法》的绩效不佳是主客观因素共同作用的结果。1937 年,日本发动大规模的全面侵华战争,连绵不断的战乱局面导致动荡不安的社会环境,一些慈善团体被迫停顿,或遭到毁坏,给《监督慈善团体法》的有效施行带来了很大的冲击,使之没能获得法律施行所需的长期而稳定的外部环境。而这场中日民族战争,彻底打乱了国民政府法律施行的预定计划与步骤,在战时统制的政策框架下,《监督慈善团体法》在一定程度上被异化。这样,在严峻的现实环境里,法的执行、法的适用和法的遵守等法律实施的重要环节,在其具体施行的过程中有时难免脱节或偏离,主观目的与客观结果有时也难以趋向一致,由此直接影响到对《监督慈善团体法》及其效果的评介。或许,在这并不太长久的法律实施期内,还不足以对《监督慈善团体法》的优劣作出断然性的评判,但拨开云缭雾绕的历史表象,我们还是可以寻找到制约《监督慈善团体法》绩效不足的一些社会因素。

其一,行政执法系统不稳定,行政机关官僚作风、文牍主义盛行,是实施过程中最主要的制约因素。南京国民政府尽管构筑了一套貌似庞大的慈善行政机构,并提供了从立法到行政、司法等环节的制度供给,但作为《监督慈善团体法》的执行主体,从战前的内政部到战时的社会部,慈善行政机构却显得有些脆弱,缺乏稳定性以及强大的推动力。中央与地方慈善行政机构设置不尽统一,上下隶属关系混乱。在民国的行政体制中,只在省级才设立民政厅(抗战时或改设社会处)、社会局等专门的慈善行政机构,而县市一级则尚未普遍成立,缺乏有力的监督指导。平常,地方基层政权机构多忙于征粮征兵等财政、军政之急务,而对慈善事业则甚难兼顾,不可能对慈善团体进行全面的监督、管理,这势必影响了法律的实施效果。慈善行政系统的不稳定,一方面降低了《监督慈善团体法》实施的效率,另一方面也导致地方主管官署对推行实施慈善法的延宕与游离。

1929 年《监督慈善团体法》颁行后,许多旧慈善团体一直未办理登记手续,一些新立案的慈善团体也有章程未尽妥善者,还有少数已登记备案的慈善团体利用慈善事业搞宗教宣传,或兼营为私人谋利之事,或未经许可随意募捐。这类情形在全国各地慈善组织或多或少都存有,地方主管官署不可能不知晓。事实上,地方主管官署对一些慈善团体的违法行为熟视无睹,睁只眼闭只眼,完全不按照有关规定对其进行取缔与处罚。1934 年 1 月 24 日,内政部致各省民政厅、各市公安局(社会局)、首都警察局的训令就反映出这样执法不严的官场陋习。训令称:"案查《监督慈善团体法》暨施行规则通行已久,各地方主管官署职责所在,对于所属慈善团体自应依法认真执行,随时检察,不得稍涉瞻徇,致滋流弊。乃近查各地主管官署,往往未能切实奉行,殊属非是!"鉴于此,内政部又向各省厅、局重发了《监督慈善团体法》暨施行规则各一份,令嗣后对于该法规定各事项,均应严格执行,以重法令。"至慈善团体募捐款项,必须遵照施行规则第七条之规定办理,对于借慈善为名之私人或随意募捐,尤应严予取缔,以免招摇。"[98]但一些慈善行政主管机关组织涣散,人员玩忽职守,办事官僚,此等情事并未因此而绝迹。相隔不久,3 月间,内政部民字第 483 号咨文再次批饬各省市民政厅、社会局,称:"近查各地方主管官署,对于慈善团体立案书册,往往不加调查;准许立案后,亦不公告暨发给立案证书,仅将原件照例转呈,往复查询,殊多窒碍。"由此,要求各地方官署"嗣后对于慈善团体立案书册,务须依照前项各规定,分别详查明确,审核无误,发给立案证书暨公告后,再行转呈备案,并于转呈文内将查核情形详细声叙,以凭考查。"[99]民国年间,敷衍塞责的官场风气弥漫,文牍主义盛行,在抗战后期甚至愈演愈烈。

其二,南京国民政府行政、司法不独立,是制约《监督慈善团体法》实施的另一重要因素。晚清时期,西方列强凭恃坚船利炮通过一系列不平等条约攫取了在中国的治外法权、领事裁判权等特权。民国前期,这些特权并没有被废除,反而又丧失了一些国权。虽然南京国民政府大力推动"改订新约"运动,但成效并不明显。直至抗战爆发后,外国人、外国组织仍在中国享有特权,不受中国法律及行政管辖。对国民政府颁行的《监督慈善团体法》,一些外侨、基督教会慈善机构并不认可、并不遵守。国民政府于此似乎也无计可施,任由外国在华的慈善组织的存在,对其慈善活动无可奈何地予以默认或许可,即便有募捐违规违法等情事,也只能予以"规劝",而不能采取强制措施予以取缔,显得力不从心。可见,国民政府行政、司法的不独立状况,使法的推行受阻,直接制约了《监督慈善团体法》的实施。源自西方的"公平"、"公正"、"正义"、"平等"等现代法治精神,被引入民国社会后,却为一向标榜这些法治精神的文明人所肆意践踏、破坏。这在很大程度上动摇了国内慈善团体守法的信念,影响了其守法意识。

其三,兵革未息、局势动荡的特殊社会环境也是《监督慈善团体法》实施的制约因素。在《监督慈善团体法》颁行不久,1929—1933 年,蒋介石执掌的中央政府与地方实力派之间先后爆发了一系列战争,同时还调集军队对苏区进行了五次围剿。这些战争虽然只是局部的,波及范围仅限于数省,但也在一定程度上破坏了法律实施所需要的安定的社会环境,影响了法律绩效。1931 年"九一八事变"后,东北三省沦陷,及至"七七事变"抗战全面爆发,华北、华东大批国土失陷,《监督慈善团体法》实际上已无法在全国范围内施行,实施范围大大减缩,仅限于大后方,而沦陷区则成为法外之地了。总之,这场持久的战争给《监督慈善团体法》施行带来了极其严重的后果,由于社会动荡加剧,国民政府对慈善团体的监督管理在一些区域渐渐流于形式,徒具空文。

第二节　慈善捐赠法律制度的运行分析
——以《捐资兴学褒奖条例》为例

　　民国时期,北京政府和南京国民政府先后颁布有关慈善捐赠及其褒奖法律法规,计十余件之多,涵盖了公益性慈善捐赠和赈灾性慈善捐赠两个方面,如《捐资兴学褒奖条例》、《捐资兴办卫生事业褒奖条例》、《捐资兴办救济事业褒奖条例》、《捐资兴办福利事业褒奖条例》、《兴办水利防御水灾奖励办法》、《兴办水利奖励办法》以及《义赈奖劝章程》等。其中,1913 年的《捐资兴学褒奖条例》是中华民国成立后公布的第一个规范慈善捐赠的法规。此后的三十余年间,随着经济变迁和社会变革,北京政府和南京国民政府又多次对该条例进行了修订、完善,并以之为蓝本颁布了其他的慈善捐赠条例。从立法学上而言,《捐资兴学褒奖条例》的制定具有了重要的标本意义。同时,该条例的颁布实施进程,也是民国慈善立法运作的典型。基于此,在第三章详细论述《捐资兴学褒奖条例》的立法过程、内容的基础上,本节拟对该法规贯彻实施的具体情况及效果进行考察。

一、《捐资兴学褒奖条例》的具体施行

　　《捐资兴学褒奖条例》最早由北京政府教育部以第 32 号部令于 1913 年 7 月 17 日公布实施。该条例是民国政府第一次从法律上确立了对慈善捐赠行为的扶持与激励导向。此后,1914 年 10 月 31 日、1918 年 7 月 3 日和 1925 年 7 月 18 日,教育部又三度修订颁行。南京国民政府建立后也于 1929 年 1 月 29 日公布了同名法规,其后又曾在 1944 年、1945 年和 1947 年进行了三次修正。

虽褒奖等次、方式屡有修订，但其鼓励民众捐资兴学之旨未变。为推动该条例的顺利施行，民国政府采取了一些相应的具体措施。

一是配置负责机构和人员，建立健全行政执法主体资格。从法理上讲，民国颁行的《捐资兴学褒奖条例》均属于行政立法，因而主要由行政机关贯彻与执行。换句话说，行政管理部门即是该条例的执法主体，具体包括捐资兴学褒奖案的受理部门、审核和授予部门。依照《捐资兴学褒奖条例》规定，地方行政机关和地方长官负责褒奖案的登记受理，教育部为核准、颁发机构。在中央层级上，其行政执法主体较为明确和稳定。1914 年《教育部官制》就规定，总务厅执掌褒奖及其统计等庶务；1918 年 12 月 7 日《教育部分科规程》公布后，有关捐资兴学褒奖事项归总务厅秘书掌管。[100] 南京国民政府时期，教育部依然是捐资兴学褒奖案的总管机关，部内配置有专门机构和专人，负责褒奖的审核、授予事宜。1934 年《捐资兴学褒奖条例补充办法》出台后，蒙藏委员会也成为行政执法主体之一，会同教育部审查蒙古、西藏及新疆、西康、宁夏、青海、甘肃等地方捐资兴学之褒奖。同时，侨务委员会也有部分行政执法权，负责核明侨民在国外的捐资兴学褒奖事实，咨请教育部查酌授与。1944 年和 1947 年修正案施行后，内政部、行政院也拥有执法主体资格，配有相应的机构、人员来审核或授予捐资褒奖案。如，内政部就设有礼俗司掌理各类褒奖案件的审查与颁发。这期间，对于捐资数额巨大者，由教育部、内政部汇案或专案呈请行政院转呈国民政府明令嘉奖。

行政执法的另一重要主体是地方行政机关及其长官，凡各省、县的捐资兴学褒奖案，均先由其受理，再行呈请或授予。这是由条例所授权的，即"人民以私财创立学校或捐入学校，准由地方长官开列事实，呈请褒奖"[101]。具体言之，民初的地方长官在省为民政长(后改为巡按使),道为观察使(后改称道尹),县为知事。其呈文一般包括捐资人姓名、年岁、籍贯及其捐资事实、兴学成绩等内容。1914 年修订后,各驻外领事也负责华侨的褒奖事宜,开列其在国外捐资兴学培养本国子弟等事实,向教育部呈请褒奖。并规定:"应给银色褒章者,由各道、县行政长官详情省行政长官授与;应给金色褒章或匾额者,由省行政长官咨陈教育总长授与。"虽然后来民国行政区划撤销道,并屡次修订褒奖等次,但省、县行政长官依然负有受理及给奖的职权。这种格局在南京国民政府成立以后也变化不大。1929 年,受理捐资兴学褒奖案就有明确的地方行政机关,即大学区、省教育厅或特别市教育局、省政府或特别市政府[102],拥有法律赋予的行政执法权——由大学区或省教育厅或特别市教育局开列捐资兴学事实表册,如应授予四等以下奖状者,呈请省政府或特别市政府核明授予,仍于年终汇报教育部备案;如应授予三等以上奖状者,则直接呈请教育部核明授予。县教育局、县长同样具有行政执法主体资格,他们负责对捐资兴学在 500 元以下者的呈请褒奖并开列事实表册,由省府或省教育厅授予相应的奖状。

由上可看出,捐资兴学的褒奖作为一项行政执法,从中央到地方均有相应的执法主体,分工明确,各行政机关都能在其法定职权范围内行使其权力,《捐资兴学褒奖条例》的实施得到了基本保障。

二是出台配套办法,进一步规范与完善执法程序。1913 年《捐资兴学褒奖条例》公布后,教育部作为中央行政执法机关,行文各省,通咨实施,要求地方行政长官对辖境内的褒奖案应严格遵守条例第 1 条规定,"惟核实而后足以资观感",故"开列事实之手续必不可从略"。[103]然而,条例实施之初,一些省民政长咨部请奖之案,往往仅于咨文内声叙捐资者姓名及其捐款数目,并不另开事实清册,以致教育部咨覆旷日废时,案牍滋繁。鉴于此,1913 年 10月,教育部又引申条例,明定办法,以期划一而资遵守。办法规定:"嗣后各省人民捐资请奖之案,凡须由部给奖者,应由各该地方长官于呈文之外,造具表册二份,一存该省行政公署,一由该省长官咨达本部。其表册格式由部拟定,务须查照开列,不可遗漏。"同时重申了条例的溯及力,按照第 9 条之规定,"惟捐资在前清宣统二年七月以后者,方得适用其捐资;在前清宣统二年七月以前者,即不得牵合请奖,致违反条例之规定"[104]。随后,教育部公布了事实表册的格式,其包括捐资人姓名、年岁、籍贯及其捐资事实、兴学成绩等项,并进一步规范了捐资兴学褒奖给予褒章、匾额及奖状的执照图式。此后,教育部核准各省行政长官呈报的褒奖案,一律遵行此办法。如,1913 年秋浙江民政长屈映光为绅商胡乃麟捐资兴学而呈请破格给奖案。浙江民政长的咨文称,安定中学校"自前清光绪二十七年创办以来,迄今十余年,捐款总额达八万以上,屡次举办,毕业成绩亦极优美。不独捐资之热忱深堪嘉尚,即提倡风气之功亦属不浅。自光复以后,该公民因商业损失仍复年捐洋一千二百元,与该校相始终。似此捐资兴学,历久不渝,若非破格给奖,殊不足以鼓励学风。"然而,教育部审核后却认为,胡乃麟创办安定中学校,虽然已先后捐资 82600 元,但其在清宣统二年(1910年)以前所捐之银数,不符合《捐资兴学褒奖条例》第 9 条"捐资在本条例公布前三年内适用"之规定,"当然不在应行给奖之列";最后,乃以胡氏近三年捐资合计已逾万元,与条例第 4 条相符,并从民国元年(1912 年)起,每年认捐银 1200 元,嗣后仍按年继续助捐为由,才同意据情呈请特奖,以示激励。[105]又如,江苏东台绅士蔡映辰在清光绪年间地方风气尚闭塞之时,以私财创办小学多处,十年来积极进行,不遗余力。1913 年弥留之际,又慨然将垫用之款及自行购置之田产、股票等,共计银 3 万余元,遗嘱永久捐入各校。1915 年 5 月,江苏巡按使接东台县知事呈文后,除检验原契据外,合将钞契纸、股票及捐资事实表册具文详送教育部,咨请查核,呈请褒奖。教育部审核后,批令称该故绅捐资兴学,好义可嘉,其事实符合条例规定的遗嘱捐赠及捐资数额巨大两项条款,应准给予匾额一方并颁给褒词,以昭激劝。[106] 从上述两个案例看,政府部门还是能够根据法规有所为和有所不为的。从不为到有为,皆反映出政府行政执法意识趋于明晰、执法程序趋于统一的过程,慈善捐赠的褒奖法律制度从中逐渐得以确立。另外,1925 年的修正案颁布后,北京政府在执法程序上有所变更,一度要求呈请核给褒章、褒状及匾额、褒辞者,应随文预缴一定费用。

南京国民政府时期,执法程序也渐渐趋于规范、完善。1929 年《捐资兴学褒奖条例》颁布后不久,教育部即于同年 4 月 24 日发布第 577 号训令,通令各省市可酌量地方情形自行制定捐资兴学在 500 元以下者的褒奖单行规程,但应报部备案。[107] 为统一规范各省呈报捐资兴学事宜,5 月 24 日又颁发通令,规定了捐资兴学事实表格式,其包括团体名称或姓名、所在地或籍贯、捐资事实、应得褒奖及备考等五项。[108] 鉴于“捐资兴学案件仅附表开具事实,无捐资实证,难免冒滥”,教育部于1933 年 11 月 15 日下令,“呈请捐资兴学,须由受捐之学校出具收据附呈。倘系田地屋产,须绘具详图暨契据摄影。如系书籍、器具,须分别开具目录清册”。[109] 12 月 1 日,又颁布 2071号训令,进一步严格区分了受赠主体及捐赠人受褒奖的限制条件。该训令指出,各省“捐资兴学之褒奖应以公立或已立案之私立学校为限,必须先核明该私立学校确已立案,方得予以呈转"；如"私立学校未经主管机关核准，例不能与公立学校受同等待遇"。[110]这样，教育部通过一系列的行政法令进一步规范了执法程序，严格统一了褒奖捐资兴学者的标准。据国民党统计处的统计数据，1933—1935 年，全国受教育部奖励的一至五等奖状的捐赠者，每年均有数十人，如下表所示。

表 5—4　1929—1935 年捐资兴学之奖励情况表

等次 ＼ 年份	1929—1932 年	1933 年	1934 年	1935 年	总计	备注
一等奖状	94	29	15	17	155	总计数为教育部依据《捐资兴学褒奖条例》自 1929 年 5 月核发奖状起至 1935 年底。
二等奖状	76	22	7	16	121	
三等奖状	82	21	17	14	134	
四等奖状	13	9	3	10	35	
五等奖状	22	10	2	12	46	

资料来源：据《中国国民党指导下之政治成绩统计》1933、1934、1935 年各月份统计综合而成。

从上表而知，全国捐资兴学的褒奖案件在 30 年代前期基本保持着平稳态势，每月都能对案件进行及时审核，颁发各等奖状，并予以公布。这也表明，国民政府的行政执法基本走上了规范化、制度化和程序化，且有一定的工作效率，从而推进了《捐资兴学褒奖条例》的有效实施。

二、《捐资兴学褒奖条例》的施行情形及其作用

《捐资兴学褒奖条例》的立法初衷在于"奖劝人民捐私财襄公益，借补国家财力之不逮"[111]。该项法规的制定与完善，为民国慈

善事业、教育文化事业的发展起到了推动与保障作用。具体言之，它表现为以下两个方面。

一方面，慈善捐赠法律制度的确立，激发了民众的捐赠热情，捐资人数和款额总体呈稳定增长趋向。

《捐资兴学褒奖条例》自 1913 年公布以来，"各省报部援例请奖之案，历有多起"[112]。据教育部统计，仅条例实施的当年，全国各省捐资兴学在千元以上者有 250 人，其捐资总额为 784 622元。[113]由于条例在附则中规定了它具有法律溯及力，捐资在条例公布前三年内者亦适用之，各省呈请褒奖捐资兴学案件极为踊跃。其中，民国建立前两年（1910—1911 年）及民国元年（1912年）捐资逾千元者计 695 人，教育部分别授予金质一至三等褒章。[114]民国政府如此大规模的褒奖捐资兴学者，很快产生了示范效应，条例逐渐彰显出"资鼓励而昭激劝"的功能。民初，慷慨解囊、襄助教育之举在不少地方蔚成风习。据《湖南教育》刊载，截至 1915 年 4 月，湖南已有 6 县 23 人捐资兴学获得教育部褒奖。其中，捐赠万元以上者 2 人，各奖给匾额 1 块、金色一等褒章 1座；捐赠 3000 元以上者 3 人，各奖金色二等褒章 1 座；捐赠千元以上者 18 人，金色三等褒章 18 座。就县域而论，捐赠者相对集中，新化 14 人，湘乡 3 人，凤凰、慈利各 2 人。[115]在安徽，1920—1921 年受褒奖者有歙县汪国雄、洪学诗、张逢吉、洪忠恕、汪敬洪，太平苏建芬、王德淦、王士杰、王曹氏，绩溪汪自新、曹功枚，合肥王栋材、宁仁麟，颍上张作桂、方永伟以及婺源方詹氏、当涂陈应新、休宁吴志仁，庐江吴长龄、泗县吴国宝、宿县徐邦治、泾县章电球等 20 余人。[116]他们都自民国以来用私财创办各类国民学校，或捐款数额不菲。这从一定程度上反映出捐资兴学在湖南新化、安徽歙县、太平等地渐成风尚，得到不少绅商富民和普通百姓的支持。民国时期,许多绅商富民捐资兴学较为慷慨,动辄上千元,固然是慈善捐赠的一支主要力量;而普通百姓长期受到传统乐善好施习俗的浸染与熏陶,其捐资兴学的热情与能量也不应忽视。他们的捐赠款项虽不算大,但集腋成裘,积沙成塔,一笔笔善款募集起来也是民国慈善教育事业发展的重要经济来源。而且,普通民众的慈善捐赠犹如涓涓细流,更为长久。像湖南永顺孀妇王丁氏、王谢氏、王瞿氏,家境并不算富康,1912 年慨然捐出亡夫遗产开办励志高等小学,此后又缩衣节食,陆续捐助 2000 余元充作办学经费。[117]这样的例子在民国各地并不少见。

南京国民政府成立后,为适应社会经济、文化发展需要,在参酌北京政府法规的基础上,1929 年重新颁布了《捐资兴学褒奖条例》。同时,各省亦先后制定公布了相应的地方性法规或规章。民众的捐赠热情再次得到激发,各省捐资兴学不绝如缕。有消息报道,新条例实施两年来,至 1931 年初,皖省捐资兴学褒奖之案计 36 起,共 15.4 万余元。[118]稍后,安徽省教育厅亦公布称,“自中央公布《捐资兴学褒奖条例》后,本省各县之以捐资得奖者计有方耀等四十八人、大通煤矿公司等八团体。以给奖机关论,经教育部给奖者十二,经省政府给奖者四十四。至捐资兴学之未满五百元,按照本省捐资兴学规程,应由各县政府给奖者,又有凤台万法鼎、五河孙启芸、孙启华、合肥李少轩、李伯行、王慕尧、王景贤等七人,及祁门黄敦本堂。又合肥周毓兰因未呈送捐资事实表,亳县姜瑞鑫及歙县方茂村因所送事实表格不合,均尚未褒奖。”[119]半年后,安徽各县捐资兴学者,除因捐助未立案之私立学校遵照教育部训令未予转呈给奖外,“其捐资不及五百元,依照本省捐资兴学褒奖规程之规定,应由县政府给奖者有凤台万法鼎、阜阳郝金镛、张静庵、五河孙启共、合肥王景贤、王慕尧、李少轩、李瑞九、李伯行等七〔九〕人";而捐资逾500元、获得教育部或省政府褒奖的又有姜瑞鑫、徐章诚意等8人及李氏公堂、冯诚厚堂等2个团体。[120]

卢沟桥事变爆发后,虽然受到战争局势影响,但人们的捐赠热情未减。据报道,抗战以来,国内外人士慨捐巨资,兴办教育,著有成效者,有56人,其所捐总数达101.9万余元。又据教育部统计,自1937年7月至1939年10月底止,各省市及海外捐资兴学,以川、浙为最多,计各为9人,次为上海市,计8人,再次湖南6人,云南5人,福建、广东、青海各3人,江苏、广西、海外各2人,安徽、湖北、陕西、重庆市各1人。以款额而言,海外据首位,计2人共捐199392元,次为四川,9人共捐116063元。[121]不过,由于日本帝国主义野蛮的军事侵略和疯狂的经济掠夺,华东、华北等大片国土沦陷,经济急剧衰退,商民穷困,捐资兴学人数和款额一度骤减。而后因抗战期间物价上涨、货币贬值,而捐资兴学褒奖的标准未加修订,褒奖人数呈上升趋势,捐款数额也较大地恢复、增长。至1944年,全国捐资兴学人数或团体数、捐款数额(未考虑价格变动因素)均达到民国以来最高水平,分别为2564人和40 330 970元,授予的奖状数也达1172张。[122]1944年,南京国民政府教育部对条例进行了修订,根据物价指数相应调整了捐资兴学者各等级的给奖标准,进而提高了褒奖的门槛。翌年,虽受货币急剧贬值等经济因素的冲击,捐资团体和个人及受褒奖者均有所下降,但民众仍保持较强的捐赠意识,捐资数额有大幅度增长,高达85 347 675元。[123]在这兵荒马乱的年代,教育部仍电函各省填报每一年度捐资兴学统计表,这也为我们考察民国时期的捐资兴学情形留下了宝贵的史料。1945 年和 1947 年，国民政府又两度修订、重颁该条例。此后，全国各地捐资兴学之善举仍复不少。1948 年，汉口市共有 33 个团体和个人捐献数千万元给各区国民学校。[124]在天津，同年 5 月，亦有数十家公司、商号的经理慨捐巨资约 3 亿元，赞助建设天津市第八区国民学校联合体育场。1948—1949 年间，上海、青岛等市也有多人或团体捐资兴学。[125]虽然南京国民政府统治在此时已摇摇欲坠，但教育部仍对各省呈请褒奖的捐资兴学案件进行详细审核，给予褒奖。

条例颁行之初，教育部认为"捐资兴学之多寡，可以觇社会习俗之趋向，即于教育统计至有关系"[126]，咨文各省民政长，凡人民捐资兴学由各省授予银质(色)褒章之案，每届年终应依式汇造成册，咨送教育部，以资统计。逐年统计的结果，最终为教育部在 20 世纪三四十年代编纂《教育年鉴》提供了这方面较为可靠的数据，编制了若干个表格，这也使得我们进一步考察民国《捐资兴学褒奖条例》实施的具体情形并深入分析、评价其总体绩效成为可能。有关民国前期和后期的捐资兴学人数、款额的统计数据，详见表 5—5、表 5—6 与表 5—7。

从表 5—5、表 5—6 而知，《捐资兴学褒奖条例》实施二十年间(1913—1932 年)，其效果还是十分明显的，虽然这两个表格只统计了捐资千元以上者，大体上仍能反映出民国前期捐资兴学人数、经费数额的基本状况。在捐资兴学人数方面，江苏、浙江、河北(直隶)、广东、山东、福建、辽宁(奉天)、江西、湖南、安徽居全国前十位，其中苏、浙两省最多，分别为 339 人、248 人。在捐资经费数额方面，江苏、浙江、河南、河北(直隶)、安徽、广东、湖南、辽宁(奉天)、福建、上海位列全国前十名，江浙两地的捐资额遥遥领先，均

表5—5　民国前期全国各省市历年捐资兴学人数统计表（千元以下者不计）

年份人数省别	民元以前	1912	1913	1914	1915	1916	1917	1918	1919	1920	1921	1922	1923	1924	1925	1926	1927	1928	1929	1930	1931	1932	不详	总计
江苏	38	84	26	30	17	20	7	11	18	19	10	2	7	2	2	2	1	5	2			1	37	339
浙江	1	71	31	18	11	16	12	13	3	4	9	2	2					1					35	248
安徽	1	15	5	5	4	5	6	7	9	8	3	2	1							1			27	97
江西	6	23	8	11	9	5	8	6	5	2	5	2	1	1			1		1		1	1	14	103
湖北	6	19	10	8	4	1	12	2	1	4	3	1	2	3				3					6	85
湖南	8	35	18	4	3	1	4	4					2		2		2		1	1			15	99
四川	1	1	1	2	4		4		1			1							1				5	17
福建	5	75	21	2	16	5	6	1	2	4		1	1				5		1				4	142
云南		9	1		1	2				1													2	16
贵州	2		1								1													4
广东	4	45	31	4	4		2	3	5		21	2	2	1	1	1		2	1	1	1		21	151
广西	1	1			3		2	1	1	1													1	10
陕西	1	2	4	1			1	2	2	1		2											2	16
山西		5	1	1	2	3	1	2	11	9					1					1	1		5	41
河南	4	4	3	1	5	4	4	8	2	3	2	4		1	1				2	1			5	53
河北	10	27	14	9	6	13	18	14	9	18	10	4	3	1	1	4	4	1	4		1		16	186
山东	3	37	50	14	14	7	18	24	30	12	7	9	8	2	1		1	1	1		1		12	150
甘肃	3	1	1	1	3	1	4	2	3		3	1	1										1	21

续表

省别＼年份	民元以前	1912	1913	1914	1915	1916	1917	1918	1919	1920	1921	1922	1923	1924	1925	1926	1927	1928	1929	1930	1931	1932	不详	总计
新疆						2	1																	3
辽宁	15	11	8	3	1	4	1	8	9	12	6						1	1	5	1	1	1	18	106
吉林	1	1	1	2	4	1	2	3	1	1	1					1			1				5	25
黑龙江	1	1		7	1	1	2	1				1											2	17
热河														1				1					1	5
上海	10		2			1	3												1	1			7	25
北平	2		2	2	2	3	1	2	3		1												3	21
威海卫																				1			2	3
蒙古				3																				3
华侨、外国人	1			1		1	3														1	1	43	63
不详	7	7	3	10			21	12	10	2	14												30	110
总计	117	488	250	140	117	93	135	128	127	104	97	36	27	12	7	8	11	13	19	7	6	2	319	2263

注：原表中绥远、察哈尔、西康、青海、宁夏、东省特别区及青岛、南京两个行政院辖市均无数据，此处从略。

资料来源：《第一次中国教育年鉴》，戊编"教育杂录"，开明书店1934年版，第358—360页。

表5—6　民国前期各省市历年捐资兴学经费数统计表（千元以下者不计）

经费 省份 \ 年份	民元 以前	1912	1913	1914	1915	1916	1917	1918	1919	1920	1921	1922
江苏	170651	899059	74019	156583	40889	128588	10797	90874	85542	62846	73418	3329
浙江	219400	246207	88938	33278	79236	48316	24514	25098	3630	17231	40793	3044
安徽	3447	114843	13275	29316	15647	10152	8254	42005	16644	16784	12830	
江西	1000	45791	12718	89122	22370	6394	8520	10212	20000	3500	5021	14395
湖北	24980	108331	26826	18935	6688	1000	42510	2942	1000	15500	5000	3000
湖南	62045	121156	39227	6934	3771	3000	18535	9400				3000
四川	3000	1126	12000	2014	6600				1300			1300
福建	8100	183909	55943	6518	21526	9445	13540	2181	43112	15500		1000
云南		23510	1000		1648		12891	1000				
贵州	2147	2308									1300	
广东	24700	133874	70274	5292	4874		6903	6100	13100		43112	15500
广西		5286			3082		3445	2100	5100			
陕西	1100	2190	10346	1000				4080	2700	3000		1095
山西		12969	1100	1090	5230	14984	1470	1560	30500	12400		4538

续表

经费／年份　省份	民元以前	1912	1913	1914	1915	1916	1917	1918	1919	1920	1921	1922
河南	10000	7985	1133	54533	6000	34955	37687	18000	4400	6380	5220	14387
河北	18852	56435	20104	9592	34955	10100	39878	32219	14525	32556	27050	8760
山东	15102	78935	16790	30357	10100	1000	11331	56217	41441	24293	18473	10730
甘肃			15340	1000	4779	1000	11331	3000	3020		22480	3400
新疆					1440	3000						
辽宁	55205	24103	18036	3350	2450	4800	1077	19890	11873	47312	28878	
吉林	1400	2100	1103	2300	269754	1015	2190	7600	1330	2200	3000	
黑龙江		1400		22561	1200		2005	1000		1000		3000
热河		11850	1000	5000								
上海		50365	123901		2469	3700				4026		
北平		2040	1000	2720	2080	5660	1040	2701	4063	2000	1085	
威海卫				10738								
蒙古												
华侨及外国人		3095	14295	5040		2000	172100		1666		2000	3000
不详		116400	21160	22530			88120	21880	18800	4000	27666	
总计	621129	2253712	784622	413343	590210	294210	462637	361128	282839	264438	317326	93478

续表

省份＼年份	1923	1924	1925	1926	1927	1928	1929	1930	1931	1932	不详	总计
江苏	86745	91932	8970	42000	4700	106827	8000			45000	361043	2551812
浙江	14455					7200					1326886	2173226
安徽	10600	10000			5000		38000	35000			232783	561580
江西		10000				21000				40000	30100	312143
湖北	2200	15000			38600		5310				38850	333762
湖南			72490					25000			103145	506613
四川		5000					3000				30000	62045
福建											33000	350072
云南											12980	53024
贵州												5755
广东	13000	3000	20000	3000		67000	3005	5000	5000		63897	506631
广西											11932	30945
陕西			5666						3000		7038	32549
山西							106100				6000	95841
河南	69195	4000	3000	121705	18100		21400	10000			53000	315214

续表

经费 省份 \ 年份	1923	1924	1925	1926	1927	1928	1929	1930	1931	1932	不详	总计
河北	26102	4200					11000		15000		221187	806879
山东	1448					6000			3000		113528	645675
甘肃											1000	67798
新疆												4440
辽宁					3380	3191	52060	5500	3300		213583	497967
吉林					3000		7400				18600	332992
黑龙江					4000						5827	41993
热河		3600									3000	24450
上海								15000			13500	334361
北平											4000	28479
威海卫				11700				10955			8500	19455
蒙古												10738
华侨及外国人	8800								1300		21200	246196
不详											201067	471623
总计	232545	136732	110126	178405	71780	211218	255275	106455	30600	85000	325146	11414253

注：原表中绥远、蔡哈尔、西康、青海、宁夏、东省特别区及青岛、南京两个院辖市均无数据，此处从略。

资料来源：《第一次中国教育年鉴》，戊编"教育杂录"，开明书店 1934 年版，第 360～362 页。

表 5—7　南京国民政府时期历年褒奖捐资兴学统计简表（1929—1946 年）

年份	捐资人数或团体数	捐资数（元）	授予奖状张数							
			共计	一等	二等	三等	四等	五等	六等	七等
1929 年	36	439 545	36	14	11	11	—			—
1930 年	93	1 287 647	93	27	26	34	1	5		—
1931 年	92	2 145 409	92	32	26	24	6	4		—
1932 年	57	1 447 213	57	20	18	17	2			—
1933 年	111	1 635 160	111	33	23	24	9	22		—
1934 年	46	1 112 200	46	16	7	18	3	2		—
1935 年	71	1 847 130	71	18	14	17	10	12		—
1936 年	60	20 971 705	60	28	6	26				—
1937 年	70	1 431 726	70	15	10	14	21	10		—
1938 年	78	511 438	78	14	5	8	29	22		—
1939 年	48	400 474	48	7	4	5	19	13		—
1940 年	206	4 669 181	206	8	6	9	96	87		—
1941 年	459	3 882 211	453	55	16	27	205	150		—
1942 年	816	3 180 357	799	72	37	32	346	312		—
1943 年	1625	13 920 118	1619	135	62	80	566	403	296	77
1944 年	2564	40 330 907	1172	66	31	30	311	154	164	416
1945 年	1117	85 347 675	1098	49	27	22	182	149	140	529
1946 年	2514	1358 537 940	2425	91	57	81	320	249	277	1350
总计	10123	1543 098 038	9534	701	398	476	2126	1582	877	2372

说明：此表原由教育部统计处根据 1929—1946 年各年度度呈请教育部给将案件登记册及各省市褒奖捐资兴学图记报告表汇编，今增加总计一栏。

资料来源：《第二次中国教育年鉴》，第十五编"杂录"，商务印书馆 1948 年版，总第 1605 页。

超过 200 万元。究其因，江浙一带自明清以降就是中国慈善事业最兴盛之地，善书流播广泛，善堂善会林立；且商品经济发展水平较高，文化教育昌盛。在清末民初之际，江浙绅商更是近代中国一支实力雄厚的经济力量。他们不仅在商海叱咤风云，而且在社会生活领域也有着重要的影响。经年累世的善风浸濡以及法令的激励导向，江浙地区的捐赠者人数之众、捐资款额之巨自然在情理之中。再从时间的纵向角度分析一下民国前期捐资兴学人数、经费数额的情况。由于该条例具有法律的溯及力，因而颁行后曾于民元前后捐资兴学而受褒奖的人数特别多，捐资额也成井喷之势，1912 年竟达 220 余万元。之后，从 1914 年到 1922 年，全国捐资兴学呈现出稳步发展态势，每年的捐资人数均在 100 人左右，而捐资经费也大抵在 20—60 万元之间。1923 年以后，捐赠人数和捐资款额迅速下滑。这种局面的出现，显然与国内外的经济形势有着紧密的关联。众所周知，1914—1922 年，恰好是中国民族资本主义发展的黄金时期，社会经济较为繁荣，公司、商号等团体以及富有余力者成为了大额捐赠的主体。随着经济的衰退、社会的动荡，捐款自然而然也就少了。需要指出的是，表 5—5、表 5—6 中有关 1929—1932 年的捐资人数、款额与表 5—7 中的相关数据并不完全一致。这种差异的存在，除了前两表没有统计捐资千元以下者，还可能将这些年间的捐资人数、捐资额归入年份不详。相对而言，我们认为表 5—7 的相关数据也许更接近历史的真实。

　　再看表 5—7。虽然表格较为简单，只列有历年的捐资兴学人数或团体数、捐资总额及授予奖状数，而欠缺全国各省市的详细数据，但也足以显示出南京国民政府或者说民国后期颁行实施《捐资兴学褒奖条例》的一个概貌。新条例实施后，民众的捐赠动机很快又得到极大催发。1930 年和 1931 年，全国受教育部褒奖的捐资者接近百人,其捐款总额也逾百万元款额,较 1929 年都有成倍的增长。颁行十年来,由教育部褒奖的捐资兴学案每年均有数十件,最多达 111 个团体或个人,捐资额也稳中有升,最高为 1936年的 2000 余万元。抗战初期,捐资人数和捐资额曾一度下降,而在抗战中后期又有所增长。其实,1940—1944 年捐资人数和款额的剧增,在通货膨胀、物价飞涨的社会背景下,却更能全面地反映出全国捐资兴学的真面目。因为货币贬值,原由省政府或教育厅褒奖的捐资兴学案,此时需呈报教育部褒奖,其捐资人数与款额也得以统计而不致像以前那样缺失或忽略不计。总的来看,1929—1946 年,捐资人数达 10 123 个团体和个人,授予奖状 9 534 张,捐资额达 154 300 万元。这表明,民国时期慈善捐赠及褒奖制度已基本确立起来,并取得了相当的成效。

另外,受战争环境及社会经济诸多因素影响,捐资兴学的区域分布也发生了明显的变化。原东部经济发达省市如江苏、浙江、上海、广东的捐赠人数或团体大为减少,而西部省份的四川、甘肃、云南、青海、陕西、湖北的捐赠人数、团体数呈急剧增长之势,捐资数额也较大。按教育部的统计数据,1945 年,四川省受褒奖的 378 个团体和个人,共捐资兴学达 25 632 863 元;陕西有 244 个团体和个人受褒奖,其捐资额为 2 528 993 元;甘肃有 194 个团体和个人,捐资额为 8 437 630 元。青海、云南的捐资人数不多,其款额却不菲。云南全省受褒奖人数虽然只有 60 人,为四川的六分之一,但其捐款额却大大超过四川,达 35 876 207 元,居全国第一。[127]

另一方面,慈善捐赠法律制度的实施,在一定程度上促进了民国教育事业尤其是基础教育的发展,改善了办学条件。

《捐资兴学褒奖条例》的立法宗旨在于"奖劝人民捐私财襄公益,借补国家财力之不逮"[128]。条例颁布以来,各省捐资兴学的善举频频,或以私财创办学校,或捐赠款物充当办学经费,"于振兴教育颇多效力"[129]。如前已提及的江苏东台蔡映辰,早在清末光绪、宣统年间就捐资创办或倡办启秀藏书社、枡茶公立启秀高初两等小学校、蔡氏女学、公立康庄初等小学、蔡氏族学等多所学校,以惠乡人。民国后,又于1913年创办私立蔡氏幼志初等小学、枡茶市公立西区初等小学、公立浒陵初等小学,同年还接办公立南区初等小学,并在启秀小学内特设师范传习所及蚕桑传习所,"先后成就甚众"。各校历届毕业生徒计高等小学生四级,师范传习生一级,蚕桑传习生一级,初等生九级,合计237名;在校生徒仍常有400余名。管理、训练、教育,均切实讲求。由于枡茶滨海,贫薄殊甚,公款移拨教育费用者,岁入不过千元,而支出甚巨。蔡映辰身任各校校长,极力经营筹垫。蔡氏病笃后,遗嘱家人,除前此已捐银13050元不计外,又慨然将从前垫用之款及自行购置田产、股票等,永久捐入各校;并遗嘱将收买广生油厂程竹坪股本银500两,以岁息捐为津贴贫苦学生出外就学补助费。各项合计,蔡氏在民国以后捐出资财合银30190元。[130]蔡氏屡屡捐资,广设小学,启蒙开化当地幼童颇有倡率之功。1913年,上海士绅吴馨捐以地基为本县第一女子高等小学校舍,并赠以图书、器具,合银91301元;四川乐池周陈氏亦襄助本县乐秀两等女学12000元办学经费;在辽宁,海龙县郑殿卿、法库县梁树萱均捐以地基、房屋等资财创办起自私立小学。自1914年始,黑龙江盐商聚升店每年以所得咸耗内每盐一袋折江钱800文,捐助女子初高等学校。[131]上述实例都表明,除了捐资外,捐赠图书亦是捐资兴学的一个重要方面,也是条例所鼓励的。如1915年3月,中华书局向湖南教育会附设通俗图书馆捐赠了《幼稚识字》、《中华实业界》、《初等修身教科书》、《中华童话》等233种(部)书刊;商务印书馆也于3月份捐赠图书373

册,4 月份续捐 450 余册,涉及政治、法律、教育、经济等学科的学术著作、普通读物与初高等教科书。同年,群益图书公司、中国图书公司、楚益图书社、翰墨山房书局、宏文书社、通俗教育报社等公司或团体也捐助了多种图书。[132]这些捐赠为经费常常捉襟见肘的中小学校舒缓了燃眉之急,恰似雪中送炭,有助于改善其教学条件,维持以至扩大其办学规模。

　　南京国民政府成立后,捐资兴学之善举依然较为踊跃,各地向教育部呈请褒奖之案也长年不断。频频捐赠,资金有巨有微,成为民国后期教育事业持续发展不可或缺的经济源泉之一。安徽姚潘素清就是其中一个非常典型的案例。民国初年,她就捐资开办起怀宁私立贫民学校。20 年来,所有学生书籍、运动衣、膳费以及工艺用品等费一律免收。至 1918 年 9 月计捐助该校 6723.9 元,曾获教育部长颁给捐资兴学褒奖执照。嗣后继续办理,12 年间陆续捐助 42000 元。此外,办理工艺一项,又逐年捐助 29198 元,合共捐助 77922 元。[133]这使得该校得以长期兴办,弦歌不绝。又如,1942 年前后,贵州普定县伍效高捐助该县私立建国初级中学开办费 51830 余元,福建南安县陈存履捐助该县初级中学礼堂建筑费48000 元,广西邕宁县黄廷辉等昆仲三人捐助该地方教育经费约 6万元,四川江津县僧月宽捐助该县私立奎聚初级中学经费 3 万元,湖北竹溪县莲花寺捐助该县县立初级中学教育基金 35000 余元,湖北竹溪县独松寺捐助该县县初级中学教育基金 36000 余元,广东梅县利展麟捐助该县泗都乡中心学校建筑费 3 万元,陕西富平县路建人捐助该县礼治乡中心学校基金 52000 余元,贵州德江县徐鸿思捐助该县教育基金 38000 元,江西兴国县周子实捐助红十字会南昌分会附设义重小学经费 47000 余元,湖南湘阴县张德富等捐助该县临泚口救生局附设初级小学基金 3 万元,广西贺县谢基丰公蒸尝会捐助该县新寨乡中心学校建筑费 42000 元。[134] 这些巨额捐赠，为创办或兴办中小学提供了相对充裕的教育经费，对当地基础教育发展的功不可没。由此，1943 年 1 月，教育部以其慷慨捐资，热心教育，洵堪嘉尚，由部授予每人一等奖状，并转请国民政府明令嘉奖。这里，利用中国第二历史档案馆所藏档案再枚举数例。1934 年，广东人冯聘述先后捐助香港私立领岛女子初级中学校产一所暨学校基金，共计国币约 8 万元。1943 年，在广东，王强远捐助合浦县私立海门初级中学筹备高中开办费国币 8 万元；郭文辉捐助钦县龙门乡中心国民学校基金粮田一块，每年租谷 260 元，值国币 9 万元；四川巫山王淑龄捐助该县初级中学筹备费国币 5.9 万元，富顺王用之捐助南沙乡国民学校购置校舍费 4.5 万元，又建筑费 3 万元，合国币 7.5 万元。[135] 此类慨输资财、嘉惠士林的事例，在第一次、第二次教育年鉴的"捐资兴学一览表"所载甚多。

民国时期，华侨的社会地位得到提升。《捐资兴学褒奖条例》自 1914 年修订后，华侨捐资兴学，"一律由部给奖，以示优异"[136]。他们捐资兴学的热情渐成高潮。1911—1931 年，南洋华侨陈嘉庚多次捐资兴学，先后创办或资助了集美小学、同安县属男女小学，并成立集美基金；[137] 1921 年又与林文庆、陈敬贤捐资创建厦门大学，十余年来，规模大备，成就斐然。华侨捐资在一定程度上弥补了国内教育经费的不足，促进了侨乡教育事业的发展。如福建泉州，据不完全统计，民国年间华侨捐资兴办、赞助的学校 1660 所，其中侨办 269 所，侨助 1291 所，仅在抗战前捐办、捐助的新式小学就达 534 所，其中南安 370 所，泉州和晋江 101 所，永春 33 所，安溪、惠安、德化计 31 所，捐资金额达数百万元之巨。[138] 另据民国晋江县政府的统计数据，1935 年全县的教育经费为 47.4 万元，政府拨款仅有 3 万元，其余都出自华侨捐赠。而民国时期晋江全县共有 4 所中学,200 所小学,其中由华侨捐资兴办的私立学校占 90%。[139]除初级教育外,华侨还捐资兴办起师范、中专、高中学校,由此成为侨乡教育事业发展最重要的推动力量。华侨捐资兴学对民国教育发展的贡献还不独局限于侨乡,也影响惠及全国。1935 年底,胡文虎也计划捐赠 3500 万元,在全国各省建 1000 所小学校舍。[140]至 1936 年,檀香山侨商陈宽自民国以来历年捐助国内外学校的经费,合计亦在 12 万以上。[141]1938 年 1 月,新加坡华侨李俊承捐款 10 万元,购买救国公债,逐年所有收入之利益或利息,拨作国立中央研究院奖励发明基金。[142]1942 年,缅甸华侨中学校董会捐献巨值之乐器、仪器,于缅境战事紧急之际,由该校校长吴铁民冒险护运抵渝。[143]这些爱国华侨的捐资善举,对处于国难时期教育文化事业的发展显然颇有裨益。

长期以来,我国区域发展极不平衡,西部地区社会经济欠发达、教育文化落后,与中东部存在着较大的差距。1934 年 7 月 31 日,教育部颁布《捐资兴学褒奖条例补充办法》,对蒙、藏、青、新、宁、甘及西康等西部民族省份捐资兴学的褒奖情形作了补充规定,对捐款数额较大者给予特别褒奖。[144]该补充办法公布后,对民族地区教育文化事业的发展形成一股较大的推力。不少县先后兴办了多所中小学校,捐助成立教育基金,涌现出许多感人的捐资兴学事迹。如 1939 年,甘肃临夏马朝选、马全义捐助房院两处、果园两所、田地一段,树 38 株,作为青海省贵德学校基业,共计值国币 14300 元。1940 年,西康会理县石亚光、石文彬、王文葆、孙正乾等,捐助金江初级实用职业学校山地 300 余亩,开办农场、林场,供给学生实习之用。[145]此类事例还有很多,如表 5—8 所列,都是捐资数额巨大者,除由教育部、蒙藏委员会授予一等奖状外,他们还得到了国民政府明令嘉奖,并题给匾额。尽管人数有限,然以一斑而

表5—8 西部民族地区捐资兴学简表(1941—1944年)

姓名或团体名称	籍贯或所在地	捐资兴学事实	褒奖时间	资料来源
马忠祺、忽然亮、马凯臣、张健清、马静元、忽天启、忽宗龙	云南蒙化	捐资1万元,作为西康省西昌县伊斯兰小学基金	1944.2	《国民政府公报》渝字第649号(以下仅注号数)
马明章	云南下关			
傻文斗	云南凤仪			
马志仁	云南顺宁			
张浓弼	甘肃靖远	捐助靖远县立中学修建费国币2万元		
杨天茂	甘肃灵台	捐助灵台县上良乡第三保中山国民学校校址,计值国币1万元		
韩氏	青海循化	捐助青海回教促进会循化分会教育文化基金达国币20万元以上	1944.6	二档馆行政院档案
段守福	甘肃靖远	捐助靖远初级中学开办建设费达1万余元	1943.3	第544号
张文栋	甘肃渭源	捐助平凉女子师范学校校址,计值国币8.2万余元	1943.4	第560号
马焕文马纯麟	西康西昌	各捐助西昌县伊斯兰小学基金1.1万元	1943.5	第569号
陈杰	青海循化	捐助青海循化县县立高级小学及回教教育促进会置立小学基金会,计国币1.5万元	1943.6	第576号
徐马氏	青海乐都	捐资兴学达国币1.2万元	1943.6	二档馆行政院档案

续表

姓名或 团体名称	籍贯或 所在地	捐资兴学事实	褒奖时间	资料来源
祁昌寿	青海西宁	捐资兴学达国币 3.25万元	1963.6	
邹华堂	甘肃皋兰	捐助该县石洞乡中心小学校建筑费 1 万元	1943.9	第 603 号
张星五	甘肃榆中	捐助榆中县金岩镇第六保国民学校基金,计国币 2 万元	1943.10	第 611 号
温肇卿	甘肃天水	捐助天水县新阳镇中心学校建筑费 1 万元	1943.11	第 622 号
马步芳	青海	前岁捐助青海省立民和简易师范学校建筑费,共捐助青海教育资产已在 1000 万元以上	1942.8	第 480 号
马驯	甘肃临夏	捐资兴学先后达 3.9 万元	1942.11	第 521 号
张钦武	甘肃景泰	捐助景泰县一条山小学校校产 1.5 万元	1942.11	第 521 号
马丕烈	甘肃临夏	捐助青海省回教促进会同仁分会小学教育基金 2 万余元	1941.5	第 359 号
羊仁安	西康汉源	先后捐助汉源县中小学 5 万元	1941.5	第 359 号
马庆	甘肃临夏	捐资兴学各 1 万元以上	1941.10	第 405 号
马兴泰	青海西宁			

窥全豹,从中也显见出条例及补充办法对西部地区教育文化发展的推动作用。他们的捐赠行为,不仅倡导了西部地区捐资兴学之风气,而且在一定程度上改善了当地的办学设施,有助于当地教育文化事业的进步与发展。

如果说，前文所述和表 5—8 所示还只是民国时期一例例捐资兴学或简或详的个案，那么，表 5—9 或许更能从宏观上展现出善款的具体流向及其对教育文化发展的作用。

表 5—9　民国三十四年度褒奖捐资兴学统计表(1945 年)

省别	人数或团体数	捐资数(元)				
		共计	兴办中等学校	捐助小学	捐助教育基金	捐作奖励金
浙江	3	265 000		265 000		
安徽	4	1 094 400	239 000	855 400		
江西	72	452 800	44 800	408 000		
湖北	38	1 076 800		1 076 800		
湖南	7	584 900	337 500	247 400		
四川	378	25 632 863	470 170	25 162 693		
西康	17	98 570		98 570		
山东	19	433 200		433 200		
陕西	244	2 528 993	428 602	2 100 391		
甘肃	194	8 437 630	280 000	7 601 420	112 210	480 000
青海	21	6 215 800	221 500	4 114 300	1 880 000	
福建	19	331 277		331 277		
广东	22	96 000		96 000		
云南	60	35 876 207	7 087 207	28 789 000		
贵州	3	850 000		850 000		
绥远	5	977 270		977 270		
宁夏	3	56 000		56 000		
新疆	8	303 965		303 965		
总计	1117	85 347 675	9 108 779	73 766 686	1 992 210	480 000

注：察哈尔、热河、广西、河南、山西、河北、江苏等省本年度无统计数据，此表从略。

资料来源：《第二次中国教育年鉴》，第十五编"杂录"，商务印书馆 1948 年版，总第 1606 页。

从表中而知，1945 年全国各省捐资兴学的款额主要集中于兴办中等学校、捐助小学、捐设教育基金和奖励金等四个方面，其实，它也反映出了整个民国时期捐资兴学善款的具体流向。此外，高校及社会教育机构也是捐资兴学的对象。1929 年，卢木斋捐资 10 万元，建筑南开大学图书馆；[146] 1942 年，贵州贵阳县华高瑶涵及其子华仲麟捐助国立贵州大学田产，约值 60 万元。[147] 这对推助高等教育的发展亦有一臂之力。

三、《捐资兴学褒奖条例》施行的绩效评估

民国的慈善捐赠法规同清末同类法规相比较，已有了很大的进步，但由于历史条件的限制，不可避免地存在着一些局限，主要体现在法理和法的运用方面。

首先，从法理上看，条文内容不够严密周详，制约和影响了法律的实施。立法贵在施行，法规各条款理应详尽完备，用语力求准确具体，以便操作。在近代中国，随着社会经济的发展，商号、公司、工厂等新型经济组织纷纷涌现，其他社会团体也不断成立。以营利为目的的各类经济组织，已成为创造社会财富的重要载体，积聚和掌握了大量的社会资财，是公益慈善事业捐赠的重要力量。这与传统社会个人独资捐赠迥然有别，捐赠者不再局限于绅商富民等个体。而 1913 年《捐资兴学褒奖条例》仅规定个人捐赠，地方长官可为其呈请褒奖，却没有规定团体和海外华侨捐资以及遗赠等情形，"不无窒碍漏略之处"[148]。这就使得法规刚颁行不久又要修订，后来南京国民政府时期也因法律不严密进行过修正。另外，民国《捐资兴学褒奖条例》还有一个较大的缺陷，对捐赠者的奖励只限于精神层面，授予褒章、褒状与匾额，或予以明令嘉奖，而没有从物质利益层面给予实惠，如对企业、个人予以税收优惠。这

种情况在民国后期才在税法中有所规定。因而，从实施效果看，民国年间向各类学校、图书馆、民众教育馆等教育文化机构捐赠巨资的近代公司企业尚不多见，而大多数似乎从未或少有向教育事业捐献的行为。条例的实施，没有很好地激发公司企业的捐赠动机，调动其积极性来兴办或赞助学校。由于法规侧重于对捐赠者的褒奖，而忽略对捐赠款物的管理与使用，因此，受赠财产的使用、管理情况及其效果缺乏监督。同时，对于那些已认捐而后来没有履行承诺的捐赠者，缺乏其应承担的法律责任等相应条款。这样，捐资兴学的成效有时并不理想，在实际社会生活中没有完全发挥其应有的作用。

其次，在法的运用方面，民国时期战事频仍，经济起伏波动，社会动荡，也使得慈善捐赠法规的实施效果受到极大限制。辛亥革命的成功，奠定了民国的基业，但并未开创一个安定、繁荣的社会。《临时约法》的墨香犹在，战火的硝烟骤然又起。自1913年起，二次革命、护国战争、护法战争、直皖战争、直奉战争、北伐战争、蒋桂战争、蒋冯战争、中原大战、抗日战争、国共两次内战等一系列大大小小的战争接连不断，贯穿着整个民国时期，波及到全国或局部地区。频繁的战乱不仅造成了政局的动荡，社会秩序的失调，而且还影响了经济的发展，最终影响到了慈善捐赠法律制度的实施。毕竟，慈善捐赠需要一定的经济实力，没有经济的发展和充裕的财富，捐资兴学也就无从谈起，相关法规也无从贯彻、执行。1935年底，华侨胡文虎拟捐国币3500万元，于五年内在全国建设小学校舍1000所，每所建筑费3.5万元，其中福建80所，广东50所，广西30所，贵州20所，其余各省各10所。翌年，已认捐并开始在闽、浙、粤等省兴建小学。因抗战爆发，胡文虎在南洋的产业损失惨重，捐助甘肃、湖南等省的小学校舍二、三期建筑费被拖延，经教育部与之商洽后,胡氏才将多方筹措到的一笔款项拨付作捐款,但仍有"建筑全国小学余款国币二百万元经已移购救国公债"。这样,一些省份已动工的小学建筑工程陷于停顿,而各省小学尚未建筑部分,教育部只好"令饬停止进行"。[149]战争无情地破坏、中辍了民国时期规模最宏大的捐资兴学工程,也使得《捐资兴学褒奖条例》的实施陷入了尴尬的境遇——对没有兑现捐赠的认捐人缺乏法律约束力。战争对捐赠褒奖法规实施带来的不利影响还远不止此。1945 年 4 月 17 日,迁重庆的教育部电令各省呈报褒奖民国二十二、二十三、二十四年度捐资兴学的统计表,两月内只有山西、察哈尔、贵州、广西、宁夏、甘肃、西康等七省先后拟表呈报。及至9 月 22 日,仍有广东、河南、山东、湖南、湖北、江西、安徽、浙江、江苏等十余省未报,教育部再度电令催报。而最后的呈报结果显示,《捐资兴学褒奖条例》在一些沦陷区几乎形同虚设,已无从实施。如江苏教育厅呈报,"查三十四年,本省府已播迁皖北,省境尚未完全收复……至捐资兴学一节,三十四年三月,仅有江浦田陈氏捐助江浦县立永宁镇国民学校圩田四十亩";而察哈尔省的情况也相似,"本省厅已播迁陕省……无从饬办"。[150]由上而见,日本帝国主义发动的侵华战争长达十四年,不仅严重冲击了中国国民经济的发展,还使得大片国土沦陷,家破人亡。普通民众身家性命尚且不保,遑论有余资捐赠兴学。这期间,东北、华北、华东各省都处于日寇的铁蹄之下,人民生活困苦,文化教育机构也备受摧残,捐资兴学的善举亦然骤减或陷于停顿,褒奖也无从呈报。由此,《捐资兴学褒奖条例》已丧失了法律付诸实施所需的最基本的社会环境和经济基础。

　　不过,总的来讲,在民国政局变动频繁的情况下,民间社会的慈善捐赠还是较为活跃,捐资兴学褒奖的行政系统也保持了相对的稳定与完整,因而一定程度上保证了捐资兴学褒奖法规的贯彻执行。从实际效果来看,《捐资兴学褒奖条例》虽屡有修订,但在民国诸多慈善法律法规中却是实施效果最好的、最显著且具连贯性的一部法规。

注　释

1　参见张文显主编:《法理学》(第三版),法律出版社 2007 年版,第 228、232 页。

2　《各地慈善机关概由民厅整理》,《江苏省政府公报》第 41 期,1928 年 7 月 9 日,第 12 页。

3　《上海特别市社会局监督公益慈善团体暂行规则》,《申报》1928 年 12 月 13 日。

4　《公益慈善团体限期注册》,《申报》1928 年 12 月 2 日。

5　《为呈送已核准注册之立案之公益慈善团体表请备案,其尚未遵章办理者可否即予取缔请核示由》,《上海特别市市政公报》第 22 期,1929 年 4 月,第 47—48 页。

6　《布告·为限公益慈善团体遵期注册由》,《上海特别市市政公报》第 22 期,1929 年 4 月,第 123 页。另参见《公益慈善团体注册再展期》,上海《民国日报》1929 年 4 月 18 日。

7　《上海特别市指令第 1469 号·令社会局为拟定公益慈善团体会计通则及组织请核示由》,《上海特别市市政公报》第 26 期,1929 年 5 月,第 28 页。

8　现代法学通常认为,凡涉及公共权利、公共关系的法为公法;而涉及个人利益、个人权力和自由选择的法为私法。《监督慈善团体法》的公法性在于,它是国家为规范慈善事业发展而制定的法律规范,是行政法体系的组成部分。如慈善组织登记审查制度的设立即体现国家公权力对其慈善事业运行秩序的规范。同时,其私法性也很浓厚。该法对会员、募捐、财务管理也有相应规定。而在慈善活动中,慈善组织、慈善捐赠者、受助者的救济与被救济关系,三者间显然是个体利益关系,属于典型的民事法律关系。

9　《内部调查各省救济事业》,上海《民国日报》1929 年 6 月 19 日。

10　《令仰饬属各慈善机关名称须照部颁规则办理由》,《内政公报》第 3 卷第 7 期,1930 年 8 月,"训令"第 12 页。

11　《令仰饬属各慈善机关名称须照部颁规则办理由》,《内政公报》第 3 卷第 7 期,

　　　1930 年 8 月,"训令"第 12 页;又见《部咨慈善机关依法办理》,《江苏省政府公报》
　　　第 516 期,1930 年 8 月 14 日,第 16 页。

12　《伍伯良今日就社会局长职》,《广州民国日报》1929 年 9 月 11 日。

13　《社会局催令各私立慈善团体注册,颁布注册章程十二条》,《广州民国日报》1929
　　　年 10 月 9 日;《市府批准慈善团体注册》,《广州民国日报》1929 年 10 月 19 日;《社
　　　会局成立后行政情况》,《广州民国日报》1929 年 11 月 24 日。

14　《慈善团体注册近讯》,《广州民国日报》1929 年 12 月 27 日。

15　《本市各慈善团体之内容》,《广州民国日报》1929 年 12 月 31 日。

16　《本市民众慈善团体之调查》,《广州民国日报》1929 年 12 月 22 日;《慈善团体注
　　　册近讯》,《广州民国日报》1929 年 12 月 27 日。

17　83　《津市新闻·市社会局监督慈善团体》,天津《大公报》1930 年 11 月 20 日。

18　《慈善机关须注册》,天津《益世报》1930 年 4 月 22 日。

19　21　35　65　67　72《内政年鉴》第一册,商务印书馆 1936 年版,第(B)360—364、
　　　357、383、384、384、384 页。

20　参见湖南民政厅编:《现行行政法规汇编》,1936 年 7 月印行,第 626—634 页。

22　《各地慈善团体立案之审核》,《中国国民党指导下之政治成绩统计》1934 年 1 月
　　　份,第 20 页。

23　《慈善团体立案之审核》,《中国国民党指导下之政治成绩统计》1934 年 10 月份,
　　　第 20 页。

24　《准咨北平龙泉孤儿院办事细则已予备案》,《内政公报》第 8 卷第 15 期,1935 年 5
　　　月,第 65 页。

25　《中国救济妇孺会吴兴分会修正章程准予备案》,《内政公报》第 8 卷第 15 期,1935
　　　年 5 月,第 63—64 页。

26　《准咨送崇德慈善会章程登记清册等件一案复请转饬将章程补送转部再凭核办》、
　　　《准咨送热奉吉江四省慈善联合会章程表册等件准予备案》、《准咨明德慈善会章
　　　程等件已存查饬知》,均见《内政公报》第 8 卷第 20 期,1935 年 10 月,第 131—
　　　132 页。

27　《准咨转送无锡慕记赈灾基金保管会立案文件已备案复请查照饬知》,《内政公报》
　　　第 10 卷第 3 期,1937 年 3 月,第 78 页。

28　29　《为各地义庄应饬依法呈请立案特转部备案仰遵办具报》,《内政公报》第 7 卷

第6期,1934年2月,第168页。

30　1928年8月,江苏泰县王氏进业义庄评议会议长王治向县政府呈送该义庄章程、
　　图表、履历等件,请予转呈内政部立案。经复核查明,此义庄"宗旨纯正,办法妥
　　善,并无别项情形",内政部训令泰县县长:"该庄既属慈善性质,并应遵照《管理各
　　地方私立慈善机关规则》办理",应准备案。见《请内政部核复义庄立案办法》
　　(《江苏省政府公报》第47期,1928年8月20日,第20页)、《内部准泰县王氏义庄
　　备案》(《江苏省政府公报》第57期,1928年10月29日,第23页)。

31　《慈善团体立案之核准》,《中国国民党指导下之政治成绩统计》1934年11月份,
　　第20页。

32　《准咨送贝氏承训义庄章程清册等件已予备案》,《内政公报》第8卷第21期,1935
　　年11月,第134—135页。

33　《令知司法院对于红十字会能否依照〈监督慈善团体法〉予以节制一案意见,仰转
　　饬知照由》,《内政公报》第3卷第9期,1930年10月,"训令"第4页。

34　《令发〈中华民国红十字会各地分会立案办法〉仰遵照依限报候汇转》,《江苏省政
　　府公报》第1747号,1934年8月,第10页。

36　蔡勤禹:《民间组织与灾荒救治:民国华洋义赈会研究》,商务印书馆2005年版,第
　　89页。

37　内政部编:《内政年鉴》第一册,商务印书馆1936年,第(B)384页;《奉院令准以本
　　部为中国华洋义赈总会直接监督机关请查照转行知照》,《内政公报》第7卷第6
　　期,1934年2月9日,第168页。

38　《奉院令准以本部为中国华洋义赈会总会直接监督机关请查照转行知照》,《内政
　　公报》第7卷第6期,1934年2月,第168页。

39　84　《为请转饬所属限于两个月内将境内各慈善团体一律依法办立案手续转呈
　　部备案》,《内政公报》第9卷第7期,1936年7月,第127页。

40　《上海慈善团体联合会讨论各善堂向党部声请许可核发组织健全证明书事》(1936
　　年9月24日),上海市档案馆藏,上海慈善团体联合会档案,档号:Q114—1—9。

41　《内政公报》第9卷第11期,1936年11月,第109—110页;《内政公报》第9卷第
　　12期,1936年12月,第133页。

42　《内政公报》第10卷第1期,1937年1月,第114—140页。

43　《内政公报》第10卷第6期,1937年6月,第143—145页。

44　《慈善团体立案办法实行细则》,中国第二历史档案馆藏,南京国民政府社会部档案档号:11—3606。

45　《各省旅桂同乡会联立战时儿童保育院请备案文》,中国第二历史档案馆藏,南京国民政府振济委员会档案,档号:116—1453。

46　秦孝仪主编:《抗战建国史料:社会建设》(五),《革命文献》丛书第100辑,裕台公司1984年版,第106—107页。

47　《呈行政院第166号·为上海慈善团体联合会及会馆公所联合会应否准予设立呈请核示由》,《上海特别市政府公报》第45期,1930年2月20日,第74页。

48　《为奉行政院令据内政部核复请示慈善团体应否设立联合会一案转行遵照由》,《上海特别市政府公报》1930年第48期,1930年3月20日,第23—24页。

49　《准咨以据江都县政府呈送各慈善团体立案清册请解释公私性质一案复请查照饬知》,《内政公报》第9卷第6期,1936年6月,第80—81页。

50　《呈复红十字会万全分会函请募款筹设平民工厂一案兹据调查不合已函复从缓筹设呈请鉴核由》,《北平市市政公报》第44期,1930年4月,第4页。

51　《为据报称近有假借赈灾名义骗取捐款等情布告设立筹赈会须先呈报备案由》,《上海市政府公报》第102期,1931年,第71页。

52　《上海市政府公函第3341号》,《上海市政府公报》第107期,1931年,第67页。

53　《批示中国红十字会丰台分会:据呈分会拟在凭举办游艺会筹款碍难照准由》,《北平市市政公报》第381期,1936年12月,第2页。

54　该案涉及慈善团体财产的处置,其司法解释成为后来处理同类案件的重要法律依据,因而具有标本意义。该案的详细经过为:1935年5月,汉口市市长吴国桢呈请湖北省政府,询问各慈善团体多不依法立案,及曾经解散与自行停办之善堂房地财产究应如何处置。湖北省政府答复道:"关于第一点,应限期责令依《监督慈善团体法施行规则》第三条及第十三条呈请设立或重行核定;关于第二点,应依《民法》第四十四条办理。"而后,吴国桢以案关适用法令,不厌求详,再次请示:"(一)关于限期责令呈请设立或重行核定时,倘遇逾限究应如何处置?……能否将其解散?(二)关于《民法》第四十四条(法人解散后),所谓法人者,依同法第三十条'法人非经主管官署登记不得成立',本市各善堂多未呈经本府登记,似根本上未取得法人资格,能否比照法人办理?(三)《民法》第四十四条只规定法人经解散后之处置,自行停办者并无规定,能否亦以解散论?(四)《民法》第四十四条'……其剩余财产属于法人住所所在地之地方自治团体'，本市现尚无合法之地方自治团体，其各善堂剩余财产能否暂属本府?"湖北省政府认为，对于第一点，如逾限不呈请设立或重行核定，自可将其解散；第三点："法人解散之原因，不仅限于主管官署之命令，有由于社员之决议者，有由于时期之完成者，观于《民法》第五十七条及第四十八条第一项第九款，又第六十一条第一项、第八项之规定自明，故自行停办即解散之一种亦无疑义。"而对于第二点、第四点，湖北省政府也拿不准。其称："惟关于第二点：按善堂应依《民法》、社团或财团办法，向主管官署登记，系根据民国十八年七月十五日公布之《监督慈善团体法施行规则》第三条之规定，未经登记之善堂，其成立或解散，如果均在该规则施行以前，自不能不认为有法人资格。反之，如成立或解散有一在该规则施行以后，能否认为具备法人资格，照法人办理。第四点：已解散之善堂，其剩余财产，如果应依《民法》第四十四条第二项办理时，在现在无合法地方自治团体之汉口，能否属于市政府，均系法律解释问题，理合具文呈请转咨司法院解释饬遵。"7月，行政院第207号咨转呈司法院解释。后经司法院统一解释法令会议议决，认为"（一）监督慈善团体法施行规则第三条所称之主管官署，乃许可设立之官署，即《民法》第四十六条、第五十九条所定登记前应得许可之主管官署，非法人登记之主管官署。慈善团体得许可设立之主管官署设立许可后，未依法定程式向主管官署登记，虽在该规则施行前成立，依《民法》第三十条，不得成为法人，自不能认为有法人资格。（二）已解散之慈善团体，其剩余财产，如依《民法》第四十四条第二项规定，应属于其住所所在地之地方自治团体时，该地方若无合法地方自治团体，应由该地方之官署暂为保存，俟由合法地方自治团体时归属之。"请参见《奉令以准司法院咨复解释慈善团体停办后其财产处置办法疑义一案仰知亦饬属一体知照》，《内政公报》第9卷第2期，1936年2月，第195—197页。

55　《准咨据社会局呈报本市修善堂办理不善拟具处置意见转请解释〈监督慈善团体法〉第十一条规定复请饬遵》，《内政公报》第9卷第2期，1936年2月，第194页。

56　《上海市政府指令第1168号·为高昌庙同善惜字会虚有其名经饬令解散准如所请办理由》，《上海市政府公报》第101期，1931年，第36页。

57　《为据呈上海慈善团借款建屋一案有挪用情形由该局依法检查其财产状况据实呈复由》，《上海市政府公报》第49期，1930年，第30页。

58　《上海市社会局有关元济善堂决算文件》，上海市档案局藏，上海市社会局档案，档号：Q6—18—350。

59　《上海市社会局为整顿厚仁善堂善产事与上海慈善团体联合会的往来文书》，上海市档案局藏，上海慈善团体联合会档案，档号：Q114—1—11—75。

60　《伍伯良请发社会事业各案卷，俾资借镜而利进行》，《广州民国日报》1929 年 9 月21 日；《伍伯良调查各慈善团体》，《广州民国日报》1929 年 10 月 31 日。

61　《社会局整顿崇本善堂》，《广州民国日报》1929 年 12 月 28 日。

62　《贫教新院经费审查结束》，《广州民国日报》1929 年 12 月 30 日。

63　《社会局指令》，《北平市市政公报》第 392 期，1937 年 2 月，第 17 页。

64　《华洋义赈会之视察》，《中国国民党指导下之政治成绩统计》1934 年 1 月份，第 26页。有关此次调查的内容，可参阅钟麟：《调查中国华洋义赈救灾总会报告书》，《内政公报》第 7 卷第 20 期，1934 年。

66　《据呈为重灾区广请行文各省，俾广劝募一案无例可援未便照准——批中国华洋义赈救灾总会》，《内政公报》第 8 卷第 21 期，第 130 页。

68　参见蔡勤禹：《民间组织与灾荒救治——民国华洋义赈会研究》，商务印书馆 2005年版，第 75—77 页。

69　《法令（考字第 852 号）》，《山西村政旬刊》第 2 卷第 33 期，1929 年 11 月。

70　《湖南长沙陈佩珩捐资五千元以上举办救济用，核准转呈题给匾额由》，见《关于捐助慈善救济款项褒奖（1931—1935）》，中国第二历史档案馆藏，南京国民政府行政院档案，档号：2—254，缩微号：16J—1688。

71　《国民政府行政院关于修正监督慈善团体法施行规则第十二条的训令》，上海市档案局藏，上海慈善团体联合会档案，档号：Q114—1—10—48。

73　《江苏句容县长呈转救济院黄执礼呈请褒扬沈辉捐资一案，检同事实清册证明书请鉴核示》，见《关于捐助慈善救济款项褒奖（1931—1935）》，中国第二历史档案馆藏，南京国民政府行政院档案，档号：2—254，缩微号：16J—1688。

74　《准咨请核复人民独资捐助一元或数元办理公益慈善事业呈请褒奖可否依例办理复请查照》，《内政公报》第 9 卷第 7 期，1936 年 7 月，第 218—219 页。

75　《褒扬事项》，《内政公报》第 12 卷，第 7—9 期合刊，1940 年 1 月刊印，第 59 页。

76　《褒扬事项》，《内政公报》第 13 卷，第 1—3 期合刊，1940 年 6 月刊印，第 64 页。

77　《上海市社会局致上海慈善团体联合会》（1930 年 1 月 19 日），上海市档案馆藏，上海慈善团体联合会档案，档号：Q114—1—10。

78　《上海市社会局训令（第 1846 号）·令上海慈善团体联合会》（1930 年 9 月 13 日）
　　上海慈善团体联合会档案，上海市档案馆藏，档号：Q114—1—10。

79　《社会局催令各私立慈善团体注册》，《广州民国日报》1929 年 10 月 9 日。该注册
　　章程于同年 10 月 19 日由市政府核准，按其第十一条规定："凡市内原有慈善团体
　　于本章程核准施行日起，一个月内呈请本局注册。"截止日期应为 1929 年 11 月
　　19 日。

80　《本市民众慈善团体之调查》，《广州民国日报》1929 年 12 月 22 日。

81　《慈善团体注册近讯》，《广州民国日报》1929 年 12 月 27 日；《本市各慈善团体之
　　内容》，《广州民国日报》1929 年 12 月 31 日。

82　《社会局昨日召集善团会议，卅六慈善团体出席》，《广州民国日报》1929 年 12 月
　　4 日。

85　86　《上海特别市市政府市政公报》第 18 期，1929 年 1 月，第 109、109—110 页。

87　《为奉行政院指令饬局另订教会所属公益慈善事业规则由》，《上海特别市市政府
　　市政公报》第 22 期，1929 年 5 月，第 19 页。

88　《上海特别市市政府市政公报》第 26 期，1929 年 8 月 10 日，第 53—54 页。

89　《上海特别市市政府市政公报》第 30 期，1929 年 9 月 10 日，第 39—40 页。

90　《上海特别市市政府市政公报》第 38 期，1929 年 11 月 30 日，第 20 页。

91　《阿贺列夫列纪安尼为组织乔治亚慈善协会申请许可由》（1948 年 3 月），上海市
　　档案馆藏，上海市社会局档案，档号：Q6—9—263。

92　《修正监督慈善团体法施行规则》（1941 年 6 月），中国第二历史档案馆藏，南京国
　　民政府内政部档案，档号：12—18815。

93　《管理私立救济设施规则》，中国第二历史档案馆藏，南京国民政府立法院档案，档
　　号：10—1152。

94　1945 年 10 月，上海市社会局颁布了地方性法规——《整理本市公益及慈善团体办
　　法》。其第七条规定："凡过去未向政府主管官署申请立案之公益或慈善团体，统
　　限自十一月一日起向本局申请许可组织。"由于沪上许多教会慈善组织从未或是
　　并不向上海市社会局登记立案，此则规定实际上主要针对外国慈善组织的。但
　　是，一些外国慈善组织对此仍有意拖延或消极抵制。如上海公共租界斯高工艺孤
　　儿院就属这种情况。该院过去从未向国民政府的主管官署申请许可组织，颁布整
　　理办法后，上海市社会局曾派职员于 1945 年 12 月 10 日召集该院天主教神父欧弥

额谈话,面饬办理申请许可组织手续。翌年 1 月,"嗣经屡次催促,迄今未送到"。伯特利孤儿院只是为了申请豁免房捐一节,才于 1946 年 5 月 7 日向社会局办理登记立案手续;而前述乔治亚慈善协会则迟迟延至 1948 年,乃由会长阿贺列夫列纪安尼申请重行立案。还有些外国教会慈善组织则不知系何处何科主管,无从办理申请登记手续。1948 年 3 月 24 日,美国驻沪总领事潘立吉致函上海市社会局,称:查本国在沪教会团体"有从事于医院或其他慈善机关,欲向主管官署注册而仍未登记者,彼等皆因不谙适当手续,至今迄未办妥"。以上情形,请参见上海市档案馆所藏的上海市社会局档案各卷宗:《上海市社会局为限期整顿公益及慈善团体的公告(附办法)》(1945 年 10 月),档号:Q6—9—314—25;《上海市社会局关于伯特利孤儿院申请豁免房捐与上海市财政局的往来文书》(1948 年 6 月),档号:Q6—9—155—51;《欧弥额垦为呈请设立斯高工艺孤儿院重行核定准予立案由》,档号:Q6—9—153。《美国驻沪总领事署函询有关教会团体及从事医院或其他慈善机关登记之手续即请函复本署俾便转饬本国人民知照由》(1948 年 3 月),档号:Q6—9—519。

95 《沪南公济善堂历史》,上海市档案馆藏,沪南公济善堂档案,档号:Q115—32—1。

96 王德峻:《呈为补充董事收回堂务以维善举、呈请备案以利进行由》,上海市档案馆藏,上海市社会局档案,档号:Q6—9—57—26。

97 参见赵军、沈洁:《抗战后期华北城乡的民间慈善团体与日本军政统治》,李长莉、左玉河主编:《近代中国的城市与乡村》,社会科学文献出版社 2006 年版,第 525—543 页。

98 《令各省民政厅等为〈监督慈善团体法〉等通行已久,仰严格执行,毋稍瞻循》,《内政公报》第 7 卷第 4 期,1934 年 2 月,第 76 页。

99 《为关于慈善团体备案书应依法办理后再行转呈备案请查照转饬遵照》,《内政公报》第 7 卷第 13 期,总第 618—619 页,1934 年。涉及慈善团体登记备案的法律条文有:《监督慈善团体法施行规则》第三条第一项:"慈善团体设立时,应先得主管官署之许可,再依《民法》社团或财团之规定,将应行登记之事项造具清册,呈请主管官署核定,其财产在五千元以下者,汇报内政部备案,在五千元以上者,专报备案。"再,1932 年《各地方慈善团体立案办法》第六条规定:"各主管官署接受慈善团体立案呈请书后,应立即立案,其有须调查者,应于两星期内调查完毕,但有特别事由者,不在此限。"第七项规定:"各主管官署对于慈善团体之呈请,查有违背法令者,应令其补正,始行立案。"又第八项规定:"各主管官署准许慈善团体立案后,应即发给立案证书并公告之。"依照上述规定,所有慈善团体立案事项,自应先由各地方主管官署详查核定后,始行转呈备案,甚为明显。4 月 7 日,江苏省主席兼民政长陈果夫为此转发各县,要求各县长遵令执行。(《令饬关于慈善团体备案书册应依照各规定办理后再行转呈备案》,《江苏省政府公报》第 1639 号,1934年 4 月 13 日,第 6—7 页)

100　宋恩荣、章咸选编:《中华民国教育法规选编》(修订版),江苏教育出版社 2005 年版,第 54、58 页。

101　《政府公报分类汇编:教育》(上),上海扫叶山房北号 1915 年刊印,第 167—168页;亦见《教育部制定捐资兴学条例及拟定特奖巨资兴学办法案》,中国第二历史档案馆藏,北京政府教育部档案,档号:1057—96。

102　南京国民政府成立后,1927 年 6 月 30 日公布的《大学区组织条例》,规定中央教育行政机关采用"大学院制",省区教育行政机关废止教育厅而试用"大学区制",以国立大学校长管辖全省教育行政及一切学术事宜。但因遭到普遍反对与抵制于 1929 年裁撤(参见周予同《中国现代教育史》,福建教育出版社 2007 年版,第42—45 页)。1928 年 7 月,曾公布《特别市组织法》和《市组织法》,分别规定特别市和普通市的组织形式。但该市制仅施行了两年。1930 年 5 月,新的《市组织法》公布,撤销了特别市,而将市分为行政院辖市与省辖市,改称为院辖市(参见徐矛《中华民国政治制度史》,上海人民出版社 1992 年版,第 416 页)。

103　104　《教育部咨各省民政长捐资兴学请奖应造具事实表册报部,其捐资在前清宣统二年七月以前者不得牵合请奖文》,《政府公报分类汇编:教育》(下),上海扫叶山房北号 1915 年刊印,第 31 页。

105　《教育部呈报浙江公民胡乃麟捐资兴学请特予褒奖文》,《政府公报分类汇编:教育》(下),上海扫叶山房北号 1915 年刊印,第 35 页。

106　130　《教育部呈江苏故绅蔡映辰慨捐巨资、广设小学遵例请给特奖以昭激劝文并批令》,《湖南教育杂志》第 4 卷第 5 期,1915 年,"法令文牍"第 2—3 页。

107　《安徽教育行政周刊》1929 年第 2 卷第 15 期;上海《民国日报》1929 年 9 月 24 日。

108　109　110　教育部教育年鉴编纂委员会编:《第二次中国教育年鉴》,商务印书馆1948 年版,第 1592 页。

111　112　128　136　148　《政府公报分类汇编:教育》(下),上海扫叶山房北号 1915

年刊印,第 158 页。

113　教育部编:《第一次中国教育年鉴》,开明书店 1934 年版,戊编"教育杂录","各省市历年捐资兴学人数统计表"及"各省市历年捐资兴学经费数统计表",第 358—362 页。

114　教育部编:《第一次中国教育年鉴》,开明书店 1934 年版,戊编"教育杂录","各省市历年捐资兴学人数统计表",第 358—360 页。

115　《纪录:教育界略闻——部奖湘人捐资兴学名单》,《湖南教育杂志》第 4 卷第 4 期,1915 年,第 11 页。

116　此处据《安徽教育行政周刊》1920 年、1921 年各期综合,而按教育部编《第一次中国教育年鉴》(开明书店 1934 年版)戊编"教育杂录"中的"捐资兴学一览"表内所列,安徽这两年捐资兴学褒奖人数并不止 20 余人,名单也有所不同。

117　《纪录:教育界略闻——捐资兴学》,《湖南教育杂志》第 4 卷第 10 期,1915 年,第 12 页。

118　《教育要闻·国内》,《河南教育行政周刊》第 1 卷第 34 期,1931 年。

119　133　《三年来褒奖各县捐资兴学一览表》,《安徽教育行政周刊》第 4 卷第 36 期,1932 年,第 42、46 页。

120　《半年来褒奖各县捐资兴学一览表》,《安徽教育行政周刊》第 5 卷第 13 期,1933 年,第 25—26 页。

121　《教育要闻》,《江西地方教育》第 163 期,1939 年,第 76 页。

122　123　《历年褒奖捐资兴学统计简表》,见教育部教育年鉴编纂委员会编:《第二次中国教育年鉴》,商务印书馆 1948 年版,第 1605 页。

124　《汉口市各界人民及团体捐资兴学暨受捐学校一览表》(1948 年),中国第二历史档案馆藏,南京国民政府教育部档案,档号:5—50。

125　《汉口、天津、上海、青岛市政府咨送捐资兴学请奖文件及文书》(1948—1949 年),中国第二历史档案馆藏,南京国民政府教育部档案,档号:5—50。

126　《教育部咨各省民政长人民捐资兴学由各省给奖者应年终汇报本部以资统计文》,《政府公报分类汇编:教育》(下),上海扫叶山房北号 1915 年刊印,第 31 页。

127　教育部教育年鉴编纂委员会编:《第二次中国教育年鉴》,第十五编"杂录",商务印书馆 1948 年版,总第 1606 页。

129　《教育部制定〈捐资兴学褒奖条例〉及拟定特奖巨资兴学办法》,中国第二历史档案馆藏,北京政府教育部档案,档号:1057—96。

131 教育部编:《第一次中国教育年鉴》,开明书店 1934 年版,戊编"教育杂录",第294 页。

132 《湖南教育会附设通俗图书馆接收捐赠图书》,《湖南教育杂志》第 4 卷第 3 期,1915 年,附录第 1—12 页;第 4 期,附录第 1—10 页。

134 143 《国民政府公报》渝字第 539 号,1943 年 1 月 27 日,影印本第 83 册,第135 页。

135 145 《冯聘述、马俊元等人捐资兴学请奖案》(1938—1947),南京国民政府行政院档案,中国第二历史档案馆藏,档号:2(3)—3492,缩微号:16J—2049。

137 《陈嘉庚毁家兴学记》,见舒新城辑:《近代中国教育史料》(沈云龙主编《近代中国史料丛刊续编》第 66 辑),文海出版社有限公司 1979 年印行,第 242—244 页。

138 吴泰主编:《泉州华侨志》,中国社会出版社 1996 年版,转引自蔡苏龙《侨乡社会转型与华侨华人的推动:以泉州为中心的历史考察》,天津古籍出版社 2006 年版,第 211、213 页。

139 陈德珍:《晋江县华侨捐资办学情况调查》,载《泉州华侨史》1983 年第 2 辑,转引自蔡苏龙《侨乡社会转型与华侨华人的推动:以泉州为中心的历史考察》,天津古籍出版社 2006 年版,第 210—211 页。

140 149 《华侨陈嘉庚、胡文虎等捐资兴学请奖案》(1937—1938 年),中国第二历史档案馆藏,南京国民政府行政院档案,档号:2(3)—3491,缩微号:16J—2049。

141 《国民政府公报》第 1940 号,1936 年 1 月 9 日,影印本第 47 册,第 35 页。

142 《国民政府公报》渝字第 60 号,1938 年 6 月 25 日,影印本第 63 册,第 14 页。

144 特别的褒奖办法为:捐资 3000 元以上者,除授与三等奖状外,并由教育部、蒙藏委员会会同呈请行政院,颁令嘉奖;捐资 5000 元以上者,除授与二等奖状外,并由教育部、蒙藏委员会会同呈请行政院,题给匾额;捐资 1 万元以上者,除授与一等奖状外,并由教育部、蒙藏委员会会同呈请行政院、转呈国民政府明令嘉奖,并题给匾额。参见《中华教育界》第 22 卷第 3 期,1934 年 9 月,第 95 页。

146 《国民政府公报》第 335 号,1929 年 12 月 3 日,影印本第 13 册,第 7 页。

147 《国民政府公报》渝字第 536 号,1943 年 1 月 16 日,影印本第 83 册,第 113 页。

150 《关于填报捐资兴学调查表与各省市教育厅的来往文书》(1941—1946 年),中国第二历史档案馆藏,南京国民政府教育部档案,档号:5—1163。

结　语

　　在探究民国政府慈善立法的动因与理念、考察慈善法的体系与内容及其实施情况，以及慈善组织与慈善立法的关系之后，民国时期慈善法制形成与发展的演进路径已清晰地呈现出来：受中国传统慈善思想和西方近代慈善救济思想的影响，在中国法律近代化的宏观大背景下，民国政府以孙中山三民主义为治国纲领，把规范与发展慈善事业作为一项民生主义政策内容加以推行，一面继受中华传统法文化，一面借鉴西方法文化，并以大陆法系为范例，构建了民国的慈善法制。但是，堪称体系完备、内容全面的民国慈善法制在近代中国的现实土壤中却实施效果不太理想，这表明民国慈善法律的创制从形成上完成了立法的本土化过程，而法的实质内容的实施在民国社会却缺乏合适的基础条件与社会环境。民国慈善法制的整个历史面貌也由此得以全面地展示。鉴于前面探究的具体问题多属于分析性、实证性，在本书行将结束之际有必要对民国慈善法制从宏观整体性方面进行审视，并揭示它对当前慈善立法的启示与借鉴作用。

第一节　民国慈善法制的总体考察

民国慈善法制从初创趋向完善,历时三十余年,对于解决民国社会慈善团体立案、募捐及其运作发挥了积极作用,在一定程度上促进了慈善事业的发展,避免了因天灾人祸等因素引发会矛盾而致社会秩序急遽动荡,这是应予以肯定的。当然,由于民国慈善法制本身尚有不足与缺陷,使得它在规范与发展慈善事业方面也还存在一些不如人意的地方。因而,进一步梳理民国慈善法制的特点,认真总结其经验教训,对构建适合当代中国社会的慈善法制不无裨益。

一、民国慈善法制的特点

(一)继受与移植兼容

从内容上看,民国的慈善法具有内部继受与外部移植兼收并蓄的特点。相对于西方法而言,民国慈善法"引礼入法",将中华法系的道德因素保留下来,融进其中,体现了内部继受的特点;相对于传统法而言,民国的慈善法又植入大量近代西方的法律制度,如慈善组织的财团、社团法人地位及其税法优惠制度,明显具有外部移植的因素。

先看内部继受的情况。众所周知,礼是古老中国的一种社会现象和文化现象。礼不仅起源早,而且贯穿于整个中国古代社会,影响到社会生活的各个领域。引礼入法,礼法结合,由此构成了中华法系最本质的特征和特有的法文化。然而,自鸦片战争之后,以近代工业文明为构筑基础的西方法文化不断传入,它所负载的一套法律价值与规范体系开始影响中国社会的法律生活。在西方法文化的猛烈冲击下,中华法系所包含的法律价值和规范体系则日渐式微,在形式上也趋于解体。1902 年,清廷下诏修律,开启了中国法制近代化的帷幕。在清末短短数年间,中华法系及其相关制度迅速瓦解,但"传统法的观念则凭借深厚的历史文化基础、凭借历史的惯性而以各种方式零散地沿袭下来"[1]。入民国后,中国的法律近代化进程继续推进,其总体状况是"制度上延续清末修律的成果而不断仿照西方的体制加以完善;观念上则呈现出多元化的发展趋势:传统的、改良的、激进的观点同时并存"[2]。而这种情形也体现在民国慈善法的创制中。从民初开始,教育部制定公布的《捐资兴学褒奖条例》即按捐赠者捐资数额给予褒章、匾额等名誉奖励。后来的《褒扬条例》也规定,凡尽心公益慈善者,由地方行政长官咨行内务部请予褒扬,授与褒章;而《慈惠章给予令》的适用范围是捐募赈款、办理慈善公益事业的妇女。这样,导人以善,弘扬善行的"礼"(礼仪规范)并未因清末修律而断裂,民国社会仍然留有一些传统道德的因素。民国时期的慈善立法在客观上也似乎承继与保留了中华法系"引礼入法、礼法结合"的特色。

所谓"引礼入法、礼法结合",简单地说,就是道德的法律化和法律的道德化。一方面把礼的道德精神和有关制度性的规定融入到法律的内容之中,另一方面赋予某些道德以法律的强制力。早在明清时期的律例即有规定,凡士民或养恤孤贫,或捐资赡族、助赈荒歉,或捐修公所及桥梁道路,实于地方有裨益者,可由地方官请旨建坊立碑、题颁匾额。由此,将礼义贯穿于法中,起到了教化一方的作用。在这种氛围中,政府通过立法以激劝、鼓励的手段,让仁人善士受到百姓的崇敬,"变百姓被动地受制于法条为主动地遵循于礼"[3]。恰如有学者所论,"对循礼者予以表彰和鼓励是中国传统法的独特之处,这一特点……将善良风习的培养、维护,与法的制定、遵守合为一体;将道德的戒律和法律的严禁合为一体,使法更具效力"[4]。需要指出的是,礼在中国古代不仅是一个非常复杂的集合概念,同时也是一个发展流变的概念。随着时代的变化,礼也具有不同的内涵。[5] 著名法史专家张晋藩亦有论:"礼作为一种社会现象和文化内涵,在其发展中不断地改造旧习俗,适应新秩序……也是一个文化渐进、因袭变革的过程。"[6] 因而,我们这里所讲的"礼",自然与古代的"礼"有所区别,主要指"善"的伦理观念、道德品质等。正缘于礼具有因俗制宜的功能和精神威慑力量,民国时期仍然受到了统治者的重视。民初,袁世凯将"礼教"、"重典"重演于民主政治的面具之下,于 1915 年颁布了《褒扬条例》。1929 年 3 月,南京国民政府内政部也"以彰善旌能,国之大典,移风易俗,政有常规",值纲维渐弛之时,"尤应振兴礼教,提倡道德之举",故而拟具《褒扬条例》及其施行规则呈请国民政府核定颁行。[7] 该两个条例的出台,虽有为统治者粉饰太平之意味,但其对中华民族一些优秀的传统道德予以提倡,如褒扬善行义举,却是不应全盘否定的。除《褒扬条例》之外,民国时期其他的一些慈善法规,如一系列的捐资褒奖条例,正是以礼为主导,以法为准绳,以礼为内涵,以法为外貌,实现礼与法的互补。这种礼法互补,实际上是法借助于礼的规范来导民向善,鼓励民众进行慈善捐赠,从而促进慈善事业的发展。通过对这些慈善捐赠法规条文的分析,可知法是礼的延伸,礼通过间接汲取法律的某些因素使自己得以强化。礼所提倡的"善"的价值观也浸透社会的每一个角落,也浸透于法的规范之中。南京国民政府成立后,在制订相关的慈善法规法律中,依然继续这个趋向,礼指导着法律的制定,通过立法输入礼的精神。由此,以礼入法,使法律道德化,法由止恶而兼劝善;

以法附礼,使道德法律化,使礼具有凛人的权威。它推动了民国慈善捐资活动的蓬勃兴起,并长久不辍。引礼入法,礼法互补,成为民国慈善法律内容中最鲜明的特征之一,也成为其相别于西方同类法律最主要的结构特色。

再看外部移植的情形。法律移植是法律创新的一个途径,民国时期的诸多法律直接取材乃至照抄于外国成法,已有定论。在慈善立法中,虽然承继传统占主要因素,但亦不乏移植、借鉴外国法律的成分。如 1932 年的《中华民国红十字会管理条例》即直接取法日本的《赤十字社条例》,而"复员时期"草拟的红十字会法,则参酌、仿效美国红十字会法的内容,并遵照了国际惯例及条约。[8]更为明显的是,对慈善团体的法人地位的确立及其财团、社团之划分,慈善团体的成立、变更与解散,其法律依据为《民法通则》,而它又是移植并改造大陆法系国家民法典最显著的立法成果。

此外,民国时期的税法及其对慈善组织的税收优惠政策,也是直接从西方国家的近代法律制度中移植而来。以所得税为例。所得税起源于工业化最早的英国。工业革命后,英国资本主义工商业迅速发展,为所得税的产生奠定了经济基础。1799 年,英国最先颁布了所得税法。其后,法、澳、俄、美、日等国亦因战时需要先后举办所得税。在第一次世界大战前后,西方发达国家都已陆续仿行,并确立了对慈善组织及慈善捐赠免税的原则,以促进慈善事业的发展。1917 年,美国税法就有慈善捐赠免税的条款,而且税法后来成为调整美国各种慈善组织及其相应社会关系最重要的一项法律。[9]清宣统年间,为解决财政困难,吸取外国经验,引进所得税制,曾拟具《所得税章程》,但最终议而未决。民国建立后,百废待兴,北京政府亦决定倡办所得税,以开辟税源,增裕国库。1914年公布的《所得税条例》,其主要内容有课税范围、税率、所得税之计算、免税事项、征收程序等。该条例的免税事项即有"不以营利为目的之法人所得"[10]。国民政府成立后,继续筹办所得税,"参酌各国以往之成规,体察国内经济之实况"[11],由财政部草拟《所得税暂行条例》及其施行细则,经立法程序审议后于1936年正式公布,1943年又修正制定为《所得税法》。《所得税暂行条例》暨施行细则和《所得税法》都规定对公益慈善社团给予免税待遇,具体为第一类中不以营利为目的之法人所得,以及第三类中"教育慈善机关或团体之基金存款"亦可免征所得税。[12]显然,这借鉴了近代西方国家的用税法推助慈善事业发展的先例。其他的税收法律制度如《营业税法》、《遗产税法》以及《土地法》,也同时规定了对慈善捐赠及慈善组织的减免税条款。这些税法的制度设计,无论是形式还是内容,都是舶来品,在中国法律近代化的进程中而被先后移植过来。

综观民国立法史进程,我们不难看出,自清末修律开启中国法制近代化的先河之后,民国时期创制诸多法律,无论体系和内容都仿效西法,极为大胆。但在慈善立法方面,我们却发现一个奇特的现象,它并没有盲目地模仿、全盘地移植西法,弃旧律如敝屣,而是寓创新于改良之中,即在吸收西方法律文化创制新律的同时,又保留着中华法系"引礼入法"的传统,将"善"与"义"等道德法律化。礼与法在清末一度断裂后,[13]在民国的慈善法中却又趋向融合。虽然,这些慈善法不可避免地有些新旧杂凑,既袭用西方的法律形式与原则,又杂有若干传统道德的内容,但这个略失协调的融合,恰恰反映了民国的时代特点。

(二)控制与鼓励并行

辛亥革命后,民初政府对慈善事业采取扶助、奖掖的政策,先后颁布了《捐资兴学褒奖条例》、《褒扬条例》、《慈惠令给予规则》，鼓励人们踊跃捐赠，襄助公益慈善事业。由此，对慈善团体也采取了相当宽容的态度，允许自由设立，参与赈灾济贫及其他公益慈善活动，以弥补政府财政竭蹶而致社会救济不力的局面。后来，在扶掖、利用的同时，也对慈善组织采取了一些限制和管理的政策。1914—1915 年，袁世凯执政时公布实施的《中国红十字会条例》及其施行细则就已端倪初现。1916 年 10 月 2 日，内务部发布通告，规定慈善结社应依据结社集会之呈报程序向主管官署呈报，并转呈内务部。主管官署在北京为京师警察厅，其他地方为各县、省公署。由此，备案注册制成为北京政府管理慈善组织的一个方式。这时期，慈善团体的成立虽不一定要经过政府审批，但需在成立后进行备案，备案时应向主管官署呈送慈善团体的章程，并填具登记表，其涉及团体名称、设立年月、现任主席之履历及住址、全体职员姓名、会员总数等项。由于政局更迭频繁、战乱连绵不绝，北京政府对社团的监管并不到位，控制也不甚严密。许多慈善团体成立后就一直没有备案，名声赫赫者如中国华洋义赈救灾总会，尽管其在民国社会中的慈善赈济活动相当活跃且成效显著。

南京国民政府成立之后，慈善行政纳入到国家社会行政事务的体系之中，对慈善团体的监督与控制也渐趋严密。1928 年颁行的《各地方救济院规则》就明确规定："各地方慈善事业由私人或私人团体集资办理者"，均"须受主管机关监督"。而后，又先后出台了《管理各地方私立慈善机关规则》和《监督慈善团体法》等专门法律法规，规定更为详细，限制更为严格。1929 年《监督慈善团体法》对于慈善团体之限制，不仅有事业范围之限制、发起人资格之限制、发起人名额之限制，还涵括会员之限制、会期及财务之限制，以及主管官署之考核检查等。在关于慈善团体的发起人资格、名额的限制条款中,"有反革命之行动者"即为其中之一。这表明,在国民党一党专政下,国民政府对民众团体会员资格的限制,已经完全政治化,即便是慈善团体也不例外。其政治化的目的是要求会员具备国民党所需的人格标准,进而确保民众结社不危及国民党的专制统治。这种监督与管制,在 20 世纪 30—40 年代又得到进一步强化。1930 年 7 月 17 日,国民党第三届中央执行委员会第 101 次常务会议通过的《修正人民团体组织方案》,其第三节就详细规定了关于人民团体的组织程序。首先,"欲组织社会团体者,须由在当地有住所并有正当业务之发起人三十人以上之连署,推举代表具备理由书,先向当地高级党部申请许可"。欲组织慈善团体者,亦如此,先得有符合《监督慈善团体法》第四条之资格的发起人连署,再具备理由书向国民党地方党部申请许可。随后,由接受申请的党部派员前往视察,"如认为不合当,据理驳斥;认为合法时,即核发许可证并派员指导"。而在许可证内载明将来组织的团体必须"接受中国国民党之指挥";"不得有违反三民主义之言论及行为";"有反革命行为或剥夺公权及开除党务处分者,不得为会员";"除例会外,各项会议须得当地高级党部及主管官署之许可方可召集"。如违反上列规定的慈善团体,主管官署将撤销其许可或解散之。慈善团体发起人领得许可证后才能组织筹备会,并依《民法》有关条款呈请主管官署备案。[14] 1932 年内政部发布的《各地方慈善团体立案办法》,在进一步规范慈善团体立案程序的同时,也强化了国民党及其政府对慈善团体的控制力度,即先有地方党部的许可,方能依程序筹备并向主管官署立案。1935—1936 年,内政部饬令各地慈善团体重行立案,随即对一些不合规范的慈善组织进行了改组、取缔。抗战爆发后,立法院又制订了一系列有关人民团体的战时法案,如《非常时期人民团体组织纲领》、《非常时期人民团体组织法》,对各团体的组织与活动进行规范。慈善团体也依上述两个法规进行立案、备案。及至抗战胜利,国民政府对全国的慈善团体又进行重行登记,再次加强了控制。

同时,国民政府又有鼓励慈善团体、慈善事业发展的另一个面相。在奠都南京之后不久,1929 年,国民政府就出台了一系列褒奖公益慈善捐赠的条例,涉及教育文化、医疗卫生、灾荒救济等多个领域,后来又扩展到了水利事业、福利事业。并且,还多次及时地修正各项褒奖条例,以适应社会发展的需要。从前面两章的论述中,我们已经看到,这些褒奖条例在全国各地都能够得到施行,且实施效果也基本上达到预期——激发了民众的慈善动机,捐赠了大量私财,不仅有助于社会上乐施好施风气的形成,也在一定程度上推助了教育、卫生、水利、慈善救济事业的发展。1941 年,社会部颁布了《奖助社会福利事业暂行办法》,对办理慈善救济卓著成效的慈善团体,由中央或地方政府核发给一次补助金或经常补助金。而 1943 年出台的《奖惩育婴育幼事业暂行办法》也规定,保育设施完全、办理著有成绩者、尽力收容当地孤苦童婴有劳绩者及其他办理育婴育幼事业声誉卓著者均可申请奖励。此外,国民政府对慈善事业发展的扶持与鼓励,还体现在税收优惠政策的实施。其税收优惠政策,既有针对慈善组织的;也有针对捐赠者的;既适用于常态下的公益慈善捐赠,也适用于临时性的赈灾救济捐赠。对慈善组织而言,可以申请减免的税种有所得税、土地税、营业税、筵席及娱乐税等;对捐赠人来说,则可申请减免遗产税。

由上而见,鼓励与控制之间成为民国时期慈善立法的一个总基调。通过立法,一方面鼓励、扶持和利用慈善团体,另一方面又规范、监督和控制慈善团体。鼓励、扶持和利用,反映了民国政府各时期在财源穷匮而救济乏力之下的实用主义态度;规范、监督和控制,则呈现出民国政府一条由弱而强进行干预的政策轨迹。

总括言之,民国时期的慈善法制是传统慈善法令的基础上构建起来的,是中华传统法律文化与西方法律文化相结合的产物。在近代社会急剧转型的历史背景下,民国政府对慈善团体与慈善事业所创制、所实施的法律制度,有延续,也有变革。民国慈善法制所具有的继受与移植兼容、控制与鼓励并行这两个特点,恰好从法的创制和法的实施两个角度说明了中国法律近代化应有的路径选择。

二、民国慈善法制的意义与局限

在重刊《中华民国立法史》之际,朱勇先生在序言中写道:

> 　　如何看待一个政权的性质与其立法机关、立法活动的关系,这是法律史学尚未完全解决的理论问题之一。中国历史上,从古代到近现代,部分逆历史潮流而动的反动政权或滞后于历史发展的落后政权。无论是用现世的观点,还是用历史的眼光,对于这些政权的评价从整体上都是应该否定的。但是,即便是在这样的政权统治时期,也不排除法律上的创新、进步,……不排除具有理性色彩的法律制度的产生。[15]

以此来观照民国政府,自然也很恰当。具体来说,民国的慈善立法也有一定的积极意义。

第一,确立起比较完整、系统的近代慈善法律制度,推动了中国慈善事业法制化的进程。

正如众多学者已经详论过的,民国时期赓续了晚清以来的法律近代化进程,并逐步确立起完整的六法体系。在大力推进法律近代化、确立六法体系的进程中,民国政府尤其是南京国民政府,比较重视运用法律手段来调整和解决慈善事业发展、慈善组织设立和管理过程中发生的各种社会利益关系,慈善立法取得了一些积极成果。自1928年以来,国民政府颁布了《管理各地方慈善机关规则》、《监督慈善团体法》、《各地方慈善团体立案办法》、《捐资兴学褒奖条例》、《中华民国红十字会管理条例》等在内的一批慈善法律法规,连同行政院制定的行政法规和内政部、社会部等制定的部门规章,以及各省市公布的地方性法规,约计百件,一个以单项法律集合为法群形态的慈善法律体系基本形成,并随着在法律实践中得到不断完善与发展。民国慈善法律制度的创建,既有继承,也有创新。慈善法的颁行与实施,表明民国的慈善事业已经走向了法制化之路。欲设立慈善团体,先要向党部申请许可,再到主管官署呈交章程、财产清册等文件,方可登记立案;欲开展慈善募捐,也须得到主管官署的许可,其收据、捐册并须编号送由主管官署盖印方为有效;慈善团体的财务、会务情况也须定期公开,并接受主管官署的审核;社会组织或个人捐资襄助公益慈善,主管官署可为之呈请褒扬。由此,将各项慈善活动纳入了法制化、规范化管理,大体都有法可依。当然,有法不依或未必依的现象在民国年间各地也普遍存在,这亦是客观事实。然而,我们却不能因之而全盘否定国民政府在慈善立法方面的一些积极举措。尽管人们常以为,有法不依不如无法,但相对于以爱心奉献为基础的慈善事业而言,由道德规范上升至法律规范,"有法"毕竟胜于"无法",从"无法可依"到"有法可依"亦应视为一种社会文明的进步。由此,从制度层面上看,民国政府已确立了涉及慈善团体的实体法律、程序法律以及与此相关的法律制度。

第二,促进了中国传统慈善事业向近代慈善事业的转型。

　　中国慈善事业由传统向近代的转型,始于晚清时期,其主要表征为慈善理念的转变、慈善组织的变革与救济范围的扩大等方面。民国以后,随着慈善立法的渐次展开,慈善事业的近代转型也进一步加快。慈善法律在这个进程中起到了催化、促进的作用。最为明显的一例,是南京国民政府成立后颁布《监督慈善团体法》,对旧有善善堂善会进行清理与规范。1930 年 7 月,内政部即训令各省民政厅依照该法规范各慈善团体名称,并整顿其组织与活动。如官立或公立的老人院、苦儿院及接婴局、育婴堂、保婴局等名目,一律改称养老所、孤儿所、育婴所等,由救济院直接管理;赒葬会、施棺所、抬埋会及不合现代潮流的保节局、清节堂、恤嫠会及类似组织,则改设施材掩埋局、妇女教养所,也隶归于救济院内,合并管理;如系私人或私人团体集资设立者,并应依照《监督慈善团体法施行规则》,由主管官署重行核定,报部审核。[16]这样,通过对慈善团体的重行立案,取缔或改组了一些不合时宜的慈善组织,如惜字会、保节局等。同时,对慈善团体的组织机构、会务、财务进行监督与规管,要求民主选举、账目公开,出具会计报告书等,这都透露出近代的色彩。此外,在募捐方面实行申请许可制,也有利于培育近代慈善团体的公信力。在慈善理念方面,民国时期的慈善团体也由消极救助转为积极救助。比如,重视慈善教育,教养兼施,培养受助者的技能;或开展以工代赈,让受助者自食其力。在慈善团体立案登记时,民国政府允许慈善团体在主事务所之外,设立分事务所,也有利于慈善团体突破传统的畛域观念,开展跨区域慈善活动,扩大慈善事业的救济效果与社会影响。由此,从观念层面看,民国慈善法律也有助于慈善团体发起人、募捐人、利益相关者的法律意识、法律观念、慈善意识的形成。而在实际生活中,制度层面与观念层面并不是截然相反或彼此对立,而是一种相互依存、相互影响的关系。民国时期,慈善事业在制度层面与观念层面的变化,即表明民国慈善法律制度的近代化及其积极作用。

在评价民国慈善立法的积极作用与意义的同时,我们也坦承其仍存有一些历史局限。对此,不能避而不谈。其具体表现为如下三点:

一是慈善体系结构不均衡。综观民国的慈善立法,慈善法律法规体系结构还存在失衡的情况。如关于慈善捐赠的法律制度,传统形式的褒扬立法数量丰富,立法成就也高;而近代形式的税收优惠立法相对较少,可操作性也差。由于民国政府对慈善立法缺乏总体规划,各慈善单行法、条例之间缺乏整体配合,以致出现调整对象交叉、内容重复等等问题。同时,慈善法律的调整范围也存有空白。民国的慈善立法还反映出对慈善组织控制有余而保护力度不足,一些税法的优惠政策亦缺乏配套的执行细则。

二是立法层次较低。民初,由于政治纷争长期存在,始终没有一个稳定统一的立法机构。这使得民国前期的慈善法律法规不多,且层次较低。如,《褒扬条例》和《中国红十字会条例》都是由北京政府以教令形式公布,《游民习艺所章程》由内务部拟定公布,《捐资兴学褒奖条例》及其修正案亦均由教育部制订颁行,而没有颁布施行位阶高的法律。南京国民政府建立后,虽有立法院行使立法职权,拟订草案、审议法案,但这时期的慈善立法层次也普遍较低,除《监督慈善团体法》和涉及若干慈善条款的《土地法》、《社会救济法》等屈指可数的几部法律外,大多是各种条例、规则、办法、规程。

三是法律实施效果不够理想。社会动荡、战乱不断是慈善立法施行的极大障碍。民国初期北京政府政权更迭频繁,地方政府亦各自为政,严重地影响到慈善法的适用,破坏了法律事实的连续性。抗战时期,日本侵略者侵占了中国东北、华北、华东、华南等广大区域,在日本铁蹄践踏下的敌占区,原有法律失去了适用条件。在抗战胜利后不久,国民政府对慈善组织进行了重新审查登记,但随着内战在全国范围内的爆发,物价飞涨,慈善法的实施再次面临困境。及至1948年底,随着国民党军队的节节败退,慈善法律法规的施行区域也随之萎缩,直至在中国大陆丧失了法律效力。此外,民国时期,各地有法不依、执法不严的现象也普遍存在。

总之,民国慈善法制是中国近代法律近代化的一个组成部分,对于规范与调整发生在慈善公益领域的各种社会关系发挥了积极作用。由于民国年间还处于中国近代社会的转型期,该慈善法制还有一些不够完善的地方。尽管如此,它对我们构建新时期有中国特色的慈善法律制度仍有重要的历史启示与借鉴价值。

第二节　民国慈善法制建设的历史启示与立法前瞻

民国时期的慈善法制建设,既为后世积累了成功的经验,也留下了失败的教训。无论民国慈善立法还是慈善法的实施(也即司法),这份历史遗产都留给后人诸多启示,其成败得失值得深思,也可为当代中国慈善立法之殷鉴或参照。

一、民国慈善法制建设的历史启示

通过对民国慈善法制建设的全面阐述,从中不难发现,立法在规范慈善活动、推动慈善事业发展中所发挥的积极作用。民国慈善立法的经验与教训,有许多值得我们借鉴与汲取之处,对当前慈善立法有以下几点启示。

其一,以慈善立法为动力,促进慈善事业健康有序的发展。

据统计,民国时期,中央和地方的慈善立法将近 100 件,初步形成了一个比较完善、完整的近代慈善事业法律体系。在这个慈善法律体系中,从纵向结构看,宪法—慈善基本法—慈善组织单行法—慈善行政法规和章程—地方性慈善法规,五个层次上下衔接;从横向结构看,慈善行政、慈善组织、慈善税收、慈善捐赠及褒奖,四大板块互相配合。由此,民国时期的慈善法律体系从不同的层次、不同的角度对涉及慈善事业的各种社会关系进行了规范与调整,迈出了近代慈善法制建设的重要一步,在形式上初步实现了慈善事业法制化、规范化,在实践上也促进了慈善事业一定程度的发展。当前,随着中国社会转型的加快,慈善事业也由复苏进入发展阶段,其势可谓方兴未艾。然而,由于长期计划经济滞留的因素影响,慈善事业与政府救济纠葛不清,界限不明,许多关系需要以法律的形式来加以规范和调整。而目前的慈善法律法规又极其有限,且不够完善,慈善立法的缺口还很多。如慈善组织的法人地位及其准入问题,慈善捐赠的税收减免问题,慈善项目的监督与信息公开问题等。这就对慈善立法有一个迫切需求,对这些缺口或不足之处加以完善。因而,慈善立法既是慈善事业发展的一个契机,也是一个动力。通过制订完善的慈善法及完备齐全的慈善法律体系,保障慈善组织及其工作者的合法权益,激发社会各界的慈善捐赠热情,促进慈善事业的健康、蓬勃、有序的发展。

其二,重视地方慈善立法。

由于中国幅员辽阔、人口众多、各地区经济文化发展很不平衡等国情因素,地方立法虽然居于较低层次,但却是在法制建设和整个国家、社会和公民生活中有着重大作用乃至不可或缺的一种立法。民国时期,地方立法机关、地方政府及其行政部门都比较重视地方慈善立法。如湖南、上海、广州、青岛、天津、宁波等省市都出

台了一系列有关慈善组织注册登记、募捐管理、慈善捐赠及褒奖等
方面的地方性法规。这些地方性慈善法规，在民国的慈善法律体
系中占有相当的分量，并在民国慈善法律制度建设及其实施中发
挥了重要作用。具体言之，地方慈善立法，一方面是对中央慈善立
法的细化与补充；另一方面，地方如先行立法，可为中央慈善立法
积累经验，奠定基石。民国年间，上海市制订的一些慈善法规就曾
为南京国民政府所倚重，并给其他地方政府立法提供了参考。[17]而
今，中国特殊的国情依然存在，并将持续相当长的时期，由此，中央
慈善立法对慈善事业的规范肯定是一些整体性、原则性的规定，而
不大可能完全适应各地的情况。这就需要各省、市根据中央慈善
立法的基本原则、精神，再参酌本地经济文化、社会风俗及慈善事
业的发展状况等情形，制订具体的实施细则，或作变通、补充规定。
鉴于慈善立法在我国还处于起步阶段，国家层面的慈善法规尚不
完善，加强与重视地方慈善法规建设也就有其必要了，这也有利于
不同区域慈善事业的发展，并形成自身的特色。

其三，妥善处理法律移植与法律继承的关系。

中国是一个有着乐善好施传统的国度，与历史发展和时代需
求相适应的风尚习惯在中国社会的存在也不是一朝一夕，它深深
地根植于民众的意识之中，并强烈地影响着人们的行为。我们在
不断移植现代法治原则进行慈善立法的同时，也应当尊重我们的
传统文化，尊重与我国国情相伴生的社会存在。换言之，模仿国
外，移植法律，应以精神和规则两方面均与本土人文、礼俗适当沟
通和协调为前提，应当斟酌事实基础，进行有选择的取舍。否则，
在现代法治建设中对本土资源的排斥或忽视，会使整个慈善法律
体系的建构处于西方价值观念全盘移植或居主导的状态，以此创
制而成的法律，在一定时期内，法令不行是其必然结果。这并不利

于有中国社会主义特色法治的实现。诚然,在当今时代,国际社会经济、文化交流日益频繁,慈善事业的调整规范已不囿于一国范围之内,一些国际惯例也成为慈善事业活动中应遵循的规范。从这层意义上而言,如何使一国慈善立法能够顺应时代潮流,增强其适用性,自然是立法过程中应当考虑的问题。因而,我们应汲取民国时期慈善立法的经验教训,在创制慈善法中必须妥善解决好借鉴外国法、移植外国法和适应本国国情的问题。

其四,注重立法与执法双管齐下。

慈善立法的目的,就是要让慈善法律在社会生活中得到实施,发挥其应有的作用。从立法的角度来看,民国政府及其相关行政部门对慈善立法还是相当重视的,其针对慈善组织及其管理运作、善款募集与捐赠都制订有一系列法律、条例,并出台了具体的施行规则。从法的实施的角度来考察,民国的慈善法律在许多方面也都得到了实施,在调整涉及慈善事业各种社会关系的规范方面,取得了一些效果。但是,如前所述,在慈善法的施行过程中,有法不依、有法未必依、执法不严等弊病依然存在。诚然,这与社会法制环境、经济条件、战争局势等因素的多重影响有关,而一些慈善行政机关或主管官署的不重视、不严于执法更应是其中最主要的原因。由此,慈善立法必须与执法并重,双管齐下,才能实现立法的初衷,推动与规范慈善事业的发展。时至今日,我国亦面临着慈善法律有法不依、执法不严的现象。有些法律在现实中难以得到真正实施,其最突出的如关于企业、个人捐赠予以税收减免的优惠政策、慈善捐赠的使用与管理的信息公开等条款并没有很好地施行,仍需齐下立法与执法之双管,才会有明显成效。由此说,慈善法的实施是长期的,也将任重而道远。

二、当代慈善立法前瞻

新中国成立后,由于思想意识形态领域的影响,慈善事业招致批判而长期打入冷宫。经过近四十年的迂回曲折,慈善事业在华夏大地得以正名并重焕出新的光彩。进入新世纪后,伴随着社会保障体系的构建,慈善事业越来越得到党和政府的高度重视,慈善立法也日益成为人们关注的热点。回眸历史,展望未来,我们以为,建立与完善慈善事业法律制度是一项系统工程,需要有多方面的协调与配置,而以下四个方面应是当前慈善立法特别需注意的。

首先,要制定慈善事业基本法。目前,我国现行的有关慈善事业方面的法律,主要有《中华人民共和国红十字会法》(1993年)、《中华人民共和国公益事业捐赠法》(1999年)。此外,仅是由国务院颁布的《社会团体登记条例》(1998年)、《民办非企业单位登记管理暂行条例》(1998年)、《基金会管理条例》(2004年)等法规以及财政部、民政部、国家税务总局、海关总署等部门制定的有关规章。这些法律法规,明确了中国红十字会的地位和性质,规范了捐赠和受赠行为以及捐赠财产的使用与管理,同时对基金会的设立、非营利社会团体和民办非企业单位的登记及其活动进行了规定,强调了监督管理和法律责任。应该说,这些法律法规在促进和推动近年来中国慈善事业的发展方面发挥了积极作用。然而,既有法律法规的位阶低,多以条例的形式公布施行,即便是《公益事业捐赠法》也只是调整慈善公益事业中涉及捐赠的社会关系,而不是所有与慈善事业相关联的社会关系。因而,目前制定一部有关发展慈善事业的基本法就显得尤为迫切。作为慈善事业法律体系中的基本法,其内容应对慈善、慈善事业的概念、组织机构、管理运作、资金的募集与使用、监督、项目的审查与考核等方面进行规定,给予慈善组织以明确的、独立的法人地位。《慈善事业法》应成为有关部门制订相关慈善事业法规的重要法律依据,具有较高的法律效力。

其次,要完善激励慈善捐赠的税法制度。2007 年,我国修订了《个人所得税法》和《企业所得税法》,对个人、企业捐赠的税收减免比例有所提高,但总体上看,税收优惠的税率还不够;此外,享受全额扣除的范围小,同为慈善组织,有的能获得税收减免的优惠,而有的不能受到同样待遇。这在一定程度上影响了企业和个人慈善捐赠的积极性。由此,所得税法在激励企业和个人进行慈善捐赠方面还有进一步完善的空间。近年来,我国社会贫富差距日益扩大,基尼系数已达到 0.417,接近国际公认的警戒线。为促进社会公平与社会和谐,我们应当借鉴民国时期的做法,加快制订《遗产税法》,适时开征个人遗产税,并规定遗产捐赠于慈善事业可获得税收减免待遇。这将有利于引导富裕阶层承担更多的社会责任,向慈善团体捐赠,或创设慈善基金会,实现更多的社会资源的整合与合理配置,为慈善事业发展提供丰裕的资金。同时,其他税收优惠政策也亟待法制化,如《扶贫、慈善性捐赠物资免征进口税收的暂行办法》、《关于救灾捐赠物资免征进口税的暂行办法》和《中华人民共和国海关关于〈扶贫、慈善性捐赠物资免征进口税收的暂行办法〉的实施办法》,均有待于进一步规范、细化,使之具有较强的可操作性。

再次,要加强慈善事业监督管理的法制建设。慈善事业的监督管理,包括慈善团体的内部自律和外部的主管部门和社会监督。目前,一些慈善组织缺乏公信力就在于信息不公开,财务不透明,而社会对慈善组织的监督力度较弱,使得民众不了解慈善机构的资金去向和项目运作。在信息公示方面,我国现行法律仅在《公益事业捐赠法》中有若干规定，但相比民国时期，还需要进一步细化和完善。如民国时期的《管理各地方私立慈善机关规则》规定："各地方私立慈善机关每届月终应将一月内收支款目及办理实况逐一公开，并分别造具计算书及事实清册呈报主管机关查核"；"主管机关对于各地方私立慈善机关各项册报认为有检查之必要时，得随时派员检查之"。[18] 1929 年出台的《监督慈善团体法施行规则》也有类似条款："慈善团体每届月终应将一月内收支款目及办事实况公开宣布。"每年 6 月及 12 月，慈善团体还应将财产总额、收支状况、办理经过情形呈报主管官署查核；如主管官署因考核上之必要，得令慈善团体编制并呈送预算书、计算书。[19]在上海，还施行了《上海市慈善团体会计规程》。这些规定，也可为我们借鉴之用。现阶段，中央和地方政府理应加快慈善事业监管法规的制订和出台，为社会和个人监督慈善事业、慈善团体提供良好的法制氛围。

　　第四，出台配套的公益法规。民国时期，政府对慈善捐赠者、办慈善事业卓著成绩者给予名誉上的奖励，授予褒章、匾额等，这在很大程度上激励了人们服务于慈善事业的善心、奉献之心。从 2005 年开始，国家民政部每年召开中华慈善大会，表彰为我国慈善事业做出突出贡献的个人和企业，并为之颁发"中华慈善奖"，这对慈善事业的发展无疑有激励、导向作用。但是，目前对于从事慈善服务的人员，如义工或志愿者的表彰奖励尚未制度化、规范化。这方面，我们可以借鉴民国的经验，出台相关配套的公益法规，如《义工组织法》，立法褒扬先进典型，使慈善事业真正成为崇高而受社会尊敬的事业。同时修订《公益事业捐赠法》，对企业和个人捐赠也授予一定的荣誉称号，颁发奖章、奖杯。

　　行文至此，民国慈善法制的内容、特点、意义及其当代价值已经全面展示出来。由此,本书得出的一个基本结论是:在中国有着上千年慈善文化的社会环境下,重视与鼓励慈善团体及其法人地位的培育,改善慈善法实施的基础条件——传统慈善意识的弘扬与当代慈善法文化的的普及,把外国先进的慈善法律制度与中国社会乐善好施的传统相结合,认真审视和解决法的普适性与本土资源的冲突或矛盾关系,"让受移植法律经过合理处理与嫁接能深入到移植国民的血液当中,进而得到有机的整合"[20]。这将是当代中国慈善法取得预期效果的必要前提。"中国的法治之路必须注重利用中国本土的资源,注重中国法律文化的传统与实际"[21],何勤华教授也言:"任何国家的法律发挥其内在的价值、功能和社会作用,必须与其本国(本地区、本民族)的政治、经济、文化、历史传统以及风俗习惯密切结合,成为该国法律文化的一个组成部分,为人们所接受并自觉遵守。"[22]民国慈善立法的实践昭示,适当承继历史上的本土资源,是创制符合时代需求和社会发展的慈善法律的一个客观要求,这也是当代社会慈善立法者必须直面的问题。随着当代中国慈善事业的快速发展,亟需建立健全慈善法律制度,但愿立法者能以史为鉴,从中汲取有益的经验教训,创制出适合中国国情、体现时代特色的慈善法。我们将翘首以盼,拭目以待。

注　释

1　2　3　4　马小红:《礼与法:法的历史连接》,北京大学出版社 2004 年版,第 93、185、156、155 页。

5　参见李玉生:《唐令与中华法系研究》,南京师范大学出版社 2005 年版,第 151—152 页。

6　张晋藩:《中国法律的传统与近代转型》,法律出版社 1997 年版,第 4、5 页。

7　《呈国民政府缮具〈褒扬条例〉呈请鉴核由》(1931 年 7 月 8 日),《立法院公报》第 32 期,南京尚文印刷所 1931 年 8 月刊印,"公牍"第 2 页。

8　复员时期,中国红十字会创办的机关刊物《红十字会月刊》刊载了多篇关于外国红十字会法律法规的文章,其中,最重要的有邵振为译《美国红十字会国会准许设立状及其附属法》(《红十字会月刊》第 6 期,1946 年,第 19—24 页)、陈履平译《各国红十字会法比较研究》(《红十字会月刊》第 12 期,1946 年,第 12—17 页)两文,前文为美国红十字会法的通译,介绍其法律结构分为组织、会员、基金及修正条文四部分,并国定基金管理规则;后文则详细译介了红会组织之根据、任务、政府的核准和特许、会员、红会的管理、经费、红会与国家、国际红十字会、各国红十字会及其国内机关团体之关系等内容,并称"以上所述,不惟阐明各国红十字会之地位,且足为拟订或改订红十字会法之各国当局及红十字会人士之参考"。

9　资中筠:《财富的归宿:美国现代公益基金会述评》,上海人民出版社 2005 年版,第 34 页。

10　11　国家税务总局主编:《中华民国工商税收史:直接税卷》,中国财政经济出版社 1996 年版,第 7—8、20 页。

12　《国民政府公报》渝字第 545 号,1943 年 2 月 17 日,影印本第 84 册,第 25 页。

13　关于礼法传统在清末断裂情形的论述,可参阅李贵连《近代中国的法制与法律》,北京大学出版社 2002 年版,第 529—530 页。

14　18　19　上海市社会局编:《公益慈善法规汇编》,1932 年刊印,第 3—4、19—20、18—19 页。

15　朱勇:《〈中华民国立法史〉序言》,见谢振民编著:《中华民国立法史》,中国政法大学出版社 2000 年版,第 2—3 页。

16　《令仰饬属各慈善机关名称须照部颁规则办理由》,《内政公报》第 3 卷第 7 期,1930 年 8 月,"训令"第 12 页。

17　《南京市社会局第一科(救济股)为索取善团财整会章程及办事细则由》(1930 年 9 月 20 日)、《镇江县政府为请寄上海慈善团体财产整理委员会各项规章函》(1930 年 12 月 12 日),上海市档案馆藏,上海市社会局档案,档号:Q6—18—314。

20　肖光辉:《法律移植及其本土化现象的关联考察——兼论我国法的本土化问题》,何勤华主编:《法的移植与法的本土化》,法律出版社 2001 年版,第 115 页。

21　苏力:《法治及其本土资源》(修订版),中国政法大学出版社 2004 年版,第 6 页。

22　何勤华:《法的国际化与本土化》,《长白论丛》1996 年第 5 期。

参考文献

一、资料

（一）档案

1.中国第二历史档案馆藏：中华民国政府档案（有关慈善事业的卷宗）

民国北京政府

内务部档案（全宗号：1001）　教育部档案（全宗号：1057）

南京国民政府

行政院档案（全宗号：2）　　教育部档案（全宗号：5）

立法部档案（全宗号：10　）　社会部档案（全宗号：11）

内政部档案（全宗号：12）　　振济委员会档案（全宗号：116）

卫生部（署）档案（全宗号：372）

中国红十字会档案（全宗号：476）

2.上海市档案馆藏：公共租界工部局、上海市社会局及各慈善组织档案

上海慈善团体联合会档案（全宗号：Q114）

善堂善会档案汇集(全宗号:Q115)

上海市(特别市)社会局档案(全宗号:Q1、Q6 等)

上海公共租界工部局档案(卷宗号:U1—4、U38—5 等)

上海市同业公会档案(卷宗号:S250—1、S284—1、S447—2 等)

3. 苏州市档案馆藏:苏州商会档案(全宗号 I14,有关慈善事业的卷宗)

4. 中国第二历史档案馆编:《中华民国档案资料汇编》第五辑第一编(教育、政治各册),江苏古籍出版社 1994 年版。

5. 中国第二历史档案馆编:《国民政府立法院议事录》(影印本第 1—45 册),广西师范大学出版社 2004 年版。

(二)政府公报、年鉴

1.《政府公报》,台北,文海出版社 1968 年影印本。

2.《政府公报分类汇编》,上海扫叶山房北号 1915 年刊印。

3. 南京国民政府文官处编:《国民政府公报》(第 1—110 册),河海大学出版社 1989 年影印本。

4. 大学院编:《大学院公报》,近代中国史料丛刊续编第 66 辑,文海出版社 1979 年影印本。

5. 立法院秘书处编印:《立法院公报》(第 1—76 期,第 81—90 期,1929—1937 年)

6. 内政部总务司编:《内政公报》(第 1—13 卷各期,1928—1940 年)

7.《北平市市政公报》(1930—1932 年,1935—1937 年)

8.《上海特别市政府市政公报》(第 1—40 期,1927—1929 年)

9.《上海特别市政府公报》(第 41—60 期,1929—1930 年)

10.《上海市政府公报》(第 61—171 期,1930—1936 年)

11.《武汉市政公报》(第 1 卷第 1—5 期,1928—1929 年)

12.《江苏省政府公报》(1927—1937 年,1946—1949 年)

13.《江西省政府公报》(1929 年第 3、4 期;1943 年第 1274—1275 号合刊)

14.《四川省政府公报》(1935—1937 年,第 4—7 期、第 25—60 期、第 67—79 期)

15.《广西省政府公报》(1936 年,第 135—136 期)

16.《广东省政府公报》(1929—1937 年,第 30—371 期)

17. 内政年鉴编纂委员会编:《内政年鉴》,商务印书馆 1936 年版。

18. 教育部编:《第一次中国教育年鉴》,开明书店 1934 年版。

19. 教育部编:《第二次中国教育年鉴》,商务印书馆 1947 年版。

20. 湖南省政府秘书处编:《湖南年鉴》(1934 年、1935 年、1936 年,共三册),自刊本。

(三)法典及法规汇编

1. 程树德:《九朝律考》,中华书局 2003 年版。

2. 长孙无忌等:《唐律疏议》,中华书局 1986 年版。

3.《宋刑统》,窦仪等撰,薛梅卿点校,法律出版社 1999 年版。

4.《庆元条法事类》,谢深甫修纂,戴建国点校,见杨一凡、田涛主编:《中国珍稀法律典籍续编》第一册,黑龙江人民出版社 2002 年版。

5.《大明律》,怀效锋点校,法律出版社 1999 年版。

6.《大清律例》,田涛、郑秦点校,法律出版社 1999 年版。

7.《大元通制条格》,见《元明史料丛编》第一辑(6),文海出版社 1984 年影印本。

8.《大元圣政国朝典章》,见《续修四库全书》(787),史部·政书类,上海古籍出版社 1995 年版。

9. 李东阳纂,申时行重修:《大明会典》,见《元明史料丛编》第二辑(19),文海出版社 1984 年影印本。

10. 应㮣撰:《大明律释义》,见《续修四库全书》(863),史部·政书类,上海古籍出版社 1995 年版。

11. 龙文彬纂:《明会要》,见《续修四库全书》(793),史部·政书类,上海古籍出版社 1995 年版。

12. 托津等纂:《钦定大清会典(嘉庆朝)》,见沈云龙主编:《近代中国史料丛刊》三编第 64 辑,文海出版社 1991 年影印本。

13. 托津等纂:《钦定大清会典事例(嘉庆朝)》,见沈云龙主编:《近代中国史料丛刊》三编第 66、67、70 辑,文海出版社 1991—1992 年影印本。

14. 沈之奇撰:《大清律辑注》,怀效锋、李俊点校,法律出版社 2000 年版。

15. 上海商务印书馆编译所编纂:《大清新法令》第 1—11 卷(点校本),商务印书馆 2010—2011 年版。

16. 徐松辑:《宋会要辑稿》,中华书局 1957 年影印本。

17. 王溥:《唐会要》,中华书局 1998 年版。

18. 国民政府文官处印铸局编印:《国民政府法规汇编》第 1—4 辑,1929—1932 年刊印。

19. 江苏省法规编审委员会辑:《江苏省单行法规汇编》第 1—3 册,1934 年刊印。

20. 江苏省社会处编:《社会法规汇编》第一辑,镇江华美印书社 1947 年刊印。

21. 上海市/特别市政府印行:《上海市/特别市市政法规汇编》(第2、3、4、6集),1929—1931年、1934年刊印。

22. 上海市社会局编:《公益慈善法规汇编》,1932年刊印。

23. 上海市政府编印:《上海市政府法规汇编(1945—1947年)》,1948年刊印。

24. 社会部编:《社会福利法规》,社会出版社1944年版。

25. 田涛、郭成伟整理:《清末北京城市管理法规》,北京燕山出版社1996年版。

26. 中华书局编辑所辑:《中华民国法令》,中华书局1912年版。

27. 广州市市政府编:《广州市市政规章集刊》,1930年刊印。

28. 徐百齐编:《中华民国法令大全》,商务印书馆1937年版。

29. 商务印书馆编译处编:《最新编订民国法令大全》,商务印书馆1924年版。

30. 董钧编纂:《法库》,上海,法学研究所1925年刊印。

31. 湖南省民政厅编:《现行行政法规汇编》,1936年刊印。

32. 社会部社会福利司编:《社会救济法规辑要》,1946年刊印。

33. 宋恩荣、章咸选编:《中华民国教育法规选编》(修订版),江苏教育出版社2005年版。

(四)报刊杂志

1.《申报》

2. 上海《民国日报》

3.《广州民国日报》

4. 天津《大公报》

5.《中央日报》

6.《东方杂志》(1911—1937 年,第 8—34 卷)

7.《中国国民党指导下之政治成绩统计》(1931—1936 年)

8.《安徽教育行政周刊》(1928—1932 年,第 1—5 卷各期)

9.《河南教育行政周刊》(1931 年,第 1 卷第 34 期)

10.《国立中央大学教育行政周刊》(1929 年,第 105 期)

11.《济南市市政月刊》(1932—1936 年,第 5—10 卷各期)

12.《湖南教育》(1912—1915 年各期)

13.《申报月刊》(1935 年,第 4 卷)

14.《法律评论》(北平,1929 年第 6 卷)

15.《法令周刊》(1947 年,第 10 卷)

16.《中华教育界》(1934 年,第 22 卷)

17.《山西村政旬刊》(第 1—2 卷,1928—1929 年)

18.《中国红十字会月刊》

19.《红十字月刊》(第 5—11、20 期,1946 年)

20.《立法院专刊》(1939—1943 年)

(五)征信录、报告书及其他资料汇编

1. 曾志忞等编:《上海贫儿院第一次报告》,宣统元年刊印。

2. 高砚耘编:《上海贫儿院概况》,1922 年刊本。

3.《南京市立救济院概况》,1936 年自刊本。

4.《上海慈善团征信录(民国十一年)》,1922 年刊本。

5.《沪南慈善会第十三届报告(1933 年)》,1934 年刊印。

6.《昆山救济院章程》,1943 年铅印本。

7.《上海难民救济会征信录》,1942 年刊本。

8.《上海新普育堂征信录》(1930、1931 年),1932 年刊本。

9.《上海至圣善院征信录》,1938 年刊本。

10. 许晚成编:《上海慈善机关概况》,1941 年刊本。

11. 陆利时编:《上海特别市救济事业概况》,上海特别市社会局救济院 1942 年刊印。

12. 周成编著:《慈善行政讲义》(内务部编:"地方自治讲义"第十种),上海泰东图书局 1923 年版。

13.《社会救济》,行政院新闻局 1947 年刊印。

14. 中华书局上海编辑所编:《秋瑾集》,中华书局 1960 年版。

15. 周秋光编:《熊希龄集》(全三册),湖南出版社 1996 年版。

16. 夏东元编:《郑观应集》,上海人民出版社 1982 年版。

17. 冯桂芬著,戴扬本评注:《校邠庐抗议》,中州古籍出版社 1998 年版。

18.《孙中山全集》第 1—9 卷,中华书局 1985 年版。

19.《孙中山选集》上、下卷,人民出版社 1956 年版。

20. 罗家伦主编:《革命文献》第 22 辑,台北,中国国民党中央委员会党史研究委员会印行,1978 年。

21. 秦孝仪主编:《革命文献》第 96—100 辑(即《抗战建国史料:社会建设》第 1—5 册),台北,中国国民党中央委员会党史研究委员会印行,裕台公司出版,1984 年。

22. 内政部第一期民政会议秘书处编:《内政部第一期民政会议纪要》,见沈云龙主编:《近代中国史料丛刊三编》第 53 辑,文海出版社 1989 年影印本。

23. 陈果夫主编:《江苏省政述要(1933—1936)》,见沈云龙主编:《近代中国史料丛刊续编》第 97 辑,文海出版社 1983 年影印本。

24. 郭嵩焘:《伦敦与巴黎日记》,岳麓书社 1984 年版。

25. 戴鸿慈:《出使九国日记》,张四益点校,湖南人民出版社

1982 年版。

26. 湖南善后协会编纂:《湘灾纪略》,中华书局 2007 年版。

27. 荣孟源主编:《中国国民党历次代表大会及中央全会资料》下册,光明日报出版社 1985 年版。

28. 彭泽益编:《中国近代手工业史资料》第二卷,三联书店 1957 年版。

29.（清）冯煦主修,陈师礼总纂:《皖政辑要》,黄山书社 2005 年校点本。

30. 中国红十字会总会编:《中国红十字会历史资料选编（1904—1949)》,南京大学出版社 1993 年版。

31. 中央研究院近代史研究所编:《近代中国对西方及列强认识资料汇编》第 1—3 辑,台北,1986 年刊印。

二、中文著作

1. 蔡磊:《非营利组织基本法律制度研究》,厦门大学出版社 2005 年版。

2. 蔡勤禹:《国家、社会与弱势群体——民国时期的社会救济（1927—1949)》,天津人民出版社 2003 年版。

3. 蔡勤禹:《民间组织与灾荒救济——民国华洋义赈会研究》,商务印书馆 2005 年版。

4. 曹全来:《国际化与本土化——中国近代法律体系的形成》,北京大学出版社 2005 年版。

5. 陈宝良:《中国的社与会》,浙江人民出版社 1996 年版。

6. 陈津利:《中国慈善组织的个案研究——慈善组织的成功、策略与公众参与》,中国社会出版社 2008 年版。

7. 陈凌云:《现代各国社会救济》,商务印书馆 1937 年版。

8. 池子华:《近代中国流民》,浙江人民出版社 1996 年版。

9. 池子华:《红十字会与近代中国》,安徽人民出版社 2004 年版。

10. 邓云特:《中国救荒史》,上海书店 1984 年版。

11. 方立新:《传统与超越——中国司法变革源流》,法律出版社 2006 年版。

12. 付海晏:《中国近代法律社会史研究》,华中师范大学出版社 2010 年版。

13. 公丕祥:《中国的法制现代化》,中国政法大学出版社 2004 年版。

14. 郭成伟、薛显林主编:《民国时期水利法制研究》,中国方正出版社 2005 年版。

15. 郭成伟主编:《中国社会保障法学》,中国法制出版社 2001 年版。

16. 国家税务总局主编:《中华民国工商税收史:地方税卷》,中国财政经济出版社 1999 年版。

17. 国家税务总局主编:《中华民国工商税收史:直接税卷》,中国财政经济出版社 1996 年版。

18. 国家税务总局主编:《中华民国工商税收史纲》,中国财政经济出版社 2001 年版。

19. 何勤华:《法的移植与法的本土化》,法律出版社 2001 年版。

20. 侯强:《社会转型与近代中国法制现代化(1840—1928)》,中国社会科学出版社 2005 年版。

21. 黄宗智:《法典、习俗与司法实践:清代与民国的比较》,上海书店出版社 2007 年版。

22. 黄鸿山：《中国近代慈善事业研究——以晚清江南为中心》，天津古籍出版社 2011 年版。

23. 金锦萍、齐红：《中国非营利组织法的基本问题》，中国方正出版社 2006 年版。

24. 柯象峰：《社会救济》，正中书局 1944 年版。

25. 李长莉、左玉河主编：《近代中国的城市与乡村》（中国近代社会史研究集刊第一辑），社会科学文献出版社 2006 年版。

26. 李芳：《慈善性公益法人研究》，法律出版社 2008 年版。

27. 李贵连：《近代中国的法制与法律》，北京大学出版社 2002 年版。

28. 李秀清、何勤华：《外国法与中国法：20 世纪中国移植外国法的反思》，中国政法大学出版社 2003 年版。

29. 李学智：《民国初年的法治思潮与法制研究》，中国社会科学出版社 2004 年版。

30. 李玉生：《唐令与中华法系研究》，南京师范大学出版社 2005 年版。

31. 梁其姿：《施善与教化——明清的慈善组织》，河北教育出版社 2001 年版。

32. 梁治平：《清代习惯法：社会与国家》，中国政法大学出版社 1996 年版。

33. 罗志先：《中国社会保障法律制度研究》，中国城市出版社 2003 年版。

34. 马小红：《礼与法：法的历史连接》，北京大学出版社 2005 年版。

35. 孟令君主编：《中国慈善工作概论》，北京大学出版社 2008 年版。

36. 民政部法制办公室编:《中国慈善立法国际研讨会论文集》,中国社会出版社 2007 年版。

37. 瞿同祖:《中国法律与中国社会》,中华书局 1981 年版。

38. 任云兰:《近代天津的慈善与社会救济》,天津人民出版社 2007 年版。

39. 苏力:《法治及其本土资源》(修订版),中国政法大学出版社 2004 年版。

40. 孙善根:《民国时期宁波慈善事业研究(1912—1936)》,人民出版社 2007 年版。

41. 田凯:《非协调约束与组织运作——中国慈善组织与政府关系的个案研究》,商务印书馆 2004 年版。

42. 王建芹等著:《从自愿到自由:近现代社团组织的发展演进》,群言出版社 2007 年版。

43. 王健编:《西法东渐:外国法与中国法的近代变革》,中国政法大学出版社 2001 年版。

44. 王立民:《中国法律与社会》,北京大学出版社 2006 年版。

45. 王立民:《中国法制史》,上海人民出版社 2003 年版。

46. 王奇生:《党员、党权与党争:1924—1949 年中国国民党的组织形态》,上海书店出版社 2003 年版。

47. 王思斌主编:《社团的管理与能力建设》,中国社会出版社 2003 年版。

48. 王卫平、黄鸿山:《中国古代传统社会保障与慈善事业》,群言出版社 2005 年版。

49. 魏定仁主编:《中国非营利组织法律模式论文集》,中国方正出版社 2006 年版。

50. 魏文享:《中间组织:近代工商同业公会研究(1918—

1949)》,华中师范大学出版社 2007 年版。

51. 吴玉章主编:《社会团体的法律问题》,社会科学文献出版社 2004 年版。

52. 夏明方:《民国时期自然灾害与乡村社会》,中华书局 2000 年版。

53. 谢振民编著、张知本校订:《中华民国立法史》上、下册,中国政法大学出版社 2000 年版。

54. 谢锟:《英国慈善信托制度研究》,法律出版社 2011 年版。

55. 徐麟主编:《中国慈善事业发展研究》,中国社会出版社 2005 年版。

56. 徐矛:《中华民国政治制度史》,上海人民出版社 1992 年版。

57. 徐孟洲主编:《税法原理》,中国人民大学出版社 2008 年版。

58. 薛毅:《中国华洋义赈救灾总会》,武汉大学出版社 2008 年版。

59. 严中平:《中国近代经济史(1840—1894)》,人民出版社 1989 年版。

60. 叶秋华、王云霞、夏新华主编:《借鉴与移植:外国法律文化对中国的影响》,中国人民大学出版社 2012 年版。

61. 叶孝信:《中国法制史》,复旦大学出版社 2004 年版。

62. 游子安:《善与人同:明清以来的慈善与教化》,中华书局 2005 年版。

63. 岳宗福:《近代中国社会保障立法研究(1912—1949)》,齐鲁书社 2006 年版。

64. 张建俅:《中国红十字会初期发展之研究》,中华书局 2007

年版。

65. 张晋藩:《20 世纪中国法制的回顾与前瞻》,中国政法大学出版社 2002 年版。

66. 张晋藩:《中国法律的传统与近代转型》,法制出版社 1997年版。

67. 张晋藩总主编、朱勇主编:《中国法制通史》(第九卷:晚清民国),法律出版社 1999 年版。

68. 张仁善:《法律社会史的视野》,法律出版社 2007 年版。

69. 张生:《中国近代民法法典化研究(1901—1949)》,中国政法大学出版社 2004 年版。

70. 张文:《宋朝社会救济研究》,西南师范大学出版社 2001年版。

71. 张文:《宋朝民间慈善活动研究》,西南师范大学出版社2005 年版。

72. 张文显主编:《法理学》(第三版),法律出版社 2007 年版。

73. 赵宝爱:《慈善救济事业与近代山东社会变迁(1912—1937)》,济南出版社 2005 年版。

74. 赵金康:《南京国民政府法制理论设计及其运作》,人民出版社 2006 年版。

75. 赵立新、毕连芳:《近代东亚的社会转型与法制变迁》,中国社会科学出版社 2006 年版。

76. 郑功成:《中国社会保障论》,湖北人民出版社 1994 年版。

77. 郑功成:《中华慈善事业》,广东经济出版社 1999 年版。

78. 郑显文:《律令时代中国的法律与社会》,知识产权出版社2007 年版。

79. 周秋光:《熊希龄与慈善教育事业》,湖南教育出版社 1991

年版。

80. 周秋光、曾桂林:《中国慈善简史》,人民出版社 2006年版。

81. 周旺生:《立法学》,法律出版社 2004 年版。

82. 朱勇:《中国法律的艰辛历程》,黑龙江人民出版社 2002年版。

83. 资中筠:《财富的归宿:美国现代公益基金会述评》,上海人民出版社 2005 年版。

三、中文论文

1. 白云仙子:《慈善行政论》,《灵学要志》第 1 卷第 4 期,1920年 11 月。

2. 梁维四:《慈善政策论》,《中国建设》第 2 卷第 5 期,1930 年。

3. 顾准:《上海市慈善团体会计规程之商榷》,《会计季刊》1931 年第 2 期。

4. 龚懋德:《慈善事业会计之检讨》,《公信会计月刊》第 3 卷第 3 期,1940 年。

5. 毕素华:《民国时期赈济慈善业运作机制述论》,《江苏社会科学》2003 年第 6 期。

6. 蔡勤禹:《民国慈善团体述论》,《档案与史学》2004 年第 2 期。

7. 蔡勤禹:《民国慈善组织募捐研究:以华洋义赈会为例》,《湖南科技学院学报》2005 年第 2 期。

8. 蔡勤禹:《民国社会救济行政体制的演变》,《青岛大学师范学院学报》2002 年第 1 期。

9. 陈红民、雏军庆:《国民政府第一、二届立法院组成分析》,

《民国档案》2000 年第 2 期。

10. 陈清敏：《抗战时期社会救济的行政规划与措施》，见中华民国史专题第二届讨论会秘书处编：《中华民国史专题论文集：第二届讨论会》，台北：国史馆刊印，1993 年；

11. 龚汝富：《民国时期监督慈善立法及其启示》，《法商研究》2009 年第 5 期。

12. 韩君玲：《清末新政时期贫民习艺所立法评析——以 1906 年〈京师习艺所试办章程〉为中心》，《东岳论丛》2010 年第 11 期。

13. 黄鸿山、王卫平：《晚清江南慈善家群体研究——以余治为中心》，《学习与探索》2011 年第 6 期。

14. 李永军、杨道波：《我国近代公益慈善募捐事业发展的历史特点》，《广西社会科学》2010 年第 4 期。

15. 李永军、杨道波：《辛亥革命以来我国公益募捐立法的回顾与反思》，《社团管理研究》2011 年第 10 期。

16. 王娟：《清末民初北京地区的社会变迁与慈善组织的转型》，《史学月刊》2006 年第 2 期。

17. 王倩、杨娟、李运仓：《北洋政府时期与南京国民政府时期社会保障管理体制之考察》，《学术研究》2012 年第 5 期。

18. 王卫平：《明清时期江南地区的民间慈善事业》，《社会学研究》1998 年第 1 期。

19. 王卫平：《论中国传统慈善事业的近代转型》，《江苏社会科学》2005 年第 1 期。

20. 岳宗福：《试论南京国民政府的社会立法》，《科学·经济·社会》2010 年第 2 期。

21. 张建俅：《近代中国政府与社团关系的探讨：以中国红十字会为例(1912—1949)》，(台北)《中央研究院近代史研究所集刊》,2005 年 3 月。

22. 张建俅:《中国红十字会经费问题浅析(1912—1937)》,《近代史研究》2004 年第 3 期。

23. 张礼恒:《略论民国时期上海的慈善事业》,《民国档案》1996 年第 3 期。

24. 曾桂林:《20 世纪国内外中国慈善事业史研究综述》,《中国史研究动态》2003 年第 3 期。

25. 曾桂林:《近 20 年来中国近代慈善事业研究述评》,《近代史研究》2008 年第 2 期。

26. 曾桂林、王卫平:《日美及港澳台地区近五十年对中国慈善事业史的研究》,《史学理论研究》2008 年第 2 期。

27. 曾桂林:《民国时期的红十字会立法初探》,《苏州大学学报》(社科版)2009 年第 5 期。

28. 曾桂林:《民国时期慈善立法中的民间参与——以上海慈善团体联合会为中心的考察》,《学习与探索》2011 年第 6 期。

29. 周秋光:《民国时期的社会慈善事业研究刍议》,《湖南师范大学学报》1994 年第 3 期。

30. 周秋光、曾桂林:《近代慈善事业与中国东南社会变迁(1895—1949)》,《史学月刊》2002 年第 11 期。

31. 周秋光、曾桂林:《近代慈善事业的基本特征》,《光明日报》2004 年 12 月 14 日第 7 版。

32. 朱浒:《滚动交易:辛亥革命后盛宣怀捐赈复产活动》,《近代史研究》2009 年第 4 期。

32. 沈洁:《试论中国传统慈善事业向近代社会事业的转型过程——析 40 年代国民政府的社会事业政策》,见中国社会科学院近代史研究所编《划时代的历史转折——"1949 年的中国"国际学术讨论会论文集》，四川人民出版社 2002 年版，第 817—828 页。

33. 赵军、沈洁：《抗战后期华北城乡的民间慈善团体与日本军政统治》，见李长莉、左玉河主编《近代中国的城市与乡村》，社会科学文献出版社 2006 年版，第 525—543 页。

34. 姜春燕：《南京国民政府社会福利政策研究》，山东师范大学硕士学位论文，2006 年。

35. 张益刚：《民国社会救济法律制度研究》，华东政法学院博士学位论文，2007 年。

四、外文著作与论文（含译著）

1. ［日］夫马进著，伍跃、杨文信、张学锋译：《中国善会善堂史研究》，商务印书馆 2005 年版。

2. ［日］小浜正子著，葛涛译：《近代上海的公共性与国家》，上海古籍出版社 2003 年版。

3. ［日］仁井田陞著，栗劲、霍存福、王占通等编译：《唐令拾遗》，长春出版社 1989 年版。

4. ［美］贝希·布查尔特·艾德勒等著，民政部法制办公室译：《通行规则：美国慈善法指南》（第二版），中国社会出版社 2007 年版。

5. 中慈国际交流中心编译：《首届国际慈善法律比较研讨会论文集》（中英文对照版），中国社会出版社 2005 年版。

6. ［日］夫马进著，胡宝华译：《中国善会善堂史——从"善举"到"慈善事业"的发展》，见常建华主编：《中国社会历史评论》第七卷，天津古籍出版社 2006 年版。

7. Reeves, Caroline Beth, The power of mercy: the Chinese Red Cross Society, 1900 – 1937. (Ph. D), Harvard University, 1998.

后　记

　　寒梅吐蕊，冬尽春又至。当我伏案将博士学位论文补充修改完成这部书稿时，淡淡梅香，浓浓年味，如丝如缕，不时从窗外飘进书房。蓦然回首，此时我才发觉自己博士毕业离开东吴校园，倏忽近四载，又将跨入一个新的年头；才发觉自己进入史学园地、关注慈善领域，转瞬已逾一个生肖轮回。花开花落几春秋，孤灯黄卷独面壁。个中滋味，犹如窗外凌然绽放的腊梅，苦寒自知。十二年的光阴，几近一个人生命的六分之一，不可谓短。然而，我涉足中国慈善史领域虽已有时日，然天资愚钝，生性懒怠，在学界相关论著纷纷问世、蔚为大观之时，我却鲜有成果，实有愧恩师教诲。唯有的这篇博士学位论文，也一度束之高阁，在诸位师友的多次催促之下，我方才全力以赴、竭尽心思进行全面修改，剪裁增删。如今，这浸润自己多年心血与精力的书稿终于旧貌换新颜交付出版，在"养在深闺"、"待字闺中"四年之后也将到了她"出阁"的时候。

　　在书稿即将付梓之际，我首先要感谢我的博士生导师苏州大学社会学院王卫平教授。本书稿从论文选题到研究视角、从整体构思到章节设计，始终都得到了业师的精心指导、悉心点拨。书稿倘有创新及一些可取之处，完全是先生耳提面命的结果，而其间的疏漏与舛误则应归咎于本人的愚鲁所致。东吴求学三年，先生学识渊博、治学严谨，以及处世待人诚笃而蔼然，犹如春风化雨滋润我、感染我，让我受益终生。这将是今后学习和工作中激励与鞭策我前进的动力。博士毕业后，我从姑苏回湘工作，虽然山水迢迢，千里相隔，四年来，先生仍十分关心、关注我的成长，不时叮咛，尽力扶掖。师恩深如海，自当永志不忘，唯有日后更加奋发努力，不负谆谆教诲与深深属望。

本书的撰写与研究工作的开展，还得到多方面的支持与帮助。在博士论文开题、预答辩和答辩阶段，苏州大学社会学院池子华、朱从兵、俞政、王国平、陆建洪、李峰诸位教授以及答辩主席南京大学崔之清教授对论文提出了一些有益的建议，指出了不足及修改完善的方向。正缘于他们的鼓励和指教，使我增添了研究信心并有机会改正不少错漏。在此，我谨向各位老师致以诚挚的谢意！此外，本书稿在撰写、修改的过程中，还借鉴与吸收了学术界富有启发、创见的一些研究成果，大都已在文章注释和参考文献中标注出，或因疏忽恐有遗漏，敬请谅解并谨表谢忱！自2007年至今，我多次奔波于苏、沪、宁及长沙等地，查阅图书文献及档案资料。期间，曾得到苏州大学图书馆、苏州大学社会学院资料室、苏州市档案馆、上海图书馆、上海市档案馆、上海市社会科学院历史所图书资料室、中国第二历史档案馆、湖南图书馆、湖南师范大学图书馆、湖南师范大学历史文化学院中国近代史重点资料室等单位及其工作人员的热心帮助与热忱服务。特别是上海社会科学院历史研究所熊月之研究员、周武研究员、苏州大学政治与公共管理学院朱蓉蓉教授给予了了大力支持，提供了许多便利。另外，蔡勤禹、陶水木、黄鸿山、王娟、周向阳、唐富满、丁芮、曾凡贞、尹世尤、张洪春、高鹏程、向常水、靳环宇、张少利、贺永田、刘昶等师友也在本书的资料收集、撰写或修改过程中提供了许多具体的帮助，或给予殷殷的关切。杨红星、何永明、孙伟、金兵、庞广仪、徐国普、李喆、昝金生诸位博士，在苏州大学三年学习期间，彼此朝夕相处，学术上相互砥砺切磋，我从中获益良多。这段情谊，将是我人生旅程中一段难以忘怀的回忆。借此，我谨向上述各位表达我内心深处的谢意！

本书稿能够得以顺利出版，还需要感谢湖南师范大学历史文化学院领导刘大明教授、杨智勇书记以及周秋光、李育民、莫志斌、钟声、李传斌、刘利民、张绍春、尹红群、邹水杰、易兰、尹新华等老师的关心与帮助，科研办的欧阳晓老师也为本研究的课题申请多费心，亦表鸣谢！特别是我的硕士生导师周秋光教授长期以来对我的教育与培养、包容与厚爱。2007年以来，在周老师的提携与扶掖下，我先后参加他主持的国家社科重点项目"中国近代慈善事业研究"、国家社科重大项目"中国慈善通史"（系承担子课题"民国北京政府时期慈善事业"研究），得以有机会进一步深入探讨中国慈善史领域的一些问题，这也拓展了我的学术视野，裨益于提升研究能力。正是在周老师的一再敦促之下，我才最终下定决心集中精力将博士论文进行修改出版。同时，他还十分热心地帮助联系与协调出版事宜。这都是我感激铭记于心的。此外，本书在研究中还先后获得苏州大学优秀博士论文选题、江苏省高校研究生创新计划、教育部人文社会科学研究青年基金项目、湖南省哲学社会科学基金一般项目等立项资助，并获得了湖南省重点学科建设项目（湖南师范大学中国近现代史学科）的出版资助，谨此一并致谢！

最后，我还要感谢我相依相伴的家人。结蟆以来，因我忙于学业与工作，妻子于林立女士操持家务，抚育女儿，任劳任怨，一直默默奉献着，在生活上体贴关爱我，在事业上也全力支持我。本书稿能够面世,也有她的一份劳绩,同时也要感谢我岳父母的谅解。我父母、兄姊多年来也给予了无私奉献,尽力为我创造便利的环境条件,让我心无旁骛,安心问学,他们是我漫漫二十余年求学岁月中的最坚实支柱。本书稿的酝酿与出版,同时也是伴随着女儿孕育、出世以及成长的过程。其间,妻子和母亲为女儿日夜操劳,年近古稀的母亲更是不辞辛劳,远离故土,至柳州,至长沙,帮我悉心照料小孩,这让我有充裕的时间进行研究。知恩图报情虽切,堂上椿萱鬓如霜。将届不惑之年的我,却未能对亲人稍尽义务,分担忧愁,在感恩之余,更深为愧疚,但愿未来的日子能有机会弥补。

　　在书稿交付出版之际,我虽已竭尽心力进行了修改,心中却更加忐忑。一方面深感学无止境,知无际涯,一些内容还有待进一步充实与斟酌;另一方面,囿于学识谫陋,一些问题尚未深入展开。加之,本研究横跨史学与法学两个领域,一些外行话或许难免。书稿即将付梓,我的心境恰似一首唐诗所述:"洞房昨夜停红烛,待晓堂前拜舅姑。妆罢低声问夫婿,画眉深浅入时无?"(朱庆余:《近试呈张水部》)我想,丑媳妇总是要见公婆的,既已妆罢,眉之深浅或许就不必多顾虑。拙著亦如已出阁将要参拜舅姑的新人,眉深也好,浅也罢,惟恳请学界同仁及读者诸君不吝批评与教正。

曾桂林　谨识

癸巳年立春吉日于馨香雅苑墨香阁